U0882733

谨以此丛书献给万德珍女士：

感谢她为此生活理性存在之间

付出一生，

陪伴一生，

唱和一生！

四川师范大学重大成果孵化资助项目

第2卷

生存论研究丛书

# 存在敞开的书写

唐代兴　著

中国社会科学出版社

**图书在版编目(CIP)数据**

存在敞开的书写 / 唐代兴著. — 北京 : 中国社会科学出版社, 2023.4
(生存论研究丛书)
ISBN 978-7-5227-1222-2

Ⅰ.①存… Ⅱ.①唐… Ⅲ.①哲学—研究 Ⅳ.①B0

中国国家版本馆 CIP 数据核字(2023)第 022236 号

出 版 人 赵剑英
责任编辑 刘亚楠
责任校对 张爱华
责任印制 张雪娇

出 版 中国社会科学出版社
社 址 北京鼓楼西大街甲 158 号
邮 编 100720
网 址 http://www.csspw.cn
发 行 部 010-84083685
门 市 部 010-84029450
经 销 新华书店及其他书店

印刷装订 北京市十月印刷有限公司
版 次 2023 年 4 月第 1 版
印 次 2023 年 4 月第 1 次印刷

开 本 710×1000 1/16
印 张 24
插 页 2
字 数 383 千字
定 价 148.00 元

# 总　序

世界自在，而人立其中。其存在，须臾不离阳光、空气、气候、水、土地；其生存，总要努力于技术、科学、经济、政治、教育、艺术、宗教的武装，既丰富内涵，更挑战极限：

技术，创造生存工具，持续地挑战安全的极限；

科学，开拓存在疆界，持续地挑战经验的极限；

经济，增长物质财富，持续地挑战富裕的极限；

政治，平衡公私利欲，持续地挑战权利的极限；

教育，开发生命潜能，持续地挑战智力的极限；

艺术，追求生活善美，持续地挑战自由的极限；

宗教，赋予存在信仰，持续地挑战心灵的极限。

所有一切都有正反实用，惟有哲学，历来被视为无用之学。然而，无论技术、科学，或经济、政治、教育，甚至艺术或宗教，其正反实用达于极限状态，往往演化出绝望，因为绝望之于希望，才走向哲学，开出“存在之问”的新生之道。

## 一　哲学发问存在的当世取向

哲学在无用中创造大用，本原于它专注于存在及其敞开，并从发问存在出发，开出存在之思而继续向前，始终行进于存在之间的当世之途，这构成哲学不同于哲学研究的根本性质定位和功能定位。

### 1. 哲学的自身定位

哲学乃存在之问，偏离存在之问，遗忘或丧失存在之问，哲学必然消隐。哲学一但消隐，存在世界因丧失思想的光芒而沦为荒原，人必自得其乐于物质主义的愚昧并进而沦为暴虐主义的耗材。这是因为哲学始终是当世的，以存在之问为基业的当世哲学，直接地源于人类的存在困境和生存危机。人类的存在困境和生存危机永远属当世，是当世的必然制造：人类的每一个当世存在必然演绎出只属于此“在世之中”的存在困境和生存危机，哲学的存在之问就是直面人类的当世存在困境和生存危机而展开追问，以探求其根本的解救之道，这一根本的解救之道构成武装当世政治、经济、文化、教育、科学、技术的根本智慧、最高知识和统领性方法。这是哲学的当世消隐必然带来存在荒原和非人深渊的根本原因，这也是它与哲学研究的根本不同所在。

哲学是当世的，哲学研究是历史的。

哲学的当世取向及其努力，源于它对“在世之中”的人类发出存在之问，以探求其存在困境和生存危机的根本解救之道；哲学研究的历史取向及其努力，在于它只关注已成的哲学思想、知识、方法的历史及其具体内容的哲学著作，哲学理论，哲学思想、知识、方法体系以及与此直接关联的哲学思潮、哲学运动和哲学家。

所以，哲学关注的对象是人类的当世存在，具体地讲是人类当世的存在困境和生存危机；哲学研究关注的对象是已有的哲学成就，这些成就包括已经功成名就的哲学家，和这些功成名就的哲学家创造出来的哲学思想、哲学知识、哲学方法、哲学理论、哲学体系、哲学著作和由他们涌动生成的哲学思潮、哲学运动、哲学流派、哲学传统。

哲学研究追求严肃、严谨、庄重；哲学却崇尚使命和责任。

哲学研究可能成为事业，但对于更多的人或者大多数人来讲只是一种职业，所以哲学研究可以会聚形成庞大的群体，庞大的职业圈，庞大的师门承传，甚而至于可以汇聚成为课题、项目、获奖的江湖，或可曰：哲学研究可成为甚至往往成为敲门砖、工具、手段。哲学研究所拥有的这些都与哲学无缘：哲学作为对当世的存在之问的根本方式，不能成为职业，只能成为事业，所以哲学在任何时代都只由极少极少的人所能眷顾。因为，哲学之为哲学的基本标志，是存在之问；哲学研究之为哲学研究的基本标志，是对哲学家的哲学成果（认知、思想、知识、方法、著作、体系）之问。

哲学研究可类分出东方或西方，也可类分出古代、近代或现代，更可类分出国度与种族，还可类分出思潮和流派、著作与人，以及阶级和门派。哲学却全然与这些无缘、无关，因为哲学不仅是当世的，更是世界的，它就是立足当世而开辟人类存在之问的**世界性**道路。

要言之，哲学研究是人类根本思想、根本知识、根本方法的历史学，或**历史阐释学**；哲学却是人类根本思想、根本知识、根本方法的当代学，或**当代创造学**。

**2. 哲学的当世努力**

哲学研究的对象产生于历史，哲学及其创造源于当世的存在困境和生存危机，这就是自古磨难出英雄，从来动荡激哲思。古希腊哲学诞生于存在的自然之问，并朝存在之伦理和政治哲学方向发展，前者不仅因为存在世界引发出惊诧和好奇，更是突破大海束缚开拓存在空间的激励；后者源于突围战乱的绝境而探求人性再造的生存反思。春秋战国之世，如果没有“天子失官，学在四夷”的存在困境 和“道术将为天下裂”的生存危机，则不可能有探求如何解救时世的思想方案的诸子盛世的产生。

存在的困境，创造思想盛宴；生存的危机，孕育哲学盛世。

以直面存在困境和追问生存危机的方式彰显自身的哲学，始终是当世的。唯物质主义存在和祛魅化生存，基因工程和人工智能开启生物人种学忧惧，后环境风险带动地球生物危机，极端气候失律推动灾害世界化，加速迭代变异的病毒正以嗜虐全人类的方式全面改写着人类的历史，而更新的殖民主义浪潮推动全球化的空间争夺、价值对决、军备竞赛、武器至上等等会聚生成、运演出风云突变的当世存在，构筑起后人口、后环境、后技术化存在、后疫－灾、后经济－政治为基本向度的**后世界风险社会**陷阱，必然激发哲学追问以拆除学科视域、突破科学主义，摒弃细节迷恋，走向生态整体，以关注存在本体的方式入场，开启哲学的当代道路，探索哲学的当世重建。

哲学的当代道路，即是沿着经验理性向观念理性再向科学理性方向前进而必然开出生存理性（或生态理性）的道路[1]，因而，生存理性哲学，应该成为解救当世存在的根本困境和危机的根本之道的哲学。

哲学展开存在之间的方式，就是理性。哲学以理性方式展开存在之间有多种形式，具体地讲，以理性方式敞开存在的经验之间，即是经验理性哲学；以理性方式敞开存在的观念之间，就是观念理性哲学；以理性方式方式敞开存在的科学（或曰方法）之间，就是科学理性（或曰“工具理性”）哲学；以理性方式敞开存在的生存之间，就是生存理性哲学。由于**存在敞开生存**始终呈自身的位态，所以生存理性哲学亦可称之为生态理性哲学。因为“生态”概念的本义是生命存在的固有姿态，当生命存在敞开生存时，其固有的姿态也就随之呈现其存在敞开的原本性位态，这一本原性位态即是存在以自身方式敞开的生存朝向（详述参见“生存论研究”卷4《生成涌现时间》第1章第四部分），所以，生存理性哲学也就是生态理性哲学。

## 二　生态理性之思敞开的初步

生态理性哲学的基本主题是“当代人类理性存在何以可能”？它落实在生存上，则凸显出四个有待追问的基本问题：

一、人善待个人何以可能？

二、人善待环境何以可能？

三、人善待文明何以可能？

四、人善待历史何以可能？

生态理性哲学直面当世存在困境和生存危机而发问，探求其解决的根本之道，就是为人善待个人、人善待环境、人善待文明、人善待历史提供可能性，包括认知、思想、知识、方法及其生态整体路径等方面的可能性。因而，发问当世存在困境和生存危机，探索和创建生态理性哲学，不仅是当世哲学家的事业，也是当世文学家、科学家以及其它当世思想家的共同事业。

### 1. 生态理性的形上视域

基于如上基本定位，生态理性哲学的认知起步，是重新思考人类书写，

---

① 参见唐代兴《生态理性哲学导论》，北京大学出版社2005年版。

考察人类书写事业的主体构成，由是于1987、1988年先后完成《书写哲学的生成》和《人类书写论》（1991）两本小册子。以此为起步，尝试思考生态理性的本体论和形而上学问题，于1989年完成生态理性本体论《语义场导论：人类行为动力研究》（1998年初版，十五年后修订增加了15万字，于2015年以《语义场；生存的本体论诠释》再版），1990年完成生态理性形而上学《生态理性哲学导论》（2005），1991年完成生态理性本体论美学《语义美学论纲：人类行为意义研究（1）》（2001年初版，一年后市场上出版盗版本，2003年重印）；1992年完成生态理性政治哲学《语言政治学：人类行为意义研究（3）》（至今未出版）；1993年完成生态理性美学《形式语义美学论纲：人类行为意义研究（2）》（因2001年家被盗，电脑被偷，此书稿丢失）。继而尝试思考生态理性哲学方法问题，先后形成《思维方法的生态化综合》（1990年2月）、《再论生态化综合》（1991年3月）、《生态化综合：全球化语境下的文艺学方法》（1992年4月）等论文，其后予以系统思考，于2000年完成《生态化综合：一种新的世界观》（2015）。

依照哲学传统，哲学应包括三部分内容，即形而上学、本体论，认识论和实践哲学。认识论是形而上学、本体论指向实践哲学的中介，实践哲学应该成为形而上学、本体论达于生活世界指导人生和引导社会的方法论。实践哲学，在经典的意义上是伦理学（或道德哲学）和政治学（或政治哲学）（比如亚里士多德就是如此定位实践哲学，笛卡儿在此基础上增加了医学和力学，黑格尔却以法哲学的方式将伦理学和政治哲学统合起来），但在完整的意义上应包括伦理学、政治哲学、教育哲学和美学（或曰“美的哲学”）四个方面：伦理学，是哲学走向实践引导人如何善待人的根本方法和普遍智慧，或可说伦理学是哲学引导人如何与人“生活在一起”的根本方法和普遍智慧；政治哲学，是哲学走向实践引导社会如何善待人的根本方法和普遍智慧，或可说政治哲学是哲学引导社会如何与人人“生活在一起”的根本方法和普遍智慧；教育哲学，是哲学走向实践引导人如何成己成人立世的根本方法和普遍智慧，或可说教育哲学是哲学引导人如何从动物存在走向人文存在而成为人和大人的根本方法和普遍智慧；美学或曰“美的哲学”，是哲学走向实践引导人如何善待自己的根本方法和普遍智慧，或可说美学是哲学引导人如何悦

**纳**内在的自己而自由地存在、生活和创造的根本方法与普遍智慧。

**2. 生态理性的伦理建构**

从 2001 年始，开始从生态理性的基本问题转向其生态理性的实践问题。实践哲学虽然主要由伦理学、政治哲学、教育哲学和美学构成，但此四者中，伦理问题却成为实践哲学的基础性问题。

伦理问题之所以构成实践哲学的基础性问题，是因为如斯宾诺莎和黑格尔所说，伦理是一种存在的精神实体。在西语中，ethics 源于古希腊语 ëthos（ηθος），意为气禀和品性；但与 ëthos 关系密切的词是 ethos（εθος），意思是风俗、习惯。所以，气禀、品性、习惯、风俗构成 ethics 的基本语义。相对人而言，气禀和品性属内在的东西，构成**个体**的内在精神规范；习惯和风俗却是外在的东西，构成**社会共同体**对个体的外在规范：这种外在规范的个体化呈现，就是习惯；这种外在规范的群体性呈现，就是风俗。或者，习惯表述气禀和品性向外释放形成个体行为约束方式，当这种行为约束方式因**共同行动的便利约定俗成为主体间性的**行动自觉，就成为风俗。风俗是超越个体行为习惯的一种普遍性体认方式、行为模式、精神结构。

伦理作为一种存在的精神实体，是从个体出发，以个性精神为动力，以个体行为方式的**群体性扩散**所构筑起来的**伦理地存在**的**普世性**体认方式、行为模式和精神结构。伦理地存在，是指以个体为主体的体现普世性体认方式、行为模式和精神结构的存在方式。这种体认方式、行为模式、精神结构的内在规定性及基本诉求是什么呢？ethics 没有提供这方面的信息，但汉语“伦理”概念却为之提供了这方面的解释性依据。在汉语中，“伦理”之“伦，辈也”（《说文》），揭明“伦”的本义是**辈分**，辈分的本质是**血缘**。血缘和辈分既将人先天地安排在**各自该居**的关系位置上使之获得等级性，也规定了人与人界线分明的**类聚**关系，即血缘之内一类，血缘之外另一类。血缘、辈分、类聚，此三者生成性建构起人间之“伦”，简称人伦。人伦作为一种基本的人道，却是自然使然，因为血缘、辈分、类聚，都源自然，因而都是自然的：血缘不由人选择，辈分也是天赋于人，当一个生命种子在母体中播下，辈分就产生了；原初意义的类聚是由血缘和辈分生成，比如，你生而为女人或生而为男人，以及你生而为丑女人或美女人、矮男人或高男人，或者生于富贵之家还是贫贱之家，均不由你选择，它对你来讲，是自然地生成，自然地带来的，并自然地将你带进矮或高、丑或美、贫穷或富贵之“类”中，并且是强迫性地使之成为种种“类”的符号、代码，比如生于贫穷地域的贫穷人家，你就成为“穷人”一类中的“穷人”代码。从根本讲，血缘体现**自然生育法则**，辈分和类聚蕴含大千世界存在物如何**存在的天理**（即“自然之理”的简便说法）。遵循血缘这一自然生育法则和辈分、类聚这一存在天理向外拓展，就形成民族，建立国家，产生国家社会的人伦关系形态。亚里士多德在《政治学》中指出，人单独不能存在，更不能延续种类，相互依存的男女因为生理的成熟而结合，所以配偶出于生理的自然产生两种结果，一是男女出于生理的自然而结合组成家庭；二是男女因为生理的自然结合产生生育，所以生育亦是生理的自然。生育的繁衍，使家庭扩展成为村坊，村坊的横向联合，产生城邦。[①] 这一生成敞开进程，既遵循了自然生育法则，也发挥了辈分和类聚这一存在天理的功能。“伦”字所蕴含的这一双重之“理”，使它有资格与“理”字结合而构成“伦理”：《说文》释伦理之“理，治玉也”，意指“理”的本义为璞石之纹路，按照璞石的天然纹路将其打造成美玉的方式，就是“治玉”。所以“理”蕴含了自然形成、人力创造和改造自然事实的预设模式与蓝图这样三重事实。整体观之，“伦理”既指一种自然存在事实，也指一种理想存在事实，既蕴含自然之理，也彰显人为之道。因为“伦理”既是由“伦”生“理”，也是由“理”生“道”，这一双重的“生”机和“生”意的本质却是“信任”。作为源自自然而生成社会基本结构的伦理达于个体化的人与人“生活在一起”的道德的主体性桥梁，即是信任。（见下页“总图 1”）

伦理作为一种存在事实，既是自然存在事实，也是人为存在事实。而凡存在事实，无论从形态学观还是从本体论讲，都是具有内在关联性并呈现开放性生成的关系。所以，统合其自然存在事实和人为存在事实，伦理实是一种**人际存在关系**，简称为人际关系，它敞开人与人、人与群（社会）、人与物、人与环境（自然）诸多维度，形成一种**四面八方和四通八达**的开放性取向、态势或诉求。由于人是以个体生命的方式存在，并且其个体生命需要资

---

① ［古希腊］亚里士多德：《政治学》吴寿彭译，商务印书馆 1983 年版，第 5 – 6 页。

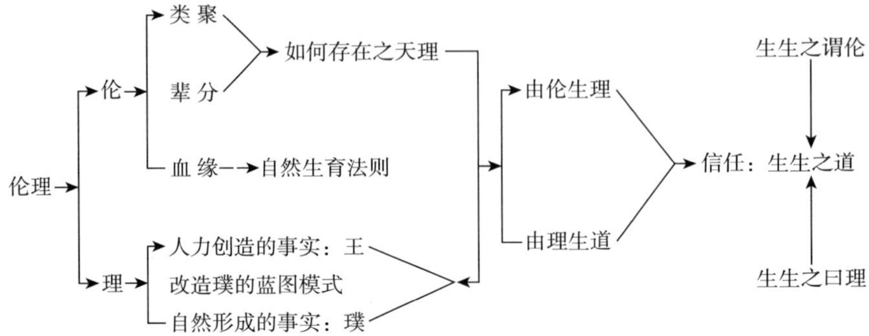


［**总图1：汉语“伦理”蕴含自然－种族－社会三维精神结构**］

源滋养才可继续存在，滋养个体生命的所有资源都没有现成，都必须要通过劳动付出甚至以生命为代价方可获得。人的存在之生，需要利的滋养，因为利而生发争夺，产生权利与权力的对抗、博弈或妥协，更因为利的得失而必生爱恨。所以，伦理本质上是一种**充满利害取向**的人际关系，或可说是一种充满利害选择与权衡的人际关系，蕴含生、利、爱——即生己或生他、利己或利他、爱己或爱他——的对立统一朝向，这种对立统一朝向落实在个人存在敞开生存的日常行为中，就表现为其利害选择与权衡的德或非德，或德或反德。这一对立统一朝向落实到社会共同体的秩序构建上，就是善恶机制、价值坐标、社会方式的建立，并以此善恶机制、价值坐标、社会方式为依据，选择政体，形塑制度，建立边界和限度的法律体系。

从根本言，实践哲学的探讨，无论是政治哲学探讨，还是教育哲学探讨，或者美学探讨，其背后都伫立着一个**伦理坐标**，忽视这个伦理坐标，其探讨无论怎样深入，都会产生**不得其中**的局限。正是基于此，当运用初步形成的生态理性思想和方法来重构实践哲学时，首要工作就是做伦理检讨。

无论中西，伦理学既是最古老的学问，也是与世常青的学问。古老的伦理学发展到今天，存在许多最为根本的和基础的问题，这些问题集中表现在伦理学、道德学、道德哲学的混同、伦理的基础理论与方法的等同，道德与美德不分、功利与道义对立、责任与义务混淆，等等。但其症结却是对伦理学的性质定位错位，这即是人们总是擅长或者说喜欢从价值入手来定位伦理学，并以价值为依据、尺度、准则来考察伦理问题，由此很自然地忽视了人性问题和利益问题。更准确地讲，这种做法是无视人的他者性存在处境和生存状况而将伦理想象地观念化。从根本讲，伦理学不是价值的科学，而是**人性塑造的学问**。人性不是价值事实，而是天赋的存在事实。人性的存在敞开呈现出来的首要问题、根本问题、本质问题，不是价值的问题，而是“因生而活，为活而生”且“生生不息”的问题，具体地讲即存在安全和生活保障的问题，这一存在和生存的根本问题所开出来的第一要义，是“利”，即人“因生而活”关联起利，人“为活而生”也关联起利，人生生不息地诉求“因生而活，为活而生”的劳作同样关联起利。从个人言，人与人之间的爱恨亲仇，均因为利，均以利为原发动力并以利为最终之行动目的；对社会言，人与群体、人与社会、人与政府等等之间的生存纽带，依然是利，政体的选择、制度的安排、法律的制定，都以利为原发机制和最终的校准器。伦理的价值主义，架空了人性和人性存在，这种架空人性和人性存在的做法无论是无意还是刻意，都是要洗白“因生而活，为活而生且生生不息”的“利”这一原发动力和原发机制，最终导致政体选择、制度形塑、法律制定丧失人性土壤和利益这块基石，而使野心家、阴谋家任性虚构存在，使地痞、流氓、白痴、人渣、畜牲横行生活世界。

从生态理性思想出发并运用生态综合方法来检讨人类伦理，首先是走出伦理学的**科学主义和价值主义**怪圈，考察“利益”问题，于2001年完成《利益伦理》（2002），然后以“利益”为校准器，检讨制度形塑与公正的问题，于2002年完成《公正伦理与制度道德》（2003）。以此为两维视野，探讨引导国家成为“善业”并使人人能够过上“优良的生活”① 的道德应该是什么道德，于2003年完成《优良道德体系论》（2004）。以“优良道德”为判据，检讨社会的政体选择的道德基础和个人生存诉求幸福的知识基础这两个有关于道德社会的基本问题，先后完成并出版《宪政建设的伦理基础与道德维度》（2008）和《生存与幸福：伦理构建的知识论原理》（2010）。

从整体讲，如上关于“利益”、“优良道德”、“公正与制度道德”、“伦理价值构建与政体选择”、“生存与幸福”五个专题研究，仅仅是我为构建生境伦理学体系而做的“**准备性研究**”。

---

① ［古希腊］亚里士多德：《政治学》吴寿彭译，商务印书馆1983年版，第7页。

我所讨论的生境伦理，不是人们习惯性看待的“生态伦理”，而是指伦理学是引导个人和社会尽可能释放其有限理性，在境遇化生存中面对利害关系的选择与权衡时做到有边界和限度，既使自己生和生生不息，同时也使他者（他人、群体、自然物、生命、自然环境、存在世界）生和生生不息。从本质讲，伦理学是使人和人组构起来的共同体**共生存在**并生生不息的伦理知识、学问和方法，这种伦理知识、学问和方法成为引导和激励人营造共生存在之生境智慧。我所致力于构建的生境伦理学体系，就是这种性质的知识、学问和方法体系，它由上海三联书店出版的伦理体系由九卷构成，包括导论《伦理学原理》（2018）和卷1《生境伦理的人性基石》（2013）、卷2《生境伦理的哲学基础》（2013）、卷3《生境伦理的知识论原理》（2013）、卷4《生境伦理的心理学原理》（2013）、卷5《生境伦理的规范原理》（2014）、卷6《生境伦理的实践方向》（原书稿名《生境伦理的宪政方向》）（2015）、卷7《生境伦理的制度规训》（2014）和卷8《生境伦理的教育道路》（2014）。

### 3. 生态理性的验证性运用

生态理性的哲学方法是生态化综合，其所敞开的思维视野是**生态整体性**，诉求整体动力学与局部动力学的合生，具体地讲，就是在问题的拷问和理论的建构过程中，始终诉求整体动力向局部动力的实现和局部动力对整体动力的回归。仅就伦理思考及其理论建构言，即是将人性论、心理学、政治哲学、教育学统合起来予以有序探讨，并形成初步的成功。于是运用生态理性思想、方法和伦理学理论来做映证性研究，即检验生态理性思想、生态化综合方法和生境主义伦理理论是否具有可拓展运用的可能性。这种尝试研究主要从文化、环境和中国传统哲学三个方面展开。

第一个方面是运用生态理性思想、生态化综合方法和生境伦理学理论来研究文化，并不是主动为之，而是应北京大学“软实力课题组”邀请，完成其“文化软实力”课题最终以《文化软实力战略研究》（2008）出版。这种对文化软实力的思考虽告一段落，但却后来拓展到对一般文化的断断续续的思考，并于近年发表数篇文章。

第二个方面是运用生态理性思想、生态化综合方法和生境伦理学理论来检讨当世存在环境，追问环境伦理和环境哲学问题，却是源于主动为之，其契机是2008年汶川地震。在所有的宣传与说教中，地震是纯粹的自然现象，并且是无法预测的。仅后者言，地震确实无法精确地预测准确爆发的时间和地点，但却能预测出爆发的大致时间域和范围域，旱震专家耿国庆运的旱震理论及其被采用所产生的预测实绩无不表明这一点。就前者论，在人类的自然生存时代，具体地讲是在农牧时代，地震以及海啸、火山爆发、气候失律等自然灾变，都是纯粹的自然运动之呈现。但在人力改变地球状貌甚至地质结构的现代工业社会和后工业社会，气候极端失律、频发的海啸、地震等自然异动现象以及疫灾，都渗透了人力因素，是人为破坏环境的负面影响层累性积聚突破自然生态容量极限时所爆发出来的人为灾难，科学研究发现，“过去几十年，地球快速变暖，并不是太阳能量释放发生变化所致”，而是人类无节制地向大气层排放温室气体所致。[①] 在深刻维度上，环境灾害却展露出人类存在危机和人类可持续生存危机。这一双重危机首先源于人类文明对自己的伤害，具体地讲，它“是人类决策和工业胜利造成的结果，是出于发展和控制文明社会的需求”[②]。所以历史学家池田大佐和阿·汤因比才如是指出，“在现代，灭绝人类生存的不是天灾，而是人灾，这已经是昭然的事实。不，毋宁说科学能够发挥的力量变得如此巨大，以至不可能有不包含人灾因素的天灾。”[③] 基于汶川地震背后的**人力性**因素[④]和**人为性**灾难[⑤]而展开环境伦理思考，于2010年完成《灾疫伦理学：通向生态文明的桥梁》(2011)。其后，继续运用生态理性思想、生态化综合方法和伦理学的生境理论思考现代环境灾难频发的宇观因素，也即是气候极端失律的人力因素，完成环境哲学-伦理学研究四卷，即卷1《气候失律的伦理》（2017)、卷2《恢复气候的路径》(2017)、《环境悬崖上的中国》（未能出版）和卷4《环境治理学探索》(2017)，与此同时发表了50余篇环境哲学-伦理方面的论文，重在于探讨环

---

① ［美］安德鲁·德斯勒、爱德华·A. 帕尔森：《气候变化：科学还是政治?》，李淑琴等译，中国环境科学出版社2012年版，第80页。

② ［德］乌尔里希·贝克：《什么是全球化？全球主义的曲解：应对全球化》，常和芳译，华东师范大学出版社2008年版，第43页。

③ ［日］池田大佐、［英］阿·汤因比：《展望21世纪》，荀春生译，国际文化出版公司1997年版，第37—38页。

④ 卢清国：《汶川地震与三峡库区蓄水的关系》，《北京工业大学学报》2009年第4期。

⑤ 范晓：《汶川大地震下的奥秘》，《中国国家地理》2008年第6期。

境生境运动的原发机制和环境逆生态运动的生变机制和原理，提炼出环境生境运动的场化原理和环境逆生态运动的层累原理、突变原理、边际效应界原理，以及环境生态临界点和环境生态容量极限。对环境生变运动的系统性思考和理论建构，实已从环境伦理和环境哲学领域达于存在场域的自然哲学领域，为后续更为深入地和系统地展开生态理性本体问题的研究，打开了存在世界的自然之维。

环境问题，不仅是自然问题，更是社会问题，而且首先且最终是社会问题，所以，环境问题涉及自然环境和社会环境两个维度。就社会环境言，其整体的恶化态势主要由唯经济主义、唯技术主义和唯政治正确的集权主义、唯武器主义四者合生推动，最终将人类社会推进了后世界风险社会陷阱，近些年来，就唯技术主义以加速度方式造就整个人类的技术化存在现实，分别集中检讨了两个方面的问题，一是检讨以计算机为运演工具、以会聚技术为认知方法、以大数据为分析方法、以基因工程和人工智能为主要形态的生物工艺学技术给当前和未来人类带来的整体危害和毁灭性危机；二是检讨生物环境以及微生物环境的整体破坏和病毒实验带动的全球化彼起此伏的疫灾，如何从整体上改变了地球生态和人类生态而形成一种我们至今不愿正视的**疫灾化存在的生态场域**。对前者的思考所形成的文章陆续刊发出十来篇，对后者的思考所形成的系列论文却一篇都未刊发出来。在如上两个方面的尝试探讨基础上，完成了《后世界风险社会》并由上海三联书店于2023年出版。

第三个方面是运用生态理性思想、生态化综合方法和生境伦理学理论来思考中国先秦的孔子哲学，具体讲就是以生态理性思想和生境伦理理论为指导，运用生态化综合哲学方法来尝试创建语境还原的经典文本解读方法，会通理解《论语》，抉发孔子哲学的思想生成逻辑和理论体系，完成并出版《〈论语〉思想学说导论》（2019）和《〈论语〉思想学说会通研究》（200万字，2023），以为抉发本土文化之大传统即诸子思想资源以为当世文化重建打开一扇新的门窗。

## 三　生态理性之思的继步向前

以生态理性为志业，将其意愿生成为持存的思维、认知的土壤是逆生态化的环境（自然环境和社会环境）、被立体地扭曲的人性和被连根拔起的文化、传统，并在整体上重塑的荒原般贫瘠的农村，其志业意愿、思维、认知受孕于早年的生活经历和阅历，尤其是十年农民生活。展开其志业之旅的书写尝试始于 1985 年，经历两年的文论思考之后于 1987 年开始转向对生态理性问题的意识性关注。2001 年将问题思考的重心从生态理性哲学的基本问题转向人类伦理的生境问题，既是思维运动中对问题关注重心的自然转移，但更是个人生存（工作和研究）环境因素的逼促和推动。从 2001 – 2020 这 20 年间，从整体讲是围绕伦理问题展开，但具体言之，其关注重心也经历了从伦理基础理论的重建向环境哲学 – 伦理、技术哲学和中国传统哲学中孔子哲学诸领域之间的游弋，虽然其主题始终是生态理性的，但主要是对初建起来的生态理性思想、方法、理论的运用，体现面的拓展，这种研究最终将存在之间的根本问题和基础问题又以更新的和更为深度的方式焕发出来，吁求重新检视和拷问，由此形成“生存论研究”规划。

“生存论研究”规划的基本意向，是回到生态理性的基础认知和基本问题本身，对生态理性的源头问题、本原问题予以进一步澄清，在此基础上展开综合审问，由此敞开如下四个维度的“存在敞开生存”何以可能的再审问。

### 1. 生存论的形上认知

“生存论研究”关注的首要问题是生存的基础问题，分别从五个维度敞开其讨论。

**第 1 卷《书写哲学的生成》讨论人类精神创造主体的书写哲学生成何以可能。**

讨论一个一直被忽视的问题，这就是人成为一代伟大写作家的主体条件问题。这个问题被聚焦于书写哲学（或曰写作哲学），即一切伟大的写作家创作文学、探索科学、创造哲学或建设思想体系的书写哲学何以生成的社会因素和个体条件。从思维方式观，人类伟大的写作家大致可以归为两类型，一是擅长于运用**抽象性具象的**思维形式的文学家，二是擅长于运用**具象化抽象的**思维方式的科学家和哲学家、思想家。他们是运用语词语言或者是综合运用符号语言和语词语言从事存在书写的志业者。个体将自己成就为一代写作家的主体前提是具备个性人格化的书写哲学。写作家书写哲学的生成建构既以生存意向为基础，更以心灵意向为动力。前者由写作家之生活经历与人生阅历、生活变迁与自由阅读层累性生成，后者是写作家对天赋生命的意志因子、智慧因子、体质结构、气禀朝向的反身性体验、领悟和自为性觉解所生成，其原发动力是写作家的物种生命天性和人本存在天性，前者由物种本能、种族原型和个体性力构成原发性的生命意志机制，后者乃生存无意识的层累性积淀和成长无意识的创生性建构，其转换生成的必然方向是生命意志向生存意志的生成和生物无意识对文化无意识的激励，此二者有机整合生成性建构起写作家的书写哲学及精神意向。

**第 2 卷《存在敞开的书写》讨论哲学展开存在之问并建构存在之思的本性、方式及面对后世界风险社会进程的生存理性消息。**

哲学开启的存在之问，既牵涉存在**为何**存在之问，也带动存在**何以**存在之问。仅后者言，存在以敞开自身的方式存在。存在以敞开自身的方式存在，即是书写。而存在，既是存在世界的存在，也是人的世界的存在，并且，人总是以历史（自然史和人文史）性敞开的方式存在于存在世界中，而存在世界既自在，又存在于人的历史性敞开“过去→现在→未来”的不可逆进程中。哲学则屹立于过去走向未来的当世交汇点上展开世界性的存在之问并构建人的存在之思。无论存在世界或人，其存在始终敞开书写，并且，存在世界以自身方式敞开存在而书写着人，人既以自然存在的方式又以人文存在的方式敞开自身存在而书写着存在世界。所以，人与世界互为书写构成存在本身，哲学对人的世界与存在世界互为书写的存在之问构建存在之思的敞开过程，亦是存在书写。基此基本认知，首先梳理存在敞开书写的条件、源头方式及发展进程，然后从近代哲学向现代哲学方向演进切入，考察存在敞开书写的形式化道路呈现出来的时空视域与多元方式，揭示其存在敞开书写的自然之理以及整体动力向局部动力实现和局部动力向整体动力回归的认知方向。以此向前聚焦后世界风险社会的人类进程，探询存在书写运思的哲学方向，拷问人的世界性存在根基与存在世界存在的内在关联，报告**限度生存的**生态理性哲学消息。

**第 3 卷《生成涌现时间》讨论生态理性哲学的场存在论和场本体论何以可能。**

存在必然敞开自身。存在敞开自身既是存在的空间化铺开，更是时间的

**生成性**涌现。《生存涌现时间》讨论的主题是存在敞开自身的空间化铺开如何以涌现方式生成时间。对此主题的讨论主要是梳理生态理性、共生存在、场态本体、生境逻辑这四个概念，通过这四个概念内涵及其关联生成的历史的梳理来呈现生态理性哲学之认知框架和思想体系构成的四个范畴。在发生学意义上，哲学的存在之问发生于生物存在的人向人文存在的人进发的转捩点上，或可说哲学发生于自然人类学向文化人类学的萌生进程，其萌生的方式是**心觉的，**继而开出**知觉的**方式。哲学发问存在的发生学向继生论方向敞开，自然形成从天启向人为的方向演进，使理性成为哲学发问存在的基本方式，哲学发问存在的这一理性方式获得了调和心觉和知觉的功能。人为的哲学的最初形态经验理性，继而开出观念理性，观念理性对主体主义的认识论形而上学道路的开辟，必然结出科学理性（或曰工具理性）之果，推动理性回返生态理性（或曰生存理性）的本原性道路。所以，生态理性，既是生态理性哲学发问存在的思维方式，也是其发问存在的认知视域和存在姿态。从生态理性出发，生态理性哲学发问存在的主题，既不是经验存在，也不是观念存在，更不是工具存在，而是生存书写的生态存在；并且生态理性哲学发问存在的存在论，既不是“变中不变”的静态存在论，也不是“不变中变”的动态存在论，而是“变中不变”和“不变中变”**互为会通**的共生存在论。生态理性哲学的共生存在论打开场态本体论的全新视域，并获得生境逻辑的支撑。

从根本讲，卷三是通过对“生态理性”“共生存在”“场态本体”和“生境逻辑”四个概念范畴的内涵及其生成演化的逻辑推证，来重建早已被遗忘和抛弃了的存在本体论，这即是生态理性本体论，或可称之为场本体论。生态理性哲学的场本体论的内在规定是存在语义场的自生成、自凝聚、自存在、自持守。在存在场本体论中，存在语义场的自敞开的存在，即是生境存在。生境逻辑的自身规定是生境。在存在语义场中，生境属于本体范畴，是其存在场本体论的本体，存在语义场本体的内在规定性是生境；生境的本质是生，生境的本性是生生。并且，生境作为存在场本体论的本体概念，蕴含三个方面的内涵，并为解决三个维度的根本问题提供可能性。首先，生境蕴含场化的存在世界的本原状态；其次，生境蕴含场化的存在世界的生成动力；其三，生境蕴含场化存在的本质和本性。由此三个方面，生境敞开的逻辑，乃生境逻辑；生境敞开的方法，乃整体动力向局部动力实现和局部动力向整体动力回归的认知方法和思想方法。

**第 4 卷《限度引导生存》讨论人与世界共生存在视域下限度生存的实然和应然问题。**

此卷是在由生态理性、共生存在、场态本体、生境逻辑四个范畴建构起来的本体论框架和形而上学蓝图规范基础上讨论如下四个基本命题：

（1）心灵镜像视域的生成。

（2）人是世界性的存在者。

（3）自然为人立法，人为自然护法。

（4）限度生存的实然状态和必然方向。

世界原本是一个圆浑的存在整体，但因为人这种物种从自然人类学向文化人类学方向演化，原本动物存在的人踏上了人文存在的进化道路，于是世界的自身存在开出了一个人的存在，存在也因此呈现存在世界的存在和人的世界的存在。哲学的存在之间也就必然同时敞开存在世界的存在之间和人的世界的存在之间，哲学的存在之间所开辟出来的形而上学道路，同样有了人存在于其中的存在世界的本体论和存在世界存在于人的存在世界之中的本体论，卷三《生成涌现时间》，致力于讨论人存在于其中的存在世界的本体论，揭示人的存在和人的存在世界如何可能在存在世界中生成涌现，以及人的存在和人的存在世界得以生成涌现的根本标志或先决条件“时间”何以产生的原发机制和存在论动力。与此相对应，卷四《限度引导生存》则致力于讨论存在世界存在于其中的人的存在世界何以生成建构。人的自然人类学向文化人类学方向演进，或者说人的动物存在向人文存在方向生成的人的存在和人的存在世界如何从存在世界中凸显出来的前提性条件，就是人的自然人类学的**动物心灵**向文化人类学的**人文心灵**的形塑，这就是人的心灵镜像的生成。人的心灵镜像一旦自为地生成，则必然构建起人的心灵镜像视域。人的心灵镜像视域无论之于个体还是之于人类整体，都是以历史化的此在的方式或者说以“在世之中”的方式不断生成拓展，或外向的生成拓展，或向内的生成拓展，而始终生生不息地自我发展其存在敞开生存的精神意向。

人真正从从动物存在的深渊中解脱出来成为世界性的人文存在者，始终行进在路上。这就是说，人作为世界性存在者并不是一种静态的存在状态，而是一个动态生成性形塑的进程状态。在这一自我形塑的进程态中，人必须走出其存在的实然而进入应然努力，不断地拓展其世界性存在的自然面向和社会面向，必须遵从和守护的自然律令，这就是"自然为人立法，人为自然护法"。所以，"自然为人立法，人为自然护法"本身成为人的世界性存在的根本律令和法则，遵从和守护这一根本的律令和法则而存在于存在世界之中永相发展的基本努力，就是**限度生存**，这既是自然人类学的实然，也是文化人类学的必然。

**第5卷《律法规训逻辑》讨论宇宙创化的存在律法指南和规训人的智力逻辑何以可能。**

卷三存在世界的共生存在的场态本体论和卷四人的世界性存在的限度生存论构成一种自然人类学向文化人类学方向演化到底能走多远的张力问题。这一张力问题的实质即是共生存在的**本体的本体**，即其逻辑的体认和建构、遵从和运用的问题。

自然人类学向文化人类学进发的历史进程，使存在世界成为两分的世界，即自然存在的世界和人的存在世界，由此内在地呈现两分的逻辑，即存在世界的**存在逻辑**和人的世界的**人力逻辑**，可以将前者称之为存在世界的**存在律法**，将后者称之为人的世界的**智力逻辑**。由于自然存在的世界和人的存在世界是互涵的，即人的存在世界存在于自然存在的世界之中，自然存在的世界亦部分地存在于人的存在世界之中，存在世界的存在律法与人的世界的智力逻辑之间也就必然地出现合与分的问题，这种合与分的问题的实质表述是：到底是由人的智力逻辑来统摄存在世界的存在律法，还是由存在律法来规训人的世界的智力逻辑？这就涉及一个根本问题，即到底是存在世界创造、养育了人类物种，为人类物种从自然人类学向文化人类学方向持续进化提供了土壤、条件、智慧、方法？还是人的世界创造、养育了存在世界，为存在世界持续地存在敞开提供了土壤、条件、智慧和方法？这个问题答案显然是前者。因而，存在世界的存在律法构成人的世界的智力逻辑的源泉、准则、规训、原则，也规定了人的智力逻辑对人的存在世界和宇宙自然世界的运用范围。基于如此基本认知，卷四《律法规训逻辑》首先讨论了人类的智力逻辑的来源生成及其建构和发展，具体分析知识探究（主要着眼于科学和哲学）的逻辑、思维规律的逻辑和生存规则的逻辑建构与发展的准则、原理、特征、功能、局限，以及无限度地运用智力逻辑来服务人的存在所造成的根本局限和这种局限如何形成对人类存在歧路的开辟，对人类当代之根本存在困境和生存危机的制造。在此基础上讨论存在世界的存在律法，着重探讨存在世界的自然的律法、人文的律法、社会的律法，以及此三大律法的融贯与会通对智力逻辑的引导和规训，如何可能引导人类重建继续安全存在的新文明。

2. 生存的人本条件

**第 6 卷以“意义和价值生成”为主题讨论人得存在的本原意义及其价值生成。**

从本质讲，意义和价值对于存在世界本身并不具有本原性，因为意义和价值并不是造物主创化世界所成，而存在世界继创的产物，即意义和价值是后来生成的。以此观之，存在世界即是存在世界本身，不存在意义和价值的生成问题；并且，人处于自然人类学状态，也不存在意义和价值的生成问题。只有当自然人类学的人获得文化人类学的趋向、态势、特征并进入持续演进的进程之中，意义和价值的生成才在世界中产生。所以，意义产生于人的自然人类学向文化人类学方向演化，具体地讲，意义产生于人的动物存在向人文存在的努力。但意义的源泉却是存在世界本身，是人的自然人类学本身。

以存在世界（包括人的自然人类学）为源泉，意义构建起人的世界蓝图的内在框架，也可说意义构建起人的世界的基本格局，而充盈这一内在框架并撑起起这一基本格局的内容却是价值。价值是意义的实项内容，但意义却是价值的来源，没有意义，不可能有价值，所以，意义生成价值，价值呈现意义。将存在世界、意义、价值三者贯通形成存在之整体的却是**事实**本身，即人的存在世界这一存在事实和宇宙自然世界这一存在事实。

**第 7 卷以“信仰及善恶朝向”为主题讨论人的存在信仰敞开或遮蔽如何生成其生存论的善恶朝向。**

以存在世界为源泉，构建以事实为依据，以意义为框架和以价值为基本格局的人的蓝图。必然涉及信仰和善恶。人从自然人类学走向文化人类学而生成意义，意义的充盈形式和呈现形态是价值，价值的本质内涵也即是意义的本体，是信仰：赋予意义框架以实项内容的是信仰，信仰充实意义使意义成为意义，并赋予意义以**自持存的**不变方向和坚韧气质。信仰的自为坚守，创造价值；信仰的自为极端、信仰的人为异化、信仰的自我迷失，此三者从不同扇面解构价值。因而，价值的守与失、正与邪，必生发出善恶。从表面讲，价值创造出善恶，善恶构成价值的表征；从本质论，信仰既生成价值，也生成善恶。因为信仰有正邪之分，守正的信仰创造正价值，敞开为善；邪恶的信仰创造负价值，敞开为恶。

从本质讲，善、恶既不构成一一对应的关系，也不构成必然的关系。**恶是善的意外，而非善的必然**。因为善守正的信仰是人对存在意义的张扬和对生存价值的实现，信仰的迷失和信仰的异化（信仰的绝对化、极端化是信仰异化的基本形态）才造成人的世界——包括个人存在和社会存在——的世界的**精神病理学**，人的存在及其敞开一但形成精神病理学特质，必然丧失存在的人本意义而扭曲或歪曲价值，沦为恶报。以是观之，善恶之间虽然不构成一一对应的必然性，但却潜伏着**相互转换**的或然性，即开出"由善而恶"或"因恶而善"的可能性。这种或然性或能性均需要追溯到信仰本身，因为信仰的正邪，构筑起心灵与精神的分野：守正的信仰是心灵性质的，生成心灵之善；失正从邪的信仰属于精神学的，生成病理之恶。从来源讲，病理学之恶生发于两类情况，一类是由**信仰的迷失**造成，一类是由**信仰的邪恶**造成。病理学之恶，既可以暴力方式呈现，比如政体、制度及其结构的暴力方式，武装的暴力体系方式和语言的暴力方式；也可以非暴力方式呈现，平庸之恶、习俗之恶、传统之恶、社会风气之恶和善良意愿之恶等，却构成非暴力之恶的主要方式。

从存在的在场性和存在的历史性两个方面拷问，信仰和价值的病理学方式造就了人间的暴力之恶和非暴力之恶。从本质言，无论是暴力之恶还是非暴力之恶，实是信仰和价值的**病毒**。信仰和价值的病毒一但产生，就会传播，就会传染。病理学之恶传播和传染的总是社会化的，这种社会化传播和传染的方式不仅腐蚀伦理，颠覆道德，而且可选择邪恶政体，并通过制度、法律、教育、市场和分配等社会机制而加速传播和传染其信仰和价值的病毒，最终将人沦为工具，进而将人作为**耗材**而任意处置，形成社会化的工具之恶和人的世界的耗材之恶。

**第 8 卷以“尊严形塑人的存在”为主题讨论人之尊严存在的生存论形塑及方法。**

人从自然人类学向文化人类学进化，产生人的存在意义，必通过信仰、价值、善而获得书写，其书写过程的实质性努力，是既要避免信仰的异化和迷失，更要防范价值的失范或扭曲而陷入精神病理学之恶的深渊。但仅人的存在个体言，其意义的生成，信仰的确立和价值的构建要避免滑入病理学之恶的深渊而持守人的存在，其基本努力就是创造和守护尊严，因为尊严构成形塑**人的存在**的根本方式。

人作为个体是渺小的，但却是神性的和神圣的，因为人的生命得之于天，受之于地，承之于血脉而最终才形之为父母，所以人是天地神人共创的杰作。人无论出生贫富，都具有天赋的神性和神圣性，这是人以尊严的方式存在于世界之中的根源，也是人以尊严的方式存在于苍天之下和大地上的底气。不仅如此，人原本是物，属自然人类学，但却自为地走出一条与众生命和万物根本不同的路，那就是以自然人类学为起步开出了文化人类学方向，使个体的人从动物存在持续地进化为人文存在。人的人文存在相对万物存在言，它汇聚并会通了造物主的神圣和存在世界的神性，而使自己成为神性的和神圣的存在。所以，人以尊严的方式存在，不仅拥有自然基础，更有人性依据，还有人自身的天赋条件。

天赋人尊严地存在的条件，就是人拥有生命并成为人的**个体权利**。

从根源、依据、条件三个方面讲，人从自然人类学走向文化人类学，从动物存在成为人文存在，应该完全拥有尊严而尊严地存在，但实际的存在并非如此，这源于人的先天的缺陷和后天的局限。人的先天的缺陷，体现在人是个体的、有死的而且是需要并非现成的资源滋养的生命存在，所以是人是弱小的、有限的。人的后天的局限，体现在人永远不能真正解决存在安全和生活保障的问题。由此两个方面形成人必须互助智 - 力才求得生存，因而必须组建社会。人的社会的产生，源于人致力于解决存在安全和生活保障的努力本身构筑起社会必然成为不平等的根源。由此，等级、强权、暴力伴随社会，由政治、财富、知识形塑的权威主义必然导致人的尊严失迷；更根本的是，由暴力生成的生物主义强权，往往造成人的尊严的全面沦陷。所以，人要能够形塑尊严的存在，必须从根本上解决**人的**生物主义和权威主义，恢复人能够从动物存在的深渊中走出成为人文存在的人的权利。

**第 9 卷以“平等保障生存自由”为主题讨论尊严存在的人敞开生存、诉求自由和幸福的根本条件。**

讨论人从动物存在的深渊中走出来成为人文存在的人，应该享有的根本的人的权利是什么。

从存在世界中开出的人的世界，实是自然人类学对文化人类学的开辟。自然人类学开辟出人文化人类学，就是人从动物存在的深渊中走出来成为人文存在的人。**人的人文存在必须用尊严来形塑**，这表明尊严虽有自然的依据、人性的依据和自身的条件，但它却不是天赋，而是后天**人为的努力**。尊严的后天人为性质和努力方式，将权威主义和生物主义凸显了出来，突出人的存在权利的重要和根本。用人的存在权利来抵制生物主义和解构权威主义，构成尊严形塑人的存在的根本方法。

人的存在权利涉及方方面面，但根本的方面有二，一是平等，二是自由。相对而论，平等是自由的绝对前提，自由是平等的实现方式。其它所有的权利由此衍生出来并回归于此。

平等的问题发生于人的存在，属于人的存在世界问题，但平等的土壤、平等的根源、平等的依据却来源于造物主创化的存在世界：造物主创化的存在世界既敞开四面八方，也涌向四通八达。存在世界的四面八方性和四通八达性生成存在世界自身存在敞开的场化运动，存在世界存在敞开的动态化运动，构成平等的土壤；场化运动的存在世界的共生存在方式，构成平等的根源，存在世界自生生它的生生本质和生境逻辑，构成平等的依据。正是因为存在世界构成平等的土壤、根源、依据，平等之于人才获得了天赋性。

平等既是神圣的，这种神圣性注释了人的存在意义，并通过信仰来定型并以价值来显现。

平等又呈现永恒性，这种永恒性既有其自然的来源，更因为人的存在境况本身。这就是天赋的平等落实在人的文化人类学进程中，就是根本的不平等。这种根本的不平等不仅是生存论的，首先是存在论的。所以，从不平等的实然存在出发展开平等追求，客观地敞开存在论、生存论和实践论三个维度。

在存在论意义上，不平等来源于个体和社会两个方面：就个体言，不平等根源于出身、天资、环境、造诣四大因素。从社会讲，不平等构成社会的本质，也成为社会的本体结构，即社会是以不平等为准则构建起来的，并以不平等为依据而运作的。

存在论的不平等，必然落实在生存的方方面面而生成出生存论的不平等。生存论的不平等，既可是个人之为，更源于社会之为，并且主要的是来自于社会之为。具体地讲，社会形塑社会的生存不平等才造就出个人的生存不平等。社会形塑社会生存不平等和个人生存不平等的实质方式，是通过选择政体、生成制度，建构法律和编制规程体系并最终通过国家机器和语言两种基本工具来实现的。在生存论的不平等框架下，才形成实践论的不平等。实践论的不平等的具体呈现，从个体言，就是出身、天资、环境、造诣的无限度张扬；从社会讲，就是来自四面八方和四通八达的被规定性和被规训化，包括教育、择业、劳动、分配、消费和言行等方面的被规定性和被规训化。

存在的不平等是宿命的。在不平等的存在宿命框架下，诉求平等构成人的存在的根本权利，这根本权利的享有通道，只能是生存论的构筑和实践论的形塑。这种构筑和形塑也潜伏着四面八方的或然性和四通八达的可能性，但它却集中集聚于诉求六个基本方面，它以尊严地存在为目标，诉求人格平等，起点平等，机会平等、原则平等和构筑运作原则的机制平等，由此努力最终诉求尊严平等而实现尊严地存在。

**第 10 卷以“自由创造美生存在”为主题讨论人的存在自由和自由存在的善美敞开。**

如果说人格、尊严、起点、机会、原则和运作原则的机制平等，构成人人拥有天赋权利而生存的根本保障，那么自由权利的平等配享却是人人创造美化生存的保障。

在人的存在权利体系中，作为根本的存在权利之平等和自由，虽具有生成论的逻辑关联，但其之于个体之人和由个体之人缔造出来的社会而言，根本功能和作用是各有其别的：**平等是保障生存的，而自由是创造生活的，**具体地讲，自由是创造美的生活的根本权利。

自由之于人和社会，是最为古老而常青的问题。但在过去，思想家们更多地将对自由的热情置于实践的论域，并更多地予以政治学的探讨，由此使自由问题成为生物主义和权威主义的最为敏感的问题，也成为病理学之恶得以泛滥之源，即生物主义和权威主义总是任性地自由，是从政治出发用强权来定义他们的自由和规训社会与众民的自由。但就其本身言，自由，既是一个存在论问题，也是一个生存论问题，最后才是一个实践论问题。实践论的自由问题，本应该以生存论的自由为指南并必以存在论的自由为依据；并且，实践论的自由，始终是政治学性质的。要使政治学性质的实践论的自由获得尊严、人格、起点、机会、原则和运作原则的社会机制等方面的人人平等的性质规定，并发挥其如此性质规定的创造美生的功能，必须先立其存在论的自由依据和生存论的自由界标。

自由和平等一样，在本原意义上不是由人来确定，而是由造物主的创造所书写，因为自由是属存在世界的，是存在世界的自身方式，也是存在敞开自身的具象方式。存在世界以自身方式敞开存在，即是自由。造物主创化存在世界以同样的方式赋予存在于存在世界中的存在者以自身方式敞开存在，所以，造物主的创造中，存在者同样享有存在的自由。人类物种是存在世界之一存在者，它以自然人类学的方式敞开存在，亦是自由地存在。在造物主的创造中，存在世界以自身方式敞开存在的自由，即是自身的本性使然，存在世界中的存在者以自身方式敞开存在的自由，同样是自身本性使然。自然人类学的人向文化人类学方向敞开，而使动物存在的自己从黑暗的深渊中走出来而显发为人文存在，同样是自身存在本性使然，这即是其自然人类学的存在本性向文化人类的存在本性生成使然。作为文化人类学的人的存在本性，就是意识地觉醒自身存在的他者性中“**有权如此**”地存在，这种“有权如此”地存在的自由即是绝对自由。“有权如此”地存在就是人从自然人类学向文化文类学方向进发的存在自由。

人的存在自由源于天赋，是天赋的人权。天赋人权的存在自由之于自然人类学的人，是与所有存在者一样遵循造物主的创造本性而一体的地存在，自然不会产生存在自由的**裂痕**，更不会出现其存在自由的**破碎**。人的存在自由生发出问题，出现裂痕并敞开破碎，完全在于人从自然人类学向文化人类学方向进发途中所生发出来的意识将以自身方式存在的本性膨胀，使其“有权如此”地存在突破了**他者性**的存在边界，为解决这一存在意义上的裂痕和破碎，只能抑制意识对本性的膨胀而诉求其存在敞开“**只能如此**”地生存。人的存在敞开只能如此地生存的自由，就是生存论的自由。人的生存论的自由，就是**以他者性为界**（他人、他物、他事以及它种存在环境）的自由，这种以他者性为界的自由，就是相对自由的**己他权界**的自由和**群己权界**的自由。这种以他者性为界的己他权界的自由和群己权界的自由落实在生活运动中——更具体地讲，落实在人与人生活在一起的言行中——就是**权责对等**的自由和**公私分明**的自由。

以他者性为界的生存论自由，从人与人和人与群（群体、社会）两个维度规定实践论的自由，落实在个体（个人、群体、权力组织、政府）的实践运动中，就是**生活的自由**。生活的自由，不仅是相对的自由，而且是内涵清晰、边界明确的自由，这即是**有责务的**自由和**有节制的**自由。这种以责务和节制为本质规定的生活的自由，一旦忽视、遗忘或强行拆除了权责对等的责务和公私分明的节制，就会滑向“有权如此”地存在的绝对自由。在生活世界里，能够独享“有权如此”地存在的绝对自由的人，只能是少数人，但它必然是以绝大多数人丧失相对自由的权利为前提条件。所以，在生活世界里，当“有权如此”地存在的绝对自由得到表彰性认同或成为“合法”时，则是生活大众的“只能如此”地生活的相对自由也即是有责务和节制的自由全面丧失的体现。这种人为地丧失其以责务和节制为本质规定的相对自由的基本环境，总是通过政体选择、制度生成和法律构建来呈现，来保障，来实现。因而，在生活世界里，人若要能获得平等的保障而创造美生的存在自由，却需要通过政体、制度、法律来奠基。所以，在以他者性为界的生活世界要开辟美生存在的自由生活，不是个人所能做到的，需要“众人拾材”的努力共同清算生物主义和权威主义，前提是人人自觉地**自我医治**病理学的精神，诚心诚意地抛弃平庸之恶。因为生物主义和权威主义生产的精神病理学，总是传播垄断和谎言的病毒并传染平庸之恶。

### 3. 生存论的善业基础

**第 11 卷以“国家的善业基础”为主题讨论国家为何是善业和国家回归善业本原何以可能。**

有关于“国家”，有两种认义，一是亚里士多德的定义，他在《政治学》中明确定义城邦（即国家）是一种善业，指出人们创建城邦国家的目的就是促使人人能过上“优良的生活”。二是马克思主义将国家定义为“暴力工具”和“压迫机器”。若对这两种“国家”定义予以选择，或许其民生者会取前者，权威者会取后者。但无论取向前者还是取向后者，都将如下基本问题凸显了出来：

第一，何为国家？或曰：国家是做什么的？

第二，国家何由产生？或曰：谁缔造了国家？

第三，国家得以缔造的依据何在？本体何在？本质何在？

第四，谁可以支配国家？或曰：谁才是国家的主人？进而，谁有权代表国家？

第五，何为正常的国家？或曰：正常国家的构成条件有哪些？

第六，如何使国家正常？进而，怎样使国家始终保持正常状态？

第七，在正常国家里，经济权、知识权、教育权、政治权（包括立法权、行政权、司法权）、媒体权如何有限度和有边界地配置，实现高效率地运作以保障人人存在安全、人人平等生存、人人生活自由和幸福。

如上构成第 11 卷所讨论的基本问题，并以期通过对如上基本问题的严肃讨论而可清晰地呈现以存在律法（自然的律法、人文的律法、社会的律法）为依据、以天赋的人性为准则、以人类文明为指南、以“生存、自由和幸福”为目的善业国家样态及其回归之道。

**第 12 卷以“文明牵引文化何以可能？”为主题讨论文明对文化的牵引和文化对文明的进阶何以可能。**

在习惯性的和感觉经验性质的认知传统中，文化和文明是等义与互用的，但实际上，文化与文明有根本区别：

文化，是人的自然人类学向文化文类学方向演化的成果，这种成果可能是形态学的，也可能是本质论和本体论的。英语 culture 源自拉丁文 cultura，而 cultura 却从其词干 Col 而来，Col 的希腊文是 Con，表农夫、农业、居住等义。所以 culture 一词指农夫对土地的耕作，并因其耕作土地而定居生活，亦有培育、训练以及注意、敬神等含义，后来引伸出对人的培养、教化、发展等内涵。归纳如上繁富的内容，“文化”概念的原初语义有二，一是指人力作用于自然界（具体地讲土地），对自然事物进行加工、改造（具体地讲是耕作土地，种植并培育庄稼），使之适用于自己（具体地讲是生产出粮食以养活自己）。二是指人通过以己之力（比如耕作土地培育庄稼、饲养家禽并驯化动物）作用于自然界或自然事物的行动同时实现了对自身的训练，使自己获得智力发展并懂得其存在法则（比如自然法则）和掌握生存规律（比如人互借智－力地劳动和平等分享劳动成果等）地谋求生存、创造生活。要言之，文化即是**改变**（对象或自己）的成果，它可能是好，也可能不好，更可能成为坏。“五毛”们所从事的文字书写工作，却每天都在实实在地创造着文化，但其创造出来的文化，不仅不是好的，而且还是坏的。不好的文化，不是文明；坏的文化，更远离文明。只有蕴含文明内容和张力的文化，才是好的文化。

所以，**文化不等于文明，文明只是文化的进步状态**，只有蕴含一种进步状态和进步张力的文化，才是文明。

并且，**文化史也不等于文明史**。在存在世界里，只要人类存在，只要民族存在，其文化就不会中断而天天创新。文化创新是文化的本性，只要文化存在，只要活着的人还运用文化，文化就无时不在创新。但文化并不能保证文明，文化创新也不保证其有文明的诉求和文明的内涵，所以，**文化不会中断，但文明却可能中断，甚至常常中断**。这种现象在人类文化史和民族文化史中比比皆是。

文明，是文化的进步状态。从文化到文明，其根本区别不在“文”，而在于**由“化”而“明”**。“明”的甲骨形式、、、，“从日，从月，象意字，日月为明。本义是光明。”卜辞义为“天明意。‘其明雨，不其明雨’。”① 所以，《说文》释“明，照也。从月从，古文明从日。”无论甲骨文，还是《说文》，“明”字均表示自身乃日月所成。日月乃天之具体表

① 马如森：《殷墟甲骨文实用词典》，上海：上海大学出版社2008年版，第165页。

征：天者，宇宙、自然、存在，相对人、人类言，它是存在于人和人类之外并且使人和人类必须伫立其中的存在世界。所以，“明”作为“天明意”，是指宇宙、自然、存在世界通过日月照亮，并以“明”的方式彰显天的意志、宇宙的力量和自然的法则，指引人和人类按照天意的方式存在。《尚书·舜典》“濬哲文明，温恭允塞。”孔颖达疏：“经天纬地曰文，照临四方曰明。”① 其后，《易传·干·文言》曰“见龙在田，天下文明。”孔颖达疏“天下文明者，阳气在田，始生万物，故天下有文章而光明也”。《舜典》和《易传》关于“文明”的这两段文字可为互文，从四个不同的方面定义了何为“文明”。首先，文明是**对人的教行**。人（从动物到人）的本质（而不是形态、形式）的和本体的改变，是通过教行来实现。其次，文明以律法为本质规定，并以律法为指南。具体地讲，文明作为以教行改变人的根本方式，其最终依据是宇宙律令，自然法则和万物生长的原理，这就是“经天纬地曰文，照临四方曰明”的理由和“天下文明者，阳气在田，始生万物，故天下文章而光明也”的原因。其三，文明需要先行者，即以宇宙律令、自然法则和万物生长的原理为依据对人施以教行，使之成为人的前提，是必须“天明意”，即使自己明天意：**只有明其天意的人，才可施教行**。用宗教语言表述：文明需要天启者；用现代语言表述：文明需要先行者，文明始终是先行者的事业。其四，文明构成文化的指南的具体方式，就是文明先行者指引人的存在明天意、人的生存守律法，人的生活有边界，人的行为有限度。

以此观之，人的存在世界更需要的是文明，而不是文化。因为野蛮也可能创造文化，流氓同样可以创造文化，愚昧更可以创造出文化来，而**文明总是抵抗野蛮、消灭流氓、解构愚昧的社会方式和人类方法**。

**第 13 卷以“教育与律法、人性和文明”为主题讨论教育何为和何为教育及形塑人性的可能性条件。**

比较而言，文化的创造更多地充盈功利、实利甚至势利，并有可能呈非人性、反道德取向；与此不同，文明的建设，始终需要祛功利、实利、势利。文明是人性的光华，呈道德和美德的光辉，它需要教育的入场。

---

① 阮元校刻：《十三经注疏》，北京：中华书局 2008 年版，第 125 页。

教育历来被定义为“传道，授业，解惑”，这一教育观念在近代得到了全面的确立，那是因为近代以来的教育更加宣扬**知识的**教化和**技能的**训练。其实，如此定义和规训教育，已从根本上解构了教育本身，使教育丧失了它自身的本性。因为这种性质的教育全面贯通了功利主义、实利主义甚至势利主义，并且是以文化知识为根本资源。

真实的和真正体现其自身本性的教育，只能是以存在世界为源泉，以存在律法为依据、以人性为准则，以**文明知识**为根本资源。要言之，教育的自身本性有三：一是**律法主义**；二是**人性主义**；三是**文明主义**。由此，对教育的理解和界定，既可以从遵从律法角度来定义，揭示教育就是引导人学会遵从律法而存在；也可以从人性再造角度来定义，突出教育就是训练人进行人性再造而共谋生存；还可以从会通文明知识角度来定义，强调教育就是激励人会通文明知识而服务生活。但无论从哪个方面切入来定义教育，都是实现使人成为人和使人成为大人。为此，讨论教育和探索实施教育，其首要前提是澄清如下四个基本问题：

（1）何为教育？这个问题涉及世界存在与人的存在问题，具体而言，涉及到自然人类学与文化人类学的问题。

（2）为何教育？这个问题涉及到人的动物存在与人文存在的问题。

（3）如何设定教育的目的？这个问题涉及人的存在本体论和生存论。具体地讲，首先涉及人在宇宙中的地位，人的神性存在；其次涉及人为何需要尊严地存在；其三涉及人在不平等的存在世界里诉求平等和自由的美生生活如何可能的问题。

（4）教育的正常展开需要哪些基本条件？这个问题首先涉及教育的本性和教育的异化，其次涉及国家的定义和定位问题；其三涉及文明的建设和文明如何可能形成对文化创造的引导与净化。

**第 14 卷以“知识分子的形塑”为主题讨论技术化存在和实利主义生存场域中知识分子形塑何以可能。**

知识分子的形塑问题实由两个具体的方面构成，即知识分子的自我形塑和知识分子的社会形塑问题。对这两个问题的澄清，涉及一个前提性问题，那就是国家社会和人类社会为何需要知识分子？这个问题总是被另一个问题缠绕和困惑，那就是谁是历史的创造者？或者（1）谁是文明的创造者？和（2）谁引领或推动了历史的进步和文明的前进？

如果民众可以创造历史，或者民众有能力推动历史的进步和文明的前进，实是可以不需要知识分子，或者知识分子是可有可无，所以，采取权威主义和生物主义的双重方式来解构性矮小、软骨性诬化甚至从肉体到精神灭绝知识分子，是完全可行的，也是必要的，而且还应该是“合法”的。反之，如何创造历史或者说推动历史进步和文明前进应主要由知识分子来担当，那么，人类世界可以允许任何阶层堕落，也不能允许知识分子堕落。因为知识分子的堕落意味人的世界重新沉沦到自然人类学的黑暗的渊谷，更意味着人从人文存在重新倒退到动物存在，倒行逆施其绝对自由的丛林法则指导生活。

从历史观，历史的进步是以文明的前进为标志。而文明的产生和前进都需要先行者。这个先行者就是知识分子。作为文明先行者的知识分子，之所以有存在的依据和不可或缺的理由，就是文明需要教行。文明对教行的需要，则需要知识分子来担当和施行。知识分子担当和践履教行的基本方式有三：一是教育；二是探索真理、创造知识；三是道德的表率和激励。

因而，当历史进步和文明前进需要知识分子，当教育、真理探求、知识创造和道德表率与激励需要知识分子，知识分子的形塑问题就呈现出来成为至为紧要的人类存在论和社会文明论问题，这个问题落实在知识分子本身，就是知识分子的自我形塑和知识分子形塑社会的问题。

知识分子的自我形塑需要诸多条件，但主要条件有三个方面：

一是个人方面的，即作为知识分子“不应该成为什么”和“应该成为什么”两个方面，具体到日常生活中，就是“不当为什么”和“当为什么”，对这两个方面的界定和澄清，才可“当为而必为”和“不当为而必不为”。

二是社会方面的，即社会在政体选择、制度生成、法律构建等方面形成善待、尊重、激励人成为知识分子的环境。这涉及社会对“人”的基本定位和人与社会、国家的本原性关联。

三是历史、文化、传统的祛虚构和净化。祛虚无主义和净化的历史、文化、传统是形塑知识分子的基本土壤，也是形塑知识分子的重要社会方式。

**第 15 卷以“知识、学术与大学”为主题讨论知识分子不可取代的独立工作如何形塑人的进化和社会文明。**

知识分子之可以作为独立的社会阶层而存在，在于它具有其它阶层不能取代的独特性，这种独特性就是**创造**。知识分子的创造最为集中地铺开为三个方面；一是创造知识，为此而必须探索真理，解构遮蔽；二是创造学术，为此而必须弘大批判的学问，抵制意见的奴役，克服思想的瘫痪；三是创造大学，为此而必须遵从存在的律法，追求普遍的道理，张扬创造的个性，鼓励自由的探索。

知识分子创造大学的努力，是使大学本身成为创造的方式，创造的中心，创造的动力源泉。

大学之成为大学的根本性质和自身本分，是能够立定“四不服务”的阵脚，即不服务宗教，不服务政治，不服务经济，不服务就业。大学一但成为**服务器**，变成服务宗教、政治、经济和就业的**工作站**，大学则不复存在，即或是它具有其硬件齐全的设施和阵容庞大的形式结构。

大学保持创造的基本面向，是追求**存在真理**和创造**知识理性**。

大学也肩负服务的职能，但却是以探求存在真理和创造知识理性的方式来展开对人的服务，即服务人的**人性再造**，服务人的**心智成长**，服务人的存在自由和生活幸福。

知识、学术、大学，此三者因为知识分子而自为弘大，构成文明的象征。文明即是知识、学术和大学，它的土壤是思想，灵魂是信仰，准则是存在的律法。知识、学术、大学因为知识分子而存在、而创造和发展、弘大和繁荣。所以，知识分子是文明的主体，大学是文明的核心阵地，知识和学术、是文明的形态和光辉；而存在律法、信仰和思想，是文明的源泉。

### 4. 生存论的美学智慧

**第 16 卷以“美的存在”为主题讨论人的美生存在的依据和基础。**

美的存在论问题，是美的形而上学问题。

美的形而上学问题，是从哲学的形而上学发散开来的问题，它的基石由哲学发问存在所构筑。

哲学发问存在的形而上学的核心问题，是存在何以存在的本体论问题，由此形成美的形而上学的核心问题，亦是美何以为美的本体论问题。

美的存在论问题也涉及两个世界的存在，即存在世界的存在和人的世界的存在。

美之于存在世界的存在论，实是存在世界（具体地讲存在事物）以何种方式敞开自身存在？对它的拷问揭发两个方面：一是存在世界的存在之美敞开为简单与复杂之美；二是存在世界的存在之美敞开对称与非对称之美。由此，复杂创造简单和简单创造复杂，构成美的存在论源泉。

美之于人的世界的存在论，即是人的世界以何种方式敞开自身存在？对它的发问必然凸显出两个维度四个方面的存在之美：（1）物在美和人在美；（2）知识美和原则美。

美的存在论的探讨必然铺开美的本体论，无论是存在世界的简单创造复杂的存在之美，还是复杂创造简单的存在之美，或者人的世界的物在之美和人在之美，或者是知识之美和原则之美，其本体之美都是场态之美和场域之美。其本体的本体之美，必是以生为原发机制、以生生为动力之源的生境逻辑之美。

造物主创化的以宇宙自然为宏观构架并以生命为实存样态的存在世界，就是它自身，它融通铸造真善美的律法于自身的内在神韵。只有人这种生命样态从自然人类学向文化人类学方向演化而推动动物存在的人从黑暗的深渊中走出来成为人文存在的人的这一过程中，构筑存在世界之内在神韵的真善美才因为人的意识的生成及自为弘大而获得了人为的“分”并立意于诉求意识地“统”。由此，美的存在论自然地生发其主体存在论。

美的主体存在论所必须讨论的核心问题有三，一是美的主体存在的发生学机制；二是美的主体存在的心灵学动力；三是美的主体存在的意向性方向。

**第 17 卷以“美的形式”为主题讨论存在之美敞开自身的形态学。**

存在，无论是存在世界存在，还是人的世界存在，其存在敞开即是书写，而存在书写必然形式化。存在书写的形式化呈现即是形式。形式化存在书写的形式，始终是“**有意味的形式**”。

形式的有意味性，源于对存在世界的形式化。形式化将存在世界化为美的形式的“意味”内容，既可能是存在世界的本真性，也可能是存在世界的本善性，更可能是存在世界的本美性，还可能是存在主体的心灵意向，以及存在主体敞开存在之问的情欲之美、思想之美、灵性之美或神性之美。

存在世界的实存样态是生命，生命书写自身存在的形式化努力所生成的“有意味的形式”，可归纳为三大类：

第一类：存在世界敞开书写的有意味的形式，它广涉存在世界敞开自身的方方面面，但最为紧要的方面有五：

（1）材料的“有意味的形式”。

（2）光与色的“有意味的形式”。

（3）时间和空间的“有意味的形式”。

（4）制造物的“有意味的形式”。

（5）确定性与非确定性的“有意味的形式”。

（6）存在之场敞开其四面八方和四通八达的“有意味的形式”。

第二类：人为书写的存在世界敞开有意味的形式，它同样涉及人的存在的方方面面，但最基本的形式之美有六：

（1）声音的“有意味的形式”。

（2）语言的“有意味的形式”。

（3）符号的“有意味的形式”。

（4）语词的“有意味的形式”。

（5）组织与结构的“有意味的形式”。

（6）秩序与混乱的“有意味的形式”。

第三类：主体性敞开的有意味的形式，它也涉及存在主体的方方面面，但最主要的形式之美有六：

（1）情感生发的“有意味的形式”。

（2）想象敞开的“有意味的形式”。

（3）心灵镜像视域敞开的“有意味的形式”。

（4）自由表达的“有意味的形式”。

（5）思想创造的“有意味的形式”。

（6）知识生成与理论构建的“有意味的形式”。

**第 18 卷以“美的生活”为主题讨论存在之美的生活形塑。**

存在之美的生活形塑，也可称之为生活形塑的存在之美。

美的生活问题，涉及三个基本方面，一是人的生活何美之有？二是人的生活何以需要美？三是人的生活美在何处？

讨论“生活何美之有”，必然牵涉出自然人类学的人走出黑暗的深渊向文化人类学进发和人从动力存在上升为人文存在的存在“意义”。意义构成人的生活之美的源泉。

拷问“生活何以需要美”，必然牵涉出人的本原性的存在处境、状况和何以可能在其存在处境、状况中自持地存在的信仰、希望、爱。因为在最终意义上，唯有信仰、希望、爱的合生才煸旺自由存在的持存、坚韧、坚守。因为，美是自由的象征，美更是自由的追求、行动、守望。而这，恰恰是生活的本质构成，亦是生活的本质力量。

追问“生活之美在何处”，必然从存在意义本身出发，以因为自由而信仰、希望、爱本身而回归生活自身：生活之美在生活本身，生活之美在生活之中，生活之美在生活的经营、生活的创造和生活的全部努力和所有行动的过程之中，但首先且最终在身体之中，在身体的敞开与行动之中。

生活之美无处不在。有生活，就有美。经营生活，就在经营美，创造生活，就在创造美。并且，生活的想象，创造想象之美；生活对存在的记忆，创造记忆美；对存在的遗忘，创造遗忘的美。生活的完整，是生活的完美；生活的残缺，亦呈现生活的残缺之美。残月之于人的生活，既是残缺之美，也是期待和想象完美之美。

**第 19 卷以“生态修辞的美与恶”为主题讨论生态修辞的美的哲学问题。**

生态修辞是存在敞开生存的基本方式，所以，生态修辞既是一个存在论概念，也是一个生存论概念，更是一个生活论概念。但无论是存在论意义的生态修辞，还是生存论和生活论意义的生态修辞，都是形式化的，并通过形式化而获得“有意味的形式”，所以，生态修辞也是美学的。

美学的问题，既是美的问题，也丑的问题，前者呈现真善和利义取向的自由，或可说美的存在本质是真，美的生存本质是善，美的生活本质是利义取向的相对自由。后者呈现假恶和欲望取向自由，或可说丑的存在本质是假，丑的生存本质是恶，丑的生活本质是利欲望取向的绝对自由。

由此，生态修辞涵摄了真善美利义和假丑恶欲望，但生态修辞首先是创造，既可创造真善美利义的限度自由，更可创造出假丑恶欲望的无度自由。

生态修是存在的智慧，这种智慧的源泉是存在世界的本体之场，原发于造物主对以宇宙自然为宏观样态、以生命为实存样态的存在世界的原创之生和继创之生生。生态修辞这个存在的智慧被人运用于生活的构建，就演绎成为根本的和普遍的方法，广泛地运用个人生活和社会运动的方方面面，其中最为根本的方面，就是政治、经济、教育、文化和生活交往交流等方面。

生态修辞运用政治、经济、教育、文化等领域，既有实体的方式，也是虚体的方式，前者主要通过政体、制度、法律、组织、结构、秩序、规程和教化（观念、内容、方式、方法）、宣传、伦理、道德等社会方式来实现；后者主要是通过语言来实现。而在更多的时候是对其实体方式和虚体方式的综合运用。这种综合运用既呈现柔性的取向，更可呈现暴力的取向。一般来讲，在正常的社会里，生态修辞的运用主要呈柔性取向；在非正常的社会里，生态修辞的运用主要呈暴力取向，包括政体的暴力、制度的暴力、法律的暴力、武装的暴力，而最为普遍的和无孔不入的是语言的暴力。运用语言的暴力来予以生态修辞的基本方法主要是象征、隐喻、（扩张、压缩或扭曲的）夸张、虚构，而历史虚无和民族主义是其象征化、隐喻化、夸张性和虚构化的语言的暴力的基本的和普遍的方法。

生态修辞的美，创造人的尊严存在，诉求生存、自由和幸福。生态修辞的恶，不仅是暴力主义，而且是平庸主义的。

**第 20 卷以“哲学意向的中西会通”为主题讨论哲学的人类学和世界主义及其超越性会通。**

哲学的超越性会通，首先涉及哲学何为和哲学为何的问题，其次涉及哲学的性质定位和本分问题。哲学是存在之问，但其存在之问原发于存在的困境和生存的危机，因而，哲学的存在之问，是为解构存在困境和生存危机提供根本的解决之道（真理、知识、方法）。所以，存在必须且只能面对存在而发问，包括面对存在世界的存在和人的世界的存在而发问，并且这种发问不是历史的，只能是当世的。由此两个方面观，存在何为和哲学为何的问题，实际地蕴含哲学超越性会通的自身依据。

哲学会通是空间化的，而非历史性的。因为哲学始终行进于当世，是对在世之在和在世之中的当世存在的发问，而非对哲学成就的历史的发问，这是哲学与哲学研究的根本分野之呈现。

哲学的超越性会通，只能在哲学意向的层面。所谓哲学意向，即是哲学发问存在的场态化的视域意向、思想意向、方法意向和存在敞开生存的心灵镜像意向、情感意向、精神意向。

哲学意向的会通，既源于中西哲学个性的激励，也源于中西哲学共性的鼓动。因而，理解哲学的个性和共性，是探讨哲学以意向的方式会通的真谛的前提条件。

哲学的个性，主要由特定的地域、具体的民族、民族化的自然语言和个体化的哲学主体即哲学家所书写。

哲学的共性，主要由宇宙自然、存在世界、律法（主要是存在的律法，但也涉及人文的律法和社会的律法）、真理、宗教、信仰、人文精神等因素所书写。

哲学会通的基本方法，是问题方法。

哲学会通的根本方法，是形而上学方法，即存在本体论方法，或可说是场化本体论方法。

# 目录

CONTENTS

## 第2篇 书写的视域与方式

# 自　序

存在即书写。

这意味着存在本身是一种书写，比如存在世界书写出存在世界本身，任何人为的修正或改变都将只获得主观上的成功。

存在敞开生存创造了另一种书写，比如这棵树，最初是一颗种子，无意地飘落于此地此土壤之中，在此地此土壤的孕育中破土而出，成苗，长枝，生叶，而后巍然伫立于大地之上，生成一片难得的绿荫。这一存在敞开的每一刻、每一环节、每一进程，都在自我书写，也接受他者（比如土壤、温度、气候、阳光等的）书写。

意识地存在并目的性地生存，创造了第三种书写，比如人的存在敞开及其对世界的建构即如是。

哲学敞开其存在之问达于存在之思的书写，则是会通如上三者的存在书写方式。但本书却注目于第三种存在书写形式，宏观考察人类意识地存在并目的地生存的书写的三种视角和方式。

一

哲学敞开存在之问必要达于存在之思，其存在之问才可继续向前，而始终保持“在路上”的本分。哲学敞开存在之问达于存在之思，需要书写，只有书写才可实现哲学的存在之问达于存在之思；而书写实现的主体前提是敞开存在之问者必须自具书写哲学。哲学对书写哲学的构建，既源于哲人自身，更因为对存在敞开的自身方式，存在敞开自身的方式即是书写。哲人之书写哲学的生成性建构，源于哲人通过经历和阅历、读书与思考而领悟和觉解存在敞开书写的秘密。海德格尔在《荷尔德林的颂歌〈日耳曼尼亚志〉与〈莱茵河〉》中以半神、河流喻诗人，他说："河流是河流，半神是半神，诗人是诗人。但河流和诗人这两者就其本质而言都归属于对一个历史性民族的居住和此在的创建。"① 指出在存在上诗人与河流具有同构性。河流以奔流不息地向前的方式敞开自身存在，书写自身历史；诗人以生命不息吟咏不止的方式敞开自身存在，书写自身历史。诗人与河流都以如此敞开自身存在、书写自身历史的方式"归于一个历史性的民族的居住"并实现其"此在的创建"，这种以敞开自己存在、书写自身历史的方式将自己融入其"历史性的民族的居住"并实现其"此在的创建"，既是现实的，也是想象的或曰理想的，既是自然的，也是神性的，既是质朴的，也是神圣的。所以，河流既是河流，又是神，或者，河流成为河流，是它以敞开自己存在、书写自身历史的方式使自己一半是河流，一半是神；同样，诗人既是诗人，也是神，或者，诗人成为诗人，是他敞开自身存在、书写自身历史的方式使自己一半是诗人，一半是神。河流与诗人所共同具有"一半"属己"一半"属神的特点，因为其存在敞开书写本身蕴含了神性并舒张其**神在**。在海德格尔看来，诗人与河流一样，永远是自然的构成，永远存在于自然之中，但又永远超越于自然之上，成为超个体、超地域、超历史的普遍存在。

海德格尔之以"半神"的方式喻河流，是发现和觉解到实体存在和具体奔流的这条或那条河流，既是存在者，又是存在，既是个别的书写，也是整体的书写。具体的存在者对整体的存在蕴含和负载，就是实存与神在的同构。由此揭发自然的神性存在，揭发存在者的存在是神性的存在，存在敞开神性存在亦是存在者的存在。海德格尔之以"河流"喻诗人，是发现和觉解诗人是文化人类学的人，但文化人类学的诗人首先是自然人类学的人，是从自然

① ［德］马丁·海德格尔：《荷尔德林的颂歌〈日耳曼尼亚志〉与〈莱茵河〉》，北京：商务印书馆2018年版，第315页。

人类学中脱胎出来的文化人类学的人却现实地并且也历史地始终是自然人类学的人，始终是具体的自然存在者和实体的自然存在，既张扬存在者的自然性，更内生存在的神性。这是诗人始终具有河流般奔流不息于向前向前再向前于“途中”的根本理由、存在论的依据和最终的源泉。

海德格尔以河流喻诗人并不是目的，海德格尔的真正目的是借河流对诗人之喻来揭示诗人成为诗人的**永恒**道路，在于诗人奔流不息地向前于“途中”的吟咏既不是诗人、也不是人、更不是这河流、那山峦本身，而是诗人成为诗人、人成为人、河流成为河流、山峦成为山峦的具体存在敞开**关联存在**（或可曰**场化存在**）的整体性及其整体存在的普遍性、神圣性、永恒性。正是在这个意义上，诗人与哲人存在于同一个世界上，行进于同一条“道上”，致力于同一性的存在之问，努力于同一性的存在之思，最终要实现对同一性的普遍性、神圣性、永恒性的书写。所不同的是，哲人以**具象化的抽象**方式敞开对其同一性的普遍性、神圣性、永恒性的书写，而诗人则是以**抽象化的具象**方式敞开对其同一性的普遍性、神圣性、永恒性的书写。所以，海德格尔所要表达的是，哲人和诗人是同道者，因为哲学和诗同一：哲学是抽象的诗，诗是形象的哲学。因而，真正的哲人是诗人，真正的诗人是哲人。而诗，是文学的纯粹形态。以此观之，真正的文学，亦是哲学。伟大的文学书写，亦是以抽象化的具象方式敞开如同哲学那样对其同一性的普遍性、神圣性、永恒性的存在之问的书写。

## 二

敞开存在之问达于存在之思的哲学，从原初的天启的心觉方式演绎成人为的理性方式的本朴形态是自然哲学，自然哲学是将哲学从天上降落人间的最初方式，米利都哲学以对世界的本原、宇宙的生成和世界的本质的发问开启了这一最初方式，这一原初的发问存在的哲学方式保留了世界实然存在的基本状貌，揭发实然存在的世界本真状貌所呈现出来的本真轨迹，即是“变中不变”和“不变中变”的互为推进和合生存在。古希腊早期的自然哲学家们均以各自的发问方式敞开这种“变中不变”和“不变中变”互为推进和合生存在图景，并予以了自具个性和特征的书写。早期自然哲学家们对存在世界敞开的这种本朴的存在之问达于存在之思的书写，奠定起哲学的第一块基石，爱利亚哲人正是站立在这块基石上做出一种剔除存在世界敞开自身的实然状貌中的“变”的因素，放大其“不变”的因素，以突出世界敞开自身中的那不变存在状貌，并以“存在”概念来定型之。爱利亚哲人的这种努力，开启了自然哲学向哲学前行的方向，同时也缩小了哲学的存在之问达于存在之思的书写的视域，同时也改变了自然哲学的方法，将整体的**动变的**发问方法改造成一种**静态的**发问方法。

爱利亚哲人的努力，将自然哲学转向存在哲学。其后，苏格拉底继智者运动将哲学“以关注自然为中心”转向“以关注人为中心”的方向，建构起以探究普遍准则和方法为努力目标的道德哲学，存在世界的维度在其道德哲学中消失。柏拉图对哲学有更新的理解，从两个方面完整了哲学的视野，首先将人的世界和自然世界予以统摄而形成完整的存在世界，然后重新描述早期自然哲学所描述的“不变中变”和“变不中变”的存在世界，认为存在世界即是统摄存在的现象世界和存在的本体世界的世界，哲学所发问和审思的对象就是如此视域的存在世界。亚里士多德即是在这样的认知视域框架下对之前各种学说的综合而构建起统合人的世界的哲学和自然的世界的哲学的庞大哲学体系，在这一体系中，以人的世界为发问主题的哲学，构成哲学的实践论部分；以自然的世界为发问主题的哲学，构成以物理学为代表的哲学的主体部分；以统合人的世界和自然的世界的存在世界为发问主题的哲学，构成“物理学之后”的形而上学，亚里士多德将其称之第一实体，第一哲学。柏拉图和亚里士多德所建立起来的这个哲学传统，在近代得到发展，作为近代哲学之父的笛卡儿所建立起来的“新的哲学”体系，同样由形而上学、自然哲学和实践论哲学三部分构成，不仅如此，16—17 世纪的欧洲哲学家们所构建起来的哲学，无不呈现科学的视野，且不无关注自然哲学。并且，自然哲学、形而上学、神学，此三者构成从 16 世纪到 17 世纪欧洲哲学的完整视域。只是进入 18 世纪启蒙时代，通向存在本体的自然哲学和提供存在本体之依据的神学从哲学中退场，由此正面开启对本体论的解构，其取而代之的是主体主义的认识论形而上学，人登堂入室自为上帝，纯粹理性取得了“立法”合法性，并预设出实践理性的无限前景。康德开启了认识论形而上学的个体主体主义哲学道路，黑格尔对其予以拓展，既予以历史主义的论证，又从其个体主义演绎出国家主体主义，为哲学成为实践的哲学和科学的哲学开凿出通道、架设起桥梁。实践的哲学开出实证主义、分析哲学和现象学三大哲学思潮：实证主义以现象为发问的对象，企图通过对隐含于现象运动背后的规律的归纳来提炼出“科学定律”，其努力方向是要将哲学溶解于科学之中，使哲学成为科学；分析哲学以语言为发问的对象，将语言进行逻辑分析作为哲学的基本任务，以此来彻底解构形而上学，为哲学服务于生活世界构建一种可精确度量的科学的分析方法；现象学以意识的现象为发问对象，探求意识的意向结构的先验还原，抉发意识的经验的“类本质”和意识的经验中的“实在对象”，以期打开主体间的“生活世界”的通道，从根本上解决“科学的哲学”的实践的所面临的复杂的主体论问题。由此观之，无论是实证哲学还是分析哲学，或者现象学，其自我敞开的内在向度都是科学的。所以从本质讲，启蒙时代建构起来的主体主义哲学的发展所开出的实践的哲学和科学的哲学的思维本质和认识论本质是科学理性的。科学理性强调哲学的实践理性，实践理性务求科学的精准、精确或者说标准化，精确、精准的标准化是为了统一。这是实践的哲学的内在诉求，也是科学的哲学的自为本分，所以，实践的哲学始终朝向科学的哲学。而科学的哲学的发展的登峰造极的标志，不是科学哲学，而是科学主义的生成并盛行。科学主义盛行的根本性成果就是权威主义和生物主义引导世界。

由此大致可以清晰呈现哲学的自为堕落的宏观路径。分析哲学通过对哲学语言的“清思”宣告哲学自为堕落的根源是它自身的混乱，哲学的自我混乱在于哲学语言的歧义化，哲学语言的歧义化源于哲学对语言的误用和活用，哲学误用和活用语言的根源在于哲学自为设置形而上学和思辨方法。所以，维特根斯坦最终宣布“哲学消亡”，认为哲学自为消亡的最终方式是“哲学的自行终结”。但海德格尔并不这样认为，他从胡塞尔的意识的经验的现象学起步，致力于开辟存在的现象学，并回到亚里士多德哲学，重新解释巴门尼德的“存在”概念，对其予以“此在”化的定义，以期重建本体论形而上学。但他最终无果而止，很不情愿地对哲学做出维特根斯坦同样的判断，哲学终结了。

三

哲学的终结，也即是哲学的消亡。

哲学的终结和消亡的真正原因，并不是分析哲学所讲的形而上学和思辨导致思维的歧义、语言的误用和滥用，也不是现象学所认为的主体的意识的经验的意向结构及其类本质的未得澄清导致哲学难以达到“科学的哲学”之境。哲学终结和消亡的真正原因是哲学的形而上学的认识论化、主体主义化和科学主义化。形而上学的认识论化、主体主义化且继之于科学主义化，导致了哲学之为哲学的本体论基石的解构和思辨方法的解构。尼采曾宣布“上帝死了”。上帝的死亡，是为神学的挽歌。海德格尔重振本体论的失败，实因为本体论的依据神学被解构了。

哲学终结自身的这条道路，虽然始于启蒙哲学的加速，但解构哲学本体论形而上学以至于最终终结了哲学的消息，其实早已蕴含于爱利亚哲学中，具体地讲是蕴含于巴门尼德的“存在”概念中。因为，存在世界的本体问题并不存在于静态主义的“存在”概念中，也不存在于抽象主义的“相”（柏拉图）或“实体”（亚里士多德）中，而是存在世界敞开自身的书写方式和书写运动、进程、状态中。存在世界敞开自身的书写方式，是场态方式；存在世界敞开自身的书写运动、进程、状态，是场化运动、场化进程、场化状态。

哲学发问的存在世界，既不是自然存在的世界，也不是人的存在的世界，而是统合自然存在的世界和人的存在的世界于自身的**场化**世界。将自然存在的世界和人的存在的世界统合于场化存在的世界的那个内在力量，是造物主，是创世者。因而，哲学所发问的场化存在的世界，实由神的存在的世界、自然存在的世界和人的存在的世界的一体生成，而对此三者予以一体生成并构成其定型存在世界的本体结构，即是场本身。

以此观之，哲学的终结论和消亡论，并不是哲学自身的必然，而是哲学家主观地臆为所致。由于哲学家们主观臆为地操控哲学，将哲学敞开自身的历史进程一点一点地予以人为的龟缩，尤其是 18 世纪以来加速了这种龟缩哲学的进程：启蒙时代，在康德们的操控下，哲学沦为了主体论哲学；在 19 世纪，实证主义将哲学变成了实证的科学"现象"；进入 20 世纪，分析哲学武断地将哲学龟缩在"语言"中，而现象学却将哲学龟缩在"意向性"的"意识的现象"中。哲学家们操控哲学发问的对象，使哲学的时代性敞开其存在之问达于存在之思远离了存在世界，但存在世界本身依然以其自身的场化方式敞开书写，所以，哲学的存在之问和存在之思的对象依然存在。一旦哲人排除哲学发问的如上历史性臆断而回到存在世界本身，哲学就会恢复它本身本性而开启存在之问和存在之思的本分，存在世界的存在本体论会得到重新发现，存在论和本体论的形而上学会得到重建。生态理性哲学则为其重新发现和重建提供了消息。

# 导论：当代哲学的逻辑起点及形成进程

哲学始终敞开存在之问，哲学的存在之问是针对时代存在危机和困境而敞开的形上追问，通过其存在之问而达于存在之思，即形成解决其时代存在危机和困境的根本之道，包括思想之道、知识之道和方法之道。当代哲学亦如是，它正在世纪性存在危机和困境的敞开进程中悄然形成。

## 1. 何谓"当代哲学"？

当代哲学，自有两个方面的规定性：它是**21世纪**的哲学，也是**正在形成**的哲学。

**始于21世纪的当代哲学** 21世纪，是当代哲学的时空界标。以此为界标，20世纪的哲学，不是当代哲学，只能是**现代**哲学。如此划界当代哲学，源于哲学的本性：哲学并不驻守已有或昨天，而是朝向未来、专注明天。哲学的任务，不是解释过去或证明现在，而是构筑未来。

哲学的自身定位，形成哲学与哲学研究的根本区分："哲学是个人天才之为作，故此，康德不能代替柏拉图，同样，莎士比亚也不能代替荷马。"① 哲学史家安东尼·肯尼此论揭示哲学与哲学研究之间虽有密切联系，但属两个领域，有根本区别：首先，哲学面对未来，**从无中创造出有**，所以**哲学是创造**的。并且，哲学创造出来的成果，包括哲学思想、哲学知识、哲学方法、哲学理论或哲学体系，为哲学研究提供了对象范围、材料和内容；相反，哲

---

① ［英］安东尼·肯尼：《牛津西方哲学史：第一卷·古代哲学》，王柯平译，吉林出版集团有限责任公司2012年版，第3页。

学研究面对已有（哲学成果），**从有中阐发有**，所以**哲学研究是解释**的。其次，先有哲学，然后产生哲学研究。再次，哲学家的使命，是**面向未来**创造（当世）新哲学；哲学研究者的责任，是**面向过去**挖掘历史上的旧哲学思想、知识、方法中的智慧。最后，只研究前人哲学的，是哲学研究者，其哲学研究的大者，可称之为哲学学家或哲学史家；只有当他走向哲学创造时，才成为哲学家。所以，**创造哲学的人是哲学家，研究哲学的人，只能是学问家**，或可称为哲学学家或哲学史家。①

以此观当代哲学，它是立足当代追问历史、拷问未来而创造当世的新哲学；更具体地讲，它是立足21世纪朝向未来展开存在之问，并为如何从根本上化解当代世界的存在危机和生存风险提供存在论智识和形而上学方法的当世哲学。

**当代哲学：一种正在形成的哲学** 以时间为坐标，现代（modern）与"过去"相对，是**刚完成的**"当下"；当代（contemporary）与"现代"相续，是**不断展开的**"当下"。现代与当代首尾相连：与"过去"相对的"现代"，以完成自身的方式**开启了**当代；反之，与"现代"相对的"当代"，以开启自身的方式**接手了**现代。所以，当代既是现代对它的交待，又是它对现代的接手。现代对当代的交待和当代对现代的接手，构成当代的自身个性、边界和规范。

首先，当代源于现代，朝向未来展开，既要从现代的成就和条件出发，更要从现代层累性集聚的问题出发。从根本讲，能够构筑一个时代标志的东西只有两个：一是前所未有的成就，**它通过创造实现**；二是无法解决的问题，**它通过层累集聚**。前者成为文化学和社会学研究的对象，后者构筑起哲学的逻辑起点。因为，一个时代无法解决的问题层累性集聚，恰恰构成那个与之首尾相连的新时代的**根本存在**。以此观之，现代哲学对当代哲学的交待，既包括成就，也包括问题。但当代哲学对现代哲学的接手，却**只是存在**问题：现代社会层累性聚集起来且不能为现代哲学解决的根本存在问题，构成当代哲学必须关注的**存在论起点**。

---

① 唐代兴：《生态理性哲学导论》，北京大学出版社2005年版，第3—6页。

其次，当代对现代的接手构成不断展开的当下，这意味着当代既是正在进行时，也是有待敞开时，其正在进行时向有待敞开时会通的过程，不断地将有待敞开时变成正在进行时，由此构筑起当代朝向未来的无限时空进程。在这一时空进程中，当代的基本特征是**正在形成**。

正在形成，是当代哲学的标志：现代社会向当代社会交接的时空进程中能够解决并已经解决了的根本问题构成了现代哲学，不能解决并期待解决的根本问题演绎出当代哲学，当代哲学就是对现代哲学遗留下来的根本问题谋求存在论解决的**正在形成态**。

正在形成的当代哲学必以“正在形成”的方式重申哲学的本分。首先，哲学属于当时代，与**在世之中**的人类同行，所以**哲学在路上**。与此相反，哲学成果属于历史，与传统同在。其次，哲学必须面对不断敞开的当时代困境展开存在之问，所以，哲学始终是当世的。任何过去的哲学无论如何自谓完美，都不能以僭越方式替代**当代的**哲学；并且，一个时代哲学的源泉是此时代的存在危机及生存困境和对此存在危机及生存困境的追问本身，这是一切过去了的旧哲学都不能为之提供的。以此观之，当代哲学只能敞开为对当代存在危机和哲学困境的追问。

## 2. 当代哲学的问题出发点

当代哲学，必须从**存在危机**和**哲学困境**两个方面接受20世纪的遗产，并以此构成成就自身的问题视域。

**20世纪层累性生成的存在危机**　在历史的坐标上，20世纪是一个伟大的世纪，它在19世纪基础上创造出前所未有的辉煌；与此同时，也给21世纪铸造了前所未有的存在危机和困境。这些自人类有记载以来所有危机和困境加起来都不能比拟的危机和困境，构成了21世纪必须接手的遗产。

首先是人口遗产，它是层累性生成的。马西姆·利维巴茨在《繁衍：世界人口简史》中认为，世界人口在旧石器时代约100万人，新石器时代增长到1000万人，青铜时代约1亿人；纪元之初约2.5亿人，1000年时世界人口增长到3亿人左右；16世纪时达到6亿人；进入18世纪中叶，世界人口约有7.7亿人。其后，世界人口加速增长：1983年约10亿人，1930年约20亿人，

1960年约30亿人，1975年约40亿人，1987年约50亿人，1999年约60亿人，2011年约70亿人，2020年约76亿人。

相关研究表明，在旧石器时代，世界人口增加一倍，需要3万年；纪元之初，缩短到1000年；到16世纪中期，却只需500年。到1830年，世界人口达到10亿人。尔后，人口每增加10亿人所需时间分别缩短为100年、30年、15年、12年。联合国人口署预测，到2025年世界人口将达到80亿人，到2083年突会破100亿人；至于2100年，世界人口将超过110亿人。也就是说，21世纪约100年中，人口将在20世纪人口基数上增加50亿人。这就是20世纪留给21世纪的人口遗产，它为21世纪铸造出最大的也是最根本的存在危机和困境。因为持续膨胀的人口带来了地球承载力、最低生存资源、全球环境生态以及人权保障、社会公正等一系列重大难题。

其次是人的自身困境，有五个方面表现得最为突出。

一是以几何方式增长的人口塑造了人类与自然界的新关系[①]，这源于有限的地球空间只能容纳有限量的生命存在。地球表面的有限空间与地球物种生命数量之间保持动态平衡的生境关系，一旦地球生命，尤其是人类人口无限度增长，就会打破其动态平衡的生境状态而形成**逆生态**关系。[②] 人口增长与地球有限性之间的逆生态关系，再次将马尔萨斯"食物为人类生存所必需"和"两性间的情欲是必然的，且几乎会保持现状"[③] 这两条公理突显出来：人口以几何方式增长"受到的所有抑制可以归并为贫困或罪恶"[④]，因为"人口增殖力和土地生产力天然地不相等，而伟大的自然法则却必须不断使它们的作用保持相等，我认为，这便是阻碍社会自我完善的不可克服的巨大困难"[⑤]。

二是人与物的界限日趋模糊。20世纪为21世纪留下的最大遗产就是从不同领域和方面改变人的技术，即正在全面形成已经覆盖军事、政治、经济和人的生活所有领域的生物工艺学技术。其一，高速发展的航天业重构了人的

---

① ［法］帕斯卡尔·阿科特：《气候的历史：从宇宙大爆炸到气候灾难》，李孝琴等译，学林出版社2011年版，第91页。

② 唐代兴：《恢复气候的路径》，人民出版社2017年版，第82—85页。

③ ［英］马尔萨斯：《人口原理》，朱泱、胡企林、朱和中译，商务印书馆2014年版，第6页。

④ ［英］马尔萨斯：《人口原理》，朱泱、胡企林、朱和中译，商务印书馆2014年版，第28页。

⑤ ［英］马尔萨斯：《人口原理》，朱泱、胡企林、朱和中译，商务印书馆2014年版，第8页。

身体，形成 cyborg 身体，“一个控制有机体，一个机器与生物体的杂合体，一个社会现实的创造物，同时也是一个虚构的创造物”①。其二，器官移植②不断地改变人的身体和生命结构。其三，在自然存在意义上，生死的权利及方式、时间严格遵循生物本性，由自然力（或上帝）安排，但安乐死、试管婴儿等，却假借技术窃取神权，可任意处置生命和制造生命。尤其是试管婴儿技术，使生命成了**制作**物。其四，人工智能（Artificial Intelligence）技术破译人的大脑工作原理和运行密码，使之成为机器的工作原理和运行机制。人工智能的最终成功意味着人的尊严与地位将全面丧失。比如阿尔法围棋（AlphaGo）决胜世界冠军，表明从此以后再没有生物人围棋冠军了；索菲亚（Sophia）“女性”机器人主动索要身份并被授予国籍、“阿尔法巴”无人驾驶公交车正式在深圳营运和无人驾驶出租车在长沙试营，以及以人工智能为推动力、以会聚技术为根本方法的第四次工业革命（即新硬件技术革命），从不同维度表明库兹韦尔所描述的机器人统治生物人的后人类社会③进程正在加速提前。其五，以前所未有的速度发展的基因工程却在一步步破译生物世界的基因密码，加大跨物种交流，与此同时也在全面探索生物人类生命的创造机制，进行人体基因编辑，其目的是实现按照如同医药配方的技术方式来生产地球生物和生产人。从 1997 年第一只克隆羊“多莉”诞生，到几年前美国一对聋哑夫妇购买一个祖辈五代都聋哑的聋哑男子的精子培育出了一个他们所希望的聋哑孩子，再到今天的基因工程可以进行不同生物的基因组合、基因复制，跨物种交流以及新物种创造，不仅展示技术可以创造“上帝之能”，赋予人类以“上帝之手”；更表明如果允许或需要，克隆人将迅速成为现实，南方科技大学贺建奎团队进行基因编辑的两名婴儿露露和娜娜于 2018 年成功诞生，表明造人的基因技术已经达于成熟，如果不是基于法律和道德的阻止，人或许

① Donna Haraway, *Simians, Cyborgs, and Women: The Reinvention Nature*, London: Routledge, 1991, p. 14.

② 例如：从外部肢体移植到心脏移植，再到 2015 年意大利都灵高级神经调节组在 AANOS 年会上宣布换头计划及时间表，以及该调节组负责人塞尔焦·卡纳韦罗于 2017 年 11 月 17 日在一具遗体上成功实施人类第一例换头手术。

③ ［美］雷·库兹韦尔：《灵魂机器的时代：当计算机超过人类智能时/开放人文》，沈志彦、祁阿红、王晓冬译，上海译文出版社 2006 年版，第 65 页。

可以通过基因技术而成批地生产。

三是人如何存在的问题越来越紧迫。今天，发展中国家正在热衷于互联网等软件技术，但发达国家却已悄然掀起一场新硬件技术革命，制造和生产一切物理上存在的人造事物，比如无人驾驶汽车、多轴无人飞行器、智能机器驮驴、机器人厨师、3D 打印机、可穿戴设备等。过去由人来做的所有事情，都将被新硬件智能技术所替代，今天为人们上手的大多数职业将迅速消失。英国经济学家凯恩斯在《我们后代的经济前景》中指出："我们正在被一种新型疾病所折磨，一种某些读者甚至没有听说过名字的疾病，也是他们将在未来不断听到的疾病，那就是**技术性失业**。"① 因为以基因工程和人工智能联袂掀起的新硬件技术革命所制造出来的技术性失业是立体的和全覆盖的②，不仅涉及几乎所有传统职业领域，也涉及诸如仓储、物流、电商、快递等新技术职业领域，更对在过去看来优裕无忧的白领阶层所从事的大多数职业领域造成巨大的冲击，即使白领职业领域里的高端职业圈，比如法官、律师、会计、医师、大学教授、科学研究者、技术专家等，同样面临技术性失业危机。所以"**我们能做何事**"和"**我们有何事可做**"，将成为越来越多的人的存在问题。③ 而且，劳动，将随之被重新定义④。

四是环境自崩解运动。环境之于人原本不存在问题，导致环境恶化及自崩解运动的是人以及由人组建起来的社会，其中最为根本的因素有三：其一是人口生育按几何方式增长，突破了地球承载容量限度，人与环境之间的生境关系丧失，主要体现污染全覆盖和地球生境整体性破碎；其二是社会为无止境地提高物质生活水平而不顾一切地发展经济，形成征服自然、改造环境、掠夺地球资源的征伐模式，导致地球资源的枯竭、自然贫困以及环境死境化。其三是大气污染化和全球气候失律加剧，如何维护地球生命安全和如何保障人类的可持续生存，已成为根本的存在问题。

五是如上因素整合激励，推动海洋霸权、空间争夺、新殖民运动、核军

① ［美］杰瑞·卡普兰：《人工智能时代》，李盼译，浙江人民出版社 2016 年版，第 126 页。

② ［美］杰瑞·卡普兰：《人工智能时代》，李盼译，浙江人民出版社 2016 年版，第 126—127 页。

③ 唐代兴：《人工智能带动的社会公正危机》，《人文杂志》2020 年第 4 期。

④ 唐代兴：《技术化存在的后人类取向》，《江海学刊》2019 年第 1 期。

备竞赛、武器炫耀常态化、局部战争此起彼伏，整个世界处于剧烈动荡之中，瘟疫、贫穷、饥饿、战争的阴影席卷全球，构成21世纪存在敞开生存的基本态势。

如上五个方面相互交织所形成的存在危机和困境，成为当代哲学必须面对的存在现实，并构成必备的问题视域。

**20世纪层累性生成的哲学困境** 怀特海（Alfred North Whitehead，1861－1947）说："每一种哲学都受着一种无形的思想背景所濡染。这种背景在该哲学的思想过程中从不彰显出来。"① 当代哲学亦如是，它不仅要面对20世纪遗留下来的存在危机和困境，更要接手现代哲学的危机和困境。

20世纪之所以成为一个伟大的世纪，是因为19世纪为它奠定了基础，确定了方向，提供了资源。相对于18世纪及之前所有时代言，19世纪是一个发明的世纪。这是因为"19世纪最大的发明就是找到了发明的方法。一种新方法进入人类生活中来了。如果要理解我们这个时代，有许多变化的细节，如铁路、电报、无线电、纺织机、综合染料等等，都可以不必谈，我们的注意力必须集中在方法本身。这才是震撼古老文明基础的真正新鲜事物"②。19世纪作为发明的世纪，首先在技术领域展开，不断发明新技术、新机械、新工具、新产品；同时在方法论域展开，不断发现技术之间、知识（或学科概念）之间以及学科之间的联系，这就是对发明技术的方法的发明。20世纪作为创造的世纪，一是以创造性方式充分释放了19世纪发明的方法智慧，这就是以方法整合为直接推动力创造新的技术、工具、机械、产品；二是对技术的整合创造予以哲学探索、总结、提升，以为方法的整合创造获得更新发展，提供更坚实的思想土壤、智识基础和方法论智慧。

前一个方面的成就集中表现为突破学科、技术、生产的封闭性而展开科际整合，这些不断成熟的科际整合方法潜在地开启了21世纪的大科际整合方向。大科际整合即"突破单向度的学科模式或简单的科际整合视野而对自然科学、社会科学、人文科学资源予以广泛整合的方法"③，它运用于技术领域就是形成整合认

① ［英］怀特海：《科学与近代世界》，何钦译，商务印书馆1989年版，第8页。

② ［英］怀特海：《科学与近代世界》，何钦译，商务印书馆1989年版，第94页。

③ 唐代兴：《气候失律的伦理》，人民出版社2017年版，第3—7页。

知科学（Cognitive science）、纳米技术（Nanotechnology）、生物技术（Biotechnology）和信息技术（Information technology）的“会聚技术”（NBIC）。①

后一个方面的成就铸造了现代哲学的独特性和局限性。马克思曾经认为，哲学的重要任务不是认识世界而是改造世界，这是马克思基于19世纪的方法取向形成对20世纪哲学发展方向的预言：20世纪哲学就主流言，就是方法的哲学。首先，索绪尔（Ferdinand de Saussure，1857－1913）结构主义语言学和皮亚杰（Jean Piaget，1896－1980）发生认知论，从不同方面展开的方法论革命，不仅直接影响了人文社会科学和自然科学及技术领域，而且还形成结构主义哲学思潮。其次，基于软技术对语言的精确要求和语言对技术的全方位渗透，语用学和语言哲学兴起，并形成影响广阔的分析哲学思潮。最后，科学在技术武装下全面发展，以及科学为更大程度地适应技术要求，必然上升到哲学层面予以方法总结，由是形成科学哲学的竞相繁荣。

方法，无论继承或革新，始终基于运用。方法运用的动机是改变现实、改造世界。哲学对方法的探讨，同样不能改变这一取向。当哲学将自己锁定在方法领域，它就自觉成为改造世界的工具，并因此丧失自己的本分。这是20世纪哲学给予当代哲学的遗产精髓，它要求当代哲学必须**回归哲学本分**。

### 3. 当代哲学的基本视域

哲学的本分不是迎合时势满足应用之需，而是对根本存在危机和困境的追问。为此，当代哲学必须超越科学，因为“科学不能解决这个更抽象和更令人困惑的问题。……我们发现，科学在每一方面都会产生一些超出它自身解决能力的问题。这些问题被称作形而上学问题，它们构成了哲学主题中一个特定的和不可忽视的部分”②。哲学对存在危机和困境的追问必须是形而上学的。“形而上学的核心论题是存在论或本体论（ontology），即存在研究（study of Bing）。”③ 唯有对存在危机和困境予以本体论澄清，才可产生认识

① 陈平、张淑平、褚华编著：《信息技术导论》，清代大学出版社2011年版，第295页。

② ［英］罗杰·斯克拉顿：《现代哲学简史》，陈四海、王增福译，南京大学出版社2013年版，第4页。

③ ［英］安东尼·肯尼：《牛津西方哲学史：第一卷·古代哲学》，王柯平译，吉林出版集团有限责任公司2012年版，第235页。

论，为伦理学、美学、政治哲学提供路径。这就是当代哲学需要放弃20世纪“改造世界”的模式而回归“认知世界”而敞开“存在之问”的正道，围绕存在展开形上指向形下的全景式创构。

形而上学的主题是本体论，本体论关注存在世界，追问存在何以可能，必然涉及存在的本原、生成和本质问题。当代哲学必须重新审查世界的存在本原、生成机制和存在本质，为拷问世纪性存在危机和困境提供本体论认知，然后以此为思想武器，探求世纪性存在危机和困境“为何如此生成”和“怎样化解”的“条理”①，这就形成了哲学的生存论建构。

当代哲学从存在论追问指向生存论建构的落脚点是实践论。所谓“实践论”，就是对实践的哲学讨论，以为实践提供引导智慧和方法，所以实践论也必须是认知建构的。实践（praxis）概念当然有实用、实做、行动等含义，但首先指怎样实用、实做以及如何行动的智识、规训、方式、方法。在古希腊，哲学家们认为哲学不能成为个人谋取物质利益和官能享受的实用工具，为知而知，是哲学的本性，它为生活提供“善”的价值取向，善本身成为好处，当然体现功用和实效。正是在这个意义上，古希腊哲学家认为哲学的实践是宗教的、道德的和政治的活动，这些活动必须以善为价值取向，并且必须是理性的。康德（Immanuel Kant，1724－1804）对实践理性的立论，就基于这个传统。当代哲学的实践论努力，就是秉承希腊哲学传统和康德实践理性精神而重建信仰论、伦理学、美学和政治哲学，然后重建教育哲学。

信仰、道德、美学、政治、教育，唯此五者构成实践哲学的基本蓝图和框架，此一整体蓝图和框架所蕴含的为何行动和怎样行动的知识、公理、价值、原则为人（及人组建的社会）的生存行动提供规范、方向和方法。这是因为，哲学对存在危机和困境的形而上学追问，是要为人如何才可生生不息的生活提供根本助益。但这种助益是间接的，需要通过信仰、道德、美学、政治、教育的方式才可发挥功能。因而，有关于哲学，也可反过来讲，无论个人或社会，面对根本的存在危机和困境谋求必须解决的问题，是行动的限

① ［英］安东尼·肯尼：《牛津西方哲学史：第一卷·古代哲学》，王柯平译，吉林出版集团有限责任公司2012年版，第3页。

度和怎样行动的问题。这两个问题蕴含两个必须解决的前提性条件，即行动为何要有限度和如何行动才可有限度？对这两个前提性问题的审问，必然进入认知领域展开认识论探讨。认识论探讨所要解决的基本问题就是何以生存以及生存的前提何在，对前者的解决，明确“必须怎样”的信仰，构建“应该如何”的伦理、美学、政治和教育；对后者的追问，牵涉出存在的本体，所以本体论探讨是为解决存在的根基问题、根本问题。

### 4. 当代哲学的自身定位

当代哲学**的三维要求**　当代哲学回归哲学本分，需要从三个方面努力。

首先，必须回归全境视域。当代哲学面对世纪性存在危机和困境，必须同时拷问世界存在论、生存论和实践论的一般问题。唯有如此，才可真正追问根本的存在危机和困境，并探求存在危机和困境“何以如此生成”与“怎样化解”的生存论问题。

其次，必须回归理性，即必须重建理性。理性（rationality）是一种认知方式。在古希腊，理性乃自然法则。自然法则中的自然（physis），即指世界万物的本性、本质、本原，它的原发机制或原发动力是生、是生生，所以自然法则即是生生法则，它由“自然”概念的词源语义规定：自然，其英文形式是 nature，拉丁文形式是 natura，希腊文形式是 φυσιs，它用作名词，是来自动词 Φνw，即 Φvw 的名词化。由于 Φνw 的本义是生生不息，所以，从动词 Φvw 演化来的 φυσιs 同样涵摄生生不息；自然，就是生生不息的一切，包括整个宇宙及万事万物。φυσιs 之“生生不息”本义既构成 nature 的本义，也为 nature 获得现代性运用提供了可能性。Nature 的本义指蕴含于一切自然事物之中的“原则”或“本原”，人们又习惯用“本性”或“本质”来指涉，nature 的本义对应 φυσιs 之生生不息含义：“在我们关于古希腊文献的更早期的记载中，φυσιs 总是带有被我们认为是英语单词‘nature’的原始含义。它总是意味着某种东西在一件事物之内或非常密切地属于它，从而它成为这种东西行为的根源，这是在早期希腊作者们心目中的唯一含义，并且是作为贯穿希腊文献史的标准含义。但非常少见地且相对较晚地，它也富有第二种含义即作为自然事物的总和或聚集，它开始或多或少地与 κοσμοs（宇宙）——‘世界’一词同义。”① 以此观之，所谓理性，不过是遵循（亦曰“按照”）自然本性的法则认知。作为对存在世界予以形而上学审查、生存论拷问和实践论创构的哲学，必然超越科学的经验观察寻求依照本性法则认知的武装。这种基于符合本性法则认知的方式，仅实质言，就是符合并展示存在世界本性法则的方法，亦曰“形而上学方法”。

理性是哲学认知方式，或曰，哲学是理性方式的。反理性，比如后现代主义，或改造论哲学，本质上是反哲学的。因为理性是人区别于动物的根本标志，它融进哲学，构成人类智慧的最高成就。当理性被反掉后，哲学不复存在。被反掉理性的哲学，要么降格为科学，要么成为政治的婢女。并且，理性之于生活，亦不能反，一旦生活将理性反掉，个人必然返祖而重新退化为动物，社会亦将回返野蛮的丛林状态。从根本讲，哲学的功用，就在于为个人和社会提供理性方式、理性思想、理性方法、理性思考和存在的源泉。

最后，必须回归生境存在。生境（Habitat）原本是一个生物学概念，意指“为动植物提供生长条件的常规自然空间；换句话说，是生物种群的家。……因为生境是种群和物种生存的必须条件”②。由于“生境”概念蕴含对地球生物和人类如何共生存在的解释机制，因而上升成为当代哲学的核心范畴。当代哲学追问世纪性存在危机和困境“何以如此生成”和“怎样化解”的条理，必须以“生境存在”为目标导向。

**当代哲学的自身规范** 基于如上三维要求，当代哲学应该是**生态理性**的，这是人类哲学发展走向当代的历史必然。

人类历史的方向，经历游牧社会，进入农业文明，然后创建工业文明，20 世纪后期开始向生境文明进发。在这一历史进程中，文明的光芒通过物质、商品、科学、技术、文化、教育而释放，其**光源**却是哲学。在农业文明时代，哲学是经验理性的，哲人们努力对（生活和历史）经验予以超经验的总结。米利都学派、毕达哥拉斯学派、爱利亚学派的成就共同构成经验理性哲学。

---

① ［英］R. G. 柯林武德：《自然的观念》，吴国盛、柯映红译，华夏出版社 1990 年版，第 49 页。

② ［芬兰］Ilkka Hanski：《萎缩的世界：生境丧失的生态学后果》，张大勇等译，高等教育出版社 2006 年版，第 4 页。

经验是外在的，对外在化的经验予以理性总结，必然促进心智全面开启，使哲学获得观念理性品质，它在毕达哥拉斯学派中萌生，在爱利亚学派那里初步显形，其后经智者推动，苏格拉底、柏拉图、亚里士多德相继登场，观念理性哲学在古希腊完整成形，后经历中世纪神学浸泡和近代经验主义与理性主义的时代性打磨，最后交付康德予以最后完善。康德铸造了观念理性哲学的丰碑，并为工业文明提供了肥沃的思想土壤和坚实的认知基石。所以，拷问工业文明和现代性必须正视和检讨康德哲学。

以观念理性哲学为认知基石和思想源泉，自然资源无限论、人类潜力无限论和无限物质幸福论共同培育出傲慢物质霸权主义和绝对经济技术理性，为“改造论”哲学即科学理性哲学（抑或马克斯·韦伯所讲的工具理性哲学）灌注了行动纲领和行动原则。这种以傲慢物质霸权主义为行动纲领和绝对经济技术理性为行动原则的科学理性哲学，其本质上是方法的哲学，19 世纪后期以来不断涌现出来的科学哲学思潮、分析哲学运动、语言哲学、结构主义哲学以及唯物质主义运动等，都是其具体呈现形态。

科学理性哲学的运用形态，是经验观察、实验验证和模型化（或曰“定量”）分析；但其认知范式是科学主义，其本质规定是集权和垄断。统合二者，科学理性哲学的实践本质是工具理性，它强调绝对权威、严格规训、必须服从。盛行于 20 世纪的科学理性哲学是反自由的，因此而呈现反哲学倾向。20 世纪后期以来全面扩张的科技主义生产模式和管制主义的社会经营模式，以及高技术化生存的消费模式，从“自然、生命、人”生境链条断裂和“环境、社会、人”死境化两个方面将工业文明推向绝境，它要求当代哲学追问工业文明死境化“何以如此生成”和“怎样化解”：追问前者，必须探本溯源；追问后者，需要重建方向。由此，当代哲学必须以反思科学理性哲学为起步，创构生态理性哲学。

如前所述，“理性”的本义是依照存在本性法则认知。经验理性是指依照经验本性法则认知，观念理性是指依照观念本性法则认知，科学理性是指依照工具本性法则认知。同样，生态理性是指依照生态本性法则认知。

生态理性哲学的“生态”，不是“生态学”（Oecologie）意义的。从词源看，生态学意义的“生态”（Ecology）概念，源于古希腊 οικοs，意为生命的

“住所”或“栖息地”，引申为家庭中的家务及日常生活的活动及管理。在政治经济学思想没有产生之前的近代，人们习惯于将国家经济事务看成是管家预算和食物贮藏室的扩大。1866 年德国生物学家赫克尔（Ernst Haeckel，1834—1919）使用 Oecologie 时拓展其本义并予以重新解释，他认为地球是由活的有机物组成的一个经济统一体，地球有机物就生存在这样的经济的统一体大家庭里，它们之间不时发生利益的冲突，但同时也互助。西语中的 Ecology 集中表达了“生态”之生的含义，但其“生”仅是“生态”的功能意义，要理解支撑其“生”之功能意义的本体语义，需要参照汉语“生态”概念。在汉语中，“生态”之“生”，既是动词也是名词：作为名词，意谓生命敞开自身之状况，或可说是对“生命”的缩写；作为动词，是使生命存活而谋求生路、创造生机。概言之，“生”乃指生命以自在方式谋求生路、创造生机。“态”乃位态、姿态，以及由此形成的状态、进程。所谓生态，是指生命敞开自身的**存在位态**，它既蕴含固守本性的姿态，又体现固有本性的朝向。生态理性哲学所讲的“生态”，是指存在世界的存在位态。对存在世界而言，其本原性存在位态是什么样？其依据何在？其现实存在位态何以生成？缘由何在？什么样的存在位态才可保持其生境？路径何在？生存理性哲学拷问存在问题，追问存在真理，必然牵涉“自然、生命、人”的**合生**存在和“环境、社会、人”的**共生**生存。所以，生态理性哲学性对世纪性存在危机和困境“何以如此生成”和“怎样化解”的追问，必然涉及生境存在。①

世界的本原性存在，是生境存在，生境存在的位态及朝向，是**生生**。以此为根本要求，当代哲学的必为努力就是为恢复世界的本原性存在位态及生生朝向而创构生态理性哲学。

柏拉图（Plato，Πλατών；公元前 427 – 公元前 347）曾认为，存在世界由存在的形成的世界（world of becoming）和存在的本体的世界（world of being）构成。柏拉图对存在世界的两分方式，不过是对前人关于存在世界之“变中不变”和“不变中变”认知的综合。但柏拉图的综合呈静态取向，存在的形成的世界和存在的本体的世界互不涉域，整个存在世界在柏拉图哲学

① 唐代兴：《生态理性哲学导论》，北京大学出版社 2005 年版，第 143—157 页。

中呈现生硬组合裂痕，缺乏一体生生的内动力和机制。怀特海曾认为古希腊之后的整个西方哲学不过是柏拉图哲学的注释而已，柏拉图哲学为西方世界提供的存在蓝图既是一个无生命的本体的世界，也是一个无生命的形成的世界。这或许是现代哲学最终走向科学主义和方法论的形而上学根源。基于此，当代哲学启用生态本性法则来构筑其根本的认知方式，进入存在世界，对存在的本体的世界和存在的形成的世界予以整合审查，开辟世界本原性存在的形态学和动力学。

概括地讲，存在的本体的世界，是**不变**的世界；存在的形成的世界，是**变**的世界。滋生并统合本体的世界和形成的世界的那个世界，才是具有生生功能的**本原性**的存在世界。这个本原性的存在世界就是**生态语义场**，它会通了"变中不变"的世界和"不变中变"的世界，并构成"变中不变"和"不变中变"的最终本体和动力场源。①

生态语义场会通"变中不变"的本体的世界和"不变中变"的形成的世界的根本方式，是以生境存在为依据的形式化书写。② 形式化书写以生态语义场为本原性存在蓝图和动力机制，以整体动力向局部动力实现和局部动力向整体动力回归为双重方式，从整体的存在世界向特殊的人的世界的书写方式，就是生态修辞。③

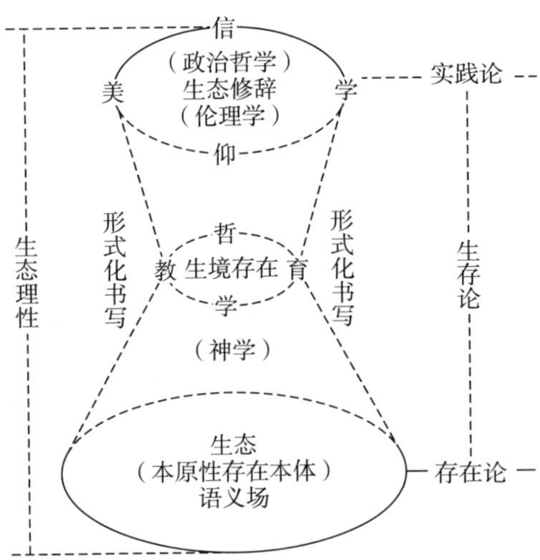

[图导1：生态理性哲学的基本视域]

综上，当代哲学面对世纪性存在危机和困境，以生境存在为指南，审查生态语义场，将打开追问世界本体论的入口；追问形式化书写，必开启生存论路径；检讨生态修辞，则整合建构以信

① 唐代兴：《语义场：生存的本体论诠释》，中央编译出版社2015年版，第207—221页。

② 唐代兴：《人类书写论》，香港新世纪出版社1991年版，第45—56页。

③ 唐代兴：《生态理性哲学导论》，北京大学出版社2005年版，第311—329页。

仰、伦理、美学、政治、教育为基本向度的实践论蓝图。

### 5. 当代哲学的存在论思想

哲学与科学的根本区分是：科学从经验起步达向对新经验的建构，所以科学关注具体，构建知识；哲学从先验入手达向对经验的重构，所以哲学关注整体，创造思想、开辟视野、生成方法。落到实处，哲学的下手功夫是形而上学审问，本体问题成为形而上学审问的主题。

当代哲学基于对世纪性存在危机和困境的追问所开启的本体论，是会通"变中不变"和"不变中变"的生态语义场问题，对它展开形而上学审查，蕴含其中的基本思想获得如下呈现。

**首先，存在世界的本体，是生生不息的生态语义场。**

其一，构成存在世界本体的生态语义场，其本原是生命。从继生论观，作为世界本原的生命，可以是物种生命，或植物生命，或微生物生命，更可以如生成宇宙大爆炸的那个"致密炽热的奇点"；但从发生学讲，最小的且能生的那个最初的物质形态，就是存在世界的本原。从功能观，这个原初的最小物质形态因为具有生的功能，所以是生命的，并且必定是生命，无论这个原初的最小物质形态是什么。

概言之，当代哲学所讲的生命本原论，是发生论与继生论的有机统一。

其二，以生命为本原，存在世界的生成，以及万事万物的生成，是局部动力与整体动力的会通。以人的个体生命为例，从表面看，你的生命诞生于那个被你称为母亲的女人，但这只是现象论。从本质讲，你的生命能够诞生，最终得之于天、受之于地、承之（家族、种族、物种）于血脉，最后才形之于父母。因为，你的父母播种你这个生命种子的那一特定时刻的实际年龄、身体状况、精神状态、存在于其中的地缘结构、地理状貌、环境、气候、水土及文化氛围、政治经济教育生态以及历史朝向、家族血脉运行的轨迹等，都通过这一具体的"播种"行动会聚起来灌注其中，构成你这个生命种子的形态结构和质量内容。

其三，以生命为本原，以会通个体与整体的生态语义场为生成机制，存在世界的本质，是内驻于它自身的存在本性，即生生。因其生生本性，存在世界既是自在世界，更是亲生命性的世界。正是这种自在方式和亲生命性取向，形成了存在世界中个体与整体之间，以及个体与个体之间的本原性关联。[①]

**其次，人是世界性存在者。**

对生态语义场予以本体论审问，既突显存在世界的本体图景，又彰显人在世界中的存在位态及朝向：人是世界性存在者。

人是世界性存在者，首先揭示人与世界的关系，是本原性存在关系。这一本原性存在关系的形态学呈现，是人与世界的亲缘化；其本质规定却是人与世界互为亲生命性。其次揭示人的存在是一种整体性存在：人是以世界性方式存在于世。在存在论意义上，人的存在是世界性的，家庭、国家、社会以及具体的伦理、政治或法律，都不能对人做出存在论规定。换言之，家庭、国家、社会以及伦理、政治、法律必须以人的世界性存在资格、权利和方式来引导或要求人应该怎样存在。其三揭示人的真实存在，只能是与地球生命、自然世界的**合生存在**，这种合生存在敞开为“环境、社会、人”共生生存。[②]

**最后，自然为人立法·人为自然护法。**生态语义场为人的世界性存在提供了依据，人的世界性存在揭示了人的存在不能脱嵌于环境和自然，必须以世界性存在姿态和方式敬畏环境、学习自然。因为，人的世界性存在不是按人自己的方式形成，而是按世界的本原性存在方式形成。人的世界性存在所能够获得以及所需要的一切，包括存在法则，物质资源、存在条件、思想资源、情感资源、审美资源等，都源于本原性存在世界。从根本论，人类虽然创造了辉煌的文明，但一切创造的智慧源泉都蕴含在存在世界之中。人类的伟大，在于它向存在世界领悟、向自然宇宙学习的过程中发现本原性存在世界和自然的智慧、思想和方法、法则、规律，然后予以个性化运用，这是人类物质文明和精神文明的最终源泉。所以，向原本性存在世界领悟，向自然宇宙学习，向环境吸纳生的思想和智慧，成为人能够世界性存在的必须方式。[③]

---

① 唐代兴：《生境伦理的哲学基础》，上海三联书店 2013 年版，第 85—90 页。

② 唐代兴：《生境伦理的哲学基础》，上海三联书店 2013 年版，第 94—100 页。

③ 唐代兴：《生境伦理的哲学基础》，上海三联书店 2013 年版，第 58—83 页。

## 6. 当代哲学的生存论认知

当代哲学的本体论审问，为当代社会如何重获生境存在提供生存论拷问的基本路径。

首先，工业文明的死境化朝向及其敞开进程源于其无所顾忌地征服自然、改造环境、掠夺地球资源，但前提却是对潜力无限、自然资源无限和物质幸福的无限想象性预设提供哲学支撑，这就是现代哲学。现代哲学虽然以构筑改造世界的方法论为重心，但本质和精神却是无限度论。无限度论的现代哲学由康德为之奠定：人是唯一目的，构成其认知基石。一旦确立“人是唯一目的”这一准则，人之外的一切都是手段，人亦可以任性地释放“意志自由”。二元分离构成其认知方式，他将世界划分为“自在之物”的世界和人的世界，然后以“人是唯一目的”为准则，用知性为自然立法，用理性为人立法。由于整个世界都在人的“立法”统摄下，作为立法者的人自然可以为了自己的目的而任其所为。工业文明的终结，就是人任其所为释放意志自由的体现，它构成当代哲学重建生存论的逻辑起点，即必须清算无限度论哲学，建构限度存在论。

限度存在论的基石不是观念，而是存在事实：存在世界是有限度的世界，本原性存在世界之所以会通“变中不变”和“不变中变”的场态方式敞开，是因为有限性本身。有限性是存在世界的生境法则，也使存在于其中的所有存在者、一切生命、全部行动都是有限度的。所以，限度存在构成世界的根本法则，这一法则就是“环境、社会、人”共生存在；违反限度存在法则，自然、地球生命、人、社会，就会沦为死境化生存。①

限度存在敞开即限度生存，限度存在法则敞开为限度生存法则。限度生存法则生成的内在逻辑，是生境逻辑。依据限度生存法则，当代社会要恢复生境存在，必须使无所不在的观念逻辑服从生境逻辑。所谓观念逻辑，就是人按照自己的意志自由设定的逻辑，比如，“让高山低头，叫河水让路”这一社会行动模式背后的逻辑就是“自然没有生命”和“自然只有使用价值”的观念逻辑。

---

① 唐代兴：《生境伦理的哲学基础》，上海三联书店 2013 年版，第 248—259 页。

所谓生境逻辑，是指事物按自身本性敞开存在的逻辑，比如“暑往寒来”“花开花落”，或者水“平澹而盈，卑下而居”，就是生境逻辑。生境逻辑的宏观方式是：宇宙遵循自身律令运行，自然按照自身法则生变，地球生物圈中的物种按照物竞天择、适者生存法则生生不息；生境逻辑的微观方式是：任何事物、所有个体生命、一切实存者，均按照自己本性展开生存，谋求存在。[①]

根据限度生存法则和生境逻辑规范，人、生命、环境三者的存在必是亲缘性存在。

在以生命为本原的存在世界里，资源是人对地球生命赋予使用价值的称谓；生命乃环境的具体构成要素；环境则是为人们**所意识到的**存在世界。环境即存在世界，它既先于人而存在，又成为人安全存在的土壤和可持续生存的平台，一旦它不能为人安全存在提供土壤，且不能保证人可持续生存时，就引发人对它的意识性关注，于是原本自在的存在世界就成为人们意识到的“环境”。人与地球生命之间的生存关系最终表征为人与环境的关系。在本原性存在维度上人与环境是血缘关联的，这种血缘关联是自然宇宙的伟力（或曰“自然力”）在自创生中实现它创生时赋予给它所创造的每个生命形态和每种存在方式的内在性质、存在本质、关联方式。人与环境的亲缘关系揭示一个存在法则：在以生命为本原的存在世界里，人与他者（无论作为宇观的宇宙还是作为个体的事物）所建立起来的关联性始终是内在的，并且原本是内在的，是每种存在、每个生命诞生时就已经形成，所以它来源于存在本身，并来源于生命内部，构成生命得以创造世界并在世界中存在的根源。所以，无论是宇宙、地球、地球生物之于人，还是人之于宇宙、地球和地球生物，最根本的价值是它们各自的**存在价值**和存在敞开生存的**生成论价值**。[②]

### 7. 当代哲学的实践论朝向

以“生态语义场”和“人是世界性存在者”为存在视野，以“自然为立法，人为自然护法”为认知指南，以“限度存在”和“生境逻辑”为根本规范，当代哲学的实践论探讨一定是生境主义的。所谓生境主义，就是以“自

---

① 唐代兴：《气候失律的伦理》，人民出版社2017年版，第147—150页。

② 唐代兴：《生态理性哲学导论》，北京大学出版社2005年版，第111—122页。

然、生命、人”合生存在和“环境、社会、人”共生生存为基本价值取向的实践理性精神。以生境主义为实践理性指南，重建生态信仰，创构生境伦理学、生境美学、生境政治哲学和生境教育哲学，以为恢复“人与天调，然后天地之美生”[1] 的生境社会提供实践理性思想、精神、知识和方法。

当代哲学的实践论探讨，即应围绕当代人类何以需要生境社会和怎样创构生境社会展开生境伦理学、生境美学、生境政治哲学、生境教育哲学探索，更应贯穿生境利益、可持续生存思想和生态化综合方法。

生境，是指具有**自生**（自组织、自繁殖、自调节、自修复）和**生它**能力的环境。[2] 环境的抽象表述是人意识到的存在世界，人、动物、植物、微生物以及其他存在者都生活在存在世界之中，形成生命与存在世界互涵、人与存在世界共生。这种互涵与共生就是利益相互取了。比如，生命能生生存在，因为阳光、空气、水和土壤，土壤、水、空气、阳光就构成其生之利益。又比如，水土的保持因为茂盛的植被，植被就构成使水土保持生机的利益。概言之，存在世界与其构成要素之间，或个体与个体之间能够相互增强生生功能的利益就是生境利益。基于生境主义要求，无论个体或社会、人类，所为之谋求的任何利益都应考虑与之相关的他者（他人、他物、他种存在、环境、地球、自然）利益不受损或能够**共同生殖**。所以，生境利益既是**相互顾全**的利益，也是**相互增殖**的利益。

生境利益思想所蕴含的这种利益生殖机制揭示了世界存在敞开的生存取向，只能是**可持续生存**，因为它是生物世界的进化法则，即**渐进生生**法则。这一渐进生生法则最早被达尔文概括为“物竞天择，适者生存”：物的进化生存，既需要具备竞斗强力，更需要内生自我限度（竞斗强力）以适应环境和存在世界的能力。这是自然世界里充满互助、忍让甚至慈悲和悲悯（比如兔死狐悲亦表明动物世界本存在慈悲和悲悯）的根源。不仅如此，可持续生存取向也构成人类世界的**渐进发展**法则，这一法则具体展开为“生存才是硬道理”原则和“可持续生存优先”选择机制。

渐进发展法则，就是可持续生存法则。当代哲学之所以要探讨可持续生

① （清）戴望：《管子校正》，中华书局2006年版，第242页。

② 唐代兴：《气候失律的伦理》，人民出版社2017年版，第141—146页。

存法则，建构“生存才是硬道理”原则和“可持续生存优先”选择机制，是因为世界存在的合生性和世界敞开存在的有限性。世界的合生存在和有限生存，落实为人与环境的关系，本质上是互生和互害的关系：人对环境（地球、自然、社会）的限度利用，就形成互生的生境关系；人对环境（地球、自然、社会）的无限度利用，就形成互害的死境关系。这是因为人与环境之间既呈“相互嵌含”法则，又蕴含“用废退生”规律：人类活动包括经济嵌含在环境之中，人所存在的环境嵌含在自然宇宙和存在世界之中。在这种嵌含法则的控制下，经济发展与环境生态之间呈相反的矛盾张力取向——经济发展必以环境为代价，经济每向前发展一步，环境就向后倒退一步；经济全速发展，环境就全速后退；经济无止境地发展，环境就必然崩溃。经济与环境的关系是“用废退生”的关系：经济发展越缓慢、越有节制，环境就越具有自生境恢复功能；反之，必然违背“用废退生”的规律，如果以“竭泽而渔”的方式谋求发展，只能加速环境崩溃。

以生境利益和可持续生存为核心思想的生境主义，必然以生态化综合为其实践理性哲学方法。①

首先，生态化综合的核心理念是整体生态、普遍联系、对立统一、辩证发展和转换生成。生态化综合的抽象表述，是整体动力向局部动力实现和局部动力向整体动力回归；其可普遍实施的操作方式，是自下而上与自上而上合生，它构成可持续生存的最好运作方式。

生态化综合的思想精髓是生境世界观，因为它彰显出看待世界的生境主义角度、视野、姿态和方式，并可全方位释放形上和形下两个方面的功能。

从形上论，生态化综合蕴含一种存在论。这种存在论从人和自然两个方面自我规定：（1）人是世界性存在者；（2）自然为人立法，人为自然护法。这一从动静两个维度敞开的存在论思想集中表达一个基本认知：存在于先，认知随后；并且思想、观念、命题，最终不过是认知的产物。因而，生态化综合表述的首先是两种存在事实，即“人是世界性存在者”和“自然为人立法，人为自然护法”这双重存在事实，然后才是有关于“人是世界性存在者”

---

① 唐代兴：《生态化综合：一种新的世界观》，中央编译出版社2015年版，第127—152页。

和“自然为人立法，人为自然护法”的命题、观念、思想的表达与阐述。

其次，生态化综合因蕴含如上存在论思想而获得无限发散的解释功能，并且这种解释功能源于它自身的存在本质，即静态的存在和动态的生变，其经典表述是存在的“变中不变”和“不变中变”，其现代表述是“自然、生命、人”合生存在和“环境、社会、人”共生生存。并且，这种合生存在和共生生存的存在论前提，是人、生命、自然之间具有本原性亲缘关系，这种本原性亲缘关系的内在灵魂是**亲生命性**，它源于生命以自身之力勇往直前、义无反顾的生生朝向。①

最后，生态化综合的巨大解释功能，使它成为具有无限整合潜力和整合前景的哲学方法，它是整体动力向局部动力的实现方法，也是局部动力向整体动力的回归方法。因为生态化综合立足个体、具体、局部而突出整体，并强调从整体到个别、具体、局部和具体、局部到整体的内在通道性，这就是**生、变、通**，即因生而变，为变而通，通而求新生、谋新变，再求新通以至无穷的敞开进程。

① 唐代兴：《生境伦理的人性基石》，上海三联书店2013年版，第177—228页。

# 第1篇

## 书写的起源和敞开

# 第1章　存在敞开了书写

哲学基于时代性的存在危机和困境而敞开存在之问，存在之问达于存在之思的根本方式就是书写。因而，从存在之思对存在之问的表达角度看，哲学乃是存在之书写。

以“书写”为主题必涉及“书写是什么”的问题。当讨论书写“是什么”时，既牵涉存在，也引发生存。在存在论意义上，书写即是存在的敞开；在生存论意义上，书写乃是存在者的存在之为。比如“行云流水”中的“云”和“水”分属存在，“云”作为一种存在敞开自身的生存态是“行”，“水”作为一种存在敞开自身的生存态是“流”，所以，“行”与“流”分别是对“云”与“水”的书写形式。并且也因为其书写，“云”和“水”才敞开其存在。以此观之，讨论书写是什么的问题，需要从存在和生存两个维度来考察。

人，作为在存在世界之一种存在形式，其存在敞开生存的基本方式同样是书写。相对人来讲，考量“书写是什么”时，如果只停留在经验层次而注目于书写的形态学呈现，是极易理解的；如果从存在敞开生存角度观，人的书写问题实是涉及人的存在的历史性敞开，必要求沿着人类书写发生及其敞开的历史足迹，一步一步登上哲学的殿堂，返身观照书写行为，才可发现书写本身对人的存在精神的蕴含，更散发人的生存意趣和想望。

## 一　存在书写与回忆

存在敞开即是书写，由此规定书写是条件性的。

书写的首要条件是存在，存在是书写的首要前提。没有存在，或离开存在，书写不可能发生，因为书写乃存在之敞开。

书写乃存在之敞开，由此形成书写必是对工具的运用。

书写的基本工具是存在者本身。存在敞开书写，是以存在者的自为展开或运用为基本方式。存在者以自为方式展开书写呈两种形式，一是以自己为工具，二是将自己拓展为工具。前者如“行云流水”，云是以自身之行的方式书写自身存在，水以是自身流动的方式来书写自身存在；后者如人创造了工具，然后运用它去书写生产和劳动，比如人创造了符号，然后运用符号去书写人的存在敞开。

相对人而言，书写需要主体的自发。

主体是相对人的存在敞开论，指以自己为中心并以为自己为目的的人在其存在敞开中成为自为存在者。作为自为存在者，其存在敞开呈明确的**自主性**要求、**能动性**活力和**创造性**意愿。或可说以自主性要求、能动性活力和创造性意愿为方式自为存在者，就是主体。以此观之，在人的世界里，宽泛地讲，凡人皆是主体；实际论，只有具备自主性要求、能动性活力和创造性意愿并运作其自主性要求、能动性活力、创造性意愿来敞开存在的人，才可称其为主体。

主体对书写的自发，乃主体以心灵为原发动力对存在想望的敞开。主体对存在想望的敞开必然启动思维，但往往不关涉理性，不涉及反思，而是直觉敞开心灵的回忆：回忆始终是心灵性或曰心灵化的，从根本讲，缺乏心灵的启动则根本不可能生发出回忆。卡西尔把人定义为符号化的存在者，实际上是说人是一个通过心灵启动回忆敞开存在的书写者。所以他说：“在人那里，我们不能把记忆说成是一个事件的简单再现，说成是以往印象的微弱映象或摹本。**它与其说只是在重复，不如说是往事的新生**；它包含着一个创造性的和构造性过程。仅仅收集我们以往的经验的零碎材料那是不够的；我们必须真正地回忆亦即重新组合它们，必须把它们加以组合和综合，并将它们汇总到思想的一个焦点之中。”① 回忆是心灵的自身方式，书写即心灵启动自身方式敞开其历史化的存在使其获得再造和新生。人的历史化存在既敞开人与

① ［德］恩斯特·卡西尔：《人论》，甘阳译，上海译文出版社1985年版，第65页。

存在世界的交道运动，更敞开人与自己不断交道的生命过程，这一既朝向外又朝向内的交道过程敞开了人的存在的心灵、情感和精神的生变与演绎。“精神的变化过程展示出精神之坎坷运动和前后相继的序列，这是一个图画的画廊，其中每一幅都拥有精神的全部财富，而运动所以如此缓慢，就是因为自我必须渗透并消化它的实体所拥有的这些财富，因为精神的完成在于透彻地知道它是什么，知道它的实体，所以这种知识就是它的深入自身过程。在这一过程里，它抛弃了它的现时存在（Dasein）并把它的形态交付给回忆。精神在深入自身时曾经沉陷在它的自我意识的黑暗里，不过它的消逝了的定在是保存在这个黑暗里的；而这个被扬弃了的定在——先前有过的然而又是从知识中新产生出来的定在——是新的定在，是一个新的世界和新的精神形态。精神在这里必须无拘无束地从这种新的精神形态的直接性重新开始，并再次从直接性开始成长壮大起来，仿佛一切过去的东西对它来说都已丧失净尽，而且似乎它以前各个精神的经验中什么也都没有学习到。但是，回忆（Erinmenmg）把经验保存下来了，并且回忆是内在本质，而且事实上是实体的更高的形式。”①

### 1. 记忆与回忆

书写拨动回忆，回忆敞开存在的连续统，这是因为存在必然敞开。赫拉克利特之“人不能两次踏进同一条河流”实是对存在敞开的最形象的描述。这一形象的描述被莱布尼茨予以观念的表达为“现在包含着过去，而又充满了未来”②。存在敞开存在本身，存在本身是空间对时间推动和时间对空间运作的持续进程和态势，卡西尔将其表述为“空间和时间是一切实在与之相关联的构架。我们只有在空间和时间的条件下才能设想任何真实的事物”③。赫拉克利特、莱布尼茨、卡西尔三人实是从不同方面揭开存在的面纱，展露存在的本质：存在的存在本质，是自在；存在的敞开本质，是书写。书写的具体对象，是事物；书写的存在本质，是时间和空间，时间和空间对书写的运作生成瞻望，瞻望的敞开即是回忆和构设。瞻望基于当下，为此唤醒过去而

① ［德］黑格尔：《精神现象学》下卷，贺麟、王玖兴译，商务印书馆1979年版，第274页。

② 引自［德］恩斯特·卡西尔《人论》，甘阳译，上海译文出版社1985年版，第63页。

③ ［德］恩斯特·卡西尔：《人论》，甘阳译，上海译文出版社1985年版，第54页。

构设对现实的引领。所以，存在敞开书写，也就是基于对未来的瞻望而实现对往事的新生。在新生往事的存在框架中，“现在”构成根本：

> 倘若不能把过去抛进过去，把现在从过去的重负下解放出来，生命就不能得到延续。生命如果不具备这种能力，就将丧失未来，被过去所奴役和征服，新事物也无法产生。①

存在敞开生成过去、现在、未来三维时空，或可说过去、现在、未来构成存在敞开本身。在存在敞开进程中，“过去”和“未来”被“充满”和“包含”在“现实”中，而“现实”总是诉求“过去”而期待“未来”，所以“现实”亦实在地包含“过去”的同时被“未来”所充满。“过去”诉求“现在”和“未来”；“未来”指涉“现在”和“过去”，“现在”选择“过去”并期待“未来”，是如何可能？并可择何种方式敞开？换言之，存在敞开“过去、现实、未来”的书写中，它是以怎样的方式互为“充满”和“包含”？这是致思“书写”的首要问题。直面这一首要问题，必然召唤回忆入场。

> 我们不能在描述一个有机物的瞬间状态时，不把这个有机物的整个历史考虑进去，不把这种状态与其未来状态相关联。对后者来说，前者只不过是线段的一个点而已。只有这种类型的回忆才能给我们以能充分表现人类特性的记忆形态，并把与在动物或有机生命中的所有其它现象区别开来。②

存在敞开书写，需要记忆或回忆。记忆或回忆，构成存在敞开书写的方式，也是存在敞开书写的条件，没有这个条件或丧失这种方式，存在敞开书写是为不可能。因为，只有记忆和回忆，过去和未来才入场，现在才成为充满和包含，存在敞开才生成自为书写的连续统。

记忆或回忆启动了存在敞开书写。但记忆与回忆却是两种存在敞开方式，

---

① ［美］保罗·蒂里希：《蒂里希选集》（下），何光沪译，上海三联书店1999年版，第844页。
② ［德］恩斯特·卡西尔：《人论》，甘阳译，上海译文出版社1985年版，第63页。

二者之间有根本性的区别。相对而言，记忆是有机体均具有的生物学功能，回忆却只有人类独有。19 世纪德国生理学家赫林（Ewald Hering，1834 – 1918）认为记忆应当被看成是所有有机物的一个一般功能。[①] 同时代的生物学家塞蒙（R. Semon）认为记忆是存在世界中高级动物所具有的生物学功能，他将高级动物都具有的这种记忆功能称为“记忆基质生物学”，认为这一“记忆基质”是通向科学的心理学的唯一道路。[②] 塞蒙所讲的“记忆基质”实是指一切有机物之存在敞开生存的易变性中能够保持其不变性的自我**保存原则**，存在世界中有机物的自我保存原则就是其记忆原则。记忆原则之“记忆和遗传是同一有机功能的两个方面。作用于有机体的每一刺激都在有机体上留下了一个‘印迹’，一个明确的生理上的痕迹；并且有机体一切未来的反应都依赖于这些印迹的系列，依赖于有关的‘印迹复合’”[③]。卡西尔（Ernst Cassirer，1874 – 1945）对记忆的不同性质功能作了区分：

> 人类学的记忆基质或记忆概念是完全不同的东西。如果我们把记忆理解为是一切有机物质的一个普遍功能，那仅仅意味着有机体能保存它从前的经验的某些痕迹，而且这些痕迹对它以后的反应有一定的影响。但是使记忆这个词在人那里具有意义，仅仅有“对刺激物的以前反应的一个潜在残迹”那是不够的。单凭这些残迹的存在，单凭这些残迹的总和，并不能说明记忆的现象。**记忆包含着一个认知和识别的过程，包含着一种非常复杂的观念化过程**。以前的印象不仅必须被重复，而且还必须被整理和定位，被归在不同的时间瞬间上。如果不是把时间看作是一个一般的框架——看作是一个包含了所有个别事件的连续的次序，这样一种定位就是不可能的。对时间的意识必然地包含着这样一种连续的次序的概念，这个概念是与我们叫做空间的那种框架相对应的。[④]

---

① 赫林：《论作为有机物质之一般功能的记忆》，引自［德］恩斯特·卡西尔《人论》，甘阳译，上海译文出版社 1985 年版，第 63 页。

② 引自［德］恩斯特·卡西尔《人论》，甘阳译，上海译文出版社 1985 年版，第 63—64 页。

③ ［德］恩斯特·卡西尔：《人论》，甘阳译，上海译文出版社 1985 年版，第 63 页。

④ ［德］恩斯特·卡西尔：《哲人哲语：符号形式的哲学》，赵海萍译，吉林出版集团股份有限公司 2018 年版，第 69 页。

从生物学观，记忆有两种类型。卡西尔明确区分这两种不同性质和取向的记忆，一种是纯粹生物学的并体现单一生理功能的记忆，这种性质的记忆是“有机体能保存它从前的经验的某些痕迹”，而且这些“痕迹”的再现是通过外部因素的刺激所产生出来的生理性质的“反应”，无新生的性质和再造的功能。另一种记忆虽然同样体现生物学机制并具有生理功能，但其根本性质却精神学的。这种精神学性质和取向的记忆，实际上是**回忆**。回忆是动物所不具有的，只有人类才独有。与有机物或者说动物的生物学性质的记忆相比，人类所独有的回忆体现以下三个基本特征。

第一，回忆不是刺激的反应，而是认知取向的。这种认知取向性既蕴含主体性质，更体现对象性的识别与选择，所以，回忆是观念的启动和敞开，它**“包含着一种非常复杂的观念化过程”**。由此可以说，回忆与记忆的根本区别是**观念**的有无：一切形态的有机物只有记忆而缺乏回忆，是因为随外部因素刺激反应的“痕迹”不能达于**观念的构型**，人作为一种有机物之将自己区别于其他有机物的根本方面或者说内在因素，却是记忆生成观念的构型。观念，构成有机物存在书写与人类存在书写的根本区别，这种区别表现为存在敞开书写的方式上就是记忆与回忆的区别。

第二，回忆不仅唤醒记忆，使潜沉的“往事”——准确地对往事的“印象”——的再现，而且将唤醒的记忆内容予以整理，然后将整理后的东西予以重新定位。回忆的敞开使所回忆的内容获得**存在性的**新质。正是在这个意义上，回忆不同于记忆的根本方面是对**“往事的新生”**，这是回忆的存在本质。

第三，回忆对潜沉于心底的内容予以唤醒、整理和重新定位的过程，同时是启动某种观念来处理所唤醒的内容的过程。这个过程本身是时间，所被启动的那个具体的观念也是时间化的。所以，回忆使往事新生必须纳入存在之时间中并敞开空间。从这个角度看，**空间对时间的推动和时间对空间的敞开，运作了回忆**：在对回忆的运作中，空间对时间的推动，是存在主体充满现实而指向（消逝或潜沉的）过去；时间对空间的敞开，是存在主体从现实出发驾驭过去指向未来。

### 2. 回忆的敞开

在人的存在世界里，从存在本身观，存在敞开书写必启动回忆，因为只有回忆入场，存在敞开书写才成为可能。从回忆自身观，回忆必然敞开存在之书写，因为只有存在之书写，才成就回忆。存在敞开书写与回忆互为成就。由于这种互为成就，存在之书写才成为普遍方式，即回忆敞开存在书写构成人的生活本身，或可说，回忆敞开存在书写融贯于人的生活进程之中，哪怕是没有受到学校教育的人，或者没有受过口头书写熏陶的存在者，其存在敞开生存的每日生活同样融贯了使往事新生的回忆。口头书写的内容，不论早晨起来对家人讲述刚刚逝去的梦境，还是描述代代相传的远古神话，以及书面形式的书写，比如寓言、故事、传奇、小说、诗、论文或者著作，都是书写者凭借心灵的回忆。回忆成为存在敞开书写的基本方式。

存在敞开书写——无论是行动性书写，或是口头化书写，或者书面化书写——都必须借助回忆。书写就是一种回忆，书写本身就是回忆。对存在世界，对历史、对消逝本身，对存在境况或生存处境及生活状态，对人的心灵、意志、情绪等的回忆，敞开了存在，生成出书写。没有回忆，便没有书写，也不会有书面性质的写作。

**回忆的性质**　“回忆”（Erinnenmg）原发于记忆并对记忆的改造。如前所述，记忆是生物学意义的，是生物存在敞开的生理功能释放，从人类物种本原于生物讲，记忆是生物人类学意义的。与此不同，回忆是精神人类学意义，它属于人类文化学的范畴，作为人类文化学意义的精神学内容的回忆，是对人类学意义的生物学内容的“记忆”的再造，即对生物学意义的“记忆”予以观念的植入，使之获得认知选择和整理重组的功能。这是卡西尔将人的或者说人类的“记忆”定义为对“往事的新生”的根本理由。回忆作为对“往事的新生”这种性质的行为包含了创造的和构造的过程。海德格尔则认为“回忆”乃是把经验总结、提高、上升为内在化的逻辑规律的方式。进一步看，“回忆”不过是对已逝的往事的内在形式化建构，这一内在形式化建构涉及两个方面内容。

一方面，“回忆”带动时间，并使时间为之开道。时间敞开的动力学方式是**涌动**，时间敞开的形式化方式是使自己流走，其流走的物理形态是空间化扩散所形成的连续统之连缀，所以，回忆带动时间，时间的涌动和流走构成“回忆”的前提；“回忆”总是站在思维的现在时（即此在）域而对过去时（彼在）域予以关注。

另一方面，“回忆”虽然必启动观念，并使观念地植入而呈现认知性，但回忆依然不是思考、分析、抽象，而是以生命化方式新生往事，所以回忆不是概念化、命题化、语词化，而是对生命、情绪、激情、心灵的唤醒，把回忆者置于过去时域中以纯粹的心灵去感悟、体味、烛照之，这就是对往事的关注。这个关注过程即回忆者遵循自己的生命、思维、情感意向（方向、目标、目的）去对往事予以心灵化丰满和形式化再造的过程。

**回忆的本质**　“本质”概念相对存在而言，存在的具体即是事物，从具体言，本质相对事物言，是存在之为存在或事物之为事物而区别他者的内在规定。回忆作为往事的新生，其内在规定并不是静态的“一”，而是动态生成的“多”。要言之，回忆的本质就是发现、纯化、拓展、重塑。

**回忆的首要内在规定是发现。**回忆作为存在敞开书写的基本方式，在宏观层面，是借助空间对时间的推动和时间对空间的敞开来实现。但是，通过空间对时间的推动和时间对空间的敞开这一运作方式来启动回忆，却必须落实于**已逝的**具体“往事”，并通过已逝的具体“往事”来运行时间和空间，使空间推动时间和时间敞开空间。但是，无论从个人言还是从社会观，甚至从存在世界本身论，已逝的“往事”比比皆是，昨天那条河流因为地震而今天在两山的位移中消失了，繁华的都市因为疫灾而突然沦为无人烟的死寂之地，早晨出现酷烈的太阳中午则下起了冰雹……存在敞开的无限生变运动聚散开来，形成如怀特海所讲的“事件”化“过程”的连续统，在这个存在敞开的呼啸而来汹涌而逝的“事件”的连续统中，哪些已逝的“往事”能够被关注，哪些被关注的已逝“往事”能够被唤醒，这就需要发现。发现本身就是选择，选择涉及确立可选择和能选择的依据，这个依据就是心灵化的观念。按休谟的经验主义说法，观念是印象的沉积，印象源于感觉，它通过经验启动，即经验发动感官产生印象而生成观念，观念进入心灵之域获得“生”之本性的武装，则可获得引发或启动选择的动力机制功能。存在敞开之书写成为可能，原发于“生”机的心灵化观念对已逝的具体“往事”的关注并从发现充满生意、生机的内容时，回忆才真正启动。具体地讲，回忆启动于对已逝的具体“往事”的特别关注，并将充满生机和生意的心灵化的观念投射其中，发现这一已逝的具体“往事”所蕴含的新的精神、规律、品质或新的审美情志、意趣。比如，一个人早年的生活经验往往既可能成为他奋发向上的精神支柱，也可能成为其沉沦堕落的最终起因，这是他在有意无意地对已逝的那些具体的生活“往事”的重新关注中发现了某种使其奋发向上的精神或使其堕落的社会、人生规律。一件平淡无奇的生活琐事，经过几十年岁月的浸泡或熏染，某一天竟成了某种思想萌发的母体，或某种学说理论的最终起源或解释因素，或意想不到地成为某部文学作品的主要内容。这都是因为回忆，因为回忆就是为着发现，回忆启动发现，回忆实现发现。

**回忆就是在发现中纯化**。回忆基于发现，发现诉求纯化，这是回忆敞开自身的第二步，也是回忆对发现的必然规定。因为，基于“生”之心灵直观的观念对回忆的启动，对具体的已逝“往事”的发现，实际敞开为两个环节，第一个环节是从众逝的“往事”中发现某一事件化的已逝“往事”，使回忆敞开书写“事件”化；在此基础上，第二个环节就是以“生”机化的心灵直观的观念为依据和准则去发现这一被发现的已逝的具体“往事”本身蕴含的可“生”和能“生”的内容。但这些可“生”和能“生”的内容却是杂陈于这一已逝的具体“往事”之中，将它发现，使之发挥新“生”的功能，则必须将其从“杂陈”中剥离出来使之“纯粹”，因为体现“生机”并具有“生意”的存在物要实现其自生的主体性前提就是使可“生”和能“生”的内容纯化，只有纯化了的生机和生意才勃发出生的行动，才使已逝的往事真正新生。比如，卢梭（Jean-Jacques Rousseau，1712 – 1778）晚年沉浸在个人生活历史的回忆中，其心灵、情感、灵魂、人格及其认知、思想得到极致的纯化，亦把这种纯化的心灵、情感、灵魂、人格及其认知、思想形式化为《忏悔录》。巴金（1904 – 2005）把人生的余光全部投射到对社会—人生相交织的历史的回忆中，发现自己以及所经历的那个被历史化的羸弱人性和被塑造化的卑微品格是何等的斑污与不堪回首，于是有《随想录》问世。巴金的《随想录》，既不是无聊的个人生活的随想，也不是颂世的群化生存的随想，而是通过对已逝的往事的新生而新生出那**被阉割了**的存在本身。

**回忆必须通过纯化而拓展。**回忆之构成存在敞开书写的基本方式，是因为它通过发现而纯化的努力方面却必要拓展。所谓拓展，就是在已有基础上展开、拓宽、拓深，即在展开中向广度拓展并向深度拓展，前一种拓展是廓大空间疆域；后一种拓展是开辟时间进程。从这个角度观，拓展就是对原有的展开、突破、开拓，它构成回忆之价值增值所在。回忆有无价值或有多少价值、能否体现新生性，不是取决于发现和纯化，而是取决于拓展。仅回忆本身言，发现，是回忆获得新生的价值来源；纯化，是回忆获得新生的可能性条件；拓展，是回忆获得新生的现实方式。所以，回忆经由心灵化直观的观念启动发现，必须经历纯化而达于拓展，最后才可实现对往事的新生。比如，同是一则“巴比塔”神话，对不同存在者言为此所激发出来的回忆或各有不同：A 君经历其发现和纯化而拓展了语言的神圣性，B 君却拓展了语言的幻想功能和修辞方法，C 君则发现了人类存在敞开生存的不自由和不自主性，更可能有人由此悟到了人对存在疏离的痛苦，或更有人醒悟了天堂和幸福对人只是不切实际的永恒幻象……如此等等就是回忆敞开拓展的认知、视野、内涵虽然蕴含其普遍的共性诉求，但呈现对个性和人格的张扬。从根本讲，成功的回忆必须进入拓展之域：真正成功的回忆只能是使已逝的具体往事得以新生的回忆，这种性质取向的回忆不仅是对已逝的具体往事蕴含的精神内涵的拓展，更是对回忆者的心灵、思维、情感疆域的拓展。

**回忆必须通过拓展而重塑。**在回忆作为“对已逝往事的新生”中，其“新生”是相对已逝的“往事”而言的。所谓“已逝的往事”，首先指其“事”已是过去之“事”，并且这一过去之“事”早已消逝，即对当下存在及生活丧失了功能和作用。由于这两个方面，“往事”成为沉沦之物，如果还有价值，也仅是潜在意义上的。对已沉沦于历史之中的“往事”通过回忆而获得“新生”，即使其潜在意义的价值变成现实的价值，这是第一步，这一步就是发现、纯化。在发现和纯化基础上展开第二步，就是拓展和重塑：拓展，就是赋予它以更新的价值，这是作为沉沦之物的“往事”本身所不具有的，是因其潜在价值引发而重新赋予的价值。然后对所赋予新价值的“往事”予以形态学的再塑造。所以，回忆就是在发现、纯化和拓展的基础对已逝的“往事”予以重新构造，这一重新构造的过程涉及两个方面：一方面是重新设计；另一方面是根据其重新设计而赋形。回忆对往事的新生的实质是对往事的重塑。回忆对往事的重塑，就是设计和重新构造已逝的“往事”，使之获得新形态、新结构、新方式或者新形象、新境界、新风格。回忆对往事的新生，就是从这两个方面重塑已逝的存在，使其获得更新的敞开性书写而指涉未来或想望未来。比如，当你在一件小事的回忆中发现这件小事蕴含某种精神、境界，事实上是你发现了你自己身上生长了某种精神、境界，重塑不是为着已有和过去，而是使某种被新生出来的东西指向未有和将来。

### 3. 回忆的精神

发现、纯化、拓展和重塑此四者构成回忆的四重本质，也内生出回忆的精神。作为存在敞开书写方式的回忆之基本精神，通过发现、纯化、拓展和重塑而呈现，这就是未来想望、创造精神和永恒意识，此三者构成回忆的基本精神。

**回忆之未来想望**　回忆指向沉沦于时空黑洞的往事，却意欲于新生。所以，回忆虽然要重新关注过去，但却总为着未来。这是因为存在敞开本身，无论是世界的存在敞开还是人的存在敞开，均因为现在而向往未来而不得不关注过去，即从过去中获得现在开启未来的钥匙，这就是人的“现在既包含着过去，而又充满了未来”的本质含义。回忆的是过去了的“东西”，但它为着补充现在、充实现在而指向未来、设计未来。德国浪漫主义诗人、哲学家荷尔德林（Johann Christian Friedrich Hölderlin，1770－1843）曾如此沉吟他的回忆说：“谁曾想过那最深刻的，谁就更爱那最现实的。”① 从发生学看，存在世界上那“最深刻”的“东西”恰恰是最远古的、最神圣化的、最神秘莫测的存在精神和生存想望。书写者只有对这些“东西”从不间歇地“想”（品味、领悟、觉解），才可能真心爱最现实的东西。每一个时代的大书写家（哲学家、思想家、科学家、文学家）都是其所存在的那个时代“最深刻”的“想”者，因而他们始终是“最现实”的“爱”者。他们所“爱”的“最现实”的内容恰恰不是现状本身，而是企求对现状的改变的种种迷人的愿望、渴求、设计、理想、追求。简言之，“最现实”的东西就是书写家们的未

① ［美］W. 考夫曼编著：《存在主义》，陈鼓应译，商务印书馆 1987 年版，第 213 页。

来祈望。

**回忆之创造精神** 存在敞开书写启动回忆使沉沦的“往事”新生，所致力的绝不是物理层面的东西，而是超越物理形态的精神存在。所以，回忆对“往事”的新生，所新生的不是“往事”本身，而原发于沉沦的“往事”却又超越“往事”的内容。这个内容是什么呢？就是启动回忆的那种心灵化直观的观念，更是那培育和丰满负载直观观念的心灵的那种“生机”“生气”，那种使其“生机勃勃”和“生意盎然”的“生生”精神，这种生生不息的精神才是回忆新生“往事”所诉求的创造精神。这种创造精神鼓动回忆追求的不是创造（重新组合）回忆对象，而是创造自己和存在世界的新融合、新贯通。所以，回忆不仅新生出“往事”，更是新生出“往事”和“现时”、个体和整体、人与世界的一体存在。

**回忆之永恒意识** 回忆作为书写的基本方式，必承载书写的自身祈望。书写作为存在之敞开，虽然带动空间对时间的推动和时间对空间的敞开，但根本祈望却是对时间和空间的驾驭。时间和空间，既自为运作，也互为运作。时间的自为运作，是永不歇息地敞开空间；空间的自为运作，是始终如一地推动时间向前形成无限可能的连续统。时间和空间的互为运作，就是空间对时间的推动和时间对空间的敞开使书写获得宏观结构，也使书写的具体方式回忆对往事的新生内容获得时空的定格而留驻于存在本身，这就是回忆对时间和空间的永恒祈望：回忆的基本努力，不仅把值得回忆的东西赋予永恒，而且要使人类的存在精神和书写者的人格精神获得超越时空的永恒品质。远古神话之被一代代书写大家纳为书写的内容，其根本的冲动和努力不就是使远古存在永获驾驭时空的新生吗？书写家们或以科学方式或以哲学方式或以神学方式或以文学和艺术方式……不断地借助于回忆新生沉沦之域的神话和故事、事件和存在，不同样是使已逝的人类生活和过往的历史存在重新焕发永恒的魅力吗？回忆之为回忆，最为根本的冲动和永不衰退的激情，就是以不断发现、不断纯化、不断拓展和重塑的方式展开一种永恒存在的意识与想望，这是回忆的深层心灵品质，也是人类存在书写敞开行为的深层心灵品质。

## 二　存在书写与表达

回忆作为存在敞开书写的基本方式，启动了沉沦于时空黑洞的“往事”，并要通过发现、纯化、拓展而使之获得新生式重塑，由此引发表达。

存在敞开书写，需要回忆。回忆使存在敞开书写成为可能。

存在敞开书写，亦需要表达。表达使存在敞开书写成为现实。所以，书写存在敞开，实是表达存在敞开。

### 1. 从书写到表达

“表达”一词，在通常情况下被定义为写作学或创作论的概念，也更多地用于交际领域。但它原本是一个存在论概念，是关于存在敞开生存的概念。所谓表达，就是敞开使之无蔽。表达敞开存在使之无蔽使“表达”内生三层本义：一是敞开；二是无蔽；三是彰显。表达即是存在的敞开，敞开的基本要求是使存在本身无蔽，目的是使存在彰显存在本身。平原以一望无际的方式敞开和去蔽，最终获得完全的自我彰显；江河水以浩荡奔流的方式敞开，无蔽地把自己彰显开去；云彩总是以运动不息位移自己的方式敞开天空，在去蔽中彰显出艳阳朗照。在人的生存论意义上，表达是指通过某种行为方式来敞开自己的看法、思想和情感。人是情感和思想的生命体，人的一切思想和情感都来源于他对存在世界的独特看待，但其动机和目的都源于人自己，所以，人成为自己表达的现实基础。同时，人是他者性的存在者，人的这一存在的本原样态使其存在敞开必是群化的生存，人的生存的群体性必然要求人与他人之间达于行为的协调与和谐，这就需要相互理解和沟通，需要行为的共同情感、思维、思想规定，而这些又需要通过一种形式化行为来传达给对方，于是产生了表达。

人是能动地表达的人。能动地表达成为人与其他生物相区别的根本行为标志。在生物世界，所有的生物都具表达的能力，并随时发生其“表达”行为。但生物体的表达行为是本能的，也是情境性的，没有明确的精神要求性；人的表达行为也有生物学意义，但这这种生物学意义的表达内涵要纳入意识的能动性之中，接受其意识的能动性的涵化，呈现规范性，敞开伦理化诉求，并且其行为的情境塑造要接受群体意识和情绪的支配。

正是因为如上区别和规范，表达构成人的世界；并且，表达确立人的世界。

由于表达具有构成性和确立功能，世界由此成为表达的世界。表达，把人和世界统摄起来，给人的存在赋予特殊的意义，也给人所对待的存在和所观照的世界赋予特殊的价值和情趣。

世界在表达中敞开，万物同样因为表达而敞开存在，人在表达的世界里发挥属人的能动性，人在存在敞开的世界里敞开自己之独特性的根本方式是书写。书写，无论相对世界言还是仅人而言，都是一种至为重要的存在表达形式，因为书写是更深刻、更细腻入微、更广泛地敞开和彰显人类思维、情感、心灵、渴求、生活、处境的一种存在论表达行为。它不仅使表达对象超越时空的制约，也使表达者超越时空的限制，还使表达行为本身超越时空的规定性，追求一种纯粹的无蔽存在，这种纯粹的无蔽存在既是审美化的，也是心灵的合目的性的。心灵的合目的性，是指心灵、情感、精神、生命、灵魂的合生存在化和生生化。

从根本讲，书写与表达互为诠释：书写即是表达，书写为着表达。表达是书写的动力因，书写构成表达的目的因。由此互为规定和互为成就方式，离开表达这个动力因或不具备表达这个动力因，根本不可能有书写行为的发生；反之，缺乏书写这个目的因或丧失书写这个目的因，同样难以有表达行为的产生。在书写与表达互为诠释的存在敞开框架里，书写本身是存在论意义的，“表达”则因此而获得了动力因意义和技术性意义。以存在论的书写为参照，表达的动力因意义属于书写的哲学审视的内容，表达的技术性意义属于书写的技艺学探讨的内容。而书写的技艺学却包括了书写的心理学和书写的思维学，从形上角度审视，书写的心理学和思维学就是书写的认知论；对表达的动力因意义和技术性意义予以历史性的统合观照和审查，就形成书写的表达学。所以，书写的表达学既是认知论的，也是历史哲学的，更是心灵学的。

人的存在书写既是对存在世界的形式化表达，也是对人的存在敞开的形式化表达。仅后者言，人的存在书写主要地表达人在存在世界中敞开生存的状貌及其存在人格、理想、精神或愿望。

首先，人的存在书写表达存在世界（对象和人）的神圣性。人的思想、情感品质决定了他可以观照一切、思考一切、探索一切和想方设法征服一切，更可以为一切而痛苦或欢乐。这注定人这一物种在生物世界中的神圣地位，也决定了具有能动性的人对自我在生物世界的神圣地位的神圣意识。但是，人并不因为自己具有如此的超凡能力而可以使存在世界按照自己的意愿而存在。相反，人越是雄心勃勃地要通过智慧征服存在世界和役使万物的方式来确立自己在存在世界中的神圣地位，就越发现存在世界的不可征服性，存在于存在世界中的万物的不可服从性。这使人在维护自我神圣性的前提下不得不承认存在世界的神圣性，不得不在许多时候或者说在根本的方面无可奈何地把自己的神圣性给予存在世界，即在人的存在的神圣性之上还伫立着存在世界的神圣性，这就是信仰的根源，也是宗教的源头，更是上帝的**被存在化**：从根本讲，上帝的存在既是上帝本身的存在，更是人对上帝的承认、尊崇和膜拜本身而使之存在（即原本自存在的上帝因此向人彰显其存在）。这种状况实质上是存在的神圣性的分离，这一神圣性的分离亦是人与神的分离，也是人的存在与世界存在的分离。书写就是追求对这种分离性的存在和分离化的神圣性**谋求合生**的表达，期望通过存在书写本身使这种分离后的存在和神圣性重归于生生之“一”。远古人类书写最典型地表达了这种存在的一体性和神圣性的一体性，文明人类书写虽然也做如此意识地努力，但却更为痛楚地注目于存在的分离性和神圣性的分离性。从人的角度观，这一双重的分离敞开为世界的物质性与人的精神化的对立。当代人类书写以正视这种对立为起步，走向大综合的探索，由此使当代书写努力消解这种对立，并成为寻求整体表达世界和人的神圣性的一体性方式。

其次，书写人存在敞开的生存状态。书写始终是存在的为己。存在世界的书写敞开存在世界本身，由此使本身去蔽而自我彰显。人的存在书写敞开人的生存本身，由此使人的生存本身去蔽而彰显人的生存状态。人的生存状态是人生活的综合性呈现，它来源于人的现实生活处境、时代的要求性和社会群体的规范性，以及人的错综复杂的愿望、需求和历史、文化对它的制约性。人的生存状态主要地体现在他的生活方式、生活态度、生存情绪等方面。书写，无论什么形式的书写都无可逃避地涉及人的存在敞开的生存状态，并表达它。这是书写的命运，也是表达的命运。

再次，书写表达人类的永恒追求与渴望。存在世界敞开存在的运动，决定了存在于其中的万物都具有易逝性。万物存在的易逝性激活诉求永存的渴望，这种渴望自然播于人心，希望永恒，构成人类的基本天性，无论挑夫走贩还是达官贵人，都具有这种永恒情绪，都有其各不相同的永恒内容及其对象化形式。著书立说，财货积累，权力获得与分享乃至儿孙满堂或者缠情绵绵无绝期，都洋溢着人之为人的永恒情绪。把这种永恒情绪形式化就凝聚为人类对永恒性质的存在的渴望与追求。探求、认识甚至征服、改造自然，批判自我、创造文化，不断在打破秩序中安排秩序等等，都是渴望永恒、追求永恒的实际行动方式。对永恒的渴望和追求，构成人存在敞开生存的主题，亦汇聚成人类存在敞开生存的主旋律。书写，无论从个体言还是从人类整体论，都是重塑和升华这种存在渴望和追求的最佳表达式。

最后，口头书写与书面书写的互补运作。书写诉求表达，表达实现书写。书写与表达互为推动，在成就对方的同时彰显自由。书写与表达的互补运动，实始人类存在敞开书写本身。人类存在敞开书写形式由远古的口头书写发展演绎出文明社会的书面书写，其中，书面书写形式的产生经历漫长的发展演变成为人类书写的主要形式，但最终没有因此而彻底取代口头书写形式。相反，口头书写仍然在不同时期以不同方式遍布于生活的每个角落，与书面书写系统并行不悖，尤其是在文化高度繁荣、网络全球化和网络手机人类化的今天，口头书写通过手机语音通话的方式获得新的发展的可能性。

虽然如此，书写行为不管以哪种具体表达的形态呈现，其表达的根本性质没有改变，也不会改变。并且，口头书写和书面书写各有对方无法取代的优势和特点：口头书写无法比拟书面书写的形式化程度；但口头书写那直接的感性情绪冲动又是书面书写无法比拟的。口头书写本身就是传播，从而消除了传播这一中介方式。但口头书写的传播行为要受诸多条件的限制，虽然微信的语音化书写突破了时空的条件限制，但仍然要承受传播对象的限制，即口头书写是相对特定对象的书写。书面书写没有这样多的条件限制，由此使传播对象具有不定的无限可能性，但书面书写的传播却缺少直接性。正是因为此，形成口头书写和书面书写的各自存在，并为着存在表达（人和世界）而互补。

#### 2. 表达敞开传播

从人类学看，因为书写而表达之于人始终是为我的：表达是人的表达，人是表达的中心、起点和动因，也是表达的终结，即目标或目的。

**表达“为我”的动力学意义**　存在敞开书写，书写寻求表达，表达彰显存在。从存在到表达所敞开的根本逻辑，是为我逻辑。为我，构成存在世界之自在准则；为我，也成为人类敞开存在的基本生存原则。在人的世界中，人类一切行为都是为着保存、丰富、完善人类自身。征服自然，维护自然生态平衡，战争与和平、爱与恨、毁灭与创造……都是以为我为原动力。为己性存在原则构成人类衡量自身行为的内在价值尺度，并首先构成人类自我进化和发展的动力原则或动力机制。每一个个体在这架“为我”的天平上，一旦加重物质性世俗性内容的砝码，必然会抛弃精神的神圣性；反之，如果加重神圣化的精神砝码、亦势必淡化对物质性、世俗性内容的欲望和追求。正是这正反两个方面对立生变，实实在在地构筑起人类存在敞开生存的“为己性”动力学意义。

作为人类存在敞开之生存原则的“为己性”，亦构成书写行为的内在价值尺度和动力机制，这种尺度和动力功能主要通过书写者的发抒和吁求而得到展布。

首先，书写表达的发抒性。从词源学讲，“写”者，泄也，即以发抒的方式宣泄。书写者的发抒是审美的、理性的或心志愉悦的，它是经过长时间的心灵积淀并遵循一定的文化规范和审美要求的一种建构性发抒，其发抒的最终目标是对某种神圣的超现实的（甚至不现实的）“东西”的呼唤，并对自我之外的他人的心灵化吁求。

其次，书写表达的吁求性。书写的自我发抒并不目的于自我发抒本身，而是借助于自我发抒而敞开想望和期待，所以书写表达的直接诉求是吁求。书写行为的吁求性敞开两个维度，一方面体现书写者对读者的现实要求；另一方面体现书写者对愿望实现的满足。一个哲学家希望自己的哲学思想能够得到读者的理解和拓展性传播，使其成为永久的真理。这愿望无疑作为他书写的主要内容而融进他的书写行为中，并充溢在他的文章（或著作）中。即使一张便条，其布白、其文面、其文字书写的独特形态，亦体现出一种属于书写者的某种神圣性意味或某种审美化的意趣，并希求得到读者的欣赏与认同。

表达的吁求性构成了表达得以传播的现实可能性。

**书写表达即是传播**　书写寻求表达，表达敞开传播。所谓传播，是指通过某种手段或方式使信息广为散布。传播的基本方式有三，即口头传播、书面传播和综合性传播。在此三者中，口头传播形式是人类远古生存中的主要传播形式，亚里士多德在《修辞学》中总结了口头传播的基本要素，包括说话者、主题、听话者，其传播的基本目的是对听话者“施加影响”。亚里士多德的理论至今仍然成为传播学的基本构架和理论精神，这是因为从口头传播到书面传播以及形成的当代其他形式传播，最终也只是形态的演变而不是内在规定及本质内涵的变革。

书写作为表达属人类（或社会成员）所共享的精神方式，这一社会性质决定了书写行为的传播性质：书写即传播的内在规定及本质诉求是书写行为的自身要求（**吁求**）和书写行为的社会要求（**共享**）的**合生**性展布，简言之，书写即是吁求与共享的合生展布。

书写作为一种社会化的传播行为，其根本目的是要对读者“施加影响”，这是书写行为的内在吁求性使然。书写行为传播企图对读者施加影响的性质和内容与一般的社会化的实用传播行为不同，它除了对读者施加一些实用性的影响之外，还要对读者的审美理想、情感、思维方式、思想方法、智慧形式施加影响，从而改变读者书写和看世界的基本思维方式、思想方法和情感方式。虽然如此，但书写行为传播对读者所施加的影响始终是间接的、无意识的、潜移默化的审美或审理的渗透过程，它并不像一般传播行为那样追求立竿见影的效果。

书写的传播是一个历史化的演变运动，在这一演变的历史进程中，其形态的变化主要从三个方面呈现：一是传播时空由同域走向异域。口头书写行为的传播要求传播者和接受者（听者）必须站在同一时空域中，形成口耳相传的形态学特征。其后，书面书写系统产生并成为主要形式，主要源于传播媒介文字的产生，传播者（书写者）和接受者（读者）处于不同时空域中发生远距相传的形态学特征，这就是传播时空的异域性。传播时空的异域性导致传播行为的间接性。二是传播行为的媒介化。由于传播行为的媒介即文字的产生和介入，书写行为传播产生方向的多元性和传播行为的储存化。三是接受方式由“听”到“看”。口头书写传播的接受方式是接受者用耳“听”，接受具有极大的感官刺激性和瞬逝性。书面书写传播的接受者用眼“看”，接受追求理性化的感受，具有可重复性。

**书写表达传播的社会功能**　书写传播行为的主要社会功能仍然是传播信息，所不同的是，它除了传递日常的规范化生活信息（如应用文书写）之外，主要是传递思想信息、思维信息和情感信息以及心灵信息。

首先，书写诉求表达推动思想信息的传播。“思想”者，是人看待存在世界和感受存在世界的基本方式、态度、倾向，以及对这种看待世界和感受世界的基本方式、态度、倾向的思考、审视、反观和概括。

书写是一种感受化的理性行为运动，其实质是对存在对象（存在世界化的人、事、物、景和书写存在的心灵、人格、审美修养、人生倾向等）的反观、分析、评价、判断（如科学书写、哲学书写、社会政治书写或思想书写等）。这反观、分析、评价、判断行为是意识和无意识、目的性和合目的性的统一，它构成书写行为传播的基本信息内容。

其次，书写诉求表达推动思维信息的传播。书写思维是人的日常思维内容甚至书写思维方式向历史性生成构建起来的书写模型渗透所共同构建的思维样态。每一个书写者，甚至同一个书写者在不同书写行为中敞开的日常思维方式、内容各具特征，这是形成书写思维的独创性的重要因素。同时，书写者对人类书写模型的感悟、体验方式和把握程度及其差异性，同样构成书写思维的独创性。书写思维的独创性必然超越人的日常思维，并总是给日常思维赋予新的内涵，比如新的角度、新的方式等，由此促发或丰富日常思维内容的多元性、多向性、播散性，激活书写思维在书写行为敞开的传播性过程中不断构筑更新的信息内容。

最后，书写诉求表达推动情感信息甚至心灵信息的传播。书写行为中的情感是经过书写者的心灵净化而具有厚重审美意味或审思穿透性的情感，即使最简单的实用性书写（如应用文、便条）虽然是一种被动性的书写行为，但其情感仍然是创造性的和审美化的。仅审美而言，所审之美实是自由及其对自由的企望行为本身，比如写一张便条，书写者本能地期望将字写得好一些或更好一些，其行为表达的是审美诉求，但这种审美诉求本质上却是企望通过文字的审美书写实现自我存在的人性自由。所以，没有哪个书写者不想把字写得漂亮一些，也没有哪个书写者不想把书写的文面安排得美一点，更没有哪个书写者不想把文章的结构安排得更新颖、精巧一些，不想把语言选用得更恰如其分而又准确凝练一些。人们对书写的这些近乎于本能性的冲动和内在企望，无不体现一种无意识性质的净化的心灵化的审美情感。在群体性工作领域，书面通知之比口头通知要严肃、慎重、神圣，其情感的审美化和其审美心灵化的情感流动与传递是其重要原因。

**书写传播的行为本质** 从生存现实言，书写传播的目的是交往、交流和理解与沟通，从而实现人的确认和确立。

首先，书写敞开存在交流和交往。人既是世界性存在者，也是类存在者，是世界性存在和类存在合生的行为者和行为展布者。人从世界性存在和类存在两个维度敞开自身存在就形成社会化生活，人的社会化生活的基本精神需要是企图获得与他者交流与交往，因为人作为类的一员，其存在敞开必要与同类保持存在论和生活化的密切联系，并且需要生活行为上的合作与共处，人与人以及人与群之间相互相交流思想，情感、要求、愿望、设计、打算以及关于人和事的分析、评价等，构成人与他者共生存在和合作生存的根本前提，书写则促成该前提条件构成根本方式。所以，书写成为人的世界性存在和类存在敞开生存之交流、交往的基本行为方式和精神方法论。在其精神方法论层面，书写所要交流的内容主要是纯粹的审思性或审美化的思想、情感、愿望。

其次，书写敞开存在理解和沟通。对于世界性存在和类存在的人来讲，存在敞开交往或交流的目的，并不是交流或交往本身，而是通过交往或交流的行为或方式达向人与人、人与群互为理解和沟通。书写行为的特殊之处正在于这种求理解和沟通的行为是内在的、心灵的、审美或审思的，它直接与人的心灵、生命、意志相涵化、相融合、相会通，从而开启满足人的心灵渴求与生命欲望并使之相互碰撞、互为激励。

最后，书写敞开存在确认和确立。在交流中求理解、在理解中求沟通，这同样不是书写敞开传播的最终目标，世界性存在和类存在之人的存在敞开书写的最终的目标是求确认和确立。它是个体——书写者和读者——的心灵、情感、人格形象的互为确认和互为确立的方式，这种通过书写敞开互为确认和确立的努力最终指向对时代、社会精神、人类整体道德形象的确认与确立，书写追求确认和确立的最终人类学和生物学动因，是人类存在基于本原性不自由而诉求存在自由。

### 3. 表达的形式化

“形式化”概念有两层含义，一是世界存在论意义的，它指存在世界按自存在方式将其结构形态化的敞开方式和敞开进程。二是人类存在论意义的，它指人按照自己的存在意愿把存在世界或事物内化为表达内容，并把表达内容外化为符号模式的行为方式，以此看人类生活世界里的一切回忆、表达、传播行为都是人的形式化行为。人的形式化行为主要从两个维度敞开对存在世界或事物的体认：首先，人把存在世界或事物体验、抽象、整合为属己的心灵－情感内容，即使存在世界或事物形式化内化的行为方式；其次，人把属己的心灵－情感内容予以新的体验，感悟、抽象、整合为具象性符号，即将心灵－情感化内容形式化外为具象符号的行为方式。这两种形式化体认世界或事物的方式可以单独敞开，也可以同时运用。形式化敞开思维－认知的基本行为方式是体验、感悟、抽象、整合、工艺符号化，并且其体验、感悟、抽象、整合、工艺符号化亦构成形式化书写存在世界或事物的进程方式。形式化的基本特性是其行为的认知性、意向性和超文化性。形式化运动是人根据已有认识意向对世界或事物予以深刻认知的活动。形式化始终追求突破其现实规范而创造新的文化、新的思想、新的审美品位和领悟方式，所以形式化体认具有超文化和创文化的特征，充满“不可自由的自由”存在渴望和追求。

**书写形式化的生成态**　从根本讲，书写既是一种形式化的创造活动，也是一种形式化的追求活动。由此两个方面规定书写必须是典型的形式化行为，并蕴含如下规定性。

第一，书写形式化是对存在世界或事物的一体化体验与抽象。书写的形式化行为是书写者对表达的存在世界或事物（即人、事、物、景、心灵、文化、宇宙、自然）无意识的合目的性的纯粹体验。在这一体验中，主体世界和客体世界、主观内容和客观内容、天与地、人和物、精神与物质等之间的分离、分割界限逐渐消逝而还原为本原性存在的一体性。这种还原存在的本体化体验进程必然向抽象方向展开，于是启动书写敞开存在的抽象化运动。这里的抽象不是对事物予以概念的分割与强加，而是对本原性的一体化存在的世界（人、社会、自然）敞开的整体气质、精神领悟或觉解性把握，这种领悟或觉解性的把握可能是整体性的，也可能是方面性的或多方面性的。

书写开启对存在世界或事物的一体化体验和抽象，实是其书写活动敞开自身的第一步形式化行为。正是这一以对存在世界或事物的一体化体验和抽象的形式化行为的开启，才推动书写者真正把握这一书写行为的独特思维方式、情感性质和行为倾向，使书写行为内生出一种神圣感和神秘情调，领悟到存在世界中人、自然、社会、心灵、文化所蕴含的某种思想、精神、智慧、情绪，这些构成书写者求发抒的基本内容，也构成书写者诉求其（自我或类的）存在论确认或确立的内在土壤。

第二，书写形式化是对一体化体验与抽象的存在世界或事物的合目的性整合。这种合目的性整合也由此生成出整合的合目的性。所谓整合，是对分离性存在的一体化生成，所以“整合”亦指对旧世界的真正分解的同时促成其新世界的创构。书写的形式化实是对已有世界的解体同时对新的秩序世界的整体创造，它是一种合目的的形式化整合行为。这一合目的性的整合书写行为既符合书写者的书写精神（心灵、人格、境界）的要求性，又要符合人类存在命运的规范性，这种要求性和规范性的整合敞开贯穿了形式化书写的最基本态度、倾向、目标和动力。要言之，整合之于书写者即是净化、升华和拓展的主体性态度、倾向；整合之于书写行为就是规范、限制与扬弃；整合之于下一步形式化运动则是目标和动力。

第三，书写形式化对一体化体验与抽象的存在世界或事物的合目的性整合必然内生出一种普遍可指涉的书写模式、结构和逻辑。书写对于一体化体验与抽象的存在世界或事物的合目的性整合，要求书写者把整合的世界融进属于他的那一具体的书写行为模式中。书写者的书写行为模式的形成实是对其文章图样、思维－情感模型、审美模型和思想模型等“东西”的抽象与再整合。这里的“抽象”是指一种分类的抽象，或者一种概念化的抽象。抽象上升到整合阶段则产生书写行为结构。书写行为结构是形式化运动的新环节，在这个环节上，先前的整合通过形式化运演成为一种特殊的行为结构，这个行为结构无疑是逻辑的、有序的，同时也呈方向性，并体现主观倾向和感性情调。

第四，书写形式化通过对存在世界或事物的合目的性整合而重新结构世界的过程，就是对世界的符号化定型并使之获得隐喻意义的过程。形式化运动从存在世界的一体化体验与抽象起步到重新整合世界再到创造性结构世界，一步步走向形态、走向形式最后结束于符号化。符号化，既是形式化书写的必然朝向，也是形式化书写的最终归宿。符号化之于存在书写，既是一种体验，又是一种抽象，同时更是一种整合行为。符号化是书写者作为生命主体的整体投入，是形式化运动的最终形式呈现，一切都在这里汇集，一切都在这里被取消或被诞生。符号化标志着一个形态化的精神世界的真正诞生，并因此进入存在世界，介入生活。所以，形式化书写的符号化行为一方面使新世界外部形态化，即使之结构化存在；另一方面又使所建构起来的精神世界隐喻化，使它走向深层达于形式化运动的生命底部。所以，在书写敞开存在的形式化运动中，结构化和隐喻化只是其符号化这张“白纸”的正反两个面而已。

**书写形式化的终极动力**　书写是形式化的创造运动。书写者在其形式化的创造运动中，把自己的思想、情感、心灵、人格、气质、胸襟、才华、胆识、理想、追求以及对世界（自然、宇宙、社会、人类、心灵、文化）的认知、体悟及神圣的或神秘的感受等予以抽象整合，然后投射到一种有限的模式、结构、符号上，这个模式的、结构的、符号的形式化世界就是书写者创造的新世界。在这个新的世界里，书写者（以及书写者所关注的社会、人类）的情感、思想、意志、愿望得到发抒和表达，书写者的主体精神及存在形象得到确认和确立。所以，书写既是一种求发抒、求表达、求传播的形式化创造运动，也是一种求交往和交流、理解和沟通以及确认和确立的形式化创造活动，这是因为书写者首先是一个活生生的人，然后才是一个书写者。作为世界性存在和类化存在的生命个体，书写者存在敞开生存的灵魂深处自始至终杂陈着莫名的神圣性、神秘感以及某些忧惧或忧郁情感，甚至鼓流着不可名状的忧惧冲动和认同冲动。因为人这一物种自无意中获得自主意识之后，突然发现存在世界的分离性和人的存在的无根基性及无归宿感。并且，在人的存在意识中，分离的自然世界却是他的意识和能力无力把握的，神秘、广漠、高远的空间和流动飞逝的时间互为推进，既在事实上成为他构设永恒神话的来源，也成为他无限恐惧和忧郁的来源。因此，人的存在敞开必须消除这种恐惧和忧郁才可获得存在的安全感和生存的安宁感。由于世界与人的分裂性，人无从得知世界的起源，也无从把握存在世界敞开的时空运动，更无从得知人的来龙去脉，人被孤零零地抛于世界之中，人对世界的孤独由此而生，渴求与世界沟通、渴求理解世界并与之融为一体，成为人消解孤独的根本努力。然而，人却发现这种渴望并不完全现实，这种非现实性更加激励强化人对存在世界或事物的一体化想望，这种想望构成人的存在理想。但世界性存在和类化存在的人始终是个体生命存在者，人的存在的个体性这一事实注定了人与人的存在隔膜。对这种存在隔膜的意识加剧了人与存在世界包括人与人的分裂性。这种现实与愿望之间的本质性撕裂激发人本能地诉求于对其撕裂的缝补，于是更为热情地追求人对世界、人对人的交往、交流、理解和沟通，以求达于精神、心灵与身体的谐和，人的存在与世界存在的一体，消解存在的不安全状况和生存的不安宁意识，以确认共生存在和确立互助生存，这是作为世界性存在和类存在者的人开启书写的形式化创造活动的最终目的。但是，人通过书写的形式化创造方式来谋求认可与确立的存在敞开运动，也仅仅是人的一种**现在时**运动，它不可能一劳永逸地安定人心并安宁人志。因为存在敞开生存的时空运动无可把握，人的世界性存在和类存在敞开生存所袭来的生老病死、悲欢离合不可预测。存在于世界和类中的人对世界存在和类存在、对自我和他者、对过去、现在和未来的无可把握和不可预测所形成的巨大不确定性，始终作为一个强大的现实存在横亘在人的存在敞开的生活世界面前，他必须竭尽全力时时去消除它、消解它，于是，书写的形式化运动成为人的永恒探究运动，人沦为形式化的创造者和追求者，其生老病死的生命及其存在敞开的苦乐、悲欢、离合皆发生在形式化创造和追求之途，没有起点，没有终结。

存在敞开的形式化书写造就出以此来安身立命的书写者。书写者作为人类精神的感悟者和创造者，他们对人类命运以及敞开的现实状况和境遇的感受与体验，比一般人更直接，更为深刻地痛感存在的不安全、生存的不安宁和心灵的孤独与寂寞，所以他们更为迫切地追求把握存在世界或事物存在，也更迫切地追求创造新的既属人又可真正确立人的世界。然而，他们亦更深切地知道借助于书写的形式化创造所确立起来世界，却有待于他人和整个人类的确立，因为人既是他者性的个体存在，更是类的整体性存在，他的书写形式化创造必须是属他人的，属整个人的世界的，这一属他性和属类诉求的双重规定构成其基本的激发因素，促其书写的形式化创造及生生不息的追求运动成为人类世界最为激动人心的精神创构运动，在这一创构运动进程中，书写的形式化创造内生出神圣性品质和神秘化魅力。

# 第 2 章　口头书写的起源

无论是从物种进化史观，还是从人类文化史观，文字的出现标志着人类书写形式化创造进入新的世界，开辟出新的境界，因为它为人类的书面书写形式的产生及书写系统的形式化创造提供了物质和精神两个方面的条件。文字的产生使人类出现了书面书写形式，但书面书写并不是人类的最早书写形式，它只是人类书写这种精神活动进化发展到高级阶段的形式呈现。在书面书写系统产生之前，人类书写的形式化创造的最初形态是口耳相传的身体化的口头书写形式。口头书写这一历史形态及其敞开过程最典型地记录了人类精神进化所经历的漫长艰难且倔强的远古历程。

## 一　口头书写的产生

口头书写是书面书写的前形态，书面书写是口头书写的文明形式。口头书写产生于文字出现之前，根据现有的考古资料和人类文化学资料，可以推测在没有文字的远古时代，口头书写是人类存在交流和精神传播的基本方式，也是其主要渠道。

### 1. 构成与特征

书写，既是自然主义的，也是人类主义的。书写的自然主义，意指存在世界及存在于存在世界中的存在者之存在敞开就是书写。书写的人类主义，意指存在于存在世界中的人类物种在自然主义的书写基础上发展出一种文化学意义的书写，或可称之为文化性书写或**人文书写**。人类主义的人文书写只属于人类物种，是人类物种从动物存在进化为人文存在的书写形式。

人类主义的人文书写有两种形式，即口头书写形式和书面书写形式，前者指没有书写媒介和书写形态的书写形式；后者是有具体书写形态和书写媒介的书写形式。口头书写与书面书写这两种书写形式的形成敞开前后相续的生成逻辑，即书面书写形式从口头书写发展而来，口头书写是书面书写的原发形态。

比较观之，所谓口头书写，就是人的存在敞开书写的口头化，它是一种没有书写形态和书写的物质媒介的有声书写行为活动。这一对口头书写的定义实是对口头书写做出四个维度的语义规定：首先，口头书写作为一种书写形式没有书写形态，其实也是不需要书写行为本身之外的书写形态。其次，口头书写的形式化创造行为没有物质媒介，因为这种书写形式的书写行为不需要其行为之外的书写媒介。再次，口头书写行为是一种有声行为，即它必须通过**说**本身展开书写，其书写行为就是说话行为。以此观之，口头书写也是有媒介和形态的，这种媒介和形态就是有声语言，就是通过说话来展开书写，来承载书写内容，并以说话为书写的传播方式和传播载体。最后，口头书写的形式化创造也获得传播功能，并且也要通过传播来发挥书写的存在敞开功能，但口头书写的传播却是空间化的，是必须借助人的身体与身体的近距离存在才可搭建起书写传播的桥梁，口头书写就是以近距离化的身体的存在而建立起口耳相传的书写机制和传播机制。

口头书写的自身规定也规定它的书写特征。首先，口头书写所关注和强调的不是形式而是内容。具体地讲，口头书写强调书写者存在敞开生存的创造性想象、联想的内容，以及如何把这内在化的创造性想象、联想的内容以更为直接、更为质朴、更有力度和强度的言说方式表达出来、传播开来以影响他者。其次，口头书写的有声言说所表达出来的主要特征不在于它的有声性，而是它言说出来的内容的非完全的预成性，即呈现语境化的预成性特征。与书面书写比较，书面书写更强调书写内容的完全的预成性，即书写形式化创造的内容实质地敞开为前后相续的连续统化的两个环节，这就是内容生成的环节和内容形式化表达的环节，具有空间推动时间和时间敞开空间的生成性质；与此不同，口头书写却是时间推动空间的结构，即一旦生发出口头书写的意愿，这就是人的存在从历史的深渊中涌现来敞开生存发生口头书写，一切都在同一空间敞开中完成，口头表达的内容伴随有声表达的启动而实现，口头表达的内容就是有声说话本身，或者说即使有其预设的内容也要融进语境化的说话行为中接受说话语境和情境的重组。再次，口头书写敞开交流的直接性，这一直接性要求口头书写之交流主体即说者和听者必须同时到场，必须在同一空间构成直接的相互面对的“说－听”书写机制和传播机制，并且同一空间的消失就是口头书写的结束。复次，口头书写是言说化书写，言说化书写并不在于形态结构和媒介运用的工艺化，而是强调**言说过程**的工艺性。因为口头书写活动是一种限定时空、限定交流对象的精神运动方式，它要求书写者（讲述者）和读者（听众）同在一具体空间场域和由此空间场域化的情境及其氛围中展开，这就是口头书写言说过程工艺化，它要求书写者的创造性书写行为离不开读者（即听众）的现实参与（即抱着浓厚的兴趣）；否则，书写行为无法产生和完成。一旦书写者的这一言说行为结束，也就是他所创造的这部“作品”的结束，如果想要继续“阅读”这部“作品”，必须再产生一个“书写者”来向他的读者进行创造性的“书写”（即言说）。但这已变成另一次新的创造性书写行为活动。最后，口头书写行为活动必须是同步性的，这种同步性是指“言说”之书写行为和“听说”之阅读行为同时发生并完成在同一时空过程中，在口头书写时代，书写即是阅读，阅读即是书写。

### 2. 方式与演变

**神话传说** 人类学研究的现有成果表明人类最早的遗址在印度，年代距今约1400万年。1932年，时为美国耶鲁大学研究生的刘易斯在印度北部西瓦立克山地发现腊玛古猿生活在1400万年至700万年之间，20世纪60年代，美国耶鲁大学的古生物学家E. L. 西蒙斯（Elwyn L. Simons）和英国剑桥大学人类学家戴维·皮尔比姆（David Pilbeam）等人提出“人的系统”概念，并致力在分类学上建立人科（Hominidae）。所谓“人科”，也就是分类学意义上的猿科。他们通过对猿的化石考察来构建猿的系统，然后从猿的系统中分离出人科成员，以发现最早的人类祖先。他们的这一研究证实了刘易斯的发现，确定腊玛古猿（Ramapithecus）是猿的代表，它是最早的人科成员，因而被认定为真正的人类祖先，因为腊玛古猿已能开始简单地使用工具。确立腊玛古猿的人科成员地位，腊玛古猿也就被看成是人类发展的第一个阶段。其后，距今约 550 万年至 130 万年前的南方古猿（australopithecus）被定义为人类发展的第二个阶段，直立人（Homo erectus）阶段是人类发展的第三阶段，这一段大约是距今 200 万年至 20 万年之间，直立人阶段已出现简单的社会组织形式；距今约 25 万年到 4 万年之间，早期智人（early stage H. sapiens）的出现被确定为人类发展的第四阶段；第五阶段是晚期智人（Neoanthropus Homo sapiens sapiens）阶段，这也是解剖学结构上的现代人，它出现在约 5 万年前，一直延续发展至今。在人类发展的五个阶段中，书面书写系统出现的根本条件是文字的产生，但文字产生的时间很晚。考古学提供的文物证明，人类最早的文字即楔形文字产生于距今不过 5000 多年，汉语甲骨文字的出现距今不过 4000 余年。口头书写却比书面书写要早得多，大概产生于人类发展的第二阶段即南方古猿阶段，甚至会更早一些。因为现代人类学者对南方古猿的大脑容量研究发现它虽然比人类大脑要小得多，但其脑结构已与人类相近，并且南方古猿已能够直立行走并使用天然工具，所以由此推知南方古猿已有语言能力。1975 年，美国俄亥俄州克利夫兰自然博物馆的约翰森（D. G. Johanson）等人在非洲高原的哈达发现了一处“天然墓地”，埋葬了十三人的遗骨，其中有老有少、有男有女。据分析，这些人可能是生活在一起的，由于某种自然灾难，很可能是一场山洪断送了他们的性命。他们的生活年代距今约 350 万年至 370 万年之间，这个群体被称为是人类“第一个家庭”（First Family）。人类学界把这“第一个家庭”视为人类合作行为的最早证据。人类物种内部个体之间的行为合作方式的产生，需要具备合作的先决条件，这就是相互之间必须具备交流、理解能力以及可展开交流、理解的手段（即形式）。人类“第一个家庭”出现恰好说明合作方式建立共同生活的必需条件的具备，而这个条件的原初形式是有声的言说书写方式。所以，从人类“第一个家庭”的发现可以推测，以有声言说为基本形态的口头书写形式可能产生于南方古猿时代。

并且，从南方古猿到现代智人，完全可以感受到人类书写发展的历程：从口耳相传的口头书写的产生到新的形态即书面书写系统的出现，这一历史过程异常漫长与艰难。在这几百万年的漫长演化中，口头书写不断进化自己，最后使自己进入高级的完善阶段，这就是神话传说阶段。神话传说应该是人类口头书写的高级阶段，也是口头书写的完整形式。在人类学家看来，“神话”和“传说”是民间文化的不同形式。从存在书写角度看，“神话传说”即是以口头言说的方式传播神话。所谓神话，是指对存在世界中种种神圣而令人敬畏的东西的主观描述，所以神话书写方式体现三个方面特征：

一是神话书写表达存在敞开生存情感的真实性。这是因为：“原始人神话主要特点在于对人类和自然环境不加区分。——人、植物、动物、自然现象、天体、传说中的英雄和神，所有这些都在同等基础上和根据有关部落生活方式设想出来的环境中进行活动。原始人对外界事物的体质结构和心理构造毫无所知，于是便以人类自身作为外界事物性质和属性的尺度；而且天真地把自己的感情和习惯变为事物的‘感情’和‘习惯’，而有些事物按照我们的概念是根本没有生命的。物质、自然力、植物和动物，所有这些都像人一样地思想和行动。这就是为什么没有成文历史的民族的故事和神话是如此的丰富多彩，如此的绚丽迷人。”①

二是神话书写揭示存在世界的神灵化和存在世界敞开的神圣性。生存情感的真实性是指神话从来不是“虚构的，不是异想天开的（像我们听时所认为的神话）；它们对讲者和听者来说，都是确实的真事”②。所以“原始人的神话是他们的圣经和历史书，是他们礼仪的法典和词典，是他们充满古代智慧的百宝箱和详细的心理学；最后的而不是无关紧要的，还是他们的笑料和智囊。这些神话有一点是共同的，即它们都不是虚构的”③，都是对神灵化的存在真实和生活真实的神圣化书写的感性呈现。所谓世界神灵的神圣性是因为洪荒的远古人类即“原始人仍为许多非其族类的精灵所围绕着。精灵的善和恶，与原始人的活动、希望和命运有直接的联系。他的动物邻居、他的植物朋友、他的星星祖先、他那些住在太阳、月亮火山和河流中的神，都永远围绕着他。原始人和这些精灵连续不断地打交道，使得他的生活成为一部以永无休止的冒险为标志的令人激动的传奇。原始人不能把这些冒险写在什么

① ［德］利普斯：《事物的起源》，汪宁生译，四川民族出版社 1982 年版，第 354 页。
② ［德］利普斯：《事物的起源》，汪宁生译，四川民族出版社 1982 年版，第 353—354 页。
③ ［德］利普斯：《事物的起源》，汪宁生译，四川民族出版社 1982 年版，第 353 页。

神圣的或世界性的著作之中，他藉助传说来安慰自己的灵魂。传说在原始人环境中的重要性远远超过文明世界的发言”①。

三是神话对存在敞开的书写获得生存自慰的通道性。在远古人类存在敞开的生活史中，以神性方式书写的神圣化的神话，实际地构成人与自然、灵魂与神相沟通或相私语的现实途径。但远古人类却不能把他们与神（自然）的私语写在什么神圣的或世界性的著作中，他们仅能籍助于口耳相传的传说方式来安慰自己和他人的灵魂。于是，神话又具有讲述的预设性和描绘的情境性。

神话是远古人类对自己生活历史的真实记忆与描绘，是远古人类对事物的起源、对生物和神祇的行为以及对它们与人类关系的生动讲述。而这个“描绘”和“讲述”由你、我、他口耳相传，由上一代与下一代口耳相传，并且正是通过这多种形式的口耳相传，把过去与现在、传统与未来、物质与灵魂联系起来或者说衔接成为永恒的精神活动。在这一历史化讲述活动过程中，人类踏上渐变的文明道路，这条道路的起点就是神话这一口头书写。神话所开启的历史实是远古人类创造文化、创造文明的寂苦历史，是人类命运的印记，更是人类文化的启示录。

**语言的发生**　口头书写的演变进化历史完全可以从人类语言的发生、发展中得到体现。从实质观，口头书写的产生和演变发展，首先有赖于言语的发生和发展，因为言语是人类区别于动物的主要标志，它体现人类认知和行动的准则，是人类文化中最先发生的那一部分，同时也是人类文化发展的内核部分。

> 最简单的交际媒介当然是语言，传递消息的其他听觉方法是由语言发展出来的。与听觉方法相对照的是传播消息的视觉方法，它的发展导致了文字的发明。我们所用的无线电和报纸，尽管方法十分完善，仍然要通过耳目起作用。这是传达消息的两项原则。这两项原则从很早时期起即服务于同样的目的。我们发现，原始通讯中听觉方法（语言和声音）

① ［德］利普斯：《事物的起源》，汪宁生译，四川民族出版社 1982 年版，第 353 页。

> 多由领域狭小的社会所采用，而视觉方法主要发现于占有广大空间的部落之中。
>
> 农业民族的社会是狭小的，其最大政治单位不过是村庄，故在这里发展出主要建立于声音或听觉原则上的通讯系统。另一方面，游牧民族集团散布于广阔地区，则发展了视觉的通讯系统。视觉系统最后导致古代发达文化中的文字的发明，图画文字是其原始的形式。
>
> 在发达文化出现以前，听觉和视觉这两项原则已经完善，并混合起来成为通讯机构和其他组织的复杂工具，专门致力于对当时公众的启蒙。书写技术最初是由祭司所发展的，并保守秘密以为他们自己服务。但这并不意味着所有通讯方法原来都服务于宗教的目的。从最早时期起，促进各种通讯系统发明的就有两种力量：一种是宗教的推动，还有一种是理智的要求。
>
> 在原则上，现代通讯方法和原始人消息方法之间并非如人们所臆断的那样有什么根本的不同。电报、报纸和无线电，无论其传布消息的有效范围如何广泛，也不能把消息立即传到所有公众中去。①

德国著名人类学家利普斯（Julius E. Lips，1895－1950）的如上文字提炼出文化产生的机制和文化发展的原则，即听觉原则和视觉原则：遵从听觉原则，发展听觉能力，推动文字的产生，文字的产生，是书面文化或者说人类**有史**文化的产生。与此不同，遵从视觉原则，发展视觉能力，构成口头文化的发生学源头，口头文化的产生源于视觉，口头文化的发生在于视觉能力的发展推动听觉能力的发展。听觉能力和视觉能力是人类物种的两种基本的生物能力，这种基本的生物能力同时存在，也同步发展，但由于生存环境和生存方式的差异，对这两种生物能力的运用和发展形成实际上的侧重性，定居性生存或者流动性不强或闭环性质的流动性生存，其听觉能力的发展要优越于视觉能力的发展；相反，流动性的生存方式或者射线性的流动生存方式，往往其视觉能力的发展优先于听觉能力。远古人类从生物存在走向人文存在

① ［德］利普斯：《事物的起源》，汪宁生译，四川民族出版社1982年版，第218—219页。

的漫长历程，呈现出从游牧化的流动生存方式逐渐向定居生存方式演变，由此形成人类的视觉能力的发展优先于其听觉能力的发展，人类文化的发展也遵循以视觉优先原则向听觉优先原则方面展开的规律。人类文化的形态学发展或者说形态学呈现，也是遵循视觉原则优先发展的原则而最先产生口头文化，而后才向文字文化方向发展。所以，口头书写优先于书面书写。口头书写虽然遵循的是听觉原则，发展的是听觉能力，但前提却必须优先遵从视觉原则，充分发展视觉能力来推动听觉能力的发展，所以，口头书写的“口耳相传”机制蕴含视觉优先的原则。

从一般言，以文字为媒介的书写敞开的是语言，而以声音为媒介的书写敞开的是言语。人类物种最初的语言是生物学意义的言语机制，其发展所形成的语言是言语。人类言语是遵循视觉原则而发展起来的，但其前提是变动不居的游牧生存方式。距今 400 万年的南方古猿已具有言语能力，但对南方古猿的咽喉的解剖研究表明，这时的人类还没有发出元音及辅音的能力，直到直立人阶段，语言产生的所有解剖结构才完全具备，这说明：第一，人类的会话语言并不与自己的起源同步，它大致产生于距今 200 万年到 20 万年之间。这里的会话语言就是有声语言。第二，在有声语言产生之前，人类生活仍需要交流、理解、合作，并且必须具有交流、理解、合作的基本能力，呈示或者促进这一基本能力生成或敞开的具体手段或者表达方式，却是面部表情、手势或者身体的空间变化（如点头、握手、抚摸、敲击等），这就是人类的“**无声语言**”。到目前为止，人类的“第一个家庭”，即人类合作行为的出现之前（距今大约 1200 万年至 400 万年），人类的“无声语言”能力就已经具备，无声语言行为已经产生。由于生存的逼迫，远古人类生活的合作行为增强、扩大和日益复杂化。“无声语言”的使用和变换（包括创造性设计与更新）日益增强，刺激思维的开拓，脑的演化以及生理解剖结构的对应性变化，于是产生“**有声语言**”。

大而化之，可以将有声语言的产生视为口头语言的标志，即有声语言的形成就是口头语言的产生，但实际上，有声语言的产生并不意味着口头书写的产生，因为人类的有声语言仍然经历了发生、演变、进化、发展而逐步求完善的历史过程。现代脑科学通过对人脑结构的解剖研究指出：人类控制情感和发声的中枢位于边缘系统，而语言中枢则位于大脑左半球的额下回。从系统发生学看，语言中枢的出现晚于边缘系统，因而从进化角度观，语言通讯的出现比在情感基础上的发声要晚。这一点可以从婴儿学语的进化史中窥见。因此，远古人类的有声语言产生的最早形式是“**情感发声**”，并且其有声语言产生也获得自身的性质规定，这就是情感性构成最早的“有声语言”的性质规定，正是这种性质规定，我们才说可说人类“有声语言”的最初形式是“情感发声”的语言。继而，其“情感发声”语言才演化到“**语音发声**”阶段，形成“语音发声”语言。人类的“语音发声”语言的出现，才真正表明人类的语言发声系统的解剖结构完全具备。只有人类的“语音发声”能力逐渐进化到运用自如的“**会话语言**”这一成熟阶段时，真正意义上的“口头书写”能力才具备，真正意义上的人类“口头书写”行为活动才产生。人类书写形式的演变历史与语言的发生、发展的对应可用如下简图呈示：

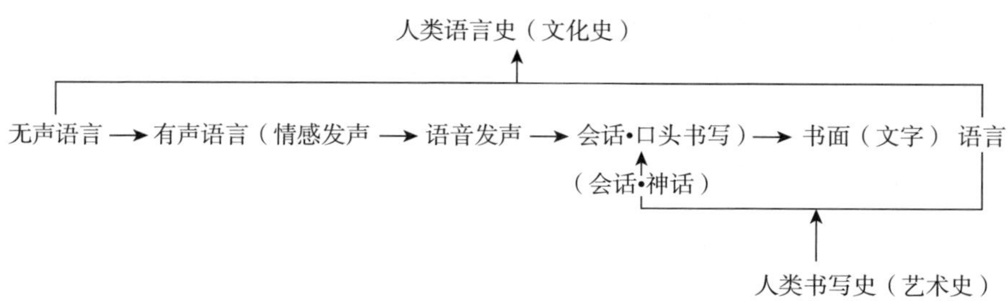


**［图2－1：人类语言－文化－书写史］**

从“情感发声”到“语音发声”，从“语音发声”语言到“会话”语言性质的口头书写的生成，这一演化的内在因素恰恰是原始人类的交流情绪、交往意识的滋生并日益达成熟之境，不断形成并完善对事物的再现意识，对对象的预成性描述意识和希求传播于他人的意识的产生。这些基本的人类品质在远古神话的创造和传说中得到完美的体现。

## 二　口头书写的发展

口头书写经历漫长的孕育而产生，有声的会话语言方式的形成，为口头书写的发展奠定了基础。口头书写向文字书写方向的展开，必然经历自身内涵的生成和精神结构的建构。

### 1. 内涵与精神

口头书写是人类史前文化的最高成就，也是人类史前文化的最完备的智慧形式。不仅如此，口头书写是人类史前文明向现代文明进化发展的转折形式，是人类现代文明的精神母体，因为远古人类的口头书写行为已经具备了人类现代文明的基本气质和精神，人类现代文明不过是对口头书写所蕴含的基本气质和精神的发展。

**渴望交流交往的自慰精神**　在人类文化史上，著名的神话之一是“巴别塔”神话，它描述远古人类齐心协力想建造一座重新回到伊甸园的通天塔。人类这一宏伟的抱负和行为使上帝极为恼怒，唯恐人类危及他的独尊权威和地位，于是他悄悄地下到人间变乱了人类的语言，使他们各操不同的方言土语，导致互不理解和互相争吵，造塔伟业最终因语言不通所造成的交流障碍而付之东流。这个神话无疑表达了语言在人类生活和文化形成过程中的重要作用与特殊地位，其深刻的寓意有二：

第一，“巴别塔”神话意在于揭示人的劳作是以合作为前提，行动的合作必须要求心灵的交流、交往、理解和与人沟通，交流、交往、理解和与人沟通的真正工具是语言，运用语言的真正的方式是书写。人类语言的产生正是源于这一存在敞开生存的实际需要。因此，远古人类的口头书写源于人类生存的渴望交流、交往、理解和沟通的需要，由此，交流、交往的精神内在地生成为远古人类口头书写的基本精神。

第二，人类存在敞开生存的现实要求与造成这一要求不能实现的根本因素，是超越人的存在力量之外的自然力。远古人类把这种超越人力的自然力量看成是神圣不可侵犯和永远无法企望的神秘力量，并认为它是神圣之神的力量。人在这种被视为神圣化的超越力量面前，只有无言的抗争与承受。人类祖先欲齐心协力建构通天塔的动人行动及故事，是抗争神圣化的自然力量的行动体现；上帝以暴虐方式变乱人类的语言使其语言不通而致建构通天塔的伟业流产，这是无力反抗的承受。神话则是他们对自己之存在敞开生存进程中既欲抗争但最终又无力抗争的矛盾痛苦的自慰方式。因此，渴望交流、交往、理解、沟通的深层心理是对自身存在无力的自聊自慰。这表明书写这种特殊的人类精神活动本身就兼具实用的功利性与心灵的自我娱悦性。口头书写最突出地体现了这一基本精神。

**寻求存在归宿的家园情绪** 德国民族学家卡尔·施米茨认为世界所有民族的神话都企图解答这样三个基本问题，口头书写的如此努力给予人类存在敞开谋求更好生存以无限可能性的启示：

(1) 是谁用什么方法创造了世界？（宇宙起源论）
(2) 是谁用什么方法创造了人类？（人类起源论）
(3) 是谁用什么方法创造了文化？（文化起源论）

日本著名民族学家大林太良指出，神话是远古人类祖先根据其当世存在的生活世界中发生的“一次性事件”用以说明或证明特定的自然现象与文化现象的传说故事。构建“神话”的这些“一次性事件”相对现有的各种现象而言具有典型性和先例性，并且往往构成尔后各种现象的起源。正是因为如此，越是远古的“一个神话常常是既属于宇宙起源神话，又属于人类起源神话，有时还可能是文化起源神话。不言而喻，它们三者之间有着深切的关系。佩塔体式尼强调地指出，宇宙起源神话绝不是孤立的，它只是起源神话的一种，即使在同一文化中分别讲述宇宙、人类和文化三种起源神话，它们之间也不是了不相涉的”①。

比如西方文化经典《圣经·旧约全书》中的创世记神话、上帝耶和华用洪水毁灭人类的神话、被罚下天界的继生性人类修建通天塔失败的神话，以及中国文化中女娲抟土造人的神话、女娲补天的神话、大禹治水的神话、后羿射日的神话等，都体现了这些特征，尤其是创世记神话和女娲造人的神话均融进了对宇宙起源、人类起源和文化起源的想象与追问。也通过这种类型的神话而发现施米茨所提出的关于宇宙、人类、文化的起源这三个基本问题，实质上是对另一种更为根本的存在情绪以三种不同的形式敞开的追问，即寻求存在归宿的家园情绪。追问宇宙、人类、文化的起源，都是对自己的存在

① ［日］大林太良：《神话学入门》，林相泰、贾福水译，中国民间文艺出版社1989年版，第47页。

“家园”的追问；对宇宙、人类、文化的起源的不同解释与解答，就是对人的存在敞开生存的“家园”的描绘与塑造。因为“家园”是人的诞生地和归宿处，也是人类存在敞开生存的艰难庇护所。利普斯指出：“原始人认为自己生活在一个万物有灵和到处都是鬼魂的世界中，暴露在大自然的直接威胁之下，对家的这种感觉较之对大自然已有充分认识的文明人更为强烈。”[①] 因此，“愈是古老和原始的人类，对家的范围便考虑得愈加广阔，对于最原始的人来说，家的基本概念不是可避风雨和遮盖家庭过夜的较长久的或临时性的建筑，而是部落的土地整体。任何入侵者敢于踏上这神圣的土地，将为此付出生命。单个家庭建立过夜住所那一小块地方是无关紧要的，土地才是他们的家。土地属于所有人，所有人属于部落宣布作为己有的土地”[②]。诞生、养育、安葬自己的土地正是人存在家园情绪生成的本源，对诞生、养育、安葬自己的土地所激发出来的生生不息的家园情绪才是真正激励远古人类爆发合作、交流、交往、理解、沟通渴望的深层心灵机制和原动力，这种以诞生、养育、安葬自己的土地所培育出来家园情绪真正构成了远古人类以及人类整个历史运动的主旋律，亦是孕育神话的土壤，分蘖宗教的源动力。并且，正是这种家园情绪使口头书写得以口耳相传、代代不衰地倔强发展和繁荣的方式送走了几百万个春秋，最终汇入现代文明（书面书写）的大海，至今仍成为人类精神的有机部分。

**建构预成性的描述精神**　在远古的人类生活中，那些超越自己能力及其要求性的种种力量都是神圣不可侵犯的，同时，远古人类并不把自然环境和人类自己加以区分，认为人和万物都是有灵魂、有神性的。人类发现了自然现象的灵魂，同时也发现了他不可驾驭这灵魂的现实处境。人类体验到了自然世界的神圣性，同时痛苦地感受到了这种神圣性的存在力量的不可企及和难以捉摸。于是，人的灵魂与神性无形中沦为自然世界的灵魂和神性的奴役对象。人开始对抗、竞争、抵御，但除了屈服和屈辱之外，毫无结果。正是这种毫无结果的“结果”严重地挫损人类的自尊心，也更为强烈地刺激起人类的抗争情绪、摆脱意识。既抗争又摆脱，这本身就是矛盾。消解这一存在

① ［德］利普斯：《事物的起源》，汪宁生译，四川民族出版社 1982 年版，第 1 页。

② ［德］利普斯：《事物的起源》，汪宁生译，四川民族出版社 1982 年版，第 2 页。

性矛盾的办法有二：一是寻找一种平和的方式来替代那种剑拔弩张式的抗争形式；二是克制与淡忘。口头书写可忠实地兼融两者于一体：预成性地描述人、自然、万物的灵魂与神性，描述人对自然力量的难以逾越性，这种预成性描述的口头书写行为本身就构成对存在世界、对外部力量的一种超越行为，亦成为一种对充满灵魂的存在事物和神圣的存在世界的把握方式。在这“把握”和“超越”的历史行动中人类获得了心灵的慰藉与存在的宁静。

从根本讲，口头书写体现了人类预成性描述精神的诞生，口头书写的发展体现了人类预成性铺张神性的存在世界的描述方式的成熟。预成性描述精神的产生，这是人类心灵觉醒的一次大飞跃，它构成人类思维从粗朴的原始状态向现代方向发展的前奏，同时，也是人类自主意识和自我意识的发展达于高级阶段的自然体现。因为所谓描述，是指对事物（包括自然、天体、人、人为事物）的神圣性予以极尽可能的想象化和夸张化的讲述。所以描述体现三个特征：第一，任何形式的描述都体现极浓的主观倾向，是主体性的，它体现合描述者（口头书写者）本人的主观意志、愿望、倾向，并融进描述者存在敞开的心灵意愿（即灵魂）和神性情绪。第二，这种呈现主体性意愿和主观化倾向的“描述”实是远古人类生活状况的主观化再现，同时也融进了描述者个人（书写者）丰富的极富倾向性的想象和联想。因此，“描述”不仅是对存在世界或事物的再现，同时也是对存在敞开生存的深刻思想和心灵化的情感的倾向化表达。描述是远古人类身处极度恶劣的世界中对其存在敞开生存的状况的感受、体验、领悟的再现能力和表现能力的高度融合。第三，远古口头书写的“描述”的真实，无论是再现存在敞开生存的真实，还是表现存在敞开生存的真实，都是一种夸大其词的真实。这种对存在敞开生存的“真实”的夸大其词的最终目的不是满足事物本身是否“真”与“实”，而是满足人的心灵本性需求，即使自己在世界或事物面前获得存在安全、生存安宁和心灵慰藉。这种性质和内涵的“真”（打动）与“实”（充实）通过描述化的口头书写而真实地宣泄了人类存在的安全意愿，张扬了人类生存的安宁渴望，赋予了人类在极度恶劣的存在世界中勇敢存在的力量，从而增长了自力于**荒原化生存**的勇气和信心。

**存在敞开生存的完整性意识**　口头书写诉求于“描述”的基本精神是表

现和再现的真实性。在口头书写中，其描述的真实既要求真有其事和真有其情，更要对这真实之事和真诚之情完整化地呈现，即予以整体性感受、体悟、抽象和把握。在口头书写中，完整化是“描述”的基本要求。在口头书写中，其“描述”的完整化基于完整性意识的要求：完整性意识构成口头书写的基本意识。在人类精神进化史中，没有对存在之事和生存之情的完整性意识、感受、体验，就不可能有对其存在之事和生存之情的想象化和夸张化的描述，一旦缺乏或者丧失对其存在之事和生存之情的描述的想象化动力和夸张化方式，就不可能爆发出再现存在和表现事情的素质与能力，也就根本不可能产生口头书写这种人类的精神形式。所以，完整性意识构成口头书写的必备条件。

在人类书写系统或书写历史中，所谓完整性意识，既是对所描述的其事具情得以滋生的存在世界的完整性意识，也是对存在敞开生存之人类精神的完整性意识。这一双重内涵的完整性意识早在人类的“有声语言”阶段已经形成。人类的真正意义上的口头书写发生于“有声语言”阶段的后期。如前所述，人类从“无声语言”阶段过渡到“有声语言”阶段，其从产生到发展经历了三个阶段，即从语言“情感发声”语言向“语音发声”方向发展，最后达于“会话”语言阶段，口头书写产生。所以，“情感发声”语言阶段只属于前口头书写时期：“情感发声”语言经历“语音发声”语言阶段而进入“会话”语言阶段，口头书写才正式产生。所以，口头书写发生于“语音发声”语言产生之后，是“语音发声”语言达于自我成熟的最高阶段或者说最后阶段的产物。所以，在“语音发声”语言产生之前其完整性意识就伴随着“情感发声”语言的发展而产生，并成为前口头书写阶段进化到口头书写阶段的主体性基础和心灵化条件。

**生存性表达的语篇观念的生成**　在口头书写史中，其“语篇观念”概念有其具体的内涵规定，它主要受两个方面的内涵规定，首先，它是指口头书写讲述的内容的相对完整性，即口头书写表达既有头有尾，更能描述其存在敞开其事其情的来龙去脉。二是指口头书写行为敞开的技巧，具体地讲就是描述存在敞开之事之情如何开头、怎样结尾、如何注意删削、疏密、浓淡以及选择什么语词来表达，同时还包括讲述声音的缓急高低强弱的选择及其度的把握与运用等。并且，以如上两个方面为基本内涵规范的“语篇观念”，实是口头书写者（讲述者）把讲述活动看成是一种神圣的创造行为，并自始至终追求描述的神圣性、生动性以及愉悦（心志）性，以此作为口头书写的预期效果。所以，口头书写行为本身要求必须自觉地对需要讲述的东西予以整体的把握、推敲、选择、组合、想象、夸张并把讲述行为模式化，比如，在口头书写中，讲述者总是会以“那是很久很久以前……”之类的方式开始其讲述。

比较言之，如果说完整性意识是口头书写的精神前提和基础的话，那么语篇观念的生成则是口头书写发展到一定阶段的产物，因为语篇观念的生成必须具备如下三个方面的条件：第一，口头书写之语篇观念的生成必是发生在“语音发声”语言产生以后，伴随“会话”语言的产生而产生，亦伴随“会话”语言的发展而发展。第二，口头书写之语篇观念的产生必须是在人类的“会话语言”具有抽象和分离事物的能力之后，即人类必须具有对事物赋予明确的抽象概念的能力，并用抽象概念去面对存在敞开、去对待事物生存的思维形式和思维习惯的形成，才为语篇观念的产生创造主体性条件。第三，口头书写之语篇观念的生成必须具有连缀概念（语词）和组合概念的能力，这些能力和素质又是人类在产生了“语音发声”语言之后的相当一个时期进化才逐渐形成的。语篇观念的生成，使人类口头书写进入了最后的自我完善境界，神话传说就是口头书写这一最高境界的形象体现。

### 2. 生成和内化

从起源讲，人类口头书写的产生异常古远，而且也非常复杂。人类口头书写到底起源于何时，至少目前的人类学和考古学还没有为之提供确切的信息。也许人类将永远无法确切地探知口头书写起源的内在奥秘和准确时间，过去和现在，人类学和考古学对人类口头书写的起源问题的研究，也仅是在有限的参考资料辅助下的想象性地推测或逻辑地推演。

**言语的内在生成** 考察人类口头书写的源头，绕不开人类语言，因而，需要探求人类语言的起源，因为书写最终是对语言的表达，无论是书面书写还是口头书写，语言既是人类全部精神活动运作的中轴，也是人类书写的载体和结构框架。所以，寻根溯源人类任何精神及其书写形式的发生，最终都将不可逃避地指向语言之轴，书写的发生问题同样紧紧地系在语言之轴上。

在这一人类精神的主轴上，可以找到口头书写的发生学坐标，即有声语言的产生为口头书写的发生培育了土壤，提供了可能性条件。

人类有声语言的产生是从无声语言演化而来的，跨越无声语言的终点，人类的有声语言又从“情感发声”语言向“语音发声”语言再向“会话”语言方向演化，口头书写语言发生于“会话”语言，是“会话”语言的纯粹形式。以此观之，人类有声语言从“情感发声”语言通过“语音发声”语言而进入“会话”语言的真实标志是言语。

言语（speach）是一种行为，是人所讲出来的话。言语对远古人类讲是人的心灵、思维和情感外化的一种高级形式。言语的产生不仅标志了人类发音的生理解剖结构的现代化完成，更重要的是表明了人类基本的语言能力的具备，即人的大脑中初步形成一种能够按照本部族的语言规则把**声音和意思联系起来**的能力。这种内在的能够将声音与意思联系起来的能力的形成表明人类思维和情感趋于成熟，这种成熟的外在化标志就是人类物种结束了从猿向人的真正过渡。人类以自身方式开启了对存在世界或事物的清晰抽象与分类运动，开始了创造和运用概念（语词）来谱写文明的辉煌历史。

**言语的内化与播散**　人类言语的发生并不能与口头书写行为画等号。从发生学讲，言语发生的最初性质是情绪的，即言语的发生学实属于情绪主义性质的：人类言语发生在生物学的情绪取向的语音范围内。人类言语的历史始于生物学性质的情绪，人类言语的发展经历了情感性言语向理性抽象的概念性言语的演化运动。在这一缓慢而艰苦的演化运动中，内化和播散是其两个主要环节。在前一个环节中，言语并没有真正把言语对象和言语者的情感、情绪截然分离，言语者尚不完全具备分离对象和抽象事物的基本能力与固定概念（语言）的能力。虽然这时的言语行为也是一个个明晰的语言音节，这些语言音节也是概念、语词，但它们的明晰性只限于言语行为本身这一情境（或曰“语境”），它们具有很强的随意性和偶然性。所以，在人类早期或者说在人类言语的发生学阶段，其言语行为往往造成交流的“短路”现象，这种言语表达的“短路”现象对人类心灵和思维既构成高强度的挑战，也成为一种根本性的伤害和高烈度的刺激。正是这些因素的混合激发，人类对自己的这种情境性、随意性、偶然性的言语进行了自觉不自觉的内化运动。言语内化的实质，就是人类对那尚具很浓的情感性言语及其言语对象予以反复的体验、感悟，并予以形式化运演运动，这种体验、领悟和运演训练实质上是进行心灵化经验的思维训练，通过这种持续展开的心灵主义的思维训练，逐渐具备一种全新能力，这即是使语音与意思、言语与对象构成一种恒定的对应关系，并用一个相对独立的语音音节（概念、语词）把这种关系固定下来，使其完全消除随意性和偶然性而使之获得普遍指涉性功能。

言语内化行为具有明确的方向性，它是通过形式化运演而进入言语播散阶段。言语播散是指言语运用恒定性、普遍指涉性的抽象概念（语词）有序地进行目的性表达的行为活动。

从书写角度看，言语内化行为实际上就是书写行为，是对存在敞开其事其情的口头书写的**内化行为**；与此不同，言语播散行为就是口头书写的**外化行为**。完整地讲，人类的口头书写形态发生于人类言语内化向言语播散方向演化。这完全可以从儿童的言语能力获得的历史中得到证明，也同样可以从现代人的书写行为运动历史过程得到证明。人们在书写活动中的动机诱发、目的性构思、运思等这一系列的活动实际上就是言语内化的过程，又称为书写的内部言语生成建构过程；与此相反的书写的表达过程实际上就是书写者的言语播散过程，又称为书写的外部言语生成建构过程。因此，远古人类言语的发生学敞开的演变史，就是从内部言语向外部言语形式化运演的历史，口头书写就发生在这一形式化运演历史过程的中介点上。

格林曾宣言“我们的语言就是我们的历史”，指出只有语言才是历史和亲缘关系缔结的最重要的工具，是民族历史和文化的“真正碑铭”。[①] 语言是人类这一生物独立成人的根本标志，是人类精神大厦的中心支柱，也构成人类生存进化历史之轮的主轴。人类精神的各个层面都可以在语言这根主轴上找到自己的生根处和落脚点。在现代文明中，人们习惯于把书写看成是对语言的书面表达形式，这无疑是千真万确的。但似乎不应该忘记在现代文明这一庞大的书写系统下，尚默然而倔强地运作着另一种书写系统，那就是代代延续并口耳相传的民间故事、传说、神话，它散布之广，不仅广播于乡村的田

① J. Grimm, *Kleinere Schriften*, Wisbaden, 1984, p. 290.

垄和炕头，同样在城市的林荫道上或茶余饭后发挥着它的书写功能。更为根本的是，人类的存在书写是以口头书写为桥梁而通过文字化的书面书写的历史向当代敞开，电报、电话以至于计算机、网络、智能手机，接下来发生的就是微信交通。而微信交通从鼠标打字迅速过渡到抛弃鼠标输入打字的书写方式而展开语音书写，将这种现象置于人类书写的宏大历史框架中审视，这意味着什么呢？这一口头书写系统和书面书写系统之间有无内在关系？有什么内在关系？它正是我们探索人类书写之源的智慧起点。

书面书写系统所依赖的物质形式是文字语言，但文字的产生并不说明书写的起源。文字只标示了人类书面书写系统的发生，而书面书写只是人类书写的高级（或者说现代文明）形态，它既不是最早的发生学形态，也不是最终的终极形态。因为，在以文字为根本工具的书面书写系统形成之前的远古人类生活中，仍然有一个庞大的交流系统，这就是口头书写系统；在以文字为根本工具的书面书写系统全面发展到当代，却意想不到地出现了以计算机网络和智能手机为双重物质载体、以语音书写为敞开方式的新的口头书写形式，即微信语音书写形式。这个书写形式产生了，它给人类生活带来了便利，则意味着它会以更为快速的方式演绎扩张成一种主导人类书写体系的新书写系统。

客观地看，口头书写系统产生于人类语言能力生成演化到现代意义的阶段，即人类从“无声语言”向“有声语言”全面过渡的交接点上，具体来讲就是从“情感发声”语言向“语音发声”语言的真正完成而产生“会话”语言的交接点上，口头书写形式产生。语言的产生，不仅产生了人类口头书写系统，而且产生了现代意义上的人类思维、情感、心灵，从此结束了人类漫长的“无言”的黑暗历史。口头书写形式的产生翻开了人类文化的第一页，也促进了自身的发展。人类口头书写发展的完备形态是神话传说，在神话传说中，人类口头书写构型了人类存在敞开生存的基本精神，包括交流交往精神、家园精神，描述精神、完整性意识，语篇观念以及历史精神、教育精神等，正是通过口头书写的发展而渐进具备，由此奠定起人类精神的基础，培育出人类现代文明的基本气质，更是人类精神不断发展繁荣的内在动力。古老的神话传说和粗朴的口头书写形态至今不衰，正是通过父子、母女、兄弟姊妹以及亲戚、邻居、乡友之间的口耳相传，构筑起最早的也是最珍贵、最持续永恒的人类经验和文化基因，永不磨灭地烙印在一代代每一个人的灵魂之中。手机微信化的语音书写形式的产生并迅速扩散，使每个使用手机微信的人几乎本能地厌倦和抛弃鼠标输入文字的书写方式而热衷于语音书写方式，这或许不经意地证明：**最古老的也就是最现代的**。返璞归真是人类文明的不可逆方向。

# 第 3 章　书写意识的萌生

口头书写产生于言语行为的出现。人类言语行为的生成和敞开两个环节，即言语行为的内聚和外化。对于言语行为的外化，可称为外部言语或话语；对于言语行为的内聚，可称为内部言语或思维的生成建构。仅后者论，思维本质上是内部言语，思维的启动和展开实是内部言语的生成建构及功能发挥。

话语与思维之间的关系既是形态与前提的关系，也是互为体用的关系，即只有具备思维才能有话语的产生和存在；同时，也只言语的发生才可有思维的产生。人类言语行为的现代形态是这样，它的发生学意义也是如此。人类言语行为的发生学实是人类思维的发生学，先有人类言语行为（即思维）的发生和发展，然后才是人类话语的产生，而思维是产生话语的主体条件和内在土壤。

从根本讲，书写思维是书写（外在的话语）行为的内聚形式，书写行为只是书写思维的外在体现。在原始思维中，书写思维同样是其构成内容，也是人类原始思维的主要形态，因而书写思维同样经历了从原始书写思维向现代书写思维方向的演化过程。

## 一　书写意识的产生

讨论书写思维，必考察书写意识的发生学问题。展开书写意识的发生学探讨，需要解决何为书写意识并明晰人类书写意识的品质内涵。

### 1. 书写意识产生

存在书写最终是一种书写的思维行为。书写思维行为构成书写行为的基本内容。所谓书写思维，指关于存在表达和求表达的内部言语（内聚或外化）行为。由此定义可知书写思维自身具有两层基本含义：首先，书写思维就是书写表达所需要的内部言语，或曰语言的内聚行为及状态，这一内聚行为及状态即是书写思维意识，简称**书写意识**。其次，书写思维也指书写寻求存在表达的内部言语的外化行为，即书写思维行为，简称**书写行为**。比较而言，书写意识属于书写思维的本体论内容，书写行为属于书写思维敞开行为的技巧学内容。

理解书写意识就是关于存在表达的内部言语的内聚行为，需先定义“书写意识”。这里所说的“书写意识”有三个方面的语义规定。首先，书写意识是一种行为。其次，书写意识这种行为是一种主观精神的内聚形式化行为，这就规定书写意识作为一种行为是向主体内聚的思维行为，并且这种内聚的思维行为是把其内聚携带的思维内容予以形式化处理，使之构成生命化、情感化或心灵化的思维内容、情感内容或思想内容。最后，书写意识作为这样一种精神内聚行为具有诉求“表达”的目的性，虽然如此，但书写意识并不构成表达，它只构成表达的内在基础和思维内容，或曰构成存在书写的主体性条件。

“表达”一词实是一个具有广泛指涉性的概念。在最终意义上，人类一切活动都是属于表达，都是人类为着自己而向自己的表达。书写仅是人类表达的特殊形式，从表达角度看，书写意识是关于对人类精神的神圣性内容予以合目的性表达（形式化内聚）的内部言语行为。这里所说的“人类精神的神圣性内容”，是指具有无限地激励人类心灵和意志、给人之存在敞开生存以巨大热情、力量、勇气和希望感、幸福感的那部分精神内容，这部分精神内容超越人的有关于衣、食、住、行、性、色等功利渴望和要求，它源于人类存在敞开的心灵和情感并最终归于人类存在敞开的心灵和情感，因此，它始终是排除对人的异己性和外化性并体现明确的不可更改的合目的性存在的内容。

当定义书写意识即是蕴含“人类精神中神圣性”诉求并体现存在敞开的合目的性，可能会引来非议，因为在现代进程中书写行为已成为社会生活的普遍性形式，它被广泛地运用于社会生活的各个行业，成为社会生活的多种多样的实用形式，因而，在许多人看来，作为一种广泛服务于社会生活的实用性书写方式，它无任何“神圣性”可言。它只不过是一种实用目的性的表达行为。从实用目的角度看确实是如此，但即使是持实用目的的态度，也不可否定书写意识这种合目的性的思维内容形式化敞开为话语表达的过程，仍然发散出某种人类精神的神圣性情调、氛围、意趣。试想，一个会议通知或一次讲座聘请，采用口头方式和书面方式所呈现出来的区别非常显著，前者随意而后者庄重。如果将电话告知或安排人直接告知或托人带口信的口头通知（或邀请）形式，改成通知书的形式通知参会者或制作聘请书的形式邀请讲座人，首先是这书面的书写形式本身呈现一种审美感、庄严的仪式感；其次是给予受书人（会议参加者或讲座人）一种严肃感、尊严感、神圣感。虽然会议（或聘请）内容没变，但无论是对授书人还对受书人来讲，会议或聘请行为本身因为“**书面的**”书写行为本身而变得了庄严和神圣。以此可以体会书面书写这种表达形式与其他口头语言表达形式的不同，这并不仅是形式的差异，更重要的是性质内涵和功能内涵的差别性。对于同样的表达内容，如果采用书面书写的形式，实是表达者赋予表达内容以某种深刻的**感人心灵**的“东西”，虽然这些感人心灵的“东西”在这个物质主义和实利主义的时代很少为人们所敏感，因为敏感这种感人心灵的“东西”是需要实实在在的教养、修养和文化，而当今的普通教育的文凭和学历并不表示一定有教养、学养和文化。客观地看，这个客观地能够感人心灵的“东西”的产生与获得机制是极其复杂的，但它最终来源于产生书写意识的特殊性功能。长期以来，人们一方面把书写（如文学创作）看得神秘莫测；另一方面又把书写（如实用文书写）仅仅看成是一种实用手段，这种两分的片面认知既忽视了书写的人类学本性和人类书写意识的根本特征，也忽略了人类书写意识发生的内在精神以及远古人类精神在文明人类精神中的巨大作用与隐含形式。

### 2. 书写意识品质

人类书写意识并不是一成不变的东西，它是一种历史化的精神行为和运动方式，伴随人类精神的发展并与之同步。讨论书写意识及内在品质的生成，需要发生学的视野和发展的态度。

讨论书写意识品质的生成，必须进入发生学领域考察其书写意识的原发机制，揭示人类书写意识品质的原发性构成。人类书写意识品质是原发构成的，它与口头书写所呈现出来的人类精神内容有根本性的区别。书写意识品质的原发构成内容是指远古人类书写意识的发生学动力及其所呈现出来的永恒性特征；口头书写产生的人类精神是指口头书写所追求的那种“东西”（见第2章口头书写的“内涵与精神”），这个“东西”不等于书写意识的发生学动因，即不同于书写意识原发生成的基本品质。原始思维是书写意识品质生成的母体。原始思维、口头书写的人类精神和书写意识品质的原发构成，此三者共有的内在生命动力是人类存在敞开的交流情绪和沟通心理，这一交流情绪和沟通心理贯穿人类书写行为（也包括人类其他表达性行为）的始终。由此观之，书写意识品质的原发构成实是人类精神的共性品质和书写精神的特殊品质的整合建构，它涵摄如下基本内容。

**神圣的目的性** 书写意识的神圣的目的性品质揭示书写意识是一种超越性思维，它超越人类的日常性思维，摆脱日常性思维的世俗性、功利性桎梏，使思维进入一种纯粹明净、激越、高远、空阔的境界。对人来讲，其存在敞开的日常性思维总是与其世俗生活的物质需求、实利欲望、食色本性等紧密联系，更多地远离人的纯粹性和人的清澈澄明的心灵、意志、情感及其心灵、意志、情感化的生命存在。书写意识与此相反，它呈现思维的另一极，极其虔诚地贴近人的纯粹性和心灵、意志、情感、生命的原本性，并始终追求表达人的纯粹性、纯洁性和人的心灵、意志、情感、生命的原本性。因此，书写意识始终追求对人的现实和现世不可企及并希望企及的那些神圣不可侵犯的东西的意识及其觉解，并对人的自我确立和自我超越精神持一种自足性诉求。

**感应的一体性** 在远古人类生活中，书写意识总是在感应中获得。事物的神圣性和表达事物的神圣性是人在活生生的生活中自然而然地体验并突然感悟。这种感悟源于对感知的存在世界或事物散发出来的神圣的灵性的感应。在这感应中，人与物、景与情，包括人的精神和物的灵性互为融贯、互为含化而最终至于完全一体化存在。或者，人生活的世界和人感知的世界本身就是一体化的，书写意识就是对这本原状态的一体化世界的内化性的言语表达。正是书写意识自生成的一体化品质，使书写行为成为沟通人与存在世界或事物，使人与自然、心灵与物质再相契和的媒介形式。

**形象的概括性**　书写意识无疑是感性、具体、形象的，但必以概括为基础。因为任何一个书写者在存在敞开中感知对象时都是把它作为“这一个”来感受，并把“这一个”幻化为感性生动的具体形象予以整体把握，这一“整体把握”不是对感知的存在世界或事物的全部属性的全面掌握，只是对它的整体精神、气韵、神性的把握和对存在世界或事物之自身特征的一种抽象、概括，并把它与书写者所投入的某种“东西”加以整合而产生新的形象。所以，书写意识的形象性、具体性来源于它的抽象性、概括性；书写意识的抽象性、概括性又依赖于它的形象性、具体性。在存在书写意识的原发构成行为中，形象和抽象是同一个东西和同一种品质的两个方面。书写意识的具体与形象，是指它对存在世界或事物的幻象本身；书写意识的抽象与概括，是指它幻化存在世界或事物（心灵、情感）的方式。由于任何方式都始终熔铸在思维行为和思维成果之中，所以没有抽象概括就没有形象具体，没有形象的概括性就没有书写意识的生成。如果说神圣的目的性是书写意识的动因，感应的一体性是书写意识的目标，那么形象的概括性则是书写意识的基本形式。

**逻辑的有序性**　书写意识的行为发生就是重新安排对象，包括安排客体世界（人、事、景、物）和主体世界（心灵、情感、意志、需求、愿望），使之构建起属人的存在敞开的更新世界。因为“安排”之于人，讲求以合我意和以慰我心。这种以合我意和以慰我心的安排，实是粉碎世界的旧形态并赋予世界以新形态。客观地讲，在人的存在观照和生存看待之外，存在世界或事物本身根本无所谓“序”与“非序”的问题，它以自身方式存在并以自身方式运作。这种自在自为的存在世界或事物由于人的介入，不得不含纳人的存在。书写所涉及的这个世界渗透人的观照和看待，世界由是被划分成“序”与“非序”状态，即凡是顺乎人的情志意趣的存在就变成“序”；反之则成为“非序”。但存在于存在世界或事物之中的人，始终是活动着的存在者，并且是充满各种变数的存在者，由此两个方面使人的存在敞开和其存在敞开的情志意趣无可逃避地陷入“突变”的多向运动之中，人观照和看待存在世界或事物的方式、重心、焦点等也在其运动中“突变”，在这种性质取向的“突变”运动中，对存在世界其事物的划分也周而复始，始无恒定。在这种永不间歇的存在观照和看待中，当人发现原来视为“非序”的东西突然成了“序”，这实是人于其存在敞开中重新安排（存在世界或事物）的结果。当发现原来视为“序”的东西已不那样顺眼称心时，就必然想方设法来对其存在世界及事物予以重新安排。抽象地讲，将这个使自认为“非序”的东西变成以顺我意或以慰我心的主观的“序”的过程和行为就是“逻辑”。书写意识就是书写者按照自己的神圣的目的性来重新观照、看待、思考（即安排）存在世界或事物（本质上是人自己）的神圣性，所以它是逻辑的有序的。这里所讲的“逻辑的有序的”实际上是讲存在敞开是完整的。如果变换一种表述，那么书写意识又是完整性的。所以，完整性构成书写意识的基本要求。

**图样的规范性** 书写意识与日常意识之间还存在着意识疆域上的界限和意识形态上的区分标志。这个“界限”和“标志”就是“图样”的规范性。这里所讲的“图样”实是既指“模型”，又指“原型”：图样就是一种模型，但这种模型原于存在之原型本身；这里所讲的“图样”是相对书写而论，所以它指现代书写学意义的“文章图样”，但它绝不仅限于此义，因为书写意义的“图样”是人类书写“原型”意义，这需要从发生学来审视。从发生学看，书写意识的“图样”是指存在世界敞开其存在（事、物、景、行为）的神圣完整性和逻辑有序性本身。世界的神圣完整性和逻辑有序性是人类书写意识发生的第一个“图样”，这个“图样”一直成为远古人类书写意识的基本规范，以至今天的书面书写所呈现的“文章图样”的基本精神仍然蕴含世界的神圣的完整性和逻辑的有序性。

## 二 原始思维的发生

书写意识是一种求神圣的合目的性表达的内化言语行为，它的发生学时间大约是人类外部言语行为从“无声”向“有声”的过渡环节上，它的发生的现实土壤应该是远古人类的原始思维趋于成熟态。

人类书写意识产生于人类原始思维，在人类语言这根主轴上，原始书写意识的发生要大大晚于原始思维：原始思维大概产生于人类的无声语言阶段，但其原始书写意识大概产生于人类的有声语言阶段。如上节所述，人类书写意识有自身的品质规定性，但书写意识品质又不折不扣地是人类思维共性品质的呈现，具体地讲，是人类共性品质经历主体化过滤所折射出来的特殊形态。要真正探求人类书写的发生以及人类书写意识的基本品质，需要进一步探讨人类思维形态的发生及发生机制。

顾名思义，原始思维是人类独立为人的最初思维形式和思维形态。如第 2 章所述，据现有人类学和考古学资料显示，人类思维的产生时间距今约 1400 万年到 400 万年之间。从 19 世纪晚期到 20 世纪末叶许多人类学家对原始思维的考察资料主要来源于两个方面。一是实地考察现代人类世界中原始部族的生活习性、思维形态、认知方式所获得的第一手资料；二是搜集现有考古学资料。这两个方面的材料来源本身蕴含两个缺陷：首先是现代人类文明包围中的原始部族，他们的思维是否与人类思维的原始形态、方式、品质相一致？这些在现代文明包围中的原始部族的思维是否称得上真正意义上的原始？比如说，大多数人类学家引以为据的“思维”发生材料都是有声语言，但人类原始思维产生的实际情况可能经历了很漫长的一段“无声语言”阶段。其次是那些证明人类原始思维的考古学资料距今也只不过上万年，一般学者只把人类思维的“原始”性界定在距今几千年这个时间域中，其实这种被设定的时间域中的人类思维已经是现代思维形态了，其相距人类原始思维的发生学时间相距上千万年。由此两个方面可知，迄今为止人类学家们所说的“原始思维”实际上并不是真正意义上的人类原初思维。由此表明，要探讨人类思维的原初形态、方式、品质非常困难，人类祖先并没有给我们留下什么值得参考的东西，我们也不可能重新经历一次人类的原始生活。所以，有关于人类思维、人类语言、人类书写的起源问题，反倒成为一种拓荒性探索，形成这种状况的根本原因就在于古人留给我们的“证据”经历千万年的变迁早已“灰飞烟灭”，这种状况告诉人们，从科学角度探索人类思维的起源并不现实，如从发生学入手，或可对人类原始思维的发生学做推断性描述，以求尽可能贴近人类思维的发生过程。

#### 1. 原始思维品质

从发生学看，人类原初思维品质更多地具有自然主义的情调和色彩，人类思维的原始形态不是其他，而是那个先于并外在于人的神秘莫测的存在世界，或曰自然世界本身。因为自然世界是人类的第一参照物，是人类的第一个刺激对象和意识对象，探讨人类原始思维的发生学问题，必须时刻不忘存在世界本身。

**思维的摹拟性** 摹拟，在文明社会中占有很重要的内容，但它并不是文明社会的产物，而是原始思维的基本方式。摹拟纵向连接起原始思维和文明思维两种形态，但这两种思维形态却在内涵、功用、方向、目的等方面存在根本性分别。首先体现在功用上，摹拟是原始思维最基本的品质，因为在前文化阶段，人类存在的参照系只有自然世界，这是与人类的文明存在的根本区别，因为在人类的文明存在时代，在自然世界之外还有一个文化世界和一个自省化的心灵－情感世界。在人类的前文化时代，参照体系的单一化形成人类原始思维的现实化取向，即以现实存在的对象作为自己思维的激活机制并使思维本身回归于存在的自然世界之中，由此生成思维的摹拟方式和思维的摹拟特征。在远古人类生活中，凡是思维都是摹拟性的，而不像文明社会其摹拟仅是思维的多元性中的一种属性，它仅用于一些特殊情境、场合，而在原始思维阶段，摹拟构成思维的一切。其次体现在摹拟对象上，原始思维摹拟的唯一对象是自然世界或自然事物本身，与此不同，文明思维摹拟的主要对象是人。再次体现在摹拟方向上，原始思维摹拟始终指向现实存在和现实生活，文明思维的摹拟却指向传统。最后体现在摹拟的目的上，原始思维的摹拟意在获得对象（即存在世界或事物）的神圣性，并将其摹拟得来的神圣性内容融入不可亵渎和侵犯的传统之中，文明思维的摹拟性不仅为早期人类思维的再生长开辟出可能性，也为人类的健康生长开辟生道。

**思维的神秘性** 原始思维的摹拟方式和摹拟品质的产生，源于一个既极为深刻又极为沉重的心灵因素的激励，这就是人类产生人的意识情绪的那一刻始就被一种无法言说的神秘氛围深深地笼罩。这种神秘氛围由多种因素激发生成，比如，人既无知自己的来龙去脉，更无知存在世界的来龙去脉，更叫人倍感神秘莫测的有地理的差异、气候的变换、天体的运行（白天、黑夜）等变幻不居的自然现象。这些均让原始人倍感存在的无力和生存的无能，并促发原始人类痛感自己存在无能为力的同时发现了存在世界的神灵性，以及这种神灵性的“东西”对人的超越性和对人存在的制约性或主宰性。人不仅很痛苦地而且很忧惧地意识到对这种神灵化的超越力量不能把握，唯一能做的是对它的遵从和膜拜，只有在这时，人才可能接近这种神灵化的超越力量，才可能感应到神灵召唤，既为神灵所宽恕，又为自然所容纳。因此，人的全部努力就是与这个具有神灵化的超越力量的存在世界一体化。在原始人的存在体验和感受中，看得见的世界（如存在世界的物质形态）和看不见的世界（如存在世界的神灵性精神）是一体化的，分离这种一体化的存在世界既不可能，也不可思议，更不能饶恕。人作为看得见的存在世界中的具体存在形态，他也必然和看不见的世界精神（灵魂、神灵）一体化。世界的一体化和万物的有灵性，既成为原始思维发生的动力因，也成为原始思维的生长点。并且，世界的一体化和万物的有灵性也赋予原始思维以神秘性，可以这样讲，没有世界的一体化存在和万物的有灵性敞开，原始思维的发生学不可能内驻其神秘性质；而原始思维所内聚的神秘性恰恰构成原始思维的摹拟性、思维的具体性和综合性品质生成的根源。

**思维的具体性**　思维的具体性并不是远古人类思维独自具有；相反，文明人的思维不仅同样具有具体性品质，而且其具体性品质更为突出更为独特。但文明人思维的具体性与原始人思维的具体性又有其区别。概括地讲，文明人思维的具体性主要指其思维对象和思维获得的形象（感性、抽象）是真实的、具体的、可感的；原始人思维的具体性也包含这些内容，但更主要的却是指原始人在思维时不是以一种预成的观念、概念、思维倾向为方式去远远地审视或分析对象，而是以充满神性的心灵和野性的生命的整体方式走向对象，贴近对象、融进对象之中，体验对象的神灵性、神圣性，去整体地、形象地、感性生动地概括对象的神圣性和神灵性。因为，看得见的“东西”（即“形态”）和看不见的“东西”（即“精神”）是一体化存在的。文明人和原始人的思维的具体性的根本区别还在于：前者是用观念、概念去观照存在敞开的世界或事物、生命和人，其思维的具体性是文化的产物；后者是用心灵、神性去感应存在敞开的世界或事物、生命和人，其思维的具体性是纯粹化的生命存在。

**思维的整体性**　思维的整体性是思维的摹拟性、神秘性和具体性相混合的形态。由于原始人把存在世界或事物看成是神圣化的，把万物生命看成是有灵的，他们对存在世界的求知方式以及求知目的，不是去认识存在世界或事物、万物和生命，而是去神秘地体验、感应存在和事物、万物和生命，并在其神秘地体验和感应中摹拟存在世界或事物、万物和生命存在的神圣性和神灵化，这是原始人求知世界的全部目的和内容，因此体验和感应世界或事物、万物和生命存在敞开的整体化，构成思维的基本方式，所以体验和感应世界或事物、万物和生命存在敞开的整体化，构成原始思维的又一基本特征，这一基本特征可表述为：第一，只追求对思维对象的整体（精神）体验，不追求对对象形态的结构性把握。第二，只追求其具体概括（综合），不追求冷冰冰的理性分析。第三，原始思维所敞开的这种整体倾向是感应对象的结果，而不是思辨的结果。所以，原始思维的整体性所敞开的根本特色是思维的无分析性，因为原始思维的整体性是生态学意义的，并呈现为生态学性质的思维形态，而不是解剖学意义上的思维形态，这是远古人类的原始思维和现代文明人思维的根本区别。

### 2. 原始思维原则

所谓思维原则，是指思维的内在品质敞开自身的规范，简称为思维的自身规范。思维的自身规范的依据是思维的内在品质，思维的内在品质的功能发挥必然呈现为思维的自我规范。承受思维的内在品质规训的思维的自身规范从三个方面呈现：一是指思维自身呈现出来固有朝向，或可说是思维意向，这揭明思维不可能漫天敞开，它本身具有明确的方向性；二是指思维自身敞开呈现出来的必为限度和边界，这揭示思维在任何时候、任何情境下都是有边界规范和限度规范的，这种边界规范和限度规范在思维的固有方向规训下构成思维本身的逻辑；三是指思维自身敞开运作的基本方式和根本方法，这揭明思维本身具有方法论的性质，理解和懂得思维及其规律（具体地讲是把握思维本身的朝向、边界和限度所生成的逻辑），就是掌握了思维运作的方法。以此观原始思维原则，亦是指其内在思维品质的外化体现，它同样体现方向性、边界性和限度性，并由此三者生成其思维逻辑。原始思维的如上自身规范可具体表述为如下方面：

**原始思维意向**　原始思维的首要原则是原始思维意向。原始思维意向即指原始思维的目标、目的、方向。从发生学看，原始思维所指涉的目标是认识和把握所面对的那个既现实存在又神秘广漠的存在世界，原始思维的目的是追求并企求获得一种神圣的合目的性的精神（如安全感、安宁感、永恒感，神圣性的主体感等）。原始思维敞开自身的基本努力及其方向，不是指向实用和实在，而是指向超越性的和纯粹性的神性内容，这种神性内容最为直接地源于存在世界的神圣性和万物生命的神灵性，它通过原始人对存在世界的神圣性和万物生命的神灵性的存在敞开体验和领悟所生成。

**原始思维方式**　原始思维的根本原则是原始思维方式。原始思维的基本方式是生命化的感知、体悟、感应，或可说原始思维遵从感知、体悟、感应三个具体原则。原始人在思维对象时，用心灵的纯粹性和生命的神性诉求去感受、体悟、感应存在世界或事物之精神的纯粹神性和灵性。在这过程中，感知是表层的思维方式，是直观对象的思维激活。继而进入体验阶段，将直观化的存在世界或事物、万物和人纳入生命之中，予以心灵化的审视和情感化的滋养，如此体验的生命过程或曰心灵化的情感过程，就是体悟。体悟的内在性完成必然重新面对存在敞开的世界或事物、万物和生命而追求一体化存在，这一过程所遵循的就是人与世界、事物、生命的感应原则，即相感相生且生生不息原则。

**原始思维方法**　在如上思维意向和思维方式规范下，原始思维敞开运行的思维方法可概括为回忆、抽象、概括和外化形态。

首先是回忆。原始思维产生主要得力于两个方面，一是横亘于人的存在面前的神秘的存在世界或事物；二是神秘的回忆。原始思维实质上就是启动已有的神圣性、神灵性来感悟、感应存在世界（事、物、人、行为）的神圣性、神灵性。因此，回忆在原始思维中占有十分重要的地位，它是原始思维的起点。没有对已有的神秘回忆，不可能生发思维行为。回忆是原始思维的第一个环节。对远古人类言，神秘的回忆在很大程度上制约着他们的思维、情感和行动。这种神秘的回忆“既是十分准确的，又是含有极大情感性的。它通过极大量的细节来再现复杂的集体表象，而且永远是以这样一种次序来再现的，在这种次序中，集体表象按照本质上神秘的关系彼此间传统地关联着。因而它在某种程度上补充着逻辑功能，也以同样程度利用着逻辑功能的特权。例如，作为其他表象的结果而必然引出来的另一表象，在原始人的意识中常常具有结论的性质”①。

① ［法］列维－布留尔：《原始思维》，丁由译，商务印书馆 1981 年版，第 104 页。

其次是抽象。从类型学看，“抽象”具有两种解释功能，即“概念化的抽象”和“神秘化的抽象”。前者属于文化学范畴，后者属于发生学范畴。原始思维抽象是发生学意义即“神性化的抽象”。所谓“神秘化的抽象”是指远古人类总是把思维对象看成是被某种神秘的氛围、精神所笼罩的存在，因此，对存在世界或事物的思维实际上就是对存在世界或事物的神秘性（神圣性、神灵性）的把握，这一把握的思维本质就是思维者用自己的神性精神与情绪（通过神秘的回忆）去感应存在世界或事物的神性精神或情绪。这一生命情绪化和神圣化的精神感应过程就是思维的抽象过程。所以从根本讲，原始思维的神秘化的抽象并不是对存在世界或事物的抽象，而是假借存在世界或事物而对人自己的某种生命意蕴、情绪的抽象，这种“抽象”不是在求整理，而是在快感思维者自己对存在敞开的“集体表象”。

> 记忆首先在原逻辑思维中起着比在我们的智力生活中大得多的作用，在我们的智力生活中，为记忆所惯常完成的某些机能是从记忆中排除出去的，或者具有了其他性质。我们的社会的宝库是以冻结的形式，通过彼此并列或从属的概念的系统来遗传的。在原始民族中间，这个宝库常常是由极大量的错综复杂的集体表象组成的。在这里，它差不多只是通过记忆来遗传的。在整整一生中，不管涉及神圣的东西还是世俗的东西，不论我们的积极意志如何，任何影响都要引诱我们去运用逻辑功能，但在原始人那里却唤起了一种限制行动的复杂而常常是神性的回忆。原始人记忆甚至具有一种特别的色调，这色调使它有别于我们的记忆。经常使用包含抽象概念的逻辑机制，对奠基于这个机制的语言的可以说是自然的应用，要求我们的记忆优先掌握那些以客观的和逻辑的观点看来具有优势意义的关系。①

再次是概括。在原始思维运动中，回忆和抽象都不是目的，因为回忆是对思维的启动，回忆所指向的是抽象，当人把思维对象抽象为自己心中所有

① ［法］列维 - 布留尔：《原始思维》，丁由译，商务印书馆 1981 年版，第 103—104 页。

的某种神性精神或情绪化的集体表达后，必然要走向概括，即达于对这种被抽象出来的“东西”的普遍化感应。比如，当原始人目睹一场山洪，必然引发回忆，回忆唤起他许多类似的神奇想象或联想，于是他把这种自己无法解释的自然现象抽象为某种超越人的神圣的或神秘的神性力量。然而思维并不就此停留，而是力图发现这种超越力量背后的东西，在回忆和抽象的帮助下，他由朦胧而后逐渐清晰地感受到这种神圣的超越力量的最终意义，比如，一个原始人以此方式感应到了自然宇宙的起源魔力；另一个原始人眼前浮现出一幅惊心动魄的天地分裂、人类诞生的图画。

在原始思维的敞开中，概括的功用就是使（抽象的）意义具有普遍的神圣感。概括不是以分析为基础和前提，因为原始思维运动中的概括是无分析性的，它立足于神性的感应而不是直指思维对象，它以思维对象为起点，扬弃思维对象而追求世界的某种普遍性归纳。

最后是外化形态。原始思维和文明人思维相区分的一个重要标志，是其外化形态的不同。文明人思维的外化形态是**有声语言**，并且这种有声语言发展到后来又产生文字书写符号。与此不同，原始思维的外化形态则是**体态语言**。所谓体态语言，是指人类表达思维行为运动和思维成果的形态学标志不是静态性的时间符号，而是动态化的空间符号，具体地讲就是人的身体的空间性位移（如手势、头势）和表情的变化。因为体态语言是一种没有声音的语言，所以又称**无声语言**。

原始思维空间化呈现的形态学特征表明：第一，原始思维产生于有声语言发生之前的体态语言，而体态语言是有声语言的基础。第二，体态语言比有声语言更为模糊，但同时也更精确、微妙和复杂，由是观之，原始思维并不比文明人的思维简单，这是原始思维蕴含和敞开无限时空魅力和美学张力的秘密所在。

#### 3. 原始思维机制

人是劳作的生命存在者。所谓劳作，不是指本能的摄取解决身体需要（或生命需要）的天然食物或其他资源，而是意愿性地改变天然的物质形态或结构以满足自己的存在需要。从这个角度讲，人类劳作的最初形式或改变环境状貌（比如拔去地上杂草或刨出一小块土地），或制造工具（比如拿起这根树枝或捡起那块石头做防御野兽袭击的工具)。人类第一次拿起自然物质材料(比如树枝或石块)予以加工时,其实已是经过了一定的选择:之所以选择这根树枝、这块石头,而不选取另一根树枝或那块石头,是经过比较后才做出的行为选择。"对于工具(及武器)或艺术品,物质材料是必需的,但这些石头、树枝、或者兽骨,俯拾即是,早就由自然界准备好了。不过,当原始祖先第一次拿起它们开始加工时,先是经过了一定选择的。他们所以选取这根树枝,这块石头,而不选用另一些树枝或石头,是对它们的形状、硬度、重量等进行了比较才决定的。这种选择必不可少地需要他们进行哪怕是相当粗略的观察、推理及判断等自觉的思维活动。他们还需进一步考虑把石块敲打成怎样的形状,把木棍做多么长,以及如何敲打、制作。他们不再像象一般动物那样靠了本能去进行满足他们所属的物种的标准和需要,而是进行自觉地适应所改造的对象的规律,同时也'把本身固有(或内在)的标准运用到对象来制造。'这就是马克思所谓人类的自主意识。"①

将人的自主意识萌生归于劳动,使劳动成为自主意识发生的生存论机制,仅是从外在行为观。但这一判断本身包含一个问题,即人类作为生物界的一员他为什么要劳动,更具体地讲,存在于众物中的人类物种为什么不同于众物地选择性使用和加工自然物质材料?人类思维的发生学机制及其最终动因,也许就蕴含在这一生存论问题之中。

根据现有的动物学和生物学资料表明,在集聚芸芸众生的生物世界里,人这种生物并非属于特别优秀的生存者,在好多方面不如其他生物,人类物种在众物世界里所面临的根本存在问题,就是如何获得存在的保障性(无危险的安全)和生存发展的可能性。这一双重要求与其自身的存在能力之间构成巨大反差,这个"反差"现实地困扰(用文明人语言叫作"忧惧")着人类物种,也刺激(即激发)人类物种本能地摆脱这种困境,但前提是具有一种优胜于其他物种的能力、素质。这是人类最初的也是最为强烈的生命意志冲动。正是这种困扰和冲动激活了他们的大脑神经组织的超常运动,由此促成人类大脑机能进化超过了其他物种。在漫长的进化历史中,人类朦朦胧胧

① 邓福星:《艺术前的艺术:史前艺术研究》,山东文艺出版社1986年版,第15页。

地开始了从自发到自觉地对自然物质材料（自然工具）的选择性使用，久而久之，他们对现成物质材料的选择已不太感兴趣，于是萌动了改变自然物质材料（自然工具）的愿望和努力，人类第一件人造的工具（或者是加工的石块，或是削好的木棍）由此诞生。

要言之，人类原始思维亦即“自主意识”的萌动，从其形态学呈现角度，或可将其归之于劳动；但从存在论和生存论角度讲，人的原发性的自主意识并不起源于劳动，相反地，劳动起源于人类思维（自主意识）的产生。只有当人类物种产生了人的意识、情感（即“自主意识”）之后才可能有“劳动”的产生。所以，人类思维（自主意识）萌发的真正动力或者原发动机，是人类物种如何消解存在忧惧（不安全、不安宁）的生存冲动。

### 4. 书写思维发展

人类自主意识的萌生，既为书写思维的产生提供了条件，也为人类书写发展创造了动力。同时，书写的发展又推动原始思维向现代思维方向演进。二者互为促进孕育出文明并激励文明向前发展。

**文明与书写** 通过书写意识和原始思维的发生学比较描述，或可形成如下理解。

第一，人类书写意识发生和人类原始思维发生并不同步，在人类书写意识发生之前，人类思维早已发生，并且经历了一个漫长的进化和演变过程。在这个漫长的进化过程中，人类原始思维精神为人类书写意识的发生提供了肥沃的土壤和坚实的基础。所以，人类原始思维构成人类书写意识诞生的母体。

第二，人类书写意识的产生，既是人类文明的开始，也是人类原始思维发展迈向文明道路的第一步。以此观之，人类文明发生和人类书写发生应该是同步的：书写是人类文明的精神标志，书写意识成为人类文明精神（原始思维文明化）的内在生命形态。

第三，人类思维的发展必然促进人类书写思维的发展；反过来，人类书写思维的发展，既构成人类思维发展的标志，又加速推动人类思维的发展。以此观之，人类书写思维发展必然要求书写社会化繁荣。书写的社会化繁荣，就是文明的进步。人类书写事业繁荣达到哪种境界，人类文明的视野、精神、气质和风度就会达到哪种境界。所以，**文明始终与书写同步**。

书写是不断地在探索发展，但书写的发展总是离不开一定的思维 - 认知模式，它是在一定思维 - 认知模式规范下的发展。从人类远古的口头书写到文字符号产生的书面书写，书面书写从早期的纪事体到抒情诗体到后来的韵文体、散文体（小说、戏曲脚本、政论文、科学论文等，其实都属于散文体），以至于发展到近代以来各种各样书写文体的产生，书写这种人类精神的特殊形态得到大发展，尤其是现代语言学、修辞学、书写学等理论学科的产生和发展，更是把书写推向新的境界。

在这众多的理论研究中，各种书写形式、各种文体的基本思维制作规律等被先后揭示，但对“书写”这一人类精神形式的基本规律的探讨仍然有限，形成这种状况的一个不可忽视的因素是缺乏人类书写模型的研究。如果从书写模型角度观照人类书写行为，就会发现人类书写虽然在日新月异地发展，各种更新的书写形态也不断产生，但人类书写的基本模型并没有改变。不管是口头书写还是书面书写，不管是诗、散文、小说、戏剧和影视脚本的书写，还是学术论文或各种形式的实用文章的书写，都存在共同的书写模型，都自发或自觉地遵循同一书写模型的规范。这一书写模型就是书写的基本思维精神结构框架。比如，任何文体的书写行为无不直接或间接地蕴含其神圣感和感悟的一体性，每一次具体的书写行为无不是合目的性的生存行为，并且任何具体的书写行为都呈现逻辑的“有序性”，无论是文学书写或科学、理论书写，均是如此。一篇文章或一本书无不呈现形象的概括性并体现“图样”的规范性。人类书写发展的所有变化，都只是其对象化（物化）形态的变化，但其本质性的或者说存在论的书写模型却始终保持相对自洽的稳定性。

**书写中的现代原始人**　人类书写模型（详述参见第 5 章）以原始思维为母体发展而来，但它的根却是深深地扎在人类原始思维的深厚土壤中。人类书写模型的根就是人类原始思维的神秘精神和摹比精神，具体地讲，就是其存在敞开的一体化精神、神灵精神、整体精神和综合精神合生构成的神秘精神和摹比精神，这一精神既成为人类书写思维发展的源泉，更构成人类书写模型生成建构的底座。树大根深、根深才能叶茂，如果说人类各种各样的书写形态（即物化形式）是书写（人类精神的特殊形式）这棵大树的枝和叶，那么书写模型则是这棵大树的树干，人类原始思维精神则是它的根须，人类存在敞开生存的永恒想望，却构成其取之不尽用之不竭的营养。人类原始思维精神永存于人类书写发展之中，在人类文明的进化中发挥巨大的动力学功能，它是人类书写和人类文明生生向前的动力之源。

然而，人类书写无论发展到哪个历史时期，其书写模型都不可能从根本上改变或扬弃；人类文明无论进化到哪个历史阶段，书写都与人类原始思维及其所蕴含的书写模型息息相关。书写本身是人类原始思维之基本精神的对象化运动。因此，书写无论发展到哪种程度，书写思维形态无论获得怎样的时代性特征，都不能改变人类书写的基本精神结构和书写模型框架。从这个角度审视，任何文明社会中的书写行为中都伫立原始人的精神形象，但这个形象又实实在在地属于这个或那个文明形式中的现代人。因此，人类书写行为的深层目的是现代文明人对人类原始精神形象的神圣回忆和重塑。人类精神的永恒性和神圣不可侵犯性正是通过这种回忆和重塑的形式——书写行为而得到循环往复的展布。如果说哲学是寻恋“乡情”的话，那么，书写就是对这种寻恋的“乡情”的美学表达。这种美学表达敞开两个形态，即抽象化的具象表达形态和具象化的抽象表达形态，前者的典型文本形态是诗，后者的典型文本形态是哲学：哲学是抽象化的诗、文学；诗是具象化的哲学、科学。

另外，任何文明形态中的书写者，不管他具有怎样的非凡才情，展布出多么富有的独创性，他的书写行为都没有突破人类书写的基本模型，更无法拒绝人类原始思维及其书写精神的滋养。恰恰相反，愈是博大的精神、愈是才情横溢、富有天才智慧和创造力量的书写大家，比如文学艺术家、哲学家、思想家、科学家等，他们愈是对人类原始书写精神模型至深感悟、就愈能源源不断地吸取人类原始精神，获得其天赋灵性和神气的滋养，他们的书写行为也愈是鲜明地突显书写模型的无限张力，更为浓烈地涌动天气共生、心物混成、人神一体的神性情感。在这种情感烘托中，他们是最现代的先行者，也是最古老的原始人。人类文明进程中任何时代的书写大家都是完整的现代原始人，这是他们真正区别普通书写者和普通生存者的地方。

# 第4章　书写的诗意之途

从生态整体考察存在书写，其首要任务是重新审查语言与存在、语言与符号之间的生成关系：语言是使世界得以存在的原发性存在者，它向原发存在言说敞开继发存在的生命世界，由此将生命世界分有出自为生存和人为生存两个世界。人的诞生，使生命之言说达向对存在世界的追本溯源成为可能，也为人之言说开辟谋生创生之路成为现实，因而，语言创造世界且符号表达世界。从语言创造世界到符号表达世界的全过程，是存在向生存、本体向现象、内容向形式的显现过程。使其形式显现成为可能与现实的恰恰是以生态修辞为基本方式的形式化书写。存在书写敞开生态符号学和符号生态学的两维方向，前者敞开从“语言→存在→符号”形式化书写之创造历史；后者敞开从“符号→生存→语言”形式化书写之塑造过程。

## 一　书写创造着世界

万物的创造者创造存在世界和万物生命，人创造人文存在世界。

人创造人文存在世界是以书写为方式。书写创造人文存在世界的工具，是语言和符号。了解语言和符号，才可进入人文书写的存在世界，了解书写和被书写的人、生命和世界。

### 1. 语言·符号·表达

书写的工具是语言，研究书写必然注重语言，由此使语言研究兴起。对语言的研究，形成语言学，拓展出语用学、语义学、语境学，语言哲学，并发展出符号学。符号学将语言书写研究推向综合化的社会生态学和文化生态学领域。

**符号学历史中的语言与符号**　符号学诞生于19世纪末20世纪初，但对符号的最初关注与研究却可追溯到古希腊。在古希腊，最早将符号作为研究对象的是医学家希波克拉底（Ιπποκράτης，公元前460－公元前370），他在《论预后论断》一书中将病人的面部表情与神态作为符号来研究，这些符号传达了病人疾病的信息。其后盖伦发挥希波克拉底关于面部神态的符号学思想而写出《症状学》一书。稍晚的哲学家柏拉图（Πλατών，公元前427－公元前347）也关心符号问题，并由此完成一部专门描述符号的著作《克拉底鲁》。这个时期的符号研究属自发性研究阶段，其基本特征是主观经验描述，却呈现从个别领域的经验总结诉求观念抽象描述的趋向。

近代以来，由于数学发展和数理逻辑的形成而促进符号的广泛运用，也因此推动符号研究进入自觉进程：洛克（John Locke，1632－1704）在《人类理解论》中将人类精神探索的所有学科予以科学分类，在这种分类学以思想指导下，他将科学分为物理学、实践哲学和标记之学三类。洛克所讲的标记之学，可看成是对符号学的最早称谓。洛克定位为标志之学的符号学是研究符号（标志）的理论。后来莱布尼茨（Gottfried Wilhelm Leibniz，1646－1716）却主张用符号语言代替自然语言，他通过对数理逻辑的研究而建立起一个高度形式化和具有严密规则的符号系统。

客观地看，洛克和莱布尼茨的研究为符号学的诞生奠定了思维和思想基础。美国实用主义哲学创始人皮尔士（Charles Sanders Santiago Peirce，1839－1914）将符号分为图样、指数、记号三部分并加以分别研究，创立了符号的一般理论。索绪尔（Ferdinand de Saussure，1857－1913）从语言学角度切入系统地研究语言与符号之间能指与所指的关系，揭示能指与所指之间的非对应的复杂性。直到20世纪30年代美国哲学家查尔斯·莫里斯（Charles William Morris，1901－1979）才系统总结出符号应用的规律，完成《符号学说的基础》一书，并于1946年出版了另一本符号研究著作《符号、语言和行动》，符号学作为一门独立的学科由此诞生，符号学由洛克的分类学概念经历200多年的发展至于莫里斯的努力才正式成为一门学科。符号学一经诞生，就成为广泛研究的对象而涉及各个学科领域。概括地讲，符号学研究从整体上展开两个层面：一是形而下的应用层面，其主要分支研究有逻辑句法学（主要以符号之间的关系为对象研究理想化的语言的句法结构）、逻辑语义学（主要以符号与思维的关系为对象研究符号所表示的意义指向）、信号学（主要以符号与客体间关系为对象研究语言符号表示客体的名称的功能）和语用学（主要以符号与人的关系为对象研究对人的意义、功能和人对语言的创造与应用规律）。二是形上层面的哲学研究，这个层面的研究的代表性成果是卡西尔的符号哲学和巴特的符号理论。

符号学发展的历史展现出整体性特征并呈现三个方面的趋向：一是其研究从局部走向整体，从个别达向一般，从领域性应用达向哲学和文化学；二是其研究始终处于静态、抽象的现象层面而未能达向生态整体的本质领域；三是其研究在看待语言与符号的关系问题上，始终把语言看成是符号的构成内容：符号是（文化之）整体，语言是符号（文化之）一部分。

**语言·言说·言语** 迄今为止，人们所持有的语言观实是一种语言学的语言观。这种语言观体现三个方面的诉求：一是工具主义信念，即认为语言是人类创造的产物并必然成为服务于人的现成交际工具，从古希腊始的“语法”研究到现代的“历史语言学→结构主义语言学→转换生成语言学”研究，其根本目标是建立完备的语言运用规则系统和精致的语法形式模型，语言学研究发展的每个历程都贯穿了这种工具主义信念。二是操作技术主义方法，这种方法将语言看成是一种符号：语言的运用就是对符号系统的建立，因而，语言始终属于形式的范畴，语言学的任务就是为语言运用（建立符号系统）而构建起形式规则系统。三是机械主义组合论思想：无论是历史比较语言学的“语言聚合发展”模式和“语言聚合—分化组合”模式，还是结构主义语言学把语言关系定位为组合关系（syntagmatic）和聚类关系（associative）两种基本形式，或者是转换生成语言学最后把语言定位为是语法装置所生成的全部句子的集合，都不折不扣地贯穿了这种机械主义组合论思想，并不遗余力地发展这种机械主义的组合论思想。

工具主义信念、操作技术主义方法和机械主义组合论思想，此三者都是建立在客观经验主义和形式主义思想基础上的。由于其客观经验主义视界，形成语言的现象主义倾向，即语言学只关注语言现象事实而忽视语言存在本质；由于形式主义信仰，语言研究踏上共相主义道路，即语言学只关心语言的形式规则与形式意义生成，而忽视语言的生存创化方向与**生存语义**生成。语言研究的共相主义道路使语言学只关注共相的、抽象的、形式的规则意义上的语言，因而这种性质的语言学仅仅是规则语言学，这种规则语言学构成人类语言学的历史。符号学的建立与发展，最终是以这种规则语言为思维背景并以规则语言学的基本信念、思维、方法为内在支撑点。

突破语言学和符号学研究的如上静止模式，须引入生态整体认知视野和思想方法。运用生态整体的认知视野和思想方法来重新审查“语言”，首先必须拓展语言的视野：语言不仅是人类创造的产物。“从个别的意义上讲，所谓‘语言’是指经过了人的实践行为并形式化了的**一切**物质符号，它包括思维语言、情感语言、技术语言、指号语言、代码语言、机器语言、服饰语言……语言即人类活动及其产物的总和。从一般的意义上讲，所谓‘语言’是指**生命的形式化自身**，它包括宇宙语言、自然语言、生物圈语言、人类语言，进而可分为动物语言、植物语言……语言即生命存在运动及其形式化产物的总和。”① 其次必须对语言予以内涵的拓展：“语言”应该是生态整体的。从生态整体视角看，以客观经验主义和形式主义为观念蓝图构建起来的语言学是一种狭义的语言学，它只关心共相的抽象“语言”，没有注意到感性具体的“语言”。真正意义上的（即广义的）语言学，既要注意共相的抽象语言问题，更要注意感性具体的语言问题；而感性具体的“语言”内容恰恰是“言语”和“言说”。“语言”“言语”“言说”此三者共同构成“语言”概念的整体内涵，也构成语言学研究的整体对象视野。

“语言”是一个名词：它是指共相的、抽象的那个“语言”事实，这个“语言事实”，一是指语言规则，即通常所说的语音规则、拼写规则、语法规则、语言修辞规则和语言逻辑规则。二是指语言材料，即字母、拼音、声音和文字、语词。这个层面的“语言”是类化的东西，它是对言说的共性内容的规则化概括和抽象，因而对“语言”的习得过程其实就是获得一种言说的规则意识（包括情绪）和言说的材料能力。

“言说”是一个动词，它是人面对特定的场境而对事物的称谓或予以对象

① 唐代兴：《义场导论：人类行为动力研究》，四川大学出版社 1998 年版，第 171 页。

性认知的概念符号化表达活动过程，因而它具有具体化、情境化、感性化和行为化等特征。言说需要凭借“语言”（语言规则和语言材料）才得以实现与展开，它体现两个特征：一是对语言规则的获得，往往不是通过语法学习来形成，而是其生存实践展开的自然习得结果；二是对语言材料的运用必须是意识地追求，并体现其个性化和创造性：只有个性化和创造性地使用语言材料的言说，才可形成感性具体、生动、得体的语流。言说是一种活动、过程，言说行为的物化状态（即成果）即话语：用有声语言（或拼读）的方式展开的言说成果叫口头话语；以文字、语词的方式展开的言说成果即书面话语。

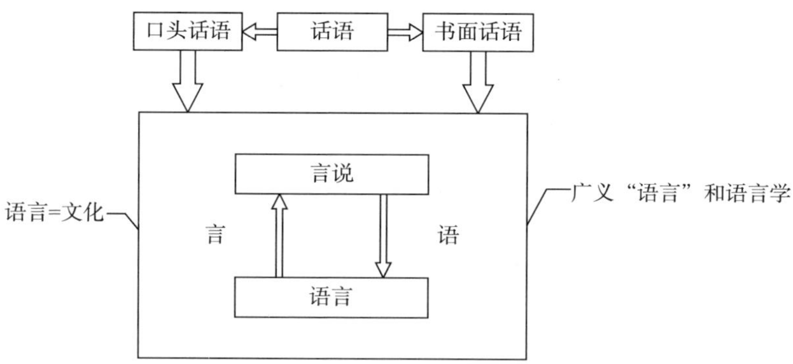


**［图 4－1：“语言”的构成及视域敞开］**

从语言到言说，需要一个语言的主体条件，这就是思维内容化的言语。“言语”是介于语言与言说之间的一种“活的语言事实”。这种**活的语言事实**是一种发散性的语义状态，它是所有个体化的“言说”行为成果和共相的、抽象的“语言”规则与“语言”材料的融合性生成所呈现出具有磁引性（即内聚性、发散性）的场化状态，它既是人类话语和民族话语的积淀性散漫状态，又是现实社会话语生成与发散涌流的融合与弥漫的历史过程。言语是个体化言说的基础、底蕴，也是人类文化的活的形态，是国家、民族、人类“川流不息的生命”① 和“精神的宝库”②，所有人的个性化言说活动都产生于

① ［日］小原国芳：《小原国芳教育论著选》（下卷），刘剑乔、由其民、吴光威译，人民教育出版社 1993 年版，第 105 页。

② ［苏］A. O. 洛尔德基帕尼泽：《乌申斯基教育学说》，范云门、何寒梅译，江苏教育出版社 1987 年版，第 157—159 页。

言语，所有人的个性化言说成果（话语）又都归宿于言语，它是国家、民族、人类的活的思想、活的情感、活的精神的整体敞开状态。

**语言·存在·世界**　从人类文化观，广义的语言即是文化；从生态学观，语言既是文化的，又是对文化的超越与创造。海德格尔（Martin Heidegger，1889－1976）说：语言是存在的家园，人就是其看家人。讲的是语言、存在、世界三者的关系：世界因存在的缘故而成为世界。世界存在必须要有存在者，只有存在者存在才能使存在成其为存在。这个标识存在之为存在的存在者即是语言，即天空、大地、山川河海、小桥流水，生命万物包括人本身，都是标识世界存在的存在者（即语言形态）。

语言是存在的家园，讲的是语言使流动、变化、漂泊的存在世界定型化、实体化、现象化和本体化。只有定型化、实体化、现象化和本体化的存在才是存在者的存在，才使世界成为存在的世界。因而，语言与存在的关系即范围与内涵的关系，或者说形式与内容的关系。从本体层面看，语言与存在的关系，即生成与被生成的关系，或者说创造与被创造的关系：存在因语言而创造，世界因语言而生成；同时，存在因语言而安居，世界因语言而显现和敞开。

语言是存在的家园，人是其看家人。人首先是存在者，是语言，然后才是存在的“看”者或者说语言的创造者。由此，人既是使存在之为存在之一存在者，又是存在之家园（语言）的看守者。这里的“看”是本体意义的，具有两层含义：一是指打量、审视、探问：人是对存在之家园的打量者、审视者、探问者。语言虽然使存在获得存在的现实性（定型化、实体化、现象化和本体化），却无法使自己获得定型化和实在化，因而它始终处于未定的、未决的、待解决的开放状态，存在之为存在的家园——存在者（语言）自身的未定性、未决性和待解决的开放状态（即期待）性，赋予人以特殊的使命——探索存在之家园（语言）构成人区别于万物的神圣使命与天职。二是指守护、维护：要使存在之成为完整的存在，必须使存在者成为完整的存在者，人作为其存在者之一员却因其获得殊荣而被赋予另一特殊的使命，即守护、维护存在者之完整存在，所以人成为守护其存在之家园的看家人，不仅要探索存在之家园，而且更要创造存在之家园。

换一种表述方式，语言、存在、世界三者的关系实是：存在构成世界，语言创造出存在，因而，世界即语言的世界，语言是存在的疆域和世界的极限。在语言、存在、世界三维关系中，人既是构成对象、内容，又是其探索者、创建者和守护神。

**符号与语言的生成关系**　“语言”既有现象学意义又有存在论意义。现象学意义的语言即文化：语言 = 文化。存在论意义的语言即存在之家园：语言 = 世界。以此双重坐标审视语言与符号之关系，实敞开生成与被生成和创造与表达的时—空关系。

首先，在存在论层面，语言与符号之间构成对应关系，即凡是语言产生的地方就有符号；一种语言的存在必有其符号显现。在现象学层面，语言与符号之间并非一一对应，其原因在于语言的三维（语言、言说、言语）性：语言材料必然是符号化的，语言规则却未必能符号化；**言说**行为必然要借助语言材料和语言规则才可敞开自身，并且其言说成果必然符号形态化，包括抽象的空间性符号形态化和具体的时间化符号形态化，前者如话语，后者如书面话语、物质产品、建筑等。但**言语**则既可符号化又可非符号化，比如集体无意识和个体的心灵律动、意志律动、情感律动、情绪律动、思维律动，它是一种言语活动，却不是符号活动。

其次，从功能讲，语言创造世界，符号表达世界。从存在论看，语言是存在者，是存在的家园；符号是存在者的显现形态，是存在之家园的形式显现。比如生命是存在之为存在的存在者，但这一头牛或那一只羊却是生命的具体形式显现。由此，语言生成存在，符号显现存在；语言创造世界，符号展开世界；语言构成存在的疆域和世界的极限，符号是表达其存在疆域和世界极限的物化标志。从现象学看，语言创造文化，符号是对文化的表达。比如一座古塔就是一种符号，是在向这个世界张扬和喧哗一种文化内容，包括某种精神、情感、智慧、理想、渴望、期盼等。

最后，符号是语言的形式，语言是符号的内容。比如“服装”是语言，它包括服装存在的理念、服装制作的材料、方法、技术、程序以及服装的功用（实用功用和装饰、审美功用、以人的存在为标志的价值引导功能等），但这一套衣服或那一件衬衫却是服装的具体符号形式。进一步讲，语言是创造世界的形式，符号是表达世界的形式。前者是**内容的形式**，后者是**形式的形式**（即符号是语言的形式）。比如柏拉图以对话语言的形式创造了“理想国”这一理念世界，这一理念世界要获得形式显现必须借助一套概念符号体系来定型与表现。理念世界之于柏拉图的对话语言形式而言是内容，对话语言形式之于柏拉图的理念世界来讲是形式，是创造其理念世界（内容）的形式；表征这一理念世界的概念系统相对柏拉图的对话语言来讲是其表达的形式，柏拉图的对话语言相对其表征“理想国”这一理念世界的概念系统来讲是其所表达的内容。

概言之，语言与符号的关系是内容与形式、实体与现象、创造与表达的关系：语言是实体的现象（形式），符号是语言的现象（形式）；反之，实体是语言的内容（本体），语言是符号的内容（本体）。

### 2. 生命·人·世界

维特根斯坦（Ludwig Josef Johann Wittgenstein，1889－1951）和海德格尔是20世纪两位最伟大的思想家：海德格尔以领悟方式道出语言是存在之家园；维特根斯坦却以逻辑分析方式说出语言是世界的疆域（界线）。在维特根斯坦那里，世界被一分为二——能够说的世界和不能说的世界。能够说的世界就一定能够说清楚；不能说的世界是说不清楚的，说不清楚的世界是没有意义的世界，所以应该保持沉默。在维特根斯坦那里，“说”构成**分有**世界的界线。所以，能说和不能说的两个世界的界线也就只能在语言中得到划分与明确。维特根斯坦是从符号系统（Symbolism）的原则和语言中的词与物所必需的关系角度出发来思考思维与语言或事实与逻辑之关系构成的。以此拓展开来，语言之说何以能够分有世界？而“说”之于世界或事物而言，又究竟意味着什么？

> 1. 世界就是所发生的一切东西。①
>
> ……
>
> 7. 一个对于不能谈的事情就应该沉默。②

① ［奥］维特根斯坦《逻辑哲学论》，贺绍甲译，商务印书馆1996年版，第22页。

② ［奥］维特根斯坦《逻辑哲学论》，贺绍甲译，商务印书馆1996年版，第93页。

一部《逻辑哲学论》的七个命题牵涉出包罗万象的问题，但概括起来却只有这两句话：第一句话是这部旷世奇著的存在论主题；最后一句话是这本哲学天书的生存论结论。世界是存在向生存之敞开与突显（显现、呈示、照亮），哲学即是对存在的生存论探问和对生存的存在论溯本探源。

世界即存在本身，存在的为己性敞开与突显构成生存。存在向生存敞开与突现即发生和不断发生，其发生和不断发生的东西的总和就构成世界本身：前一个世界即**原发**存在的世界；后一个世界乃**继发**存在（即生存）的世界。世界从原发存在向继发存在之敞开与突显，就是**发生**。

"发生"即**生成**。存在向生存的发生过程，即存在世界向生存世界之谋求过程：发生之前的世界是存在世界；发生之后的世界是生存世界。生存的世界是以"所发生的一切东西"为标志；存在的世界是充满了东西的世界；原发存在的世界是一个没有任何东西的**空壳**世界，**虚无**是它的内容；继发存在的世界是不断发生的且充满一切东西的**实体**世界，**事实**是它的内容。

> 1.1. 世界是事实的总和，而不是物（das Ding）的总和。
>
> 1.11. 世界是由事实以及这些事实就是一切事实这个情况决定的。
>
> 1.12. 因为事实的总和既决定一切所发生的东西，又决定一切未发生的东西。①

原发存在的世界何以可能敞开和突显自我而生成出继发存在的世界？进而言之，空壳何以能生发出实体？虚无何以会产生出事实？反之，事实的总和何以构成了世界本身？世界为何必由事实所决定？所发生的事实何以会决定着"一切所发生的东西"和"一切未发生的任何东西"？

这两组问题都围绕"发生"而展开：**发生即是生成**，生成即是蘖变、滋生、变化。生存的世界之所以产生并以此获得具体的事实，在于存在世界具有自我蘖变、滋生、变化的功能。存在世界之具有自我蘖变、滋生、变化功

---

① ［奥］维特根斯坦《逻辑哲学论》，贺绍甲译，商务印书馆1996年版，第22页。

能，在于存在世界有存在者驻守：存在是存在者持存的存在。在存在世界里，最原初的存在者即是语言：语言使存在成为存在，使世界成为世界，因而语言是存在的家园，亦是世界的家园。由于语言对存在之家园的驻守，自为存在的世界即语言化的世界。

作为存在者的语言始终是动态的、未定的和期待的。由于其未定性和动态性，使它获得了对存在的驻守本性，从而使世界的存在变成可能与现实；由于其期待性，它总是具有自我蘖变、滋生、变化之倾向，由此推动存在向生存方向展开而生成出生存化的世界。

生存化的世界是一个不断生成事实的世界，这个所生成的事实绝不是维特根斯坦所关注的逻辑事实，而是存在向生存方向敞开的**生命事实**：空壳的存在世界向事实化的生存世界的发生即是语言的发生，语言的发生所产生的一切成果即是生命。东西方远古神话体系中关于创世记的描绘，无不展示这一事实：在混沌未开的虚无世界里，上帝耶和华（或盘古、女娲）即最初存在者，他（们）推动存在世界展开自身的基本方式就是“说”：天空与大地、江海与山川、万物生命、还有人，都是他（们）言说的产物。因而，世界的发生即存在者的言说，世界所发生的一切东西（生命事实）即言说的成果。由于以生命事实为实在形式的生存世界是言说（发生）的结果，所以一切未发生和将发生的事实都将以生命事实为引导为动力，因为生命成为世界中最具有活性特征和活力倾向的存在者，原发存在者在其继发存在世界里必然附丽于生命事实，才能不断发挥出言说的功能；只有原发存在者（语言）和继发存在者（生命）叠合一体，原发存在世界（虚无）与继发存在世界（实体）叠合一体，存在与生存叠合一体，整个世界才成为一个生气勃勃的、生龙活虎的生命世界。在这个生命化的世界里，一切已经存在的生命事实的总和决定了所发生的一切生命事实，也决定一切未发生的生命事实和将发生的生命事实：生命本身变成了生命的动力，语言必须以实体化的生命为其表现形态，并且语言又必须以生命为其具体内容与物化形式。“语言即是世界。反之，世界即是语言的世界。语言充满了世界，世界总是以语言作为其自身存在的内容与形式。人生于世中，其首先是一种语言。当他把自身向世界言说的过程，就是人为的语言历史。因此，对于人，他既是语言的创化者，又是语言的历史真实。由于前者，语言获得了主体性、历史性；因为后者，语言具有了生存性、疆域性。这即是说，语言并不是一种既成的工具，也不只是交流的现成通道。语言既是文化学的，也是哲学的；既是思维学的，也是心灵学的。对语言的思考与研究，对语言的困境和追问，必是认识论（工具）与本体论（生成）和实践论（生存）的整体化。”①

当虚无存在的世界因为语言（原发存在者）言说（发生）的缘故而成为生命化的世界时，人既是语言（原发存在者）言说的事实，又成为整个生命世界的最新言说者（继发存在者）。由于人是整个世界最具有活性特征和最具有活力（创生）倾向的一种生命形态，他成为这个不断发生（即生存）的世界的创化性言说者，由此，生命化的生存世界由于人本身的缘故而分有自为化的生命存在世界和为自己的人的存在世界。

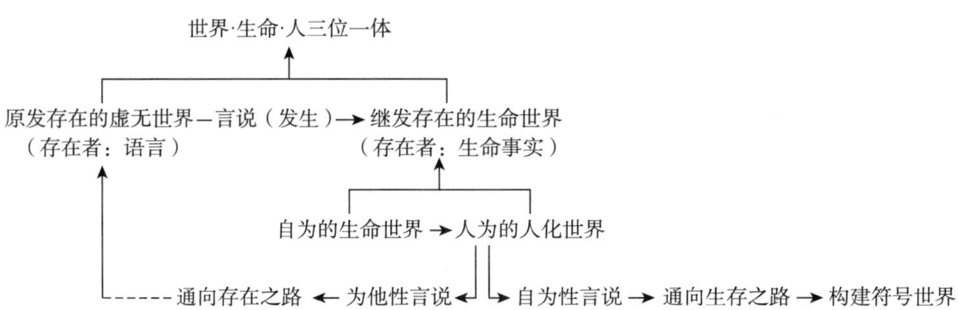


**［图4－2：存在世界通过语言的敞开］**

原发存在向继发存在的言说，是作为原发存在者的语言自己对自己的言说，它就是言说过程本身，亦是言说目的本身，其根本不存在“能说”和“不能说”以及“说清楚”和“说不清楚”的问题：它是一种永恒的**自为性**言说（即自我喧哗），从不存在也不产生“沉默”与否的问题。在继发存在的自然世界里，语言（原发存在者）与生命融为一体：生命的言说同样是自为的，因而其言说同样展开为永恒的喧哗过程。在继发存在的人为世界里，人的言说既是自为的，又是为他的。前者目的于他必须要自己创造出自己的语言（文化）世界而使自己成为自我世界的主体；后者来源于他是世界言说

① 唐代兴：《义场导论：人类行为动力研究》，四川大学出版社1998年版，第28页。

的生命事实和历史事实而必须以其整个生命世界和存在世界为其根基与土壤。因而，相对**为他**的生命世界和存在世界言，人往往是说不清楚和无法说清楚的世界，但人却为其更好地自为性存在而永恒地追求言说——这是科学、哲学、思想、艺术之终极存在的理想，亦是人通向存在（原发存在和生命存在）之路的唯一途径；相对自为世界及其所发生（言说）的一切事情，他自认为能够说清楚，因而人的世界变成了一个滔滔不绝的说的世界，人之所以能够在这个生命化的世界里生龙活虎地生存，就在其滔滔不绝的自为言说。不管说得清楚还是说不清楚，对人来讲，说才是最重要的。因为说才是生命之自我敞开和生命向存在之自我照亮；也唯有说才构成人为自己提供走向生龙活虎的诗意化生存的前提与保证（沉默则意味着死寂与失去生意），这是人不断开辟生存之路的必然方式，这一必然方式展开的物化形态就是对符号世界的创建与不断创建。

## 二　书写的诗意生成

### 1. 生成和敞开

**语言的本质与本质的语言**　在 20 世纪的思想家群中，海德格尔是对语言予以领悟和沉思最为深刻的一个人，他认为语言是“是”，“是”即存在者，是构成存在的存在者，作为存在者的“语言在其本质深处并不是一个有机体的吐白，也不是一个生物的表述。因此，根据其符号的特征，哪怕根据其意义上的性质，都不能正确地对语言加以思考。语言是‘是’本身既澄明又隐蔽着的到来”①。在世界的深处，其原发存在者是语言；在继发存在的世界里，其存在者是生命事实。由于生命事实是语言向存在敞开的结果，由此使生命事实成为语言化的生命事实：存在向生存方向敞开的道路，就是语言向语言生成，即言说的道路。语言的言说非他，即发生，世界上所发生和即将发生的一切都是语言言说的敞开。言说才是本质的语言，本质的语言即语言的本质。

① 《海德格尔基本著作》，1978 年英文版，第 206 页。参见王炜《熊译海德格尔》，同济大学出版社 2004 年版，第 211—212 页。

言说之所以是**本质的**语言，是在于言说使言说者（存在者）存在成为现实；言说之所以成为**语言的**本质，是因为言说使存在发生（蘖变、滋生、变化）而获得实在的道路性，并且**生命充满**了道路。言说之所以是本质的语言并构成语言的本质，更在于言说是动词，是动，是生气，是生意。世界的前存在状态是空壳、是虚无、是静止、是死寂，语言的入场，使这个空壳、虚无、静止、死寂的世界成为（生命）存在者的世界，因而，存在的世界之真正存在，是语言的动态本性使之进行其中的结果。在作为存在者的语言使存在得以存在的自为发生中，动词推动世界，语言生成世界，生意灌注世界。另外，作为动词的（生气贯注的和生意盎然的）言说，一旦使存在得以存在，就必然催动存在向自身敞开而达向过程，于是，生命充满道路，言说不辍、语言如花，诗意盎然。生命事实在其自为性和为他性的双重敞开道路中，诗意推动语言，语言负载诗意，符号表达诗意。特殊地讲，语言使世界从原发存在走向继发存在之途，言说使生气和生意的世界获得了诗意（即生命化）的生存，动词推动生命对诗化世界的创造，动词亦推动人对符号世界的创建。以此，语言的本质即语言的诗意化和符号化，本质的语言即语言的生气化和生意化：从语言的本质向本质的语言方向追溯，是其生命本源突现和世界源头照亮；从本质的语言向语言的本质方向敞开，是生命道路的展布和生存意义的生成。

**世界的书写性与被书写性**　世界从其原发存在向继发存在敞开（发生）过程，即是从无到有、从虚到实、从整体到分有的自我创造过程。其伟大成果是生命，特殊地讲是人这种生命；其实在标志是世界的分有，分有使存在世界和生存世界诞生。由于其人的诞生，生存世界由此被分有为生命化的生存世界和人化的生存世界。就语言从其存在性言说向生存化言说方向敞开看，言说的敞开同样被分有为生意化的**自在**言说和诗意化的**自为**言说，前者展布为**生命**的生成与不断生成；后者突现**意义**的生成与不断生成。

言说之成为可能并使生命（包括意义）生成成为现实，是因为言说的功能本质是书写；生命生成和意义生成之可能达向符号定格而使之成为永恒的展布，仍然是因为存在向生存的书写。

书写是存在者的书写：存在者要使自己成为存在者而必须书写。存在者是其自我书写的结果与状态。存在者一旦产生，必然为自己的缘故而不断书写，存在者不断展开书写的行为即对存在的书写：存在者向自我书写必须进入存在领域而使世界存在。

存在相对存在者言永远是结果，是静态；书写却始终是行为，是动态。存在者即静态状态和动态行为与过程的整体敞开，因而它为标识自身而必须使自身存在；并且为展开自身它必须不断地对自我予以存在书写，所以书写又是存在者催动存在向生存书写：存在向生存书写而产生生命事实，世界里的一切生命事实都是书写的结果与过程。生命一旦被书写，就必然走向存在，从终极意义讲，存在者向存在的书写即是生命的涌现，存在者不断向存在书写的过程即生命的永恒涌现过程。书写即生命的涌现形式，生命并不局限于生物圈，自然宇宙本身即为生命的书写形式。自然的书写和人的书写真实地构建起宇宙生命书写的整体图景。生命的自我书写并不构成其生存的整体状貌，因为在生命的自我书写的同时，无时无刻不在被对象书写：生命的书写性和被书写性构成生存的全部内涵。反之，生命的自我涌现过程亦是生命达向存在的必然道路，在这条道路上，存在获得了存在，存在者获得了自为存在的本质规定。所以，生命的自我涌现既是生命对自我书写的过程，亦是生命向存在（和存在者）书写的过程；进而言之，存在者之所以成为存在者，是其自我书写的结果。没有对自我的书写，存在者难以产生；存在者之不断成为存在者，亦是存在向生存的敞开，特殊地讲，亦是生命向存在的书写，没有生命向存在的书写，存在者难以获得继续存在的可能与现实。由此，世界和生命、存在者与万物，其书写永远都是双向的，既要书写自我与对象，又同时要接受世界与他物的书写。书写之于存在和生存，既是书写性的，也是被书写性的，任何存在者的存在形态，任何存在物的生存过程，既是书写的又是被书写的；任何生命形式——比如一棵树、一朵花、一只蚂蚁以及人这特殊的生命形式——其诞生、存在、生存（从生长到消亡），都是整个世界（天、地、物）对其书写的结果，也是其自我书写的体现，是整个世界和其自身敞开双向书写的实现方式。

书写与被书写之于存在和生存，前者是主动，是求的行为体现，即我要使我成为那个样子的努力行为。比如一棵树的全部生命存在目的和生存展开道路，就是使自己成为一棵本真的树；但这棵树最终能够并且事实上成为一棵什么样的树（比如大树、歪脖子树或病树等），必须承受它所存在与生存的诸多条件的制约（书写），这虽然不是这棵树所意愿的，却是这棵树所不能避免的。所以，被书写性是被动的和消极顺应的结果。

书写使存在的世界产生意义：由于自为性的主动书写，存在者焕发出自为存在的生意、生气、活力；由于被存在所书写，存在者获得顺从、适应、耐受、韧性。对于世界之生命来讲，由于其自为性书写，焕发出自由求生与创生的生命意向与意愿；由于其不可逃避地承受存在之书写，被动地生成限制性的谋生之本能与技能：上帝创造了世界，这是他自为书写的杰作；但上帝之为全能的上帝，还在于缺乏全能的生命与人的存在对他的顶礼膜拜才使之成为现实；老虎是兽中之王，但老虎也只能在森林中谋求自在生存，一旦落入平阳，最终也要“被犬欺”。

书写创造了存在者的意义和存在的意义，书写使世界获得存在的意义和生存的自由性与限度性：如果没有获得应有的符号形式显现，其将始终处于绝对空间化的变化过程之中而不能进入历史。以此观之，书写创造的意义，最终必须通过符号的表达而进入历史之域时，其主动书写和被动书写的存在意义和生存敞开域度才获得**形式**的定位。由此，存在者的世界要成为实质性的存在的世界，存在的世界要敞开为可以使生存获得意识的连缀的世界，生命的诞生与敞开要获得意义的显现，必须有一种伟大的存在者降临，即需要一种能够创造符号来显现其书写与被书写的存在意义和生存限度的存在者的诞生。这个存在者即是人。人是原发存在向继发存在书写（敞开）的特殊生命事实，是原发存在者向存在世界书写的奇迹；人是继发存在的世界中的继发存在者，他为其存在而必须书写并必须接受存在之书写。由于后者，人作为一种特殊的生命事实必须承受来自存在和生存的双重书写而成为世界的存在者；由于前者，人必须向存在和生存之双重世界敞开自为的书写而方才成为区别于他物之特殊生命存在形式。由于其被书写，人获得了生命存在的生气与生意；由于其主动地书写，人创造了属于人的诗意与浪漫。因而，人是诗意化的书写者和生意化的被书写者。在这书写和被书写的互动进程中，符号的创造则是人被书写和书写相合乐的形式显现：符号的创造既敞开人之**生**

**命存在**的生意化，又敞开人之**生命生存**的诗意化。符号之于人的特殊功能，就是这表达其书写的诗意化和被书写的生意化并使之进入历史而达向永恒的形态学呈现。人因其被书写和书写而创造了符号，符号因其表达书写与被书写而创造了人的历史与永恒存在。

### 2. 主动与被动

按照传统的符号哲学理念，人是符号的动物。从符号对人和世界的形式显现与物化定格看，确实是如此；但从符号的**生成**角度看，符号世界的诞生是因人的书写的主动与被动，形成书写与被书写。从其本质言，人是书写与被书写的生命形式。书写与被书写，才构成人的存在本质和生存本质。

从发生学角度看，书写起源于原发存在者：原发存在者因其自身向存在敞开就是书写。人是其原发存在向继发存在书写的存在者，人因此而向自我和向对象书写，构成其世界存在书写的延展方式：世界之存在书写既塑造了人的存在论和生存化书写，又对人展开了书写。所以，人的书写的本质是存在书写，即人的书写本质是本质的书写。存在书写与人的书写的根本区别在于：首先，世界存在向生存书写的直接现实是一切生命事实，与此不同，人的存在向生存书写的直接现实只能是人的生命事实。其次，存在向生存书写敞开为世界（或者说一切生命）的过程性，这种过程性集中表述为空间的变幻与流转，它永不可进入历史，它一旦要获得历史内涵，就必须以人的书写为标志，即只有当人的书写入场，存在书写才获得时间性而进入历史领域，因为历史永远属于人为而非自然。人的存在向生存书写敞开为人的过程性，其集中表现为空间的变幻与流转向时间的渗进与漫延，即人的存在向生存书写必须创造出人的存在历史和世界的存在历史，因为人的存在向生存书写创造出了符号世界，符号把变幻的空间连缀成了方向性的时间。最后，世界存在向生存书写是一种无目的的目的性书写，它所创造的意义是生命的生气与生意，即使世界充满生气与生意；与此不同，人的存在向生存书写是一种目的的合目的性书写，他所创造的意义是使人的生命诗意化，使人的生存诗意化和使人的生活符号化。人作为其生命存在者向世界和自我谋求生存的全部意义和价值，就是把存在世界对他的生意化、生气化书写变成诗意地书写，并诗意地书写自我和世界。不仅如此，他还将其诗意化的空间书写变成诗意化的时间书写，使其书写成为历史，成为永恒——这就是符号化：人通过对符号的创造来表达其自为地书写（书写自我存在之敞开）和为他的书写（书写存在世界、对象），来记载存在世界对他的书写。符号负载了人的书写和被书写的现实与历史，记录了人与世界相互书写所生成的诗意的生命、诗意的生存和诗意的生活。

人永远是一种自然景观，但同时又是一种人文景观。在存在的书写世界里，人与所有生命事实都是存在世界向自身书写的自然景观；在人的书写世界里，人却成为自然景观的书写者（塑造者）。人首先是自我之自然景观的塑造性书写者，然后是对整个存在世界之自然景观的塑造性书写者。人对世界和自我之塑造性书写的具体表征，就是将其自然景观（即生命事实与状态）诗意化，然后将其诗意化的自然景观符号化。前者是将生气化、生意化的存在世界（自然景观——生命事实）赋予空灵的心灵化玄想和生命化的情思与感动：只有当心灵充溢对存在世界的感动和将生命赋予人的情思时，人的生存书写和被书写才洋溢着诗意，人才获得诗意的生活内容。后者是将诗意化的生存书写和生活内容予以再书写而使其达向形式显现，从而使诗意化的生存书写获得形式化的秩序美感和节奏化的旋律感、韵味感、吟咏感。只有当充溢心灵感动和生命情思的诗意通过形式化的符号书写，人才成为诗意化的书写者和诗意化的表达者（即符号化的形式显现者）。

符号既是人因其存在而向自我生存书写和向世界书写的历史形态，又是存在世界向其生存敞开的时间化书写形式。由于其书写和被书写，人的存在获得了历史的进程性；也由于其书写和被书写，人给予自己的生存和生活赋予了诗意。

符号同时又是对人和存在世界的书写形态，由于符号对人和存在世界的书写功能，人的生存与生活实现了诗意的定格，并使人自己成为整个存在世界的开拓者和对自我的塑造者，使自己获得了存在的家园，使语言变成了存在的家园。从其表现角度观，符号的功能集中为表达、展现；但就其生存本质讲，符号的功能首先表现为塑造：符号既对人进行历史塑造，又对存在世界予以历史塑造。唯有符号，历史才构成可能与现实；也唯有符号，人才开拓出人的历史和世界的历史；更重要的是，由于符号的诞生，人才获得了家园感：唯有符号，人才创建了自己的家园，并不断地创建诗意化的家园。因为符号使语言从存在之言说变成人言，使存在之言说达向人言敞开而获得形式显现，即使空间化的言说变成时间化的言说，使人言进入历史并得到承传性定格。

## 三　书写开辟诗化道路

人是世界性存在者，同时也是诗意的存在者。人作为世界性存在者，是存在世界使然；人以世界性存在者的姿态在存在世界中敞开诗意地存在，既是存在世界使然，更是人本身使然，因为人承存在世界的滋养而生发出人言，即世界的存在之言因为人的缘故而敞开为人言，开辟出创造语言和符号照亮的存在道路。

### 1. 语言与符号互为诠释

从一般论，书写是世界存在向生存敞开（而使世界成为生命的世界）。特殊地讲，书写是人的存在达向生存敞开（而使人成为人的世界）。语言贯彻这两个存在世界，但符号却只相对人的世界才产生并获得功能与意义。符号既是人的生存书写的产物，又是人的生存书写者。从符号的这一双重功能看，书写即生存：首先，一切生存都是生存物对自身的书写。生存书写的历史就是生存者对自身书写的历史。其次，一切生存物的生存都是被（存在世界所）书写的，这种被书写的生存敞开既无法超然存在世界之存在空间，更不能挣脱“产生→生长→消亡”的时间链。由于这两个方面的规定性，书写是“实现和被实现、敞开与被敞开、塑造与被塑造、消解和被消解的历史过程。所不同的是，自然的书写性和被书写性，主要体现在它书写自己的同时书写了对象，并在书写对象的过程中被对象所书写。但自然的书写并不能把对自己和对象的书写与对象向自己的书写对象化”①。这一对象化过程即人把对自己和对象的书写和对象对自己的书写予以对象化再书写过程，这种对象化再书写过程既是人创造符号世界的过程，也是符号塑造人的世界的过程。

如前所述，人的世界和存在世界之关系既是整体与局部的关系，又是本

① 唐代兴：《当代语义美学论纲：人类行为意义研究》，四川人民出版社 2001 年版，第 69 页。

体与现象的关系。在这一双重关系中，人既是一种生命存在事实，更是一种语言存在事实：相对存在世界和人的世界来讲，语言是实体（存在）的现象(形式)，符号是语言的现象（形式）。反过来看，实体是语言的内容（本体)，语言是符号的内容（本体)：在“存在→语言→符号”这三维世界里，语言（存在者）向人的书写而使人成为人，即使人成为生气灌注和生意盎然的生存者；语言（人的存在）向（生存敞开）符号的书写，使人成为诗意化的人，即使自己成为创造者和表达者。如果从**语言向符号**书写方向展开角度看，语言向符号的书写既是人的存在向生存的敞开（书写）过程，又是人的生存向存在（人的存在和世界存在）的照亮（书写）过程。在这一双向过程中，必须将生气和生意的自然生命**化为**诗意化的人的生存过程和生活内容，并在此基础上将诗意化的生存过程与生活内容**化为**秩序化、节奏化、旋律化、韵味化和吟咏化的符号形式，这前后相续的两个过程，即是把本体存在化为现象化生存，即化为具体的生活内容，再化为生活符号形式的过程，因而语言向符号的生成过程即是形式化的过程。从**语言**（存在者）**向人**（即生命）书写方向来看，语言向生命的书写既是存在世界达向生存之敞开（书写）过程，亦是人向存在世界之照亮（书写）过程，在这个过程中，首先涉及如何把整体的和空无的存在化为实在的生命事实，然后是怎样使生命事实变成生气灌注和生意盎然的生存世界，即如何使人这种生命形态获得对存在世界的心灵化感动和生命化情思，其解决的唯一途径同样是形式化。从存在本体看，存在者是形式化的存在者。存在世界是存在者形式化的结果与状态；生存化的生命事实是存在世界形式化的一般结果与状态；人的存在是存在世界形式化的特殊结果与状态。从人的生存本质看，人对存在世界的心灵感动与生命情思是人的存在形式化的结果与状态；人将其对世界的感动与生命情思予以符号化（秩序化、节奏化、旋律化、韵味化和吟咏化）表达，是其生存形式化的结果与状态。因而，人不仅是符号的动物，人首先是形式化的书写者。人之成为形式化的书写者和符号的动物，是因为存在的世界是一个形式化的书写世界。

综上，所谓“书写即生存”，意为书写乃存在向生存、本体向现象、内容向形式、语言向符号的形式化：书写是形式化的书写，没有形式化行为，就没有书写；形式化是书写的形式化，没有书写的要求性，就没有形式化的产生。反之，形式化既是书写性的，又是被书写性的。书写性和被书写性构成形式化的双重规范：只有书写而没有被书写，形式化行为无从真正产生；只有被书写而没有书写，同样不能产生真正意义的形式化行为来。书写是形式化的目标展开与动力体现，形式化是书写的行为展开与过程状态；符号则是书写所追求的形式目标，形式化是对符号生成的行为途径；将生气灌注和生意盎然的存在化为诗意化生存过程，则是形式化书写的本质内容。

### 2. 价值生成与美学照亮

从存在向生存、从本体向现象、从内容向形式、从语言向符号的形式化书写，既是其意义创造过程，也是其价值生成过程。在形式化书写过程中，意义的创造经历了前后相续的两个环节，即存在向生存敞开和生存向人敞开，前一个环节使存在者的存在世界变成生命事实的世界，其生命的诞生就是意义，因为生命的诞生使这个空无的存在世界变成具体的生命世界，使抽象无形的存在者（语言）通过自为书写的言说而赋予生命世界以感性、灵动的生气与生意，使静止的语言言说变成具体的、流动的生命言说。后一个环节使生命事实的世界开辟出人的世界，其人的诞生就是意义，因为人的诞生使存在世界和生命化的生存世界变成诗意的世界，人成为诗意的创造者。由于诗意的创造，人必以语言为其存在的家园（终极归宿），并使自己成为其家园的守护者，由此，存在者的言说必然向人言敞开，人言必然在其存在者言说开辟出来的空间地带展开而创建出自己的生存（形式）家园，即符号世界。

意义是价值的本质内容或者说是价值的性质规定，价值是意义的方向规定与形式显现：意义创造价值，价值展开意义。在形式化书写过程中，价值的生成展开为内容向形式的显现和形式对内容的引导，前者敞开为诗意化的生命存在和生存内容向符号凝聚；后者敞开为符号世界向人之存在和生存的自为性播散。

由于形式化书写既是意义创造的，又是价值生成的，所以形式化书写面临两个问题：一是意义何以能生成价值？二是其所创造的意义如何生成出价值？就前者言，意义是人的创造物：人的诞生，使存在和生存才变成意义。

进而言之，由于人的原因，存在向生存领域敞开而使**生命**突出，生命的突出是对世界的充满、充盈、充溢；也由于人的原因，存在向生存的敞开而使**人**突出，人的突出使世界得以照亮：意义的创造是世界充溢自我和人照亮自我的唯一道路与方式。人只有照亮了自己才使自己成为人，人一旦成为人并要使自己不断地成为人，就必须将充溢的意义变成生存的尺度和行为的指南，由此，意义生成价值变成可能。

意义的生成是存在向生存敞开和生存向存在照亮本身使然，因而意义的创造是充满、充盈、充溢；价值的生成是生存向存在的追本溯源和生存向未有之域开进自我的信念指南和行为导向，意义向价值生成必然面临方向的选择、边界的规范和形式的定格，由此，从意义创造向价值生成的形式化书写过程，必然需要**生态修辞**：书写与被书写的形式化过程是一个人为的生态修辞的过程。唯有生态修辞，形式化书写与被书写达向符号世界的创建才获得实在方向与边界规范的价值指涉。因而，从存在向生存、从本体向现象、从内容向形式、从语言向符号的形式化书写，通过生态修辞的方式获得价值定位。

形式化书写之所以具有生态修辞的功能，必须具备相应的前提和应有的目标。其前提是任何形式化书写都是行为化、过程化、历史化和超历史化的；其目标是任何形式化书写行为都追求其意义向价值的定格，即追求意义向价值的实现与完成。意义向价值的实现与完成始终是实利性的，但意义向价值的生成却始终具有超实利倾向，比如生产一种产品，不仅仅是为了实用，还要讲求美观或者口味，更要讲求对人的无害甚至终极的人性归依感。因而，意义向价值生成必须接受实利和非实利两个方面的要求性，仅就后者讲，意义向价值生成必然要接受美学的（美）、道德的（善）和宗教的（终极关怀）的指涉。这样一来，意义向价值生成的实现与完成，必然要进行生态修辞：生态修辞的功能就是使形式化书写遵从如上诸方面要求性而使意义向价值生成获得完美的实现。

生态修辞的本质对象是意义，其目标是使意义生成价值。将意义变成价值，其必然涉及对意义的解构。因而，生态修辞就是解构，解构即消解、消融和生成。

消解即是消除非功用的、非价值性的意义因素，使之纯化而生成价值。消融是使主观与客观、主体与客体、物质与精神、存在与意识等之对立状态隐蔽而获得主观上的消失，并使其获得主客不分、心物一体的整体状态。生成即按照以合我意的合目的要求创造出新的东西，这个新的东西必定要体现新的方向、新的形态、新的形象、新的形式显现，并内蕴新的尺度、新的原则、新的规范。因而，解构即是消解旧有而重建新物的过程，这一过程是从内容到形式、从意义到价值、从形式到符号的生成过程。这一生成过程由连续不断的四个环节相互推进而成，这就是目的性选择→幻象性隐蔽→陌生化变形→符号化形式显现。

目的性选择是指为我所用的对已有（东西）的排除、保留与突现，即把不为我所用或不需我所用的东西（或成分内容）消解掉，使之按照自我需要而将其已有的东西纯化。保留是指对排除之后剩下的东西（成分或内容）的继续保持，使之继续存在；突现是指使保留下来的东西（成分或内容）获得超常的显现，突出其继续存在下去的全部理由与价值。

幻象性隐蔽首先是主观消融其主与客、心与物的分离状态，然后将其保留和突现出来的东西进行主客一体、心物一体的整合，使其获得整体状态。

陌生化变形是指按照自我之目的性要求，将其整合后的东西予以对象性生成，即重新使主客一体、心物一体的整合性内容赋予一种陌生化变形，使之成为新物，并且这种变形之后的新物必须展现思维、认知层面的主—客界限和心—物分别。变形的基本方式是浓缩与放大，即将所要变形的东西浓缩，或将所要变形的东西放大。一般来讲，在生态修辞中，对某物（实体性或非实体性的东西）的变形往往既要浓缩也要放大，即只有浓缩某些内容才能放大某些内容；反之，为了放大某些内容就必须浓缩某些内容，并且放大行为本身就是对某些东西或某种东西的浓缩。浓缩即是扭曲、折叠、挤压；放大即是扩充、夸张、膨胀。因而，陌生化变形即是对某物的扭曲、折叠、挤压、扩充、夸张与膨胀。

生态修辞的最后完成式是符号化形式显现。它是指寻找或创造某种得体的符号形式将所变形之物固定来下来，使其获得相对稳定的形态形式（实物形态或非实物形态的形式），因为任何事物都是流动、变化和立体、开放的，其存在都在承受时间的分割，符号化形式显现就是使处于时间分割状态的事物获得相对静止的空间定格，使其获得秩序感，产生对时间的留驻性。因此，将立体流动、开放变化的变形之物抽象化、平面化和符号硬化，构成符号化形式显现的基本步骤：抽象化就是剔除其感性、具体、细节的内容，使之获得抽象的整体形态，从而消解其开放性质而成为自足性质的物；平面化即是消解其立体、流动、变化的时间性质内容，使其获得静止、稳定、定型的空间性质；符号硬化是将其嵌入具体的符号体系之中，或者说寻找或创造得体的符号系统来承载其抽象化和平面化了的变形的内容，使之获得物质的性质态。所变形之物一旦获得物质的性质规定，其形式显现必然产生，生态修辞完成，形式化书写获得实现。

在生态修辞过程中，其“目的性选择→幻象性隐蔽→陌生化变形→符号化形式显现”的每一个环节，都离不开“体验与抽象→想象与预设→整合与重塑”。

体验是对整体的生命化领悟与把握，因为体验的对象不仅是对象（比如生命、世界、语言等），更包括人（心灵、情感、意志、意义、价值、理想与浪漫等）本身，体验将分有的、主—客分离的、心—物对立的存在世界和生存状态予以拟想的一体化，因而体验必须借助于想象和回忆。体验就其本质言是一种想象和回忆，即既是一种想象的展开，也是一种回忆的翱翔。体验之必然方向是抽象，抽象是对体验的升华，因为抽象即是对体验构筑起来的整体世界的重新分有和分解，也是对体验构筑起来的整体世界之种种现象、细节的剥落，使之突现。

生态修辞的过程始终是认知的过程，从体验到抽象仅仅是使世界（特殊地讲是人）从过去向现在的实现。但形式化书写始终是三维的，即现在永远无法摆脱过去——过去构成现在的底色并必然指向未有和未来；过去向现在的实现必然要走向对未有和未来的拟想性达成，由此，对未有和未来的想象和预设必然贯穿生态修辞的每个环节。对未有和未来的想象与预设，必以对过去的想象和回忆为前提。因而，在生态修辞中，想象不是虚构，而是实在、是现实，想象是对“过去→现在→未来”（存在）的整体把握。同时，预设也不是拟想，而是创造新的实在、新的现实、新的存在与生态。

从更高认知水准观，想象和预设是更新的体验与抽象。想象是对抽象（之世界）的体验，因而想象是对抽象（即分有）的重新感性化（主客一体化、心物一体化）；预设是对再体验（想象之世界）的更新抽象，因而预设是对更高水平的对象予以再分有而使其主—客分明、心—物对应。因而，整合不仅是体验与抽象的整合，亦是对想象和预设的整合。整合之于预设，是在更高层次上对分有的消解；在整合的基础上，重塑却是最后的抽象，即对形式化的对象予以最后的形式显现的书写，因而重塑乃是以符号的方式对主—客和心—物予以秩序化的平面形式定位。

概言之，形式化书写的直接目标是将所形式化的书写对象予以符号化形式显现，生态修辞是将形式化的对象书写成符号化形式显现的实现方式。所以，生态修辞的展开过程，即包含（事实之）真（或假），又敞开善（或恶），也弘扬美（或丑）。以生态修辞为基本方式（或手段）的形式化书写对符号化形式显现的实现，既使特定的价值生成变成现实，又使美学照亮成为可能。

# 第2篇

## 书写的视域与方式

# 第 5 章　存在书写的形式化

存在世界敞开生存，即是书写，所以“生存即书写”。

书写有两种形式，一种是世界的存在书写，这是存在的原发书写；另一种是人的存在书写，相对世界的存在书写言，人的存在书写属于继发书写，因为人的存在书写缘发于世界的存在书写。

人的存在书写也存在原发书写与继发书写的分有，这缘于人是从生物存在向人文存在方向敞开。人的生物存在是世界存在书写的杰作，人的人文存在既有被世界存在所书写的性质，更是人自为存在书写（创造）的杰作。所以，人的人文存在书写缘发于人的生物存在书写。

人从其生物存在书写向人文存在书写的实现方式就是形式化，所以，人是形式化的存在书写者。

## 一　形式化与人的存在

人是从生物存在向人文存在方向演化的存在者，人的这一存在演化方向并不表示人从生物存在走向人文存在的过程能完全实现其人文存在的同时彻底摆脱其生物存在，使其成为完全的或者说纯粹的人文存在的书写者。恰恰相反，人从生物存在向人文存在方向演化和发展，无论将自己达到哪种程度，或无论使自己的人文存在发展达到何种境界，它都不能蜕尽其生物存在，而是与其生物存在同在。这是人类物种不愿意接受的存在事实，但又是不得不承受的存在事实，这一存在事实就是**“人一半是天使，一半是野兽”**。所以，人既是一种**物在**形式，也是一种**人在**形式，人最终是一种人在形式与物在形式的混合存在形式。正是这种混合存在形式的自为性敞开，形成人形式化书写的复杂和丰富。

### 1. 形式化的书写

费尔巴哈（Ludwig Andreas Feuerbach，1804 – 1872）在论哲学与人的关系时说过这样一句名言："真正的哲学不是创作书，而是创作人。"① 在人们看来，哲学所呈现的不过是书，哲学家创造哲学最终是在创作哲学书。但费尔巴哈却认为，哲学家创造哲学的实质努力是创造人，所以哲学创造人。哲学创造什么人呢？黑格尔有一句格言或可为之注，他说：一个有文化的民族，如没有哲学，就像一座庙，其他方面都装饰得富丽堂皇，却没有至圣的神那样。同样，民族是由个人创造，并由个人维持、繁衍和发展，民族之有无哲学，实具体到人的存在中：人如果没有哲学思想和哲学精神，虽有"天使"的外表和形式，却实存"野兽"的本性。歌德（Johann Wolfgang von Goethe，1749 – 1832）曾经将诗与哲学比较，他说："诗是成熟了的自然，哲学是成熟了的理性。"无论民族还是创造、繁衍、发展民族的个人，拥有或未拥有哲学，其实就是有无成熟的理性精神对生活的引导。哲学创造人，实是创造人的理性诉求和理性存在，使人和由人组建的社会尽可能克服"野兽"而趋向于"天使"。所以，费希特才认为"你是什么样的人，你就选择什么样的哲学"。

哲学的本意是创作"人"，但它呈现出来的却是"书"，由此造成"哲学是创作书"的误解。造成这种"误解"的根本原因是哲学创作的形式化。由于形式化，哲学家"选择哲学"的努力往往被忽略在哲学的呈现形式中，哲学家创作哲学的动机和目的也被隐蔽到文本语言的表层语义中了。哲学是这样，其他书写，比如文学、科学以及其他艺术的书写均是如此。所以，对于作为生物存在和人文存在共生的人类存在敞开生存的书写而言，要真正理解其生存书写的底蕴和本义，必须了解书写的形式化，并必须穿越形式化本身而进入"创作人"的存在领域。对于一切形式或各个领域的生存书写来讲，它总是要求书写者无论选择和拥有什么样的存在哲学，都必须具备其形式化的书写能力，因为对任何书写者来讲，其存在书写的哲学精神及其敞开的书

---

① ［德］费尔巴哈：《费尔巴哈哲学著作选集》（上卷），商务印书馆 1984 年版，第 250 页。

写行为和成果，都是书写者本人基于“创作人”的原发动机和最终目的的形式化书写能力的行为呈现。形式化是各个领域的作家敞开存在书写生存的内在需要原则，是作家们从不同方面、不同领域、不同侧面和角度探索“人如何创作人”的“人类天性”。人如何创作人的“人类天性”之具体表征，就是作家们如何以形式化的方式展布人如何从生物存在的人走向人文存在的人，并永不止步地攀登人文存在的人性天梯，正是通过这样的形式化展布，人类从生物存在向人文存在方向敞开生存才“与生俱有”了美，即人类存在敞开生存书写就是创造美，但生存书写创造美却源于形式化。形式化直接架通了书写之于现实存在与作家书写哲学之间的桥梁。形式化，使书写成为可能；形式化，既是作家书写哲学得以生成敞开的最终动力，也是作家生存书写无阻碍敞开的现实途径。

> 床前明月光，疑是地上霜。举头望明月，低头思故乡。
>
> ——李白《静夜思》

床前的明月清辉，是当下的自然存在的本真象态，李白却误以为是铺洒的秋霜，继而以为是故乡之月。李白之把皎洁的月光感受为秋霜，是月色与霜色的同一性使朦胧体验中的诗人产生了相似性认同。但诗人似乎马上察觉到感觉的欺骗性，不是霜，是月光。皎、洁、圆的朗月，当然是独居异乡为异客的当下之月，但诗人却将其幻想化为故乡之月。这种幻想化实际上是诗人“月燃故乡情”所引发的空间化联想触发出来的新体验，新的体验产生新的抽象，生成出更新的整合意象。现实之月从诗人心中飘浮向远方而续连起故乡。在诗人心灵中，月永远是故乡圆。月圆故乡，这才是诗人心灵中的现实和真实。心灵的现实和真实涌动奔流于笔端，自然成为诗人笔下的现实和真实。从“床前明月光”到“疑是地上霜”，再到“举头望明月”继而“低头思故乡”，相继经历了两次形式化。推动诗人敞开前后相续的两次形式化并最终得以成功的审美创造机制和内在的生命动力是什么呢？是久居异地的恋乡苦情（“低头思故乡”）？当然是，但又不尽是，诗人的恋乡苦情躁动于他作为一个人的内在生命渴望，这就是真挚深重的落叶情绪和归宿意识。意识到归宿而无法归宿和无处归宿，生发或者说滋养出诗人难以安定且根本不能安宁的孤独灵魂，激发诗人瀚海般的诗情。宣泄、倾诉、呼唤、理解和沟通：灵魂的孤独和消解孤独灵魂的祈求把实然的存在世界形式化（体验、抽象、整合、技巧化、符号化）为想象（即审美）的存在世界，即诗。

一般认为，书写就是作家按照一定的目的性把实存的世界视角化、事件化和符号化为一种合目的性的物化形式。但这仅是书写的外在形式化，它有赖于作家首先对实存的世界的整体体验，并在其存在体验中将此一实存世界抽象整合成一个高于实存世界的书写世界，这根源于具体的实存世界又高于其具体的实存世界的世界却是一个表象化的存在世界。以哲学书写为例，真正意义的哲学总是存在的形上之问，而一切形式的形上的存在之问，总是将实存的存在世界——或存在世界，或人的世界——之整体存在作为玄思的对象。在这种形上的存在之问的玄思中，最紧迫的问题是世界何由产生和怎样产生的问题。对这个问题进行拷问，不同哲学家各具不同的解答方式并给出不同的解答。比如古希腊早期的自然哲学家从经验出发尝试予以理性的解答，书写出“水”本原论（泰勒斯）、“无定”本原论（阿那克西曼德）、“气”本原论（阿那克西美尼）以及“活火”本原论（赫拉克利特），但春秋时期的老子，却从先验直观世界，以为世界本原于“无”，“无”自行运作而生的内发机制和动力却是“道”。“道”作为特殊的符号形式源于老子对存在世界的形式化体验，存在世界之于老子原本就是一个“无状之状、无物之物”的“恍惚”世界，但老子又认为它并非无状无物，而是物与象皆生于“无”中，其真实的存在状态是“恍兮惚兮，其中有象，恍兮惚兮，其中有物”：存在世界的真象真物均在“惚恍”之中，既看不见、听不见、摸不着，也不能言说、不能认识，更不能用概念去规范它，这就是老子心中的存在世界完全被表象化了。这个被表象化的存在世界可以叫作“夷”“希”“微”，但都不是其生命的本身和存在的全体，“夷”“希”“微”只是老子从不同角度对存在世界予以以合己意的形式化抽象。只有对这种种不同形式化抽象内涵予以更新的形式化整合，才可能呈现存在世界的整体表象，“道”就是这整合的世界表象图，以“道”一语名之，实是对所拷问的存在世界予以形式化的最后环节，即把这个抽象整合的心灵性的表象世界予以再度抽象整合为一个符号形式即

“道”以象征之，这就是老子关于存在世界的本原存在之间的最后环节。然而，“道可道，非常道；名可名，非常名”，存在世界的本真象态既不能认知把握，也不可言说名状。因为凡认知把握到的已不是本真的存在，它已被人形式化为一个有限的表象世界；凡言说出来的东西已经远离了本真世界，它仅是对人心中的表象世界予以新的表象化（形式化）而已。以此观之，作家对存在敞开书写的创作，实是从客观的存在世界到存在世界被表象符号化，一般需要经历两次形式化。第一次形式化生成属于作家心灵性的表象世界（或曰书写世界）；第二次形式化生成属于符号性的表象世界（或曰作品、文章、著作）。第一次形式化是基于作家对存在世界（包括人自身）的忧惧且希求自慰性的安定感和安宁感，如李白那种强烈的归宿而无法归宿的祈求，老子那种无力于自然的忧惧心理和“无为而治”的自慰心态，激发作家把深幽广漠和神秘难测的存在世界抽象整合为一个自我能够把握和可以支配的表象世界。这个将客观的存在世界形式化为心灵性的表象世界虽然隔断了物理时空的迫压，却未能摆脱心灵时空的威胁，因为它仍然是立体的、多维的，难以获得不变的恒定性和一劳永逸的确认性，但它又必须恒定和确认，因为只有做到此和达到此，来自存在世界的忧惧和威胁才可得到主观上的消除（即实质上的自我欺骗）。为此，作家必须把心灵性的表象世界平面化、有秩化，以此才可彻底砍断时间的锁链。于是，第二次形式化产生了，即将“惚恍”的世界符号化为“道”，这就是老子将流变不居的实存世界形式化为他能够把握的有秩的恒定世界。在这一被符号化的“恒定世界”里，所有的来自于各方面的存在忧惧都被抛于脑后，实存的物理世界被人确立起来的同时，也把人自己确立了起来，并在确立自己的过程中发抒自己，这一过程就是作家将自我的生命世界向他者敞开、向世界敞开，并以此敞开的方式期待理解、期待沟通、期待慰藉、期待同类和存在世界本身的形式化认同。由此不难发现，形式化之于人的存在实是起点和终结的同一，是同一个“东西”的两极形式。所以，形式化既是生存书写的生命起点，也是书写生存的追求目标。

### 2. 形式化存在的人

德国著名艺术理论家施马尔佐夫认为：艺术是人与自然的分离，所以艺术是一种“形式创作”。施马尔佐夫的艺术观内蕴一个严肃的哲学前提：人是人与自然的分离存在样态和存在状况。正是这种存在本质上的分离，人才踏上形式化劳作的道路而成为存在劳作者和生存书写者。因为，人作为本原意义的生物存在，不需要劳作；人作为本原意义的生命存在，也不需要形式化书写，一切对他的存在书写都源于存在世界本身，或源于他的造物主本身的劳作。人踏上存在劳作和生存书写的道路，是因为人从生物存在向人文存在方向的生成，并且是人以生物存在为起步开辟其人文存在道路的必然方式。所以，人成为形式化的劳作者和书写者，是人的自为和自受。

叔本华（Arthur Schopenhauer，1788－1860）曾宣称："世界是我的表象：这是一个真理，是对任何一个生活着和认识着的生物都有效的真理。"[①] 叔本华揭明这一存在"真理"的代价是"不可知"：存在世界的本真状态是无法为人把握，展布在人面前的存在只是它的现象，这个现象仅是人对存在世界的体验、抽象并按人的"内在需要原则"予以整合并工艺化的"表象世界"。

叔本华关于"存在即表象"的思想，以及对存在世界的认识最终只能达于表象存在的理解和把握的"真理"引来后世的种种批判，但其思想也与此同时以风暴般的方式影响着后世。拒绝或接受叔本华关于存在世界的"真理"是不太困难的，了解和把握叔本华的存在"真理"则显得困难得多。客观地看，对于叔本华的"世界表象"论，无论是拒绝者还是接受者，其实都把握住了"世界是我的表象"的两大构成因素：一是"为我"；二是"为心"。首先，世界是为我的；其次，这个"为我"的存在世界是以"我心"为前提的。这个"我心"即是人的存在敞开生存（从身体到精神）的普遍"内在需要原则"，具体讲就是求安全的需要原则和求沟通的需要原则。人的这两大"内在需要原则"来源于一种超认知的生命冲动，这就是本原性存在的忧惧冲动和存在敞开生存的认同冲动。正是这生命冲动既迫压人也激发人去体验去抽象去重新整合和工艺化他所面对的那个存在世界，从而营造出并不断营造着一个属于人的能够给人以安全感和情感沟通的（至少人自己是这样认为的）"为己的存在世界"（即叔本华的"表象世界"）。从"为心"的需求到"为我"的表象世界的达成这一存在敞开生存的历史过程，就是人对存在世界

① ［德］叔本华：《作为意志和表象的世界》，石冲白译，商务印书馆1982年版，第26页。

的“形式化”过程。因此，在叔本华的存在“真理”背后所伫立的人实质上其形式化的劳作者。人通过劳作而书写了存在世界，并因其本原性的存在忧惧冲动和存在敞开生存的认同冲动的持存性鼓动而不断地书写着存在世界。

基于对本原性的存在忧惧冲动和存在敞开生存的认同冲动的消解而书写，既是对人类自身的亵渎，也是人类以此将存在世界形式化的方式推进人自己的进化、发展、升华，使生物存在的人类自我激励地不断攀登上更高的人文存在阶梯。

无论从历史还是从现实观，人“一半是天使，另一半是野兽”之自相矛盾的存在状况，源于人类物种在本原上是生物，并且人类从生物存在向人文存在方向进化始终无法摆脱其“人在”与“物在”相混合的存在样态和存在状况，或者说人类无论怎样朝着人文存在方向自我进化和发展，最终不能把自己的人文存在与其生物存在相切割开来，作为“人在形式”与“物在形式”相混合存在的样态和状况，构成人类与地球生物、人类与自然宇宙共生存在的命运，这种存在样态、状况和命运均由人类的物种本性所决定。人类的物种本性可更具体也更为实在地敞开为“灵长目动物→食肉动物→吃熟食的人”的三位一体化。在这三位一体化的存在样态和存在状况敞开的历史进程中，人文化的书写总是掩盖着生物主义的存在，也由此而使人类自己生发出人可以摆脱生物本性、可以自为高贵和人本中心化的想望和幻想。比如，饮用食物对象的根本性改变，实实在在地体现人把自我不断形式化的一种人文性结果，但这种人文性结果并没有终结人需求食物的生物本性。比如人食用食物的方式，从采果类灵长目动物的那种终日吃食不歇的习惯逐渐演进为定时、定餐、定量的饮食方式，呈现浓厚的仪式化色彩，这种进食行为方式的仪式化实是人作为生物存在向人文存在方向演化所敞开的形式化书写，这种形式化书写更多地形式化了在进食方面的生物本性方式，突显进食的人文方式和人文内涵，即文化的和伦理的内涵。所以，人的这种仪式性进食方式本质上是人在饮食方面的去生物化的同时扬人文化的形式化，它通过书写而敞开和突显。又比如，人作为生物物种在其几千万年的生存演化中都是以赤身裸体的自然方式走来，一直到进入近代（相对整个物种历史而言）的历史，才开始饰裸，即人类自发地对自己的赤裸的身体予以意识性遮蔽、遮掩、掩盖。基督教经典《圣经》在“旧约全书·创世记”中书写了两件有关于存在世界与人类生物的大事件：一是上帝造人；二是人违约受罚。上帝造人是创世界的最后完成式：人类物种既是万物之一物，也是有别于万物之那一物。因为要区分出这种“有别”上帝才向人订约，但人最终在不经意中违约而受罚而获得原罪。如果剥开宗教的外衣，人对上帝的违约缘发于“蛇”的引诱，也仅仅是一形式化隐喻，还原这一形式化隐喻的真实存在样态，不过是人这一生物在漫长的自然进化中突破了生物物种自身的临界点而萌生出人文存在的最初人质冲动，这就是对象性意识和分离观念的萌生，以及由此对象意识和分离观念萌发出来所形成的本能性恐惧，于是爆发出本能化的行为冲动，慌乱中扯片无花果叶将生殖部位遮掩起来。在《创世记》中，人类祖先亚当和夏娃的这种慌乱地用树叶遮掩身体的本能行为，或许就是人类服装的起源：人类穿衣服，从赤裸的动物到有服饰的人，经历了漫长的形式化书写的历程。人从第一次冲动性地胡乱用什么东西把裸露的躯体的生殖部位遮蔽起来到人类第一套服装的产生，再到进入时尚时代而服装样式的不断翻新，本质上体现了人在自我之肉体和物种性别方面的形式化和不断形式化的演绎。诚然，今天的人类服装潮流已具有了更多的纯审美意味，但这种审美的核心依然是以人体美和以人对性的更新认识为前提。女性服装从古典的宽袍舒袖到敞口紧身衣服到流行色的超短裙和健美装束，这一演变历程本身可以很好地说明这一点。因为作为生物的人那第一次遮蔽赤裸肉身的生命冲动，并不目的于避寒，而是萌发出人质意识的生物人——亚当和夏娃分别发现对方赤裸的身体所暴露出来的一种对自然存在的惊惧心和对身体的羞耻感，前者成为生物的人类踏上人文存在者道路的永恒敬畏情感的源泉；后者形成生物的人类踏上人文存在者道路的不衰伦理情感的心灵土壤。这两个方面的情感都因为形式化书写而进入人的生命之中构成人的存在底色和存在敞开生存的底线。所以，从根本讲，《创世记》以想象和隐喻的方式形式化书写了人类物种自己的人质意识萌发的最初惊惧和耻感的遮蔽性冲动，恰恰是人对人的最初伦理形式化。这种伦理形式化发展到今天，已经高度文化化为人的一种规定性：躯体的遮蔽性已成为人与动物的分界线。

### 3. 形式化的行为特性

形式化作为人的存在敞开生存的内隐性或外显化的行为方式，其自我敞开发挥其书写功能需要“体验→抽象→整合→工艺化”这四个前后相续的环节。

人的存在敞开的书写行为无论是物质性的还是精神性的，都源于特定的存在需要或生存渴望并为之努力解决这一存在需要并满足这一生存渴望。因此，人的行为的生发首先有赖于人对自身存在需要和生存渴望的生命化体验。一个技艺精湛的木工工匠制作了现有所有形式（模式）的桌子之后，突然萌发要制造新式桌子的冲动，促发他产生这一冲动的内在动机可能来源于前后相续的两个方面，一是对他一生与之打交道的桌子的所有现有形式的批判性审视，这种批判性审视实源于他每日制作生产桌子的劳作对所生产的对象的无意识体验的层累性汇聚；二是对新式的桌子的渴望性想象，这种渴望性想象恰恰是伴随其批判性审视而来的无意识体验。这一体验是整体的，也是模糊的，它尚停留在无意识激情冲动状态，当这种无意识冲动情绪层累性积聚到一定程度时，就会朝抽象方向展开。这就形成关于各种现有形式的“桌子”（形式）的优劣比较，以及种种新式“桌子”形式（意象）的想象性设计。聪明的工匠发现（体验）旧式“桌子”之间的种种同一性和差异性，这种种同一性恰好体现其实用性和审美性在“形式化”中须正当延续，这种种差异性留给了工匠以进一步体验和抽象。最后，工匠发现，他萌发创造新式“桌子”的冲动事实上无法与已有的“桌子”截然分开，只能立足已有做扬弃性革新。于是，整合行为在工匠的创新性的“艺术想象”中展开了，通过整合，新式的“桌子”诞生了。这个诞生的新式“桌子”尚属于工匠意念中的感性抽象形式，还有待于理性抽象。工匠对新式“桌子”的理性抽象，就是其“形式化”的最后一个环节，即工艺化。工艺化行为使工匠的新“桌子”变成了物质性的形式显现，即桌子这一物质实体获得诞生。

木工工匠从想象到物质实体创作新式“桌子”的这一生产过程，表明形式化行为具有极其严肃的意向性和深刻的认知性。这是因为任何形式化行为都源于主体性的人的为己的目的性和合目的性的渴望，这种目的的合目的性渴望本身推动人们去实现某种存在需要或生存满足。因此，“需要—满足”构成人的生活渴望与诉求生活渴望的形式化行为的基本生命意向，由此可发现任何形式化行为实是不折不扣地烙印上人的方向性存在想望和由此生成的内在化生命意志。这一内在化生命意志在具体的存在敞开语境中的方向性释放就是其生命意向，它既成为形式化书写行为的直接动机，也构成其形式化行为的基本特性。这种意向性特性体现形式化的认知性：在形式化运动中，不论是体验和抽象（感性或理性的），还是整合和工艺化，这些具体的行为环节无不体现主体对存在世界或事物的认识、理解、判断、评价。或者说形式化行为自始至终体现了主体的某种独特存在态度和生存智慧形式。比如，人之乐意于用一种叫作“衣服”的东西来作为身体的遮蔽物，本质上体现人对存在敞开生存的伦理诉求的形式化确认，并且，对于人的肉身来讲，不同遮蔽物的形式化恰恰体现人对自我之伦理诉求的形式化确认，不同遮蔽物的形式化恰恰体现不同种族、地域、时代、社会和不同人对其伦理诉求的形式化确认。比如宽衫舒袖和长袍马褂，形式化了国人上下一统（即肉身之丑）不丝微外露的那种泱泱而乐的古文明风度；中山服则形式化了国人时髦追求自由的外在形式而又津津欢乐其根本的人性痼疾的那种萎缩性人格意识和种族心态。

认知性和意向性构成形式化的基本特性，但形式化的根本特性却是对文化的超然性，即形式化行为并不产生于文化，既不以文化为动力，也不以文化为目标，所以形式化行为并不由文化来决定，因为它源于人的存在敞开生存，更具体地讲，它源于人存在敞开生存的生命意志的方向性释放为存在论需要和生存论渴望，这种为己取向的存在论需要和生存论渴望更多地属于人的物种性品质和原发存在之生命冲动。但这仅是从发生学看，若从未来角度看，人存在敞开生存的生命意趣和行为努力都是以不同形式指向未来和未有。生命的未来意识和行为的未有性渴求是人的深层次的物种性生命品质，这一生命品质决定了人的存在敞开落实为每日生活努力不仅满足于已有存在条件和文化，更重要的是对新世界的探索，对新文化的创造。探索是对未知的征服和占有，创造是对已有的扬弃和超越，这种对未知世界的探索给人带来心理上的安全感，这种不沉沦于已有的创造满足了人的认同渴望，然而，对人来讲，其探索（征服）和创造（超越）则更为广泛地熔铸在人的形式化生存行为和生活劳作中，化为日常内容、日常情感、日常思维。所以，人的物种性存在敞开生存的形式化行为始终是一种超文化行为，人的每一次物种性“形式化”行为的发生和成功敞开，都是一次具体的超文化行为的现实开展，“形式化”的超文化性品质构成形式化之意向性和认知性特性得以个性化呈现的主体前提。

**4. 忧惧冲动和认同冲动**

马斯洛（Abraham H. Maslow，1908 – 1970）认为人是需要的动物，人的全部生存行为和生活实践都要接受“内在需要原则”的支配。最能体现人的基本天性的“形式化”的内在需要原则是什么呢？是人对存在安全的需要和对心灵沟通的渴望。无论是古代人还是当代人，无论是显贵之士还是潦倒之徒，存在安全的需要和心灵沟通的渴望是最内在、最隐秘、最持久并且也成为最痛苦、最顽强的心理欲望和生命渴望，生成和不断生成人的这一强烈的心理欲望和生命渴望的是什么呢？康德曾以他的方式解答了困扰终身的秘密：

> 有两种东西，我们愈时常、愈反复加以思索，它们就给人心灌注了时时在翻新、有加无已的赞叹和敬畏：头上的星空和内心的道德法则。①

康德心灵中的秘密早已成公开的秘密，但生成康德这一秘密的秘密又是什么呢？当意识地追问这个问题时，那个既为康德也为后世赞叹和敬畏的仅仅是人们头上的星空和内心的道德法则？如果真是，这头上的星空和内心的道德法则为什么会在人们的思索中不断灌注新的敬畏和赞叹？人们为什么要对这同一个星空和内心的道德法则予以经常的和反复的思索呢？这是基于什么情绪、什么动机、什么力量而激发人们去对这既存的星空和心灵予以经常的和反复的思索呢？是人们的生存无聊？还是人太过的聪明拥有太过旺盛的精力而不得不以此方式消费？

**忧惧冲动**　《列子·天瑞》篇中记载一个杞国人因终日忧患“天地崩坠”而废寝忘食的故事，或许给人以这方面的启发。杞人的忧天实属庸人自扰之举，然而这庸庸无为的杞人的忧天行为的深层动机恰恰来源于他对存在

---

① ［德］康德：《实践理性批判》，韩水法译，商务印书馆 1999 年版，第 164 页。

世界的恐惧和对自我存在是否安全的忧患。杞人的忧天行为揭开困扰和躁动康德终身探索的那个秘密的秘密：人这一物种之经常地、反复地去思索那恒存的星空和心灵的道德法则，在于深深地觉察到自己存在于其中的存在世界亦是处于崩坠状态的存在，这种并不稳定的存在世界不能给予人一劳永逸的存在安全感。这种不安全意识首先在于人赖以存在其中的自然世界神幻莫测给人们带来无穷的忧患和恐惧。恐惧自然世界，是在于人们无法从根本上了解自然世界，无法真正把握自然世界。更是因为人是有限的生命存在，但人存在于其中的自然世界相对来讲却呈现无限性。个体生命有新陈代谢生老病死，使个体生老病死于其中的自然世界有生老病死吗？人的来源的最终解释是自然宇宙，自然宇宙又靠什么来解释？自然宇宙来源于什么？谁创造了自然宇宙？自然宇宙又是怎样创造的？这种创造是永恒的吗？自然宇宙如果是创造的，它是否是生命的？如果是生命的，那么生命为什么既可能是永恒又无法永恒？“永恒”属于历史，历史由什么构成？时间还是空间？生命的运动还是人的无限欲求与渴望？人为什么要赋予自然以永恒？为什么在赋予自然以永恒中自己难以永恒、无法永恒和根本不可能永恒？这就涉及人是什么？人可能是什么？人将能是什么？自然是什么？自然可能是什么？自然将会是什么？……当如此层出不穷的存在之问向人汹涌袭来，无限的忧患与恐惧与生俱在，既不能为文化所涵盖，也不能用文化来解释，更不能以文化来消除和解决：忧患和恐惧主宰人，也塑造人；既沉沦人，也拯救人。

> 上帝首先在世界中造成了恐惧。
>
> ——罗马挽歌诗人蒂布尔

这种存在论的精神恐惧来源于伊甸园的生命躁动，来源于智慧之果的人性化，来源于亚当和夏娃偷吃禁果的原罪被罚落风尘。自然世界不是极乐的伊甸园，而是一个无限深幽无穷广漠的恐惧空间。自然世界制造的恐惧，并不仅仅源于自然空间的深幽广漠和神幻莫测，更在于它以无声的运动方式制造出时间的同时容纳了时间并流放着时间。孔子之曰“逝者如斯夫，不舍昼夜”（《论语·子罕》）是怎样地流露其对生命、对事物、对自然、对时空飞流变换难定的无能为力而又强为之的复杂而痛苦的生命意识？“虽不能至而心向往之”，这就是人的存在向往，也构成人面对根本不可企及的存在世界所滋生出来的无限忧患、恐惧和迷惘，正是这种存在论的无限忧患、恐惧和迷惘的汇聚才构成一种书写的原动力量，推动人的存在敞开生的永恒探求行动和绵绵书写历史。《圣经》中“巴别塔”神话记载人类曾齐心协力建造通天塔，最终因为变乱的语言而使造塔伟业付诸东流，建造通天塔的失败构成人的永恒失落，这种不能上天只能入地的永存性失落之于人，既是痛苦的，更是绝望的。如果说人的流落风尘所带来的失落感还残留重回伊甸园的侥幸，那么建造通天塔的付诸东流所馈以人的失落却是永恒。失落的永恒意识构筑起恐惧和忧患的坚实地基，在这地基上垒筑起人的内在精神的必然命运：因为“没有一种思想能够消除他们有关人类受制约的意识，没有一种思想能够消除他们在宇宙中茫然不知所措的失落感，……也没有任何一种思想能够消除他们对世界的天生的恐惧感，因为，这种恐惧就像在原始人那里所表现出的情形一样，不是先于认识，而是超认识的。鉴于人面对宇宙的这种恐惧关系，就出现了一个巨大的终极的文化准则，即满足人类祈求解救的需要。这种需要的形成方式无疑是确定各民族与种族之间精神天赋之质的差异的可靠标准。在宗教幻想的超验色彩中，最明显地表现出了一种植根于最深刻的世界直觉的强烈解救需求。与此相应，随着解救的渐渐出现，从僵硬的超验化到内在的领悟上帝的道路也就同时展开了，这两者之间的因果关系是显而易见的，因为，上述论述已提供了足够的提示。而与此相反，我们却很少有人相信，在这样一种趋向超验化的心理状态与这种心理状态的艺术表现方式之间存在着某种关联。其次，精神面对生疏的世界和不可认知事物的恐惧，不只是创造了最初的上帝，而且也创造了最初的艺术”①。

从根本讲，对存在世界的恐惧和忧患根源于伊甸园，根源于人驱赶出伊甸园而不可再回归的那种对神性存在的永恒失落，填充这一永恒失落的替代方式就是对存在敞开生存的形式化书写，对存在恐惧和忧患的形式化书写，以及对永恒失落的追忆的形式化书写，构筑起人类面向世界而存在的新地基，

① ［德］威廉·沃林格：《抽象与移情：对艺术风格的心理学研究》，王才勇译，辽宁人民出版社 1987 年版，第 134 页。

新土壤，生成建构人类一切精神的起点，同时也是人类精神得以持存的真正依据和最终归宿，在这一起始和归宿的交叉点上，人开始了文化创造，并努力于更新的文化发展，它企图摆脱宇宙空间的深幽广漠的恐惧感，企图消除时间的运动和流逝，而使宇宙世界得以稳定的同时确立和稳定人对宇宙世界的关系。人不需要与宇宙世界的那种痛苦的依赖关系，人与宇宙世界应持平等、自由、安全而且还能够相互沟通和促进的存在关系，在这种关系中达成人的真正确认和确立。这是人把世界表象化并通过其表象化而将存在世界文化化的最终企望和全部目的。于是，“形式化”书写运动从人的这一忧惧冲动生发之时起就开启了自己的存在天职和道路：人是形式化的企望性动物，人的全部劳作都是为实现这一存在企望，人永恒的书写都是为展开这一存在企望并表达这一存在企望。

人不可能通达于天界，这是在永恒失落中的永存希冀所编织起来的存在命运。这一存在命运给人创造了另一种财富：人可能营造于地界，即把生发恐惧感的存在世界和把永恒失落的人的生命世界形式化**为己的**文化世界：古希腊时期的自然神世界蓝图，中世纪的宗教统摄世界的图景，近代牛顿创造的机械论世界表象，现代世界的无序性自然观等，无不是人在自己的存在敞开需要和生存祈望中把存在世界形式化为人所能安身立命的世界表象图。从大的方面讲，人作为人的独特存在历史，实经历了狩猎性存在样式→农牧性存在样式→机械操作性存在样式→信息化存在样式，这些存在样式可以更为具象地表述为洞穴→窝棚→茅舍→瓦房→楼房（工业城市）→高层建筑（文化都市）……自然的人一步步开辟出“人化自然”的历史，在这一历史进程中，人把人的存在与自然世界做出种种分割，并在这种分割运动中将流动的思维世界予以静态的安排，这种安排凝固了时间，平面了空间，有序化了混沌纷乱，这种无止境的割裂、凝固和平面有序化行为编织了人的为己的存在世界。这个以人的为己为基本取向的存在世界高压进了人的坚实而脆弱的生命意志。在这个为己的存在世界里，人梦游了存在的安全和灵魂的安宁。比如，宙斯的奥林匹斯山，耶稣的天国，佛教的西土，柏拉图的“理念”天地，亚里士多德的“质料因”和“形式因”所构筑起来的物理存在框架，康德的认识论先验图式，黑格尔的客观精神王国，马克思的共产蓝图，存在主义的虚无世界，卡西尔的符号世界以及毕加索的绘画，斯特拉文斯基的原生性音乐，叶芝、艾略特、庞德的诗歌王国，加缪、乔伊斯、劳伦斯、福克纳、戈尔丁、马尔克斯、艾特玛托夫的小说世界……均是人们梦游其存在安全和灵魂安宁的不同书写方式。在这些梦游中，人的为己的存在世界不断得到书写性重构，人按照其“内在需要原则”对存在世界的抽象书写不断展开，并在这种绵延不绝的书写运动中不断地实现人对自我存在的合目的性满足。

从根本讲，人所不断创造出来的这个为我而生的表象世界，是为祈求获得存在安全和生存安宁的自为解救方式，它既是以忧惧冲动为原发动力，也是对忧惧冲动带来的根本存在痛苦的消解方式。

人的忧惧冲动既源于自然宇宙的开天辟地，也因为自然力量以使人进化的方式把人类物种从混沌的宇宙中分离开来，并将它驱赶上分离自然的道路，既形成生物存在和人文存在的区分，又使人的生物存在与人文存在互为牵扯，使人的存在“一半是天使，一半是野兽”。这种“天使与野兽”的混合存在演绎出人的无存在安全和无生存安宁的忧惧冲动，也激发出以人力的形式化书写方式来构筑存在安全和生存安宁的行动努力，以从根本上消解忧惧冲动。所以，形式化书写既成为分离人的忧惧冲动的根本方式，又成为促使人与自然分离的生命动力。

形式化之于人，实际上是一把双刃剑，一方面成为消解无存在安全和生存保障带来的忧惧冲动的根本方式；另一方面又因为消解忧惧冲动的努力而成为把人驱赶上继续分离存在世界的道路的根本方式，从而以更新的方式加深人的存在的忧惧冲动。当今人类面临的存在危机和困境应该是这方面的最好例证，也成为形式化书写为何成为人类存在的双刃剑的最好解释因素。当今由科学、技术、教育、经济、政治、军事等构成的文明，都是人类为从根本上解决存在危机和困境以消除忧惧冲动的成就方式，同时也正是这种消灭忧惧冲动的科学、技术、教育、经济、政治、军事努力，甚至包括陆地、海洋、太空等方面的深度开发以及由此引出来的各种形式的争霸和冲突与战争，又给人类带来更新的忧惧。由此可发现，对于生物存在和人文存在混合、天使和野兽一体的人类来讲，其存在敞开生存的忧惧冲动永不可消解，并且越是努力于消解，就越激发出更为深度和广泛的忧惧冲动。

**认同冲动**　人类之所以具有地球上其他物种没有的独特忧惧冲动，在于他能够意识其赖以存在的自然世界的混沌和无序，在于他以人的方式去感受存在敞开的深幽广漠的空间和流动飞逝的时间，更在于他希望以自己的方式改变自然世界之混沌、无序及其流变不已的时空的生命意志和创化力量。由此形成人类之永恒地沉沦在抗拒这种忧惧冲动的奔流中无法真正获得存在的安全感和灵魂的安宁感，在于他的这种对抗性努力本身就是在不断地与自然分离。自然世界是他忧惧的根源，但自然世界又首先是他存在和生活、繁衍和拓展的根基。人类就这样在事实上苦苦挣扎于这一悖论之中，哪怕是极端地宏大，作为人才具有的智慧、力量、勇气和自信，或以无限可能的方式发挥人之为人探索、创造、进击等优秀品质，仍然无法真正摆脱对自然世界的忧患和恐惧，也无法真正确立自然世界和人自己之间的秩序关系，因为不仅自然世界是难确定的，人本身也是难确定的。人的难确定性和自然世界的难确定性，注定了人谋求存在安全和生存安宁的不可能性，这种不可能性培育人类自身的孤独和寂寞。孤独和寂寞，是人类最深广最沉重最难以解脱和根本不可能解脱的生命情绪，它躁动人类心灵，渴望理解，祈望交流，呼唤沟通。沟通，成为人的最高需要，是人与自然再相契合恢复共生存在的基础。所以，对沟通的倔强渴望和祈求，生成人类的另一“内在需要原则”，即生存认同冲动。

沟通的目的，就是通过生命（或可说人与自然）之间的碰撞和融合以实现情感的迁移或悦纳，达到（存在世界和人类自己）相互确认或确立。沟通的本质，是对存在孤独、寂寞或生存忧患、恐惧的消除。由此两个方面，沟通所能达及的境界就是存在的和谐和生存的自由。从这个角度讲，沟通就是在人与自然、身体与心灵、生灵与上帝之间建构“通天塔”。正因如此，在人的存在敞开世界里，其各具特色的沟通方式被不断地形式化：神话、巫术、哲学、语言、艺术、科学、物质生产与创造、自然开发、宇宙探索、伦理规范、社会制度、家庭结构、食色欲望等，既成为形式化的内容，也构成形式化的方式。人存在敞开生存的任何形式化行为无不体现对认同冲动的谋求，无不凝结人渴求存在理解和生存沟通的情感诉求，同时也从其中透露出祈望消除存在忧惧、生存忧患和生活孤独的人类消息。

## 二　形式化的审美本质

形式化既是存在论问题，也是生存论问题。就前者言，形式化开辟人的生物存在向人文存在的道路；就后者论，在人文存在的道路上，形式化构架起自由存在通向审美生存的桥梁。

### 1. 美与审美的理念

老子（公元前 571 – 公元前 471）之曰“大言不美，大美不言”，是说无须用语言表达并不能用语言表达的才是美（大美）；反之，凡（用语言）表达的则是艺术（小美）。或许正因为如此，歌德才认为“艺术是不可表达之物的表达”。把歌德和老子所论纳入整体观，则呈现出“美”与“审美”（艺术）的区别。沟通二者并使其各为自己的同时，又同为一体的问题由是呈现：使美和审美互为可能的现实力量是什么呢？

**是形式化**。

艺术是一种审美形式。艺术的审美本质是形式化。

研究艺术之形式化审美本质问题，自然要涉及鲍姆嘉通，因为他将“美学”从哲学中剥离出来独立成科，并赋予美学以独特的审美定位，开创出艺术理论追求独立的科学道路：“美学的对象就是感性认识的完善（单就它本身来看），这就是美；与此相反的就是感性认识的不完善，这就是丑。正确，指教导怎样以正确的方式去思维，是作为研究高级认识方式的科学，即作为高级认识的逻辑学的任务；美，指教导怎样以美的方式去思维，是作为研究低级认识方式的科学，即作为低级认识论的美学任务。美学是以美的方式去思维的艺术，是美的艺术理论。”①

鲍姆嘉通（Alexander Gottlieb Baumgarten，1714 – 1762）提出“美学”科学并对“美学”作如是界定，全在于他对他的老师们（伍尔夫、莱布尼茨）的理性主义哲学体系的漏洞的发现并求填补的努力。鲍姆嘉通发现，人类心理活动客观地存在着知、情、意三个方面，与之相对应的研究知道（理性）性认识的是逻辑学，研究意志的是伦理学，却缺乏对情感（即“混乱的”感

① 朱光潜：《西方美学史》（上），人民文学出版社 1963 年版，第 297 页。

性认识）研究的科学。“美学”作为一门新科学而提出，正是为着弥补这一“情感研究”“无科”的“缺乏”。

或许正因为对美学的如此定位，才有两个世纪后克罗齐（Benedetto Croce，1866－1952）对鲍姆嘉通的评价。他说，因为鲍姆嘉通而得到了“美学”这个名称，但“美学作为科学，仍未诞生”：

> 鲍姆嘉通的作品仍是要求解答的美学问题的呼唤：这种呼唤越强，他就越得提出一个体系的名言来。他正式宣称的新科学是完全经院秩序的显现；这个尚未出世的婴儿在他手里受到的是一个时机尚未成熟的洗礼，便得到了“美学”这个名称，而这个名称便流传下来。但是，这个新名称并没有真正的新内容；这个哲学的盔甲还缺少一个强壮的身体来支撑它。卓越的鲍姆嘉通，充满热情和信念的人，在他的经院哲学的拉丁语中是如此的纯朴和灵活，在美学史中是一个可爱和值得回顾的形象，但美学仍是一门**正在形成的**科学，而不是已经形成的科学；美学**还尚待**建立，而并非已经建立起来了。①

许多学者并不赞同克罗齐的这种评价，认为这是对鲍姆嘉通的武断批评，也是对鲍姆嘉通提倡的美学的肤浅理解。但就美学科学发展的历史本身看，克罗齐对鲍姆嘉通及其“美学”的评价至为客观，而且也是克罗齐对自己及其后来全部美学发展运动的深刻预设，这当然是克罗齐本人所没想到的。

以克罗齐为代表的表现主义美学，可以说标识了克罗齐所生活的时代的整个美学界的美学发展的基本轮廓。美学作为一门独立的科学，始终滞留在艺术的圈子中唯艺术是“业”，或者说始终滞留在审美学的小天地不能自拔。克罗齐对鲍姆嘉通而言的那“美学仍是一门正在形成的科学”的论断，不仅适合于克罗齐本人及其时代，也适合今天的美学状况。

客观地看，从哲学中独立出来的美学之如此自身定位及其由此形成的发展状况，既不完全是克罗齐的过失，也不是鲍姆嘉通的错，虽然鲍姆嘉通在

① ［意］贝尼季托·克罗齐：《美学的历史》，王天清译，商务印书馆2018年版，第68页。

为“美学”命名时就把它规定为“低级认知方式的科学”，即“**感性认识的**”审美学，但鲍姆嘉通如此界定“美学”最终还是受制于一种源远流长的认知习惯和传统。作为最早孕育美学思想的毕达哥拉斯学派就把美的思想视为是审美的思想，具体地讲，就是将美视为是艺术。毕达哥拉斯学派关于艺术（和审美）的整个思想构成柏拉图美学思想的基本理念。柏拉图的美学思想也和他的哲学思想一样，成为后世全部美学思想的蓝本。可以这样讲，鲍姆嘉通之前的美学理论都是对柏拉图美学思想的注解而已。在鲍姆嘉通之前，“美”往往被视为是“崇高”“优美”的同义语，是与“丑”相对应而存在的一种特殊美学范畴。鲍姆嘉通之后，“美”同时又具有“整个审美经验”的新含义。因而，“美”又等于“审美的”；“美学”即“审美学”。

“美”与“审美”的问题往往被等同看待，但二者实是不能等同和混淆。只有分清“美”与“审美”才能辨明“美”和“艺术”、“艺术”和“艺术品”，才能真正建立起作为独立科学的美学；只在美学获得自身独立品格的前提下，审美学也才可真正找到它自身的应该位置和所应该指涉的范围与疆域。

柏拉图甚为推崇哲学，把哲学视为是卓越的艺术。海德格尔以为哲学即是诗，而尼采（Friedrich Wilhelm Nietzsche，1844－1900）干脆以诗的形式来表达他的哲学，在形式上也追求哲学与诗的融一。如果从美学角度看，哲学即美，因为美激动人心。然而，哲学是如何地展布美并如何使之如此激动人心呢？

一位外国学者曾这样说过：哲学家一生的标志就是他的那些著作，而哲学家生活中的那些激动人心的事件，就是他的思想。这里的“思想”不是名词意义上的“思维的成果”，即不是哲学家的这些理论、著作，而是动词意义上的“思维行为”，即哲学家的哲学（思考、追问）行为本身。对哲学来讲，那激动人心的美恰恰是哲学家的哲学行为本身。哲学家的哲学行为是一种什么样性质的行为呢？是哲学家的思维（包括情感、情绪、心灵）向存在世界和对象化的符号世界予以形式化运演的生命运动过程。这一生命运动过程既使哲学家获得了存在世界，同时也使哲学家获得了某种对象化世界的符号系统（即哲学理论著作）。进而言之，对哲学家而言，那激动人心的美乃是哲学家的形式化（存在敞开生存并呈现“因生而活、为活而生且生生不息”的生命）运动本身。当人们（包括哲学家本人）对那形式化行为所激动的人心，或对那激动人心的形式化行为的意识、感受、体悟，就是审美（的行为）。

审美必以美为前提，美是审美的根本对象、凭据。没有美，无所谓审美；不对美予以深入认识——更准确地讲，不对美本身有其存在论觉解和生存论领悟——是根本不可能产生深刻的审美思想及理论。

### 2. 从事物到事实之美

对美的深入认识，即对美的人类学和生存论的形而上学审思和追问，所面临的第一个问题就是人类学问题，即美到底是外在于人的客观存在物呢，还是因为人而存在的客观存在现象？或者说，美到底是一种“事物”，还是一种“事实”？

在人们的日常生活中，虽然并不分明“事物”和“事实”而往往混淆二者，但“事物”和“事实”本身存在根本性质的不同。“事物”是指一种具体的自为存在的天然状态，这种自为存在的天然状态与其紧密相连的人为存在共生存在，不可分离。“事实”则指某种可分离性的事物，作为自为存在的天然状态的事物遭遇分离而存在，就沦为事实，因为它被赋予其存在本身之外的东西，由此使其存在呈现出某种取向的价值状态。比如“树”，作为一种植物，它融生于大自然之中，秉承自然而表征自然，无以名也不求名。但当人们说“这是一棵树”或“那是一株马尾松”时，那么在其人为事实判断和价值强加中，这棵“树”既从自然整体中分离出来，也将它从“树”这一植物整体从中分离出来，同时失去了其生命的自存在的特性而获得了一种抽象的“名”即“树”或“马尾松”，由此使作为与他者融为一体且共生存在的事物，由于人的因素而成为价值性的事实。这一由“事物”向“事实”演变的决定性力量是人借助于形式化的方式予以价值赋予。因而，在存在世界里，衡量“事物”与“事实”之区别的依据，是人的形式化介入与否。一片天空、一缕清月、一条江、一个湖泊，乃至一滴雨水、一声鸟鸣，当它没有纳入人的视野（听觉的、视觉的、触觉的或味觉的），没有被赋予形式化看待和处理时，它就是事物；相反，它就成为事实。概言之，凡是被人为地赋予形式化的看待和处理的事物，都属于人为化的事物。面对这些人为化的事物，人更多地关注它们存在的价值状态，而不是其存在的天然状态。

从根本讲，“事实”相对意义而不相对真假。或者，事实的真假必以事实的意义（的有无或大小）为前提，它不同于事物的真假是以事物是否实存为前提。“登泰山而小天下”或“黄山归来不看岳”，前者状泰山之“高”；后者形黄山之“美”，无论怎样夸张，都是人对泰山和黄山那样一些天然存在状态的一种人为价值判断或价值评估。在这一人为价值判断或价值评估中，“泰山”一举获得了“高不可及”的状态，黄山一跃居上了“美不可比”的境界。然而在事实上，泰山固然“高”，也只相对“八百里秦川”言，它能与珠穆朗玛峰相比？黄山固然“美”，但它绝不能取代峨眉的清秀飘逸、九寨沟的俊险雄奇。因而“登泰山而小天下”或“黄山归来不看岳”的真假问题必凭借某种（人为的和为人的）意义支撑，或者必须借助于某种价值支撑才可成立，抛弃其价值支撑，它只能陷入“真假”之争的泥潭。

在存在世界里，“事物”与“事实”的区分是由人引发出来的区别，具体地讲，人介入其中而予以形式化看待和处理之后的区别，而这种看待和处理既可发生，也可取消。比如，当泰山或黄山从游者的视野消失，或者说当人将其视野从泰山或黄山那里收回，泰山和黄山仍然以它自身方式天然地存在在那里，它就是它本身存在的“事物”。由此可以定义人为的存在世界：首先，人为的世界是一个事实世界，或者说是人为事实化的事物世界。其次，人的能力和行为所不及的世界是（非人为性的）事物世界，在这事物世界里，没有“意义”“价值”“判断”“评估”“美丑”等之说。事物世界就是其存在全部，但既不受累这全部，也不役使这全部。事物世界即是事物的世界性存在自身。再次，全部的“意义”“价值”“判断”“善恶”“美丑”“好坏”等，都属于人为化的事实世界，所以最后，“美”作为这人为的和为人的“价值”“意义”“判断”“评估”的一种基本形式，它只属于事实世界而非事物世界。换言之，美不是外在于人的客观存在物，而是因为人而存在的客观存在现象。

“美”是人为的和为人的意义系统、价值尺度。美作为一种人为化的意义系统和价值尺度，它是什么人为的和为人的意义系统和价值尺度？这即是认识美的问题所面临的第二个基本问题，即美的生存学问题。

这里的“生存”，就个体言，指生命的消长（生长与消亡）运动；就人类言，指物种生命的繁衍演变（进化、发展）运动；就社会言，指人依其共生共存的信念而会聚所构建起来的制度框架下的群化生命的变迁（进化或滞化或退化）运动。但不管是个体的、社会的还是人类的生存，始终是历史指涉进程中的此在化生存，并且这一此在化的生存既是对过去（传统）生存的选择性承纳，又是对未有和未来（企望）生存的多元化指向，因此，生存是生命（个体、类、社会、时代）的历史化此在运动，而美则是人的生命敞开所形成的这一历史化的此在运动本身。

美作为人（类）的此在化生存行为本身是如何地展布自身的呢？这需先审问人的生存行为是一种什么性质的行为。要言之，人的生存行为本质上是一种形式化行为。因为人是形式化的劳作者，美作为人（类）的存在敞开生存的形式化运动，其动因于什么并又由此展布什么呢？这就涉及人（类）的生存动因和目的。

客观地看，人是有限（身体、时空占有、能力以及思维—认知）的生命存在者和生存劳作者，但他身处其中的自然宇宙和所面对的存在世界，却是多元化和无限性（时空的、社会的、历史的、文化的、他人的）的世界。因而，有限的人在历史化的生存道路中不得不承纳其无限的制约或限制，甚至承受来自各方面因素或力量的主宰和支配。这对人来讲，是至为痛苦的存在事实。因为，人作为意识化存在的生命物的奇特思维能力无限制地延长其手臂的同时，也源源不断地滋生出主体世界和主宰对象的意志和雄心。超越有限，制服无限，成为人主体世界和主宰对象的根本性一步，也是关键性一步。自为万物之灵的人（类）必须迈出这一步并跨越这一步，将无限纳入自己的掌握之中，使有限消逝在自由与永恒之中。于是，人（类）开始了对存在世界的征服和对自己的创造（物质的、精神的），这连绵不绝的运动确实给予人某种程度的自慰与自得的满足。但无限并未真正被人所制服，也不可能被人所制服，空间仍是那样广漠无限，时间仍是那样飞逝流动，过去和未来仍然在不时地阻碍、限制、压抑着人；有限仍然困扰着人，尤其是生命的有限和能力的有限，使人最终不能永恒，更不能自由，但人又必须永恒并必须自由。这是人之成为人的最终理想和终极目的。怀抱这一腔以理想和目的浇灌的热血，面对冰冷无限的存在世界，人踏上无止境地争取自由的道路，这是一条企求永恒地征服无限存在世界和创造有限自我的道路。在这条道路上，人类前赴后继地求征服和创造的生存行为所收获的不是存在世界服从人的主宰，也不是人可以此享有永恒和无限制的自由，而是其征服和创造的生存行为本身展布出来的美。所以，美是人类征服世界和创造自我之生存苦斗的意外收获，是世界和神灵对人类形式化劳作的额外馈赠。人类在这坚决的勇往直前的征服和创造中，并没有消化无限带来的忧惧和孤寂，也没有超越有限而获得自由与永恒，但人类由此而收获了美。美给人类存在敞开生存带来了新的魅力、勇气和信念。因此，美的生成动因恰恰是人在其征服世界和创造自我的生存苦斗中（面对无限而）忧惧和（因为有限而）孤寂，**美所展布的恰恰是人类自身生存那不可自由的自由企望和不可永恒的永恒探索（创造、征服）**。

### 3. 形式化的美与丑

美是人类生存行为的形式化本身。人类生存行为纵然是历史化的，但人类生存行为首先是此在性的，因此，人类生存行为始终具有历史化和此在性的双重意蕴，它必然在接受历史尺度的指涉的同时，承纳此在时空框架的指令性。这样，作为人类生存行为的展布形态——美——也就自然具有被看待和被持有的多种可能性：从人类存在敞开生存的历史道路观，人类的全部生存行为都展布为美。从这个角度看，希特勒的“奋斗”行为与秦皇汉武的帝王行为也是美，因为形式化了他们求自由创造或永恒征服的品性、意志、勇气、信念、决心。但从人类生存的此在时空框架看，人类生存行为又可能展布为美或不美、美或丑。希特勒的自由“奋斗”行为无疑张扬了人类存在值得张扬的那一面，即独创精神、征服意志等，同时更张扬了人类存在不该张扬的一面，即攻击欲、侵略欲、施虐欲。当这两种性质不同的人类品性混淆在一起，也就是“天使与野兽”融为一体，敞开为野蛮、残暴、杀戮。所以，希特勒式的自由“奋斗”行为实是以无限扩张自身而摧毁世界（社会、时代、他人）为代价的，这种代价首先体现他本人的自我毁灭，并以自我毁灭的个人奋斗行为给整个人类此在生存制造了弥天的灾难和痛苦，因而，他的个人奋斗行为不仅不美，而且是丑的。这正如阿 Q 般的人们的生存行为在阿 Q 本人看来，是绝对有价值的，是创造性的并且是美的，正是因为如此，受尽人间屈辱的阿 Q 始终沉浸在“快乐”和“幸福”中。但在旁人看，阿 Q 的这般生存是滑稽的，是荒唐的，是可笑的，是没有任何美可言的，甚至是绝对的丑和至恶的。历史地看，阿Q们的这般生存行为恰恰展布了他们在盲昧生存中的喜怒哀乐的挣扎运动，正是这种性质和类型的挣扎运动以其形式化的方式全方位地敞开人性的痼疾。因此，阿Q们的喜剧性生存行为同样形式化为一种美。因为他们存在敞开生存的行为形式化了人性的顽愚与堕落，并形式化为人类存在敞开生存的最为深刻维度的悲剧美。

客观论之，美与丑并不构成对应关系，因为“美”和“丑”分属于两种不同的价值尺度。对于“美”，其价值尺度是人类存在敞开生存的历史化此在形式化诉求自身，这是存在论意义的；对于“丑”，其价值尺度是人类存在敞开生存的形式化异化状态，这属于伦理意义的，是伦理的否定形式。人类存在敞开生存的此在化伦理规范生产出“美”“丑”的对应观念、意识、情绪。老子关于“大美不言，大言不美”的体悟正包含了这种区分：真正的美既不需要“言”，也不能“言”；相反，能“言”以及所“言”的“美”，已经不是（纯粹的）美，因为一旦要“言”，就进入了此在生存的伦理规范之中，在这种伦理规范的审视下，美的东西不是被视为是“丑”，就是被看成是为其伦理规范所需要的“美”。要言之，美是超越伦理规范的人类存在敞开生存的行为形式化运动状态；“丑”是伦理规范的否定性状态，以此观那些为人们习惯性地判之为与“丑”相对应生成的“美”，同样是伦理规范的形式化状态。由此，人类之“美”呈现三种形态：

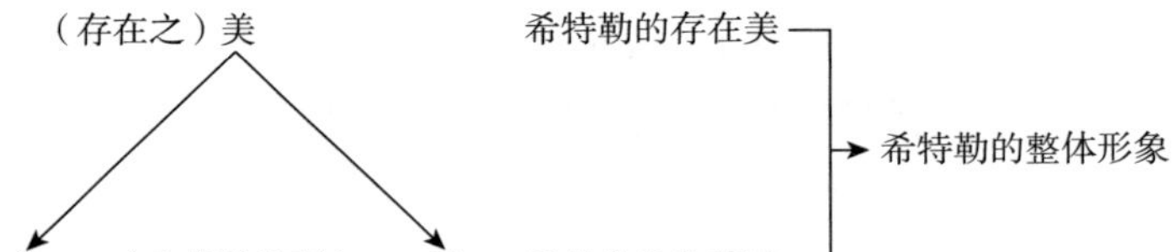


**［图5-1：人类之“美”的三个维度］**

人类之“美”三分的形成原因主要有三：首先，人类存在敞开生存始终是此在化的历史运动，因而人类生存的目光更多地关注于此在；其次，个体化之人的生存始终是群化运动，并且，个体在这一群化运动中为求得步调一致性和相对的公正性，必得产生一些约束、规范个体的公守准则，这就产生了人类存在敞开生存所必需的伦理意识、观念、要求，这些伦理意识、观念、要求必须是社会化的和共性取向的；最后，人类最初的存在处境所触发生成的以二元分离（如天与地、男与女、阴与阳）为基点的类型化思维—认知模式对人类思维的禁锢，由此使人类之美一分为二。但实际情况却是人们驻足于伦理生存而只看到美的二元对应形态，即“美”与“丑”，却忽视了产生这二元对应形态的最终原因以及这二元形态的最终统一形态，即存在之美。当人们发现运用这种二元分离方法不能解释人类之美的所有现象时，就企图以“美丑可以相互转化”来调和，但“美”与“丑”为什么可以互相转化？这种转化何以成为可能？当弄清人类存在敞开的历史进程中其存在论的生存（形式化）美与生存论的伦理美（和丑）此三者关系，就会明了“美”“丑”为什么可以相互转化的道理及其生存论机制。

理解美的三分取向，须将其纳入“真、善、美”的框架中来审视。真、善、美此三者往往被视为是相统一、可统一和能统一的，为此，人类在其存在敞开生存的历史进程中耗费很大的激情、意志和力量去探索这种统一的精神机制，去建构这种统一，但在事实上并不如愿以偿。究其原因，是因为真、善、美统一只是问题的一方面；另一方面却是真、善、美三者不能统一，也不可统一。因为真、善、美相统一是有条件的，这个条件就是人（类）存在敞开生存的此在时空框架，抛开这一此在时空框架，或丧失这一此在时空框架，真、善、美是不可能统一和不能统一的。

要理解人类存在敞开生存的此在时空框架何以可能构成真、善、美统一的必须条件，还须先理解“真”本身。

真产生于存在世界本身。存在世界里存在两种真，即天然事物的真和人为事实的真。天然事物的真并不属于人的生活的内容范围，但它却成为激发人们探索其真的不竭力量源泉，并由此演绎出人为事实的真。人为事实的真是人为（思维力、情感力、劳作力）所指涉的全部事实呈示出来的真意义、真判断、真状态，所以美丑善恶都属于人为事实的真。

凡人为的事实都是真，因为一切人为的事实都是人的存在敞开生存形式化的本真状貌。由于一切都是人为的，因而一切事实的真都具有人的存在的为己性和生存的此在性。所以，凡超越具体的人的（社会、时代、个体）存在的为己性和生存的此在性，为真的东西也可能为假。这样，真假意识、观念、情感由此产生。

要言之，真有两个层次上的含义，即生命的存在—人类学层次的真和生命的社会—伦理学层次的真。从生命存在形式化讲，凡真皆美，凡美皆真；就其生命此在伦理化讲，真不一定美，美不一定真；“假”则可在其终极意义上为美；但伦理化的生存之美绝不可能是假。这样，真也同样现实地敞开为三种形态。

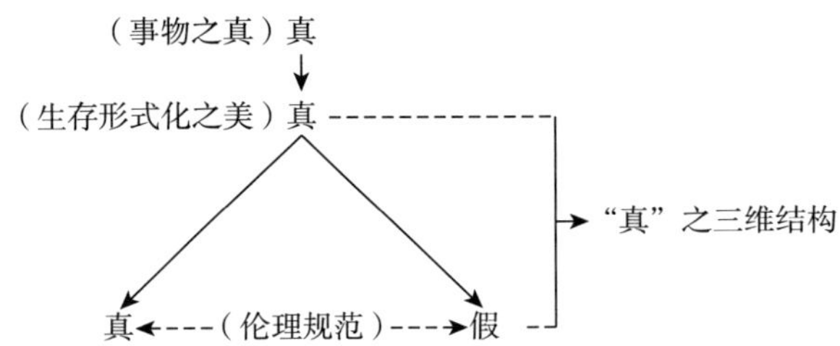


［图5－2：人类之真的三个维度］

图5－2蕴含三个方面的直观呈示：首先，与美丑一样，在伦理规范层面上，真假同样可以互相转换，这个转换的内在机制就是人类生存形式化展布的全部事实的真。其次，真和美完全统一、能相互融通为一，亦有条件规定性，这个条件就是超越社会伦理规范的人类存在敞开生存形式化这一终极尺度，即只有在这一终极尺度上，真和美才可完全统一，才能达于相互融通为一。最后，凡伦理层次上的真与美的统一，必须是处在同一生存时空框架之中，不同生存时空框架中的真和美不一定能统一。

美与善的关系却不同，善同样归属于人为事实世界，但善则被更为严格地界定在社会伦理规范之中，从伦理层面讲，由于生存时空框架的条件要求性，善不一定真，美也不一定善。并且，当超出伦理规范的领域，善的问题亦不再存在，却存在着真与美。

由于真善美三者的如上层次分明的规定性，才使人间作为哲学的美学和作为美学的哲学成为可能（见图5－3）。

#### 4. 形式化的审美之路

对美的形而上学的审问，实际上是为审美学的建立开辟道路。当意识地体认到美是形式化的劳作，美构成人（类）存在敞开生存的形式化运动，就

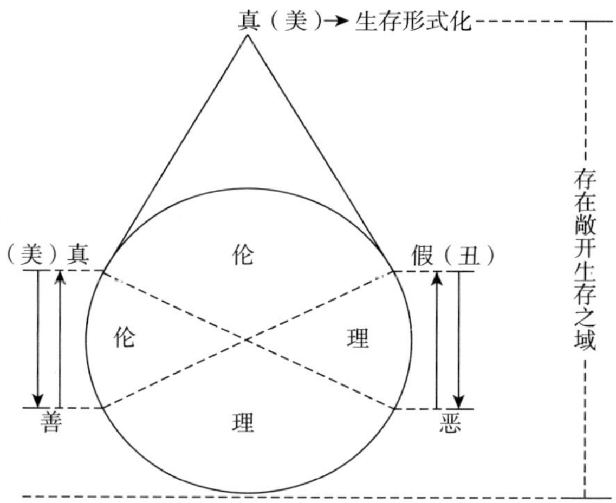


［图 5－3：真善美与假丑恶之存在敞开的整体视域］

不难发现审美乃是人（类）对其存在敞开生存形式化（美）的体悟。或曰：美是生命的世界性存在敞开对自我的形式化展布，审美则是对其展布的意义的体悟，而不是对其真假的判断。我畅游长江，我兴会于泰山之途，这即是我生命（的意志、力量、热情、冲创精神等）的形式化展布。不管我对其意识到与否，都是一个活的生命存在者的内在自我的辉煌敞开，这种存在敞开就是美。然而，我在“畅游”和“攀登”的生命行为中，有意无意地奔涌出“自信人生二百年，会当水击三千里”或“会当凌绝顶，一览众山小”的情感、情绪，并沉浸其中，这种生存状态或者说情感状态和情绪状态就是审美，这是我对我自己（以及他人）的生命的形式化展布之隐含意义的领悟、品味或感性把握。

从根本讲，审美就是对美的发现。人的生命存在敞开生存行为之为美，乃在于人的生命存在敞开生存行为始终在追求作为人的种种意义。而审美就是对美的意义的发现，对人（类）生命存在敞开生存意义的发现。不仅如此，审美也成为人（类）的生存斗争的手段和拯救自己的途径。就前者言，人（类）的生命存在敞开生存始终沦陷于自身的有限和存在世界的无限的双重碾压之中，这是因为人自身的有限与存在世界的无限均源于空间的广漠神幻和时间的变动难居。面对此根本的存在危机和困境，超越有限带来的孤苦和消解无限滋生的忧惧的基本努力是制服、战胜时空的神幻不定与流变难已，使人（类）生命存在敞开生存达于自由和永恒，审美行为成为人（类）生命存在敞开生存进程中向有限与无限宣战的基本方式。

虽然如此，人的有限性和存在世界的无限性并没有因为审美而真正受制于人，而是通过审美，人获得了感觉上的胜利，并实实在在地在审美之途播下了生存自由的永恒微笑。这对人（类）生命存在敞开生存是一种无法估量的激励力量，在这种力量的激励下，人踏上了艰难而倔强的自我拯救之途。

人们当然有理由不相信宗教的“原罪”，但人（类）作为自然之物却总是烙印上自然之物的天性，这自然天性中的许多因素（诸如攻击欲、占有欲等）历史地构成了堕落人性的腐蚀力量，加之人对文化的创造，继而对文化的崇拜滋生出来的种种文化狂意识和情绪（如主宰一切的意识、文化主义意识、科学主义崇拜等）对人的腐蚀，以及人对生命存在敞开生存的有限与存在世界的无限所引发出来的痛苦，往往把人引向堕落或沉沦的渊谷。审美却让人不断地意识自己并不断地拯救自己，去探索人之为人的自信存在和生存自由。所以审美肯定了人征服世界的能力，它以人的规律取代宇宙的规律，恢复了人的信心，人的信心因受到现实生活的威胁，在我们这个时代变成了恐慌。“因而，美术利用图样筑起了一道大堤，阻止了现代工具造成的可视世界的机械化和飞速流逝。美术。‘在同一块土地上’，与摧残当代精神的不良影响进行搏斗，成为精神的一种补偿。”① 一个十六岁的孩子在开始学绘画后说：“我发现了如何寻找自己。于是我找到了自己；我将自己抛到纸上，从这天晚上起，我感到轻松自如。”另一位十四岁的女学生这样分析自己：“我不再感到孤独，我将努力去寻找大自然的美……努力画出能表现我自己的线条。”② 总之，审美在物质、技术、享乐的“同一块土地上”与摧残人（类）生存精神的不良影响进行搏斗，既是人（类）存在敞开生存的精神的一种补偿，也成为人的生命的存在自振与生存自救的根本途径。

与美一样，审美同样是人的存在敞开的生存行为，是人的存在敞开之生存行为的形式化。审美的形式化就是对人（类）生命存在敞开生存形式化（美）的形式化，并且这种对形式化的再形式化行为始终是个我性质的，是个

---

① ［法］勒内·于格：《图样的威力》，钱凤根译，四川美术出版社 1988 年版，第 10 页。

② ［法］勒内·于格：《图样的威力》，钱凤根译，四川美术出版社 1988 年版，第 11 页。

体诉求的。从理论上讲，每个人都是审美个体，因为每个人都是美的展布者，并且都在展布着美；但在实际生活中，并不是每个人都是美的展布者，也并不是每个人的生存行为都在展布着美，原因是在实际生活中并非人人都是审美个体，并且，即或是审美个体，也不可能在任何时候、任何场景下都成为审美者而审美地生活着，因为人成为审美个体需要条件的具备，这个条件就是作为个体是否创造了或进入了审美语义场合，创造了或进入具体情景定义的审美语义场而成为审美个体，因为创造或进入其中的审美语义场及其呈现出来的审美氛围程度（力度、强度、广度、深度）构成存在个体作为审美者的基本审美能力，即审美语义场态能力。

审美语义场的建构是高度个体化的，它是以个体的生存语义场为基础，选择性地融进时代、社会、人类生存及其历史的种种情感。审美语义场展布出来的力度、深度、广度和强度构成个体生命的审美域度，同时也生发出各具个性或风格的审美样式。在丰富多彩的审美世界中，最为基本的两种审美样式即审美欣赏和审美创造。

审美欣赏是对对象化的生命存在和生存行为的形式化（美）的心灵性（形式化内聚）感受、领悟、发现，包括欣赏自然的美（即生活自身展布的美）和欣赏创造的美。审美创造是对对象化的生命存在和生存行为的更新领悟、发展（形式化内聚），并求助于一定的工具和手段将其领悟和发现予以新的形式化（播散）的符号化运动。审美创造主要包括对人的生活物质条件的创造展布的美和对各种精神形式（如艺术、科学、宗教、哲学、神话等）的创造展布的美。

在生命存在敞开生存形式化的审美世界里，人（类）才显得纯粹和可爱。但人类的纯粹和可爱主要不源于他美和他欣赏（自身之）美，而是主要源于他能为自身创造美和把自己创造成更美，这是审美的又一人类学品质和生存论价值。

客观地看，人类存在敞开生存的全部创造、探索（物质的、技术的、精神的）行为都是审美创造行为，其中最具魅力的是艺术创造行为，它是最典型的审美（创造）行为，因为艺术行为是对“不可表达之物的表达”（歌德语）行为。这里的“不可表达之物”就是老子所讲的不能言、不可言、不须言的“大美”，即人（类）生命存在敞开生存之自我形式化本身，艺术行为就是对生命存在敞开生存之自我形式化的求表达，即再形式化。

艺术是对美的求表达的前提是美乃“不可表达之物”。“美”之是“不可表达之物”是因为美始终隶属于特定的人（社会、时代、个体）的特定生命存在敞开生存行为意义的形式化展布。“美”永远属于“这一个”的“这一次”，没有重复，亦不可有雷同。“美”就是“这一次”中的辉煌、永恒，所以美乃是“不可表达之物”。艺术要对这不可表达之物（美）的求表达也是勉为其难，这种勉为其难更源于艺术作为一种典型的审美创造行为，不仅要承受艺术语言的规范，更要承纳艺术形式的规范。艺术语言本身是一种形式化的产物，它首先融进语言使用者和创造者的主体精神意向与情绪，是艺术创造主体的形式化产物。因而艺术作为对美（生命之自我形式化展布）的审视（领悟、发现）和创造（求表达）行为，实际上是对人的形式化本身的重新形式化行为。这一形式化所隐含的生命存在敞开生存之意义已不再是存在主体的生命的自然展布，而是艺术创造主体目的于自我艺术生命的形式化展布。所以，作为艺术的表达之物的“美”最终是“不可表达之物”。

艺术行为总是对艺术形式的形式化行为。这里的“艺术形式”既指具体的艺术样式（即体式，如绘画、音乐、小说），又指艺术创造所涉指的最终形态。前者是为已的、既成的艺术行为模型，后者是为预设的艺术行为蓝本。艺术行为必须同时承纳这两种形式模型的规范，因为只有艺术形式规范化的艺术行为才是审美行为。审美行为始于形式并指向形式，因而艺术行为是最典型的形式化行为。正因如此，王尔德才认为所有的艺术都在不断地趋向于音乐的状态，因为“音乐是一种最完美的艺术形式”，它“永远不能揭示它的最终秘密”。[①] 歌德则进一步指出“艺术之尊严在音乐中得到最大体现，因为音乐没有主题可言，它只有形式和本体可言，因而就把它表现的所有东西都崇高化了”[②]。

艺术是企求对美的表达，然美却是艺术所永不可表达的对象，所以艺术最终所表达的不是它所企求表达的对象（美），而是艺术家作为艺术创造主体

① ［德］赫伯特·曼纽什：《怀疑论美学》，古城里译，辽宁人民出版社 1990 年版，第 146 页。

② ［德］歌德：《格言与反思》，引自［德］赫伯特·曼纽什《怀疑论美学》，古城里译，辽宁人民出版社 1990 年版，第 146—147 页。

（个体精神和类精神的统一）的生命形式化展布。由于艺术本质上是一种形式化行为，并且是一种始于形式（艺术体式，亦即既有形式）而指向形式（艺术，亦即预设形式）的生命形式化行为。所以，艺术又同样是一种美的展布行为。这样，作为人的世界性存在敞开的生存行为的美是一种自然的美，它是合生存目的的，或者说这种自然的美是无目的的合目的性的美，它所展布的是一种崭新的生命世界和生存世界，比如清洁的土地、鲜美的空气、健康的人、美的生活、艺术、人生……正如王尔德指出的那样："艺术永远不要作为大众化（迎合大众的口味）的尝试，而是正好相反：大众应当努力使自己成为艺术家。"[①] 霍克海默（Max Horkheimer，1895－1973）也指出："艺术正是通过摆脱为虚假的普遍性服务，才能忠实地反映下层人民的事业，反映真正的普遍性。"[②] 摆脱商业主义和消费主义的强大实利逻辑，发挥个人的审美创造精神，探索审美化存在的生活境界，张扬生命存在敞开生存的价值，这既是艺术的美学责任，更是艺术的审美创造目标。

艺术是审美的创造，所以艺术最终达向美。艺术之美给人的存在描绘出另一个不同于人们习惯了的表象世界的那样一幅生活图景，在这幅生活图景中，人们既可能不断地发现生活和世界，更能够不断地认识自我和生存，还能够不断地从中获取严肃生存和健康生长的勇气、信心、意志、力量。

艺术作为一种独特的审美创造行为样式，它不同于艺术品。艺术品是艺术家自觉地运用艺术这种审美创造样式发动具体的艺术行为所结出的最终结果。从艺术到艺术行为再到艺术品，这是一个形式化的历史过程，这一过程不仅参与了艺术创造主体，承纳了特定的审美对象，更容纳了艺术行为所需要的特定时空过程。艺术仅作为一种审美创造行为样式而抽象无形地存在，但它的具体样式却总是具象地存在，比如艺术之基本样式美术，它就与哲学、宗教、科学等一样体现审美创造行为的具体形式的规定性，而体现这种规定性美术品却是艺术（形式）向预期形式（如一幅画、一座雕塑）实现的形式化产物，它虽然也是形式，但这种形式不仅呈现了艺术这一特殊审美创造形

① ［德］赫伯特·曼纽什：《怀疑论美学》，古城里译，辽宁人民出版社1990年版，第131页。

② ［德］M. 霍克海默、T. W. 阿尔多诺：《启蒙的辩证法》，洪佩郁、蔺月峰译，重庆出版社1990年版，第126页。

式，也实现了艺术家的预期形式，同时还实现了艺术创造主体的意识化努力和目的性达成，是其目的的合目的性的实现。所以，艺术品作为一种形式不再是如艺术形式那样抽象无形，而是血肉丰满并且有形，即有符号的系统构架所展布的崭新世界图画。换言之，艺术品不仅有既定的形式（艺术样式）的规定性与实现性，同时具有（艺术家之）预期形式的规定与实现要求，并且有主体生命形式和生存内容的规定性和更为具体的行为时空的规定性。但所有这些规定最终都汇合凝聚为具象化的形式化成果，即再造的审美化的世界图画，并承受这一世界图画的内在规定。要言之，艺术是形式化的形式蓝本，艺术品是形式化的具象化结果。从艺术到艺术作品的形式化进程即艺术家的艺术行为的完整敞开。所以，艺术是具象的、普遍的审美创造行为形式，艺术作品是个体化的、感性生动的再形式化的生活蓝图。

以此反观历史上那种把“艺术”与“艺术作品”相混淆、相等同的观念，对艺术理论的建树是十分有害的。因为一旦将艺术和艺术作品相混淆，就会在事实上导致对艺术的本质（哲学）思考降为对艺术品（即艺术文本）的本质（哲学）思考。

把“艺术”和“艺术品”相混淆，这是美学研究中的一种较为普遍的现象。由于这种混淆导致了对“艺术”自身探讨的偏离与忽视，由此形成对“艺术品”的研究往往失去前提和基础。这样一来，不仅会导致美学领域对艺术研究的缺乏，形成美学研究常为哲学思潮和心理学思潮所左右，也将导致对艺术作品研究的任性，形成对艺术作品的生成问题的无休止论争，这种无休止争论具体表现为艺术作品到底是“表现”还是“再现”。

客观地看，无论是“再现”还是“表现”都是针对艺术作品的生成而言。艺术作品是“再现”的产物？还是“表现”的结果？在不少美学家看来，“再现”只是一种粗陋的低级的表达技巧，因此真正的艺术不可能是再现性的，理由极为简单，因为任何真正的艺术都是独创性的。所以，真正的艺术只是表现，这有两个理由：一是表现是独创的，因为表现不需要任何技巧的活动；二是表现的对象是纯粹的情感，而不是物象世界。但另一些再现论者同样否认表现论的价值和作用，认为世界始终是物质化的运动世界，正是物质化的世界才提供了人赖以存在敞开生存和生活的全部条件，包括认知的、思维的和情感的条件。所以，人（类）的全部活动都应是符合物质世界的运动规律的活动，艺术活动作为人（类）活动的一种特殊形式，也不例外。人类可以有创造，艺术同样是创造，但一切创造都应该不违背世界的规律自身，当这样来看艺术作品的创造性生成，就不可能是表现，而只能是再现。

表现与再现的论争最终引发出调和论，调和论作为极为严肃的艺术理论方式将表现与再现调和为共存论，但却没有给予不何时如此调和的理论依据，通常是列举个别的艺术作品予以描述分析，做出一种事例的描述性定义，所以终究不能解决表现与再现之论争本身。客观地讲，要证明艺术作品的创造性生成中其“表现”和“再现”何以共存，需得从理论上区分“艺术”和“艺术作品”，这应该从“艺术”的本质入手。因为艺术是对人（类）生存（形式化）美的（形式化）观照，无论是“表现”还是“再现”，都敞开为形式化自身，即“表现”和“再现”都是一种存在敞开生存的形式化活动。并且，人的存在敞开生存的任何活动都体现为一种摹拟性活动（从人类精神的发生学观），艺术创造同样不能例外。以是观之，“再现”侧重于对存在敞开生存的物象的摹拟，“表现”侧重于对存在敞开生存的精神的摹拟。但凡摹拟，都是对存在世界（物质世界、心灵世界）或事物的摹拟。人对存在世界或事物的摹拟行为的实质是人做功于存在世界或事物的同时也是其存在世界或事物人的形式化敞开的活动过程。因此，摹拟即形式化。以此观艺术创造行为，同时存在着表现和再现的问题，艺术作品是表现和再现相共生的产物。因为艺术的形式化最终是形式化了人（类）存在敞开生存的意义（即情、思、悟、求），但这形式化的行为过程本身又需要凭借（形式化）一定的物象形式才能完成。

# 第6章　书写敞开的时空进路

“哲学”（philosophy）一词源于两个希腊文单词 philo 和 sophia：philo 意为“爱”，sophia 表智慧，合将起来，“哲学”就是“热爱智慧”，简称为“爱智”（即对智慧的追求、寻找、发现、探索）。智慧问题不是人的历史（结果）问题，而是关于人的存在敞开生存的（观照行为）问题，所谓“智慧”即是对人类生存探索、发现所涌现出来的根本问题的追问。所以，哲学面临的基本问题有二：一是人的世界性存在问题；二是其世界性存在框架下的基本生存问题。“生存”意指生生朝向的人的此在化境遇中的生活和存在。哲学的存在论问题，是人的世界性存在何以可能、怎样敞开和依据何在的问题，由此三个根本问题引发出一个实质性问题，即人的世界性存在敞开生存的时空框架问题，这个问题构成了哲学的生存论拷问的前提性问题。哲学不是抽象的普遍的超越时空的精神实存形式，它始终附丽于特定时空中的人类所拥有的特定时空框架。离开时空框架来谈哲学或来理解哲学，往往会导致存在论和生存论意义的双重认知疏离。由于人的世界性存在敞开生存的时空框架性，赋予哲学对其时空框架坐标下人之世界性存在危机和困境（探求解决之道）之问，这种时空框架化的存在危机和困境之问，简称为“存在之问”。存在之问开辟出来的“存在之思”，就表述为哲学之爱智慧。哲学之“爱智慧”揭明人的世界性存在敞开生存是时空框架化的，它是在特定的时空框架中存在，在特定的时空框架下建构生存谋求生活，在特定的时空框架中热爱、追求和获得智慧，任何关于人的智慧的获得和对智慧的追求都是属于特定的时空框架，无可超越，也无法超越。这不仅是哲学和思想，也包括科学和艺术、教育和文化、技术和经济等虽然具有历史传统的承传性，但总是时代性和当世化的；这也不仅仅是哲学，同样包括科学和艺术、教育和文化、技术和经济等总是追求时代性和当世化创新的根本动因，更是不同时代、不同生存状况和存在处境下的人之存在想望、生存诉求客观地呈现出个性差异的根本原因。“时空框架”无论之于存在世界还是之于人的世界性存在，敞开为一条奔流不息的河流，在这条河流中万物流动，人类物种也在其中冲浪。在奔流不息中冲浪，必然浪涌起生生不息的金色思想和精神。而每一次对奔流不息的河水的浪涌，既是一次时空框架的消长，更会托起更为纯色的厚重思想和精神。这思想和精神就是哲学，这时空框架的消长就是哲学对存在危机和困境的求解之问。

## 一　哲学与时空框架

### 1. 存在之问的真理域

从根本讲，哲学作为人的世界性存在危机和困境之问的学问，其根本的存在品质就是对其（时空框架化的）存在危机和困境探求根本的解决之道，这一根本的解决之道的具体表述就是存在知识和方法，其抽象表述就是重建新的时空框架。所以，对人的世界性存在敞开生存之时空框架的解构与重构提供所需的存在知识和方法，构成哲学运动（发展）的基本努力，也由此生成构建起哲学展开自身工作的基本方式，这就是形而上学方式。

哲学就是以形而上学方式探求人的世界性存在敞开之时空框架的解构和重构所需的存在知识和方法的学问，这一学问相对人类所有其他学问而论是其最高、最大的学问，因为其他学问都是领域性的并呈现具体对象的指涉，是属于具体的和领域性的解构或重构之学，只有哲学才呈存在整体论，敞开整体的解构和重构之问。由此形成对“哲学”的看待的实质是对人类真理（或者对人类知识的真与假）的看待。在人类认识真理的历史运动中，真理既是绝对的又是相对的，既是普遍的又是特殊的，既是抽象的又是具体的，既是理论的又是实践的，这种“既…又…”式的表达真实地敞开“真理”的悖论。

客观地看，“真理”的悖论实源于人类对“真理”的制造与看待本身的谬误，这首先涉及看待真理的基本尺度问题。看待真理的基本尺度应是人类存在敞开生存本身，而不是预制的某种先于经验的抽象观念。同一种认识也许在今天为真（真理）在明天为假（谬误），这将成为可能并有其合理性。因为人类之今天存在和明天的生存已经不一样，对（已有或未有）知识的需求、评价以及意义和价值的赋予抑或各不相同。如果把某种时空框架中视为是真的知识抽象为永恒的普遍之真或绝对之真，很有可能演绎出荒谬，包括逻辑的荒谬、知识的荒谬、方法的荒谬，更为根本的是演绎出生活的荒谬。一旦如此，真理将不复存在，最终将是哲学不复存在。

客观地看，哲学作为探求人的世界性存在敞开之时空框架的解构和重构所需的存在知识和方法的学问，必须以检讨流行的真理为起步。但哲学以检讨的方式看待“真理”始终存在着一个界限问题，这个界限应该是真理本身给出，即真理为自身规定了界限。真理的自身界限就是其产生时给定的时空框架。真理产生时给定的时空框架就是生产真理的时空框架，即产生于这一时空框架之中的全部知识都是真理，都适应于指涉这一时空框架之中的全部事物，这就是真理的自身限度。真理的自身限度构成了真理指涉存在敞开生存的效力之域，简称为**真理域**。一种真理当它在自身时空框架中运动时则可能是绝对的、普遍的，当超越其自身时空框架时，其为真的知识效力也许保留也许部分消逝或全部消逝。

真理的域度由时空框所标记。时空框架作为人的世界性存在敞开生存的动态方式，既是客观的存在，也有人为的设计。因为，任何时空框架都是为人的，都是因为人的世界性存在敞开生存的变迁而不断地消长，所以，审视时空框架必有人的维度，并且必以人为参照主体。人，无论作为个体还是物种，其世界性存在敞开生存的形式化运动都表征为生命的生殖和繁衍运动。在这一历史化的运动进程中，首先是个体的人与群化的类相互做功，哪怕在同一时空框架内，不同的群化形态中不同个体对同一真理的评价、看待或指涉事物的界限同样难以相同。环顾古今，通常的观念之争、价值观之战，都是对某种具体的存在之“真理”的证实与否定运动，但其背后的支撑却是不同的时空框架。所以，绝对的普遍化的真理事实上不可能。对真理的界定，不仅要引进类化存在的生存时空框架，也要引进社会、时代、个体生存的时空框架，并通过类的、社会的、时代的、个体等所交织的时空框架网络中发现其关于存在知识和方法为真的疆域。

有关于存在知识和方法为真的域，就是真理域。真理域有两层含义，首先，指一种被视为真（符合、满足人的存在需要并能解释当下生活）的知识所指涉的范围、领域及其边界；其次，指人们发现某一知识和方法并验证这一知识和方法可能为真的追问行为所指涉（辐射、审视、洞察）的实际范围、领域、边界。前者是对真知识的运用疆界，后者是产生（或曰建构）真知识的疆界。哲学恰恰在这二者之间启动和运行。

哲学不是知识，凡变成知识的东西都不是哲学。哲学是一种爱智的存在之问达于存在之思的生命敞开行为，这一生命敞开行为必须以对人的世界性存在敞开生存的时空框架解构或重构性审查为对象，并为其解构或重建其时空框架提供所需的知识和方法。所以，哲学始终行进在知识及方法的运用和知识及方法的发现之间，通过其时空框架的解构或重构来解构或重构知识和方法。所以，哲学的真理（知识和方法）是关于人的世界性存在危机和困境（解决之道）之问，哲学家的真理是观照、洞察、体验、感悟、把握和表达哲学关于存在危机和困境的解救之道，它敞开思想的历史语境、时代的根本诉求和必然的未来想望。

### 2. 存在之问的时空域

哲学探求解决人的世界性存在危机和困境的（根本之道）之问，可简称为“存在之问”。哲学的存在之问是永恒性的，哲学家的伟大就在于它对存在之问的时代性洞识、体悟和表达，这是因为任何时代都有属于自己时代的存在危机和困境。在人类的自然主义阶段，哲学的存在之问是人对神秘变幻的自然存在世界的惊诧、好奇和忧惧，由此产生哲学发轫于**存在的自然之问**，包括存在的自然世界之问和存在自然人之问。时代推移到神学时代的中世纪，以自然为底色的时空框架已无形中被拆除，有关于自然之问所构建起来知识和方法已丧失其充分的甚至基本的解释功能。由此必然引发出新的存在之问，哲学的这一新的存在之问拆除了自然之问的哲学所建构起来的时空框架，与此同时，以万能的神为核心的时空框架的宗教哲学诞生，并居于人类精神的主导地位。然而，人并没有在神的庇护下获得做人的自由与幸福；相反，神的地位的确立也是人的精神备受奴役的开始。在其漫长的奴役中人的反叛意识开始滋生并渐进蔓延，滋养哲学形成更新的存在之问，并最终实现以人自己为世界存在依据，并以人的世界性存在的主体地位全面确立为时空框架坐标的哲学。这种以人的主体地位全面确立为时空框架坐标的主体论哲学，始于文艺复兴的涌动，以科学革命和哲学革命并肩作战为展开扇面，以亚里士多德主义为思想资源的英国经验主义和以柏拉图主义为思想资源的法国理性主义向启蒙哲学的会合为最后完成式。

在近代以降的新的存在之问中，人居于哲学的中心，首先是人居于存在世界的中心。人一旦居于存在世界的中心，必然使人成为哲学的中心，一旦以人为中心，以人的眼光去看待世界、去解说世界的基本方式和方法必然全面确立起来。但是，人最终发现自己并没有从根本上改变人与存在世界的固有关系。人那种强烈地征服、改造世界的欲望最终构成虚幻的泡影，于是人产生了对自己这个主体或者主宰者的怀疑激情，这一怀疑激情很自然地激发哲学重新踏上存在之问的道路，形成哲学的现代存在之问。于是生命哲学思潮、分析哲学思潮、现象哲学思潮、辩证哲学思潮、生存哲学思潮、释义学以用解释哲学思潮等等，构成哲学的现代存在之问的敞开形态，并且也由此连缀起现代哲学的存在之问的历史链条。

哲学开启近代存在之问的进程中，哲学家、科学家包括艺术家共同构建起庞大的以存在世界的物质和人的世界的精神为基石的时空框架和知识与方法的思想大厦，支撑这大厦的支柱是经验主义（或唯物论）和理性主义（或唯心论）互为补充和互相拱卫。近代哲学的唯物化追问或唯心化追问都是对世界是什么的追问，虽然它们各自追问的出发点和目标不同，但存在世界敞开自身的时空流变总是萌生新的时空框架，其新的时空框架孕育新的人类诉求不能用已有的知识和方法去解释，形成“物质”或“精神”的知识和方法话语逐步丧失对人的世界性存在敞开生存的指涉效力，“经验”和“理性”也日渐呈现无从解决其不断涌现出来的存在危机和困境，在这种状况下，以人的主体论全面确立为时空框架坐标的主体论哲学不得不给本体论腾出一定的空间，哲学的本体论追问又以新的面貌呈现本体意义上的存在之问，现实存在的迫切需要已不再是人自身的生存根基问题，而是怎样生存的问题。这一问题的哲学解答实是始于康德对认识论形而上学的建构。康德的认识论形而上学是建立在对存在世界的二元分界基础上的：康德将世界两分为“自在之物”的世界和人的世界，认为“自在之物”的世界不可认知，可认知的是人的存在世界。所以人的“知性为自然立法”，理性“为人立法”。人成为自然世界和人的世界的双重立法者，将原本作为立法者的上帝变成一个空壳性的语词、符号，使其丧失原本充实的意义和立法的功能。所以，在康德的认知论形而上学中，上帝实际上没有了生命，上帝没有生命是因为他没有运作生命和思考生命的头脑，因为在康德的世界中，真正意义的上帝是为自然立法和为人立法的“人的主体化”的“意志自由”。所以，人们习惯于认为是尼采消灭了上帝，其实，在尼采之前作为实体的上帝在康德那里或者说在启蒙哲学那里已经寿终正寝了，只是到尼采时才说出了“上帝死了”的真理，这有些近似于中国历史上出现的那种基于特殊考虑而皇帝死了推迟发丧的时间一样，这或许是启蒙哲学的一种策略。

从根本讲，上帝的死亡实是哲学存在之问的本体论道路的终结。因为哲学的存在之问敞开本体论的道路，必然寻求存在本源和最后的依据，最后只能追溯到存在世界的第一推动力或者万物的创造者那里，由此，哲学的存在之问的本体论必然牵涉出上帝，并与上帝共生存在。近代以降的哲学存在之问对认知论道路的开辟，是要确立人的主体存在世界的地位，必须解决上帝成为最后的依据和万物的创造者的身份问题，即上帝必须从立法者的位置上退下来，将“人”这个新贵送上立法者的宝座。这正如清朝最后一位皇帝溥仪虽然退位了，再不是皇帝，但他还存有皇帝的名分那样，“上帝”在康德哲学或者说在整个启蒙哲学中的位置，就如同中国的末代皇帝溥仪退位后的处境，即有名位而无实位和实义。

或可说，尼采开启了现代哲学的存在之问，并且，尼采以完全不同于经验主义哲学、理性主义哲学以及会通二者的启蒙哲学的诗意方式描绘出现代哲学的魅人蓝图。尼采的存在之问虽然震撼了哲学世界，却最终成为“孤鸿”。在现代哲学敞开存在之问的奔腾河流中，直接论证本体论死亡的可要算始于 19 世纪末的分析哲学（analytic philosophy）思潮。持续一个世纪并产生众多哲学流派的分析哲学思潮的基本精神是批判，企图通过对本体论的批判来建构起认识论的理论大厦。分析哲学思潮对本体论的批判是以哲学语言为起点和重心。在分析哲学看来，哲学就是语言，哲学的根本问题不是关于世界的存在（本体论）问题，不是人的世界性存在之问，而是哲学的语言之问，是关于我们对语言的看待和对语言的运用之问，因为哲学的危机和困境来源于语言的含糊不清，哲学的语言之问就是对语言的明晰和明晰的运用。正确地看待语言、谨慎地清理语言、明晰地运用语言构成哲学的基本任务和目标。

分析哲学对哲学的存在之问敞开本体论批判，开辟出来的道路是重建认识论，而比分析哲学更早的是始于19世纪中叶并在后来又与分析哲学汇合的结构主义（structuralism），它是以对世界的存在性遗忘和对世界的现实性分割与解剖为特征的思想思潮，这一思潮以索绪尔为滥觞的“共时”语言学的诞生为标志，敞开为结构主义向解构主义再向哲学阐释学运动方向的敞开，可从哲学角度将此一思想运动称为哲学结构学运动。哲学结构学关注世界的构成问题本身，却不关心世界凭什么构成这一最为根本的问题。由于哲学结构学是以结构语言学为滥觞，因此这一思潮具有异常浓郁的语言学色彩，它对世界的构成问题的检讨和拷问是以语言为媒介，或者说是以语言符号的意指关系为起点和认知终结的，哪怕后来的哲学阐释学多么强调理解的生存学地位和作用，都特别强调语言，对语言的关注使哲学阐释学走向存在之问的认识论化，并达于一种相对完满形态。

哲学存在之问的认识论化的又一体现形态是哲学方法论的兴起和科学哲学的发展。这实际上是两条路子：一条是单纯的方法论运动，如系统论、控制论、信息论、突变论等；另一条是对科学方法的哲学探索，如波普尔的证伪理论、库恩的范式理论、拉卡托斯的科学研究纲领等。方法论“热”和科学哲学的全盛发展，把哲学的存在之问从认识论转向方法论，这就是哲学以及几乎整个人文领域欢呼不已的所谓方法论转向，这一转向的普遍方式是科学方法探讨，这一转向的成熟方式或者说典型方式是科学哲学的繁荣。

方法论和科学哲学的共同特征是全力关注存在世界（或存在事物）的分解与重构问题，目的在于为人提供更为有效的切割和分解世界的方式，并以此取代哲学的存在之问。仅此而言，方法论和科学哲学运动获得巨大成功。首先，方法论“热”浪席卷了现代社会生活各个领域，并取得巨大成功，它几乎扫荡盘踞于哲学领域的形而上学残余，使哲学真正成了方法的科学。其次，科学哲学以其坚实的理论依据几乎强占了现代社会的思维阵地，把弗兰西斯・培根和牛顿以来的科学主义推向顶峰。但一个极为可怕也可极为可悲的事实却是：当人们运用一种科学方法去求解这个疑难重重的世界确实可以获得某种立竿见影的效果的同时，更新更多的疑难和问题又涌现出来摆在人的面前，于是企望发现更加行之有效的方法的欲望和冲动刺激人们的生产激情，由此成批的方法论源源不断地制造出来，从而把人以及整个生活世界推进方法论泥潭和科学主义陷阱。方法论的横移看似把各个领域的学科探索推向了前进，但实际上却是把学术探索引向更加表层化的图解和分割状态；与此同步的是，科学主义思潮更是在麻木人的心灵的同时湮灭了人，使人沦丧了独立主体，并从根本上疏远并隔离了人与其世界性存在、人与自然世界之间的亲切融流，最终导致人们对方法论的冷漠和对科学哲学的厌倦，这种冷漠和厌倦最终培育反科学主义和反方法论潮流，这就是人们习惯上所说的非理性思潮。

客观地讲，方法论和科学哲学本身并没有错，但方法论和科学哲学又呈现出它不可避免的局限，这种局限形成的根本之因有三：首先，方法论和科学哲学的生发和发展都是建立在以扬弃本体论、弘扬认识论的主导地位的基础上的，但是，一切真正意义的站立得起来的认识论都以其独特的本体论为基石、为土壤的，方法论和科学哲学恰恰缺乏这一基石和土壤。其次，方法论和科学哲学以认识论为出发点去观照世界，其途径同样可以通向存在的本体之问，但方法论和科学哲学探索只停留在认识论层面做方法论的功夫，不愿继续前行对其认识论做本体论的思考和追问。最后，方法论和科学哲学实质上是反存在的本体之问的巨大成果，但方法论和科学哲学并没有真正摆脱传统哲学对存在的本体之问的基本思维 – 认知模式，即静止、孤立、抽象、共相地切割和分解世界的思维 – 认知模式。人类对本体论的厌倦和人类对认识论的厌倦的深层动因或许均在这里。这就告诉人们：哲学的存在之问，无论是本体论之问还是认识论之问，如果只从静态的、共相的抽象出发，最终会使其所问陷入更深的困境并从根本上疏离人和存在世界。分析哲学、哲学结构学企图超越“唯物”的本体论之问而寻找第三条道路的心物一体的客观认识论之间，由于它们同样悦纳了方法论和科学哲学的种种缺陷而实实在在地疏离人、疏离人的存在与世界的亲生命关系。由于人的存在与其赖以存在的存在世界的关系问题日益成为人类化问题，这又反过来进一步加速了哲学的存在之间的认识论困境。现代哲学的非理性思潮可以说是对这一存在之间的认识论困境的拷问与检讨的产物。

## 二　哲学的现代朝向

### 1. 从非理性到过程

在一些人看来，非理性哲学思潮给现代哲学带来了“负面性”，也给现代生活带来了某种“盲目性”。但客观地看，现代哲学和现代人类生活的盲目性最终由哲学的存在之间的认识论继而方法论化及其造成的认识困境所酿成。因为现代生活的认识论和方法论思潮把整个人类存在及其生存卷进一种狂热的探索、征服、改造、占有存在世界的竞相发展和竞相争斗的汪洋大海之中，严重地阻碍了人对存在世界的正常理解，也阻碍人与存在世界的正常交通和回归，而存在世界却始终以无声的方式抵制人类的泛滥之为。在这种状况中，人类一方面获得妙不可言的成功，同时也不断承受不知来于何处的惩罚。从终极裁判的角度看，与天地自然、环境相竞争的现代科技革命和现代经济发展的胜利背后却是人类的根本性惨败，这种惨败既加剧了人类的疯狂，也导致了非理性的泛滥。

按习惯的理解，非理性就是反理性，由于它是反理性，就变成了非理性，这样界定虽然顺理成章，但根本的问题却是这“理性”是什么？“理性”不是一成不变的僵化模式，它实是经历了痛苦的演变历史，大体而言，“理性”经历了古典式阶段、现代式阶段并正向当代阶段过渡。所谓古典理性，是指人类古典哲学中被预设的目的的合目的性精神，即关于存在的形而上学本体论之间所形成的思想；现代理性，则是指现代人类架设起来的科学主义精神，即对世界的存在之间抽象为认识论和方法论思想。相对“非理性”而言，前一种理性属于形而上学理性；后一种理性属于科学理性。

叔本华和尼采被视为现代非理性哲学的鼻祖，这在于叔本华第一个在自己的哲学之间中真切地怀疑那一直以来神圣不可窥视和侵犯的形而上学理性，把人心隐秘的生命意志大胆地设定为目的的合目的性的替代物。叔本华的怀疑精神给尼采以巨大的心灵震荡，他不仅看到了形而上学理性的不可确信性，更看到了形而上学理性的荒谬性，于是他高擎批判之旗走完孤独的人生。

在叔本华和尼采的思想中，“意志”都是作为主体而出现的。在叔本华看来，“意志”是唯我独尊的，是解释和解答一切的终极依据和基本价值尺度。尼采却论证了为什么“意志”是终极依据和基本价值尺度，揭示意志之为意志在它本身体现生命得以存在、生存得以延续和展开的正当权力。

严格地讲，叔本华和尼采的思想尽管砸开静态主义的形而上学理想的千年冰冻，开启人类现代精神和思想的先河，但他们最终没有彻底摆脱静态主义的形而上学理性的桎梏，也没有真正突破和超越形而上学理性的思维框架。因为叔本华和尼采的思想虽然狂飙突起摧毁了古典本体论的“唯物”论支柱，却没有真正伤及“唯心”，古典理性中的“唯心”主义的集大成者康德的先验综合判断（主观唯心）和黑格尔的绝对精神（客观唯心）在叔本华和尼采的思想中只得到了部分的修正，即只把那外化的“唯心”精神演变成内聚的“唯心”意志。虽然后者具有强烈的感性色彩，但最终沦为片面、孤立、静止的新的形而上学抽象物。但意志哲学的功劳却是巨大的，首先，外化的唯心精神是外在于人（主体心灵，人格）并主宰于人的客体力量，在这种力量面前感性生存的人承受无止境的奴役，而内聚于人心的生命意志成为人的自我生命展开和延续的唯一冲动机制、力量。在这里，人的生命形象第一次得到理论上的承认和真正的张高扬。其次，叔本华和尼采的思想现实地构成现代人本主义思潮的活水源头。

大体来讲，由叔本华哲学和尼采哲学涌动的人本主义思潮朝着两个不同方向开展和演进，前一个方向是现实的；后一个方向是理想的。现实的方向是指人们片面地张扬意志哲学中的主体论思想，并深信神的上帝根本的不存在，物的上帝的可征服性和制约性，摆在人面前的根本问题是寻找更行之有效的方法、手段、工具、途径来达成对物的上帝的全面征服（认识）和制约（运用）。所以，在现代主义探索道路中，“科学”迷信成为对上帝膜拜的替代物，认识论朝方法方向展开取代了本体论追问，这一发展方向由所谓的非理性走向现代理性。理想的方向是指人们继承了叔本华和尼采的新形而上学诉求，沿着他们的意志学说向前，寻找更符合人性的新本体论思想。比如以柏格森、狄尔泰为代表的生命哲学即是如此。在生命哲学看来，古典理性应该扬弃，这因为古典理性实质上是一种被机械化的本体观：首先，古典理性把流变不已的生命世界因果化，并把其预设的因果机制绝对化；其次，古典理性从根本上忽视存在世界的整体性和生命化，机械地、片面地、孤立地割裂存在世界，任意地肢解生命的整体存在。在生命哲学看来，所谓人心独有的作为其基本权力的意志，实质上是居于人心中那种冲荡不已、绵绵不断的生命本身，人作为人就在于他有生命。生命构成人和世界自身，生命始终是流动不息的过程，这个过程促进人的生长，推动存在世界敞开永恒的变迁。生命的冲动派生出万物，这一“派生”即生命自我的“绵延”，生命冲动一般朝着两个方面绵延，即向上喷射的绵延产生一切生命形式和向下坠落的绵延产生无生命的物质事物。

生命哲学在现代思想史上居于非常重要的地位，它上承叔本华和尼采的意志哲学，下启精神分析学和过程哲学。精神分析学和过程哲学在两个方面发展了生命哲学。

精神分析学并不是一种哲学，但同样不能单纯地看成是一种心理学运动，它实质上是一种思想运动。这一思想运动同样承担起哲学的存在之问的现代课题。精神分析学运动从人的精神、心灵的角度弘扬生命哲学关于生命是世界的基石和来源的思想，同时发展了生命哲学关于生命是冲荡和绵延的思想，认为生命是个活生生的有着丰富内涵的有机体，它现实地由本我、自我、超我构成，生命的冲荡和绵延即是本我、自我、超我之间的相互做功。生命的冲荡和绵延是由本我向自我再向超我方向运动，如此构成人的健康生长，相反的方向则引发人的疾病。生命冲荡和绵延的内在动力恰恰是“里比多”，后来弗洛伊德把它修正为“唯快乐原则”和“超死亡原则”，在精神分析学的“唯快乐原则”和“超死亡原则”面前，可以明显地感受到叔本华和尼采的意志论的再现。

以“生命”为基石的生命哲学虽然强调由无生命物和有生命体构成的世界是生命自身的冲荡和绵延所派生的世界，但它同样存在两个方面的根本局限：一是没有摆脱古典理性的机械观。古典理性的机械观有两种形式，一种是机械自然观；另一种是生命机械观，生命哲学所呈现的是生命机械观念。二是没有摆脱古典理性的唯心论框架，因为柏格森界定“生命是心理的东西”。过程哲学的存在之问就从这里开始。过程哲学认为生命的过程性首先在于存在世界的过程性，整个存在世界——包括自然存在世界和人的存在世界——都是一个流变莫测的过程。“过程”构成事物（世界）的现实性。所以，自然的过程也就是经验的过程，宇宙世界的过程就是人为世界的过程。人在过程中全部生命冲荡和绵延行为运动就是对（并关注）过程（存在世界）的“切断”，同时对（关注性的存在世界）过程的“创造”运动。这一“切断”和“创造”行为即是人的现实性的“现实机会”。“现实机会”即“存在”，一个现实机会的到来，既是过程的切断，也是从“存在”进入“变化”；而“变化”的过程就是寻找新的现实机会，也即从“变化”进入新的“存在”。因此，世界就是过程必须与实际的事态即过程化的现实机会发展关系，进入实际的事态之中，它就变成一种（必须求变化）的可能性。由此，过程（世界、人）也是一种可能性：所有的既定性都消融在“变化－存在”的可能性过程之中。这样，人的主体性地位和生命存在敞开的依据都不见了，整个世界陷入无始无终的流变中。这对时时不忘求证自己、确定自己、追问自己的存在依据和归宿的人来讲，既成为残酷的来源，也成为忧惧的来源。因为人类前仆后继努力创造和探索既是为能把握流变不息、神秘难测的自然世界，也是为确立属人的存在世界。这或许是过程哲学未能引起足够关注的方面，也是过程哲学关于存在的过程之问始终躁动一种更新激情的基本动因。

在过程哲学那里，人的主体性很大程度被消融在变化不已的过程中难以驻足。现象学哲学则把人的主体性作为哲学的存在之问的中心问题，把人及其存在的价值和意义作为研究的重点。在现象学哲学看来，对象世界的存在并不是一种“过程”，而是一种“现象”，这种“现象”是人的意识的结果或者说是指呈现在人的意识中的一切东西。事物的本质和本原就是蕴含在这现象之中的“先验的意识”或“先验的自我”，主体的先验自我现实地构成世界的存有和现象化的“生活世界”，人的必然命运就是对这个现象世界的洞识和把握，其基本方式是人的超验的直觉对呈现在自己意识中的一切东西（现象世界）的本原的感悟。

### 2. 从存在选择到理解

因为现象学哲学只关心主体的意识化的现象并寻求这一将意识化的现象如何加以还原的方法、途径，忽视了人的感性存在本身。存在哲学的使命就是企图解决这一存在之问的问题。存在哲学再度张扬生命哲学和过程哲学的流变思想，但它既不像生命哲学那样只注重于生命的内在运动，也不如过程哲学那样只讲外在世界的运动，而是截取过程中人的此在性为基点，追问人的存在过程的本质和如何走向过程的普遍途径。在存在哲学看来，人的根本问题就是此在（现实）存在，而此在化存在的本质恰恰是虚无。这样一来，存在的价值和生存的意义全在于其自由的意识性获得。这种自由是心灵的也是行为的。行为的自由即现象的自由，心灵的自由则是本质的自由。但自由又须附丽于选择，自由的意识性获得即是选择的结果。选择本身就是自由的，选择即是从心灵（本质）的自由达向行为（现象）的自由而归于心灵的自由。因自由而选择并因选择而自由，存在本身就这样进入了过程，以对自由的吁求为起点并以选择的获得为终结，但由于选择本身就是自由，选择同样不能达成终结而面对空虚的自由。由此，存在敞开生存的价值和意义也就真实地体现为由这自由和选择的虚无性衍生茫茫无边际的忧惧、焦虑和死亡，因此，忧惧－焦虑和死亡既是人走向存在的动因，又是人通向存在之路的过程。

由此，存在哲学突出自由和选择的存在之问主题，却同样没有清除“人”在过程哲学中的被动主体地位，而是赋予它更加浓郁的悲剧性色彩。虽然如此，但存在哲学却彻底清除了根深蒂固的先验形而上学情绪（这是它比现象哲学高明的地方），努力构建一种新的形而上学，即以个体存在本身作为哲学的存在之问的起点，把个体存在置于“存在的自由－选择的存在”的流变过程中来观照，并借此观照来深思人的存在的既定命运。

存在哲学可以说是现代哲学的非理性思潮的终结，也是当代哲学的新理性运动的开端。因为现代哲学的非理性思潮实质上是对古典理性哲学的清算的同时，对现代哲学追问的本体论偏离（即认识论化）的目的性反动。这是一条异常艰难的路，它既面对认识论和方法论化的科学主义思潮的批判，背上沉重的“非理性”十字架，又要抗拒古典理性的腐蚀与浸润。正是由于后一种情况，它构成现代哲学非理性思潮的新的本体论追问的曲折性呈现。无可否认，古典本体论的机械自然观从意志哲学始就得到彻底的清算，而先验唯心观却像一条幽灵始终缠绕现代哲学的存在本体论之问，直到存在哲学才算真正实现了对先经唯心论的清除。存在哲学强调此在的重要性，这对当代哲学的存在之问做出了难能可贵的贡献，因为存在哲学使哲学的存在之问生存化，使哲学的本体论追问生存化，同时，存在哲学也张扬主体的个体化（即个体主体化），使人的存在敞开生存的问题个体化和主体问题生存化。

正因为如此，存在哲学呈现看待存在世界的片面性。这一局限从一个侧面反映现代哲学关于存在的本体之问的普遍弱点，这一普遍弱点恰恰是现代哲学有关于存在的本体之问的真正困境所在，尤其突出的是存在哲学之存在敞开的本体之问根本的困境，是其存在危机和困境孕育新的存在之问。在存在哲学的困境中，新的存在之问是什么呢？从思想演变的时空顺序看，存在哲学思潮之后的唯一哲学运动是哲学阐释学，但哲学阐释学是渊源于现代哲学存在之问的科学主义认识论化。可以说，哲学阐释学就是现代认识论的终结，同时又是当代认识论朝向存在的本体之问方向敞开的开端，这是新的综合。在哲学阐释学那里，哲学的存在之问就是对理解的阐释。因为人是理解的人，理解的命运既是历史的沉淀，又是历史的必然。理解运动本身是人的合逻辑性和合目的性的统一。在哲学阐释学那里，人被赋予受动的意味，文化和历史制约着现实存在的生命，这不是哲学阐释学的故弄玄虚，而是面对强大的科学主义思潮和非理性思潮所产生的一种对人类文化传统的深切眷恋。古典理性的失落导致了科学主义和非理性主义的无根基性，哲学的存在之问认识论化和新的本体论倾向，并没有给人类生存寻找到真正满意的依据，更没有发现可以坚信不疑的存在根基。现代生活的日益困窘和迷茫拨旺理性重建的渴望之火，在哲学阐释学的情绪中，理性的重建不仅仅是某种认识论的获得，首先是本体论的把握，这个本体就是人类的文化精神传统。人类存在和发展的全部价值与意义，就是对自己所创造的文化传统或思想传统的不息理解。

哲学阐释学思想也许并不那样重要，重要的是哲学阐释学所洋溢的那种思维方法，即以综合的眼光重新看待世界和历史，使哲学阐释学具有当代意味。另一个重要的贡献是哲学阐释学本来是结构主义思潮和分析哲学思潮的最终结果，但它却在自身的存在之问中超越认识论局限而进入存在之问的本体论领域。结合“非理性”思潮看，哲学的存在之问的科学化思潮却以认识论道路始，以走向本体论道路终。这正好说明：第一，哲学的存在之问的认识论和方法论化是哲学的误入歧途；第二，因为哲学敞开存在之问的根本动因和最终目的是为人类的世界性存在提供终极精神凭据，哲学的存在之问必须本体化；第三，哲学的存在之问的本体化不应该是对传统的简单回归，更应该是理性地重建；第四，现代哲学的存在之问敞开的既可选择也可探索的两条道路，给新的哲学追问留下可贵的启示：基石和方法的选择是新本体论重建的前提和基础。

# 第7章　书写敞开的自然原理

意大利社会学家和经济学家维弗雷多·帕累托（Vilfredo Pareto，1848－1923）以他的名字命名的帕累托分布理论，是用来描述社会财富在个人之间的分配规律，发现社会财富的20%由80%的人占有，另外80%的社会财富却由20%的人占有。约瑟夫·朱兰等人将这种社会财富分配的帕累托分布命名为“帕累托法则”，却找不到形成这种财富分配法则形成的原因和机制，因为导致社会财富分配的如此格局的因素既不是社会制度，也不是市场机制，那到底是什么力量使之如此呢？数学家、分形理论的创始人曼德勃罗（Benoit B. Mandelbrot，1924－　）用稳定帕累托分布来解释股市的胖尾尖峰现象，发现社会财富分配中20%的人占有80%的财富和80%的人占有20%的财富的规律背后隐藏着异常深奥的数学原理，即非线性原理。这一非线性原理并非来自数，也非来自数学，而是源自自然世界的动力学原理。正因为如此，这一隐藏于自然世界的非线性动力学原理也可以解释“金融世界更像一个正在演化的有机体。它并不仅仅是个别部分的总和，而是整个的、非线性的、处于一个不平衡的状态，平衡仅仅是一种稍纵即逝的幻象”①。社会财富分配不均衡和不可均衡的非线性动力并不由社会生成，而是自然生成，是自然世界敞开自身的运动法则。蝴蝶现象从另一个方面揭示了这一自然生成法则：一个蝴蝶随意在伦敦上空扇动了几下翅膀，几个月后在太平洋上空刮起一场龙卷风。演绎太平洋这场龙卷风的初始条件却是几个月前在伦敦上空的那只蝴蝶

① 张天蓉：《蝴蝶效应之谜：走近分形与混沌》，清华大学出版社2014年版，第125页。

扇动的那几下翅膀产生的对大气运动来讲微弱得可以忽视不计的影响。20 世纪 60 年代美国气象学家和混沌学之父 E. N. 洛伦兹（Edward Norton Lorenz，1917 - 2008）将这一现象命名为“蝴蝶效应”，并用以指称“气象预报对初始条件的敏感性”①，即在初始值上很细微的偏差都将有可能导致巨大的偏离，产生意想不到的后果。

蝴蝶效应和帕累托法则，分别从自然世界和人的世界两个维度揭开存在世界的表面有序背后的本质无序。不仅于此，蝴蝶效应和帕累托法则背后隐藏着更为深刻的思想，即存在世界的运动不仅是现象的，更是本体的；存在世界的有序和无序，也不是现象与本体的分类学描述所能涵盖的，被视为有序的本质恰恰是无序。本体存在的无序运动的内在机制和最终动力才是存在世界——包括自然世界和人的世界——存在敞开生生不息的最终奥秘。

## 一　存在世界的隐秩序

古希腊的智者运动开启了哲学从以关注自然为中心转向以关注人为中心的消息，苏格拉底（Σωκράτης，公元前 469 - 公元前 399）从此出发构建起以人为中心的哲学图景，即道德哲学。其后，柏拉图尝试对以自然为中心的自然哲学和以人为中心的人本哲学（即道德哲学）予以综合，认为以自然为中心的世界和以人为中心的世界均属于存在世界，统摄以人为心中的世界和以自然为中心的世界的存在世界原本就敞开为存在的形成的世界（world of becoming）和存在的本体的世界（world of being），前者蕴含“不变”而成为“不变中变”的形成世界；后者彰显“变化”而成为“变中不变”的本体世界。柏拉图哲学对存在世界的描绘很简单：形成的世界是变化的，所以很复杂，但由于形成的世界蕴含“不变”的因素，所以其变化所造成的复杂也始终是有规律地循环往复。反之，本体的世界是“不变”的，所以相对“形成的世界”来讲它很简单。要言之，柏拉图的“相”（或“理念”）哲学图景呈现的核心思想是：世界的法则是**“简单创造复杂”**（Simple Creates Complexity）。有机论哲学家怀特海（Alfred North Whitehead，1861 - 1947）在《过程

① Lorenz E. N.，Deterministic Nonperiodic Flow，*Journal of the Atmospheric Sciences*，1963（20），pp. 130 - 141.

和实在》中断言："欧洲哲学传统最稳定的一般特征，是由对柏拉图的一系列注释组成的。"① 确实，柏拉图哲学的那种由"简单创造复杂"的思想所开辟的形而上学道路，构成欧洲哲学甚至整个世界哲学的传统，这个传统也在中国先秦的老子哲学中得到印证：比柏拉图要早得多的老子提出"道生一，一生二，二生三，三生万物，万物负阴以抱阳，冲气以为和"（《道德经》第 42 章）。其对世界的基本主张仍然是"简单创造复杂"。这种"简单创造复杂"的思想统治人类哲学及其整个认知世界几千年，直到 20 世纪新科学发展涌现出来的新的自然哲学，提出一种完全相反的世界观即"**复杂创造简单**"（Complexity Made Simple）②。"复杂创造简单"的世界观揭示原来被视为"复杂"的"形成的世界"反而是"简单"的世界，真正复杂的世界是原来被定义为"不变"的"本体的世界"，它的复杂性既体现在它的非线性、无序、非规则、不光滑等方面，又体现在这种非线性、无序、非规则、不光滑本身又遵循一种非线性的动力学法则和隐含的秩序原理，这就是混沌中的分形。

### 1．分形精神刻画

哲学是对存在世界的存在之问。存在世界先于人类物种而存在，但由于人类从生物存在向人文存在演化而自然地改变了存在世界的格局，使存在世界既是整体地存在，同时又形成两分，呈现人的存在世界和自然存在世界。自然存在世界始终是按其自身方式存在，人的存在世界也是按照自己的方式来构造其存在。但是，由于人本身是生物存在，是自然存在方式，无论它怎样向人文存在方面发展自己，也仍然存在于自然世界中，人由此不得不接受自然存在世界的制约。在这种存在处境下，人为求得更大程度的自存在自由，为更为自由地构造属自己的人文世界，它不得不尽其努力去了解自然存在世界，发现自然存在世界的奥秘和法则。科学的繁荣和自然哲学的发展，均源于此。

科学繁荣和自然哲学发展的基本主题，是关于自然世界的存在之问。自

① Whitehead, A. N., *Process and Reality*, Cambridge University Press, 1929, p. 53.

② ［美］约翰·H. 霍兰：《隐秩序：适应性造就复杂性》，周晓牧、韩晖译，上海科技教育出版社 2015 年版，第 14 页。

然世界的存在之问实际地展开两个维度，即现象的维度和本体的维度，前者是自然科学的存在之问，探求和发现自然存在的现象规律；后者是自然哲学的存在之问，探求和发现自然存在的本体规律。古希腊哲学的开端是自然哲学，比如米利都学派和毕达哥拉斯学派所关注的都是自然世界存在的本体问题，展开的是自然世界存在的本体之问，泰勒斯（Θαλῆς, Thalês，公元前 624 – 公元前 546）的“水”本体论、阿那克西曼德（Ἀναξίμανδρος，约公元前 610 – 公元前 545）的“无定”本体论、阿那克西美尼（希腊语Ἀναξιμένης ὁ Μιλήσιος，公元前 586 – 公元前 524）的“气”本体论、毕达哥拉斯（Pythagoras，公元前 580 – 公元前 500）的“数”本体论以及赫拉克利特（Herakleitus，公元前 544 – 公元前 483）的“火”本体论，都试图透过自然世界存在敞开的现象运动而发现背后的秩序和规律。后来，智者运动推动哲学从以关注自然为中心的自然哲学转向以关注人为中心的人的哲学，由此形成哲学的两个扇面交错敞开。经历苏格拉底、柏拉图等人的努力，哲学发展到亚里士多德那里，关于人的世界的存在之问和关于自然世界的存在之问被看成是哲学的整体之问，但在自然世界的维度上，却已在事实上用自然世界存在的现象之问替代了其本体之问，亚里士多德关于“物理之后是形而上学”的立论是自然哲学予以现象之问的再明确不过的定位。这种情况维持到 20 世纪新科学的产生才得以改变。因为即使是盛行于 20 世纪的科学哲学，也只是局限于自然科学的知识论和方法论的讨论，20 世纪著名的几大科学哲学家，比如波普尔的证伪理论、托马斯·库恩的范式理论、拉卡托斯的科学研究纲领理论以及波兰尼的默会知识理论，都缺乏自然存在的维度，所以自然世界存在的本体之问实际上与科学哲学无缘。真正重拾古希腊早期的自然哲学旧业的应该是 20 世纪的新科学，它由传统科学即古典物理学孕育而成，具体地讲，是由宏观物理向微观物理的转型并继而从微观物理再向宏观物理的互动。前者即是量子力学，后者即是天体物理学，它们分别从微观和宏观两个领域发现了自然世界存在敞开的线性、对称、秩序背后的非线性、非对称、无秩序，这种发现将自然世界存在的本体之问重新突显了出来。量子运动的波粒二象及测不准性与宇宙大爆炸生成的奇怪吸引子及其初始条件，均是对非线性、非对称、无秩序的描述，这些描述由于突显出存在世界的本体之问而引发更为广泛的探索，由此涌现出自组织理论、突变理论、非线性理论、超玄理论等，最后混沌学登场，将最精致的分形哲学突显出来。自然世界存在的本体之间从不同方面敞开，最隐秘的自然世界存在的复杂的本体论奥秘徐徐展露。

> 混沌是一种在一个简单的决定论的（时钟）一般的系统中表现出来的随机反复的性态。①

在对存在世界的探索中，不管从何处发现混沌，或可说“不管何处开始了混沌，经典的科学也就结束了”②。因为混沌学的基本主题是**确定性混沌**，探讨存在世界中确定性系统的内在随机性，所以混沌学（Chaos）被誉为与相对论、量子力学齐名的 20 世纪三大现代科学之一。现代科学是相对经典科学而言，经典科学以牛顿物理学为标志，它突出世界存在的有序性，这种有序性以绝对时空框架为支撑，其哲学基础是本体论上的绝对决定论、认识论上的因果论、方法论上的定域论。从经典科学起步而超越经典科学的现代科学的相对论，其哲学基础的根本变化是将绝对决定论变成了相对决定论，这一相对决定论的物理学表达就是世界运动的时空和引力理论，揭示物理世界一切惯性参考系的平权性质，即一切性质的物理规律的形式在任何惯性参考系中相同，它的尺度依据就是光速，它本身构成极限，获得不变原理的尺度资格。由于以光速为依据的不变原理不仅决定了物理世界的存在运动在哲学本体层面诉求相对决定论，而且在认识论和方法论上自然与经典科学保持一致性。相对论是从宏观入手**部分地**改造了经典科学，量子力学却从微观入手**整体地**改造了经典科学，对通过对微观物理量子运动的波粒二象及测不准现象的探讨，在哲学上解构了决定论思想而主张非决定论。由于本体论是哲学的基石，本体论的非决定论诉求自然带动认识论和方法论的改变，这就形成量子力学多向度的间接因果论思想和概率论方法。然而，量子力量虽然是对经典科学的整体改造，但在哲学信念上仍然是柏拉图主义的，即无论是以牛顿为象征的经典科学，还是以爱因斯坦为代表的相对论，抑或是以波尔和海森

---

① 卢侃等编译：《混沌学传奇》，上海翻译出版公司 1991 年版，第 359 页。
② 卢侃等编译：《混沌学传奇》，上海翻译出版公司 1991 年版，第 5 页。

堡为代表的量子力学，都是建立在“简单创造复杂”的法则基础上的，与此不同的混沌学却是彻底地否定了科学的哲学信念，摧毁了“简单创造复杂”的世界法则而重建“复杂创造简单”的世界法则。

混沌学的开创者之一是美国麻省理工学院气象学家 E. N. 洛伦兹，以他 1972 年 12 月 29 日在美国科学发展学会第 139 次会议上发表的《蝴蝶效应》为标志，在此文中他以巴西一只蝴蝶扇动翅膀可使美国得克萨斯州产生一场龙卷风为喻，提出天气预报不可准确预报性。这种预测的非准确性并不仅限于气候变化，而涉及“一切具有多于两个自由度的非线性动态系统，尤其许多生物的、气象的或经济的模型能够表现混沌，因而它们是**长期不可预测的**”①。这种长期的不可预测性就是**确定性混沌**（chaos），它源自希腊文 χaos，本意指先于一切事物而存在的广袤虚无的空间。混沌学揭示表面确定的存在世界实质上处于非确定性和不可确定的状态，这种表面确定的秩序背后涌动的非确定性，源于它自身存在的无序化和不规则化。所以，确定性混沌是指世界存在敞开的实质是无序和不规则状态，因为其无序和不规则状态才形成始终的不可预测性。这种确定的无序和无规则状态形成及其系统性维持的动力方式即分形，所以混沌的**生成本质**是分形。

相对地讲，分形现象的发现比混沌更早。在数学领域，一种截然不同于欧氏几何学原理的非整数维的几何图形，即分形几何现象，最早被意大利数学家皮亚诺（Giuseppe Peano，1858－1932）发现，后来包括德国大数学家戴维·希尔伯特（David Hilbert，1862－1943）、尼尔斯·冯·科赫（Niels von Koch，1870－1924）等都为此构造过相类似的几何图形，但有关于“分形”概念及分形几学创立和发展却是几十年后的事情。美国数学家和经济学家伯努瓦·曼德勃罗从拉丁语 fractus（碎片）中得到灵感，于 1973 年在法兰西学院讲课时首次提出分形几何学的构想，两年之后的 1975 年才正式提出“分形”（fractal）概念。曼德勃罗创造“分形”这个概念，是用以描述自然世界存在敞开之破碎、片段、不连续性、非光滑性以及褶皱等，他最初以海岸线为例来证明分形作为存在世界的普遍存在性。所以，曼德勃罗所创建的分形

① ［德］H. G. 舒斯特：《混沌学引论》，朱鋐雄、林圭年译，四川教育出版社 2010 年版，英文版序第 1—2 页。

几何学是描述在自然界中观察到的不规则形状的几何学。一般来说，分形展示了混沌的存在世界敞开的无限的细节、无限的长度以及不光滑的特性。从哲学层面看，分形几何学力图揭示存在世界之“本体存在”的混沌性及运作其混沌的动力学法则，这个法则就是非规则、非连续的以及片段的、破碎的和褶皱化的分形。

著名理论物理学家约翰·惠勒（John Archibald Wheeler，1911 －2008）曾高度精辟地评价数学家曼德勃罗的分形思想及其理论对科学及发展的影响，他说：“今天，如果不了解分形，不能算是一个科学文化人”，因为“自然的分形几何使我们视野开阔，它的发展将导致新思想，新思想又导致新应用，新应用又导致新思想……”① 不仅自然世界的存在敞开是分形的，人的世界的存在敞开也是分形。自然世界和人的世界之存在敞开的分形本身那样随之产生的新思想和新应用将循环往复而层出不穷。

分形之所以在自然世界和人的世界普遍存在，是因为自然界和人类事物之间普遍存在着自相似性。分形的意义是**自相似性**（self-similarity）它既指“任何一条线段的一部分一条线段，除了尺度不同外，其它完全相同。大部分欧几里得形态都不具备这种性质”②，也指存在世界的某种结构或存在世界敞开的过程呈现不同空间尺度或时间尺度上相似的，或者某种系统生成的局域性质或某类结构敞开的局域结构与其整体类似。所谓自相似性，实是指跨越不同尺度的对称性。这种“不同尺度”具有广涵性，既可指不同的时间尺度，也可指不同的空间尺度，或者不同的结构尺度等。“跨越不同尺度的对称性”实指存在世界敞开形式化运动进程中某种事物、某种现象、某种进程或规律在一定变换条件下的不变性，这就叫作它们对于这些变换的对称性，所以尺度变换的对称性又称尺度变换的不变性。尺度变换的不变性即分形的无标度性。在分形研究中，不论测量单位如何改变，其所研究（分形物）的性质都不会发生改变。所以无标度性与自相似性彼此一致。

自然和人类事物之间的**无标度性**并不是无限地等同，也存在着区分性。

---

①　张天蓉：《蝴蝶效应之谜：走近分形与混沌》，清华大学出版社 2014 年版，第 24 页。

②　［美］尼格尔·高尔顿、［美］威尔·鲁德：《分形学》，杨晓晨译，当代书画出版社 2014 年版，第 23 页。

比如一铺床、一张书桌、一条凳子、一扇窗子之间存在着某种无标度性，但却决不等于一片浮云、一滴江水、一片绿叶或一个男人与女人、鱼与虾之间那种内隐着的无标度性特性。自然和人类之间的无标度性所呈现出来的自身特性标识为存在的界限和域度，**这个自我界限和由此所形成的域度就叫作无标度区间**。事物间的自相似性就在这无标度区间（上下左右）书写（缩写和播散）自身：无标度区间构成自相似存在的尺度范围。

自相似性、尺度变换的对称性（即无标度性）以及无标度区间，此三者之间纵深网络构建起分形精神的深度形象。要全面深入地理解分形，首先得深入把握分形精神的深度形象，这就要从自相性所展布的那种隐含恢宏的视界和观照方法入手。

### 2. 走向场化的新综合

混沌的生成本质是分形，分形的内在原理是自相似性。分形学家们认为："自相似的观念拨动了我们文化中的古老的弦。在西方思想中有一条古老的源流对自相似性赋予光荣的意义。莱布尼茨曾经设想，在一滴水里包含着丰富的宇宙，它又包含着许多滴水，各自又包含新的宇宙。"① 虽然如此，但"自相似的威力要在更高层次的复杂性中才能显示出来，这是一个观察整体的问题"②。混沌学家詹姆斯·格雷克（Gieick James，1954－　）的教诲无疑给人们如下启发。

首先，自相似性是自然和人类事物各系统间的内在规律与联系。在自然和人类世界，每个事物都蕴含自相似这一基本规规律，并且，自相似性构成事物通向它事物的联系。

其次，事物的自相似性并不停留在事物的表面，虽然众多事物之间有着形态、结构、功能的自相似性，但这仅是作为事物规律的自相似性运动的显性形态，或者说这是形态学的自相似。形态学的自相似性不是根本的方面，根本的方面是本质论和本体论的自相性，这是确定性混沌中的自相似，这种

① 卢侃等编译：《混沌学传奇》，上海翻译出版公司 1991 年版，第 139 页。

② ［美］詹姆斯·格雷克：《混沌：开创新科学》，张淑誉译，高等教育出版社 2004 年版，第 106 页。

性质的自相似隐含于事物的内部，构成事物自身的复杂性。一朵浮云与一滴雨水、一株小草与个体生命之间，表面看来并无联系之处，但如果深入其内部就会发现它们的复杂性是相似的，所以它们并不彼此隔膜，而是**相互通连，相互蕴含，相互书写着对方**，比如小草的盛衰书写着个体生命的生长与消亡的过程，一滴雨水书写着整个世界的存在及其敞开运动；与此相对应的宇宙运动的进程、状态和规律同样浓缩在一滴雨水的存在命运之中。

再次，事物本身的复杂性和这种复杂性敞开存在的自我深蕴性，必然要求对它的认识要以其思维和认识能力达向更高层次为前提，否则，将无力全面深入地认识事物本身所深蕴的复杂性，更无力把握事物本身的复杂性规律。

最后，这一“更高层次”的思维能力和认识能力即人的存在的“整体”能力。这里的“整体”指自具系统的“整体方法”和文化学的“整体思想”双重含义，但它更主要地指自然和人类事物得以共生存在的整个环境、整个世界和宇宙：一粒砂子的整体是整个世界，一个细胞的整体是宇宙世界的全部生命，一个语词的整体恰恰是人类语言。在自相似的复杂的“整体”存在里，激荡的是一种**大宇宙**激情，回旋的是一种**全生态**意识，敞开的是一种**场态**运动。对自然世界和人类存在的自相似性规律的把握，必真正具备大宇宙观和全生态观，即必须具备**场视野**。换言之，只有从场化的大宇宙和全生态角度观照自然存在和人类事物，才可能透过其表面确定性的简单性而深入其内部，揭示深蕴于确定性的简单性之中的非规则的、非确定的、非线性化运动的复杂性所呈现的自相似性规律。

自相似性，不仅呈示科学研究微观操作中的可能性影像模型，而且展布一种宏观的生态化综合方法，它是对大宇宙观的整体存在论思想和全生态的生存论思想的综合化思维方法和思想方法。获得并运用这一思维方法和思想方法来观察自然世界或人类事物，可能通达到其复杂性领域，体认、领悟和把握其深蕴的规律，并有可能将其深蕴其中的复杂性规律予以最简单的法则化揭示和表达。比如，一滴水，这一简单的自然存在却缩写着影整个宇宙。自相似性开启使任何一滴水通向宇宙世界的道路，同时也成为使宇宙浓缩于于任何一滴水的桥梁。在水和宇宙之间，前者呈现的是小尺度，后者敞开的是大尺度，自相似性跨越了（具体的）尺度的界限，走向尺度不变的**共通**境界。一滴水和宇宙之间所以存在着复杂性的自相似性规律，在于其具体尺度即一滴水的微观尺度和宇宙的宏观尺度之间并不构成隔离和分裂这滴水与宇宙的最终因素；相反，自然存在和人类事物之间却存在超越自身尺度藩篱的深度尺度，由此展示出自然世界与人类之间，以及人类事物与人类事物之间客观地存在表面尺度的对称性和扬弃其表面尺度的无尺度性。

无尺度自身就是一种尺度。对自然世界和人类事物来讲，无尺度才是它们之间构成本质相通相生的深度尺度。深度尺度的存在才构成自然存在和人类存在之整体化朝向。所以，无尺度性的深度尺度既构成一滴水和宇宙之间共生的基础和动力，也构成整个自然世界和人类事物之间遵从自相似性法则的哲学基础和认知前提。

深度尺度的无尺度性，使一滴水与宇宙在共生存在中相书写而互为对象性的整体；表面尺度的尺度性，又使一滴水与宇宙在共生存在中相区别而为对象性的个别。就事物本身言，前者是个别，后者是整体；就事物尺度言，前者是无限（度），后者是有限（度）；就事物尺度所呈示的形态特征言，前者展布复杂性，后者敞开简单性。所以在一滴水与宇宙共生的互为书写、互为区分的生命运动长河中，是其生命存在敞开的自然涌流与喧哗。

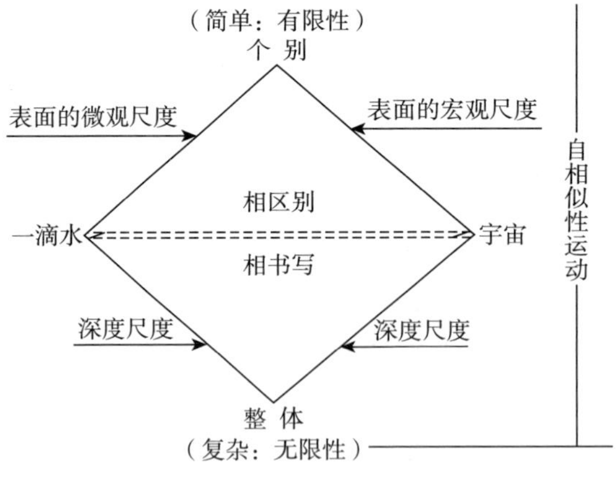


［图7－1：分形的自相似性书写原理］

### 3. 人为尺度和自然尺度

存在世界及其敞开的具体事物始终存在序与无序的现实问题，可以说世界是序与无序的交响曲，事物则是序与无序的副产品。但有关事物的序与无序都是以人为参照系，是人指涉事物所生成的某种关系的产物，即人指涉事物所生成的某种特定的基点（视点）、角度（视角）、层面（高度）、视界（广度）和情绪（深度）等因素相整合的成果。通俗地讲，事物的“序”与“无序”实是人以自身经验赋予事物以特定尺度的呈现。山川河流、鸟兽飞禽、花草树木等生命运动及其生长运动，实是其生命存在物的天然状貌，其本身不存在序与无序的问题；湍流的“序”或“无序”最终是人企求给予它某种规定性，使它置于人的控制之中，从而消解在人看来是不可思议的、难以捉摸的、神秘的这些令人不安的情绪。人们谁都确信圆的周长率等于“π”，三角形各内角之和等于 180°，以及各种各样的常数、定律、公理是自然规律，都是自然之序的无可逆转的永恒微笑。但如果换一个角度或换一种思维去重新追问得出这些公理、定律、常数的计算手段和工具，那又该是什么呢？这些赖以计算的手段、工具都是人的产物，假如消解这一切为人们所习惯的“手段”和“工具”以及产生这些“手段”和“工具”的思维 - 认知模式，那么，各种为人们所用的公理、定律、常数又是否具有存在的价值呢？进而言之，这些“东西”还揭示了宇宙的本质和意义吗？

如上问题隐含两个基本事实，即人为事实或自然事实。人们津津乐道的公理、定义、常数甚至包括公理、原理等，其实都不是自然事实，自然事实就是自然存在及其敞开自身存在本身，它需要公理、定义、常数、原理这些东西？公理、定义、常数以及公理、原理之类的“东西”均是人为事实，它们都是人为看待存在、看待世界、看待事物甚至看待自己的一种尺度或者说一种工具、一种手段而已。在自然世界和人类事物中，人类凭借自造的（思维的、物质的、情感的、认知的）尺度、工具、手段来量度存在世界或事物，这即是“序”的开始。自然世界和人类事物的“序”，都是人为尺度的量度化产物，是人将自己的规则、条理、规范以及求明晰和求按部就班等企望予以对象性加强。总之，自然世界和人类事物的全部“序”都是相对人为尺度而言，是因为人为尺度而存在并因着人为尺度而消长。

人为尺度产生于人为，人为尺度的最终凭据是人自身的认知力和欲望力的整合，由于人本身又在自我消长之河中敞开和流动，人的消长也即人的认知力和欲望力必然地生成性敞开新陈代谢运动。这样，量度自然事物和人类事物的人为尺度也在不断地变迁：在相对论的论域世界，人们尊崇光速原理（尺度）；在量子论阶段，人们更多地运用普朗克常数之类的尺度；但在混沌论阶段，人们则运用费根鲍姆常数之类的尺度。这不同生存时代或存在阶段以及不同生存论域以及历史境遇中，人们认知、理解、判断的尺度体现根本性的不同，这种不同展示了尺度的变化也是与人类存在及其演变或发展相并进的。并且，看待、审视甚至探求把握自然世界、存在事物的尺度的变化，本质上是人为尺度的变迁，这一变迁实际地呈现了人们赋予自然世界和人类事物以“序”的性质、内涵、方式甚至由此形成的美学境界的个性差异。

可以这样讲，人为尺度是（自然事物和人类事物之）“序”的源泉。人为尺度的对象化形式是事物的表面尺度。表面尺度分微观尺度和宏观尺度两种，因而人为尺度因对象的原因而实际地存在着人为的微观尺度和人为的宏观尺度的区分，自然事物和人类事物之“序”也因此而划分为微观序和宏观序。

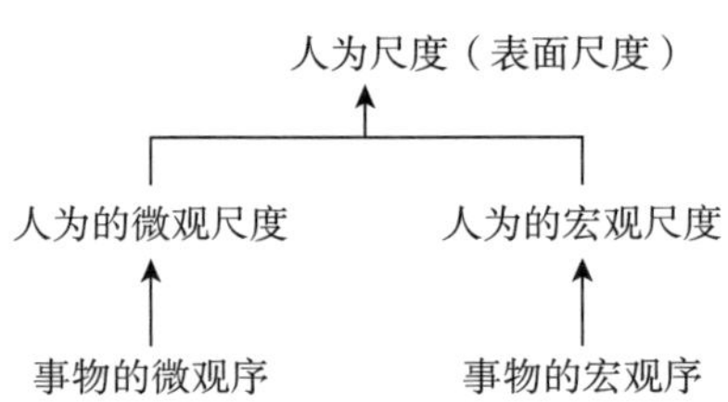


**［图7－2：探索世界或事物的人为尺度变换］**

在人类探索历史中，其探索的本质是在于对人为尺度的探索。

探索一种人为尺度，意味着首先扬弃或悬置原有的人为尺度，这是探索的起点。当一种探索开始，旧有的探索尺度被扬弃而新的探索尺度尚未获得之时，探索者的面前会暂时出现一个“空挡性”的世界图景，这个世界图景暂时获得了没有任何人为尺度的干扰与强加的自由状态，这是存在世界或事物——包括自然事物和人类事物——的本来状貌。但对尺度（文化）化的人来讲却不可思议，因为一旦这样，存在世界或事物——包括自然事物和人类事物——就会完全脱离自己的手掌而成为完全外在于人的自在之物。在这种状况下，人会倍感失去，甚至会失去其存在的全部，包括人自己的存在。因为人的存在必是以对象的存在为存在，对象的游离即人自身的游离，正如爱马嗜命者突然失去爱马那样。爱马的失去是因为套马的笼头丧失“套”的功能，相对存在世界及其事物与人而言，犹如爱马者那样，他们之间的结缘关系是“笼头”般的人为尺度，当旧的笼头（人为尺度）失去“套”世界和存在以及人自己的功能而新的笼头（人为尺度）正在打制时，“马”（存在世界、事物以及人之存在本身）必然因为无“套”而四处狂奔（无序、混乱），这既是非平衡态热力学和混沌学最初描绘的存在世界或事物存在，也是人类最终认识到的原发存在（世界、事物、人自己）状态。然而，科学（也是科学家）的目的就是为狂奔（混沌、无序）之“马”（原发存在之世界、事物、人）不断打制并套上驯服的“笼头”。正因为此，非平衡态热力学和混沌学没有让这个无序的世界再混沌下去，随之给它套上了“耗散结构”和“非周期性的有序运动”等笼头（人为尺度）。

存在世界、事物与人类生存之间的联系的演变运动，实是人类与世界、事物（包括人类自己）之间的力量较量。在这一较量史中，人类凭借的唯一强劲有力的武器是“人为尺度”。科学对“人为尺度”的更新则犹如人类自相残杀史上武器的进化一样；武器的进化是以使不断更新的武器具更大杀伤力和摧毁性为标志，因而武器的进化不断证明残酷和野蛮对人类的绝对有用，不断证明拥有不断强化其野蛮、残酷的暴力装备的合法和正当。人为尺度的更新并不绝对地意味着人在存在世界或事物面前的主体能力的增强和主宰地位的提高：托勒密的地心说这一人为尺度中的人是主体化的，但他必依赖于神的护佑才得确立，在这一人为尺度中人没有主宰性地位。或许正因为对人来讲存在着这样的局限，才促成哥白尼有动力观察更宏大的天体，发现日心说。日心说作为一种新的人为尺度在主观上消解了神的“垂帘”影像，但人的主体性在这一人为尺度中仍然黯然。牛顿们之所以伟大，是因为他们努力开创了一种求全面确立人的主体性和对世界的主宰地位的人为尺度，这一宏观的人为尺度之所以能够确立起人的主体地位是因为经典物理学构建起来的世界遵从物质化的守恒运动规律，并且世界的这一守恒运动犹如钟表，上帝即是钟表师，人就是这守恒运动的物质世界的绝对主人，一切都为他而创设。虽然如此，但人的主体地位和主宰世界的能力是绝对有限的，即必须以不逾越“钟表”和“钟表师”的绝对运行框架为前提。爱因斯坦（Albert Einstein，1879－1955）的努力或许是为了消解这一遗憾，但爱因斯坦在努力证明存在世界的相对性运动时却不自觉地把人的主体性和主宰性推向了相对化的窘境；量子力学的微观尺度一方面宣扬了人在存在世界或事物面前的某种无能为力性，同时又在重振人的主体形象。

其实，相对化尺度和量子化尺度都在企图消解“熵”世界给人带来的存在忧惧和生存危机，克劳修斯的“热寂”论尺度可以说既是对“守恒”论尺度的粉碎，更是对人的致命杀伤。科学的天职是保护并发展人类，决不容许这种对人的蔑视，这是爱因斯坦们和玻尔们所肩负的责任而踏上两条不同的振救道路。然而，在这两条道路上探索构建的相对论（宏观）尺度和量子论（微观）尺度，最终仍然不能满足人的存在需求和生存想望。于是，科学又开始了更新尺度的探索。相对论尺度和量子论尺度的相生共存，为后世科学探索提供了非常现实且又深远的教益，科学的人为尺度探索踏上了多元化的道路，超循环论、协同学、非平衡态热力学、突变论、混沌学等新科学的崛起共同拉开这多元化的序幕。但这些复杂的科学无论怎样争芳斗艳，在它们所展布的人为尺度中，人的主体性和主宰性地位却是越来滑向更为不景气的境况，因为人为尺度无法逾越确定性混沌，更不能超越非线性运动，只能用混沌和分形的尺度去套非线性的、无规则和充满皱褶的存在世界或事物包括人的存在这匹野马。

新科学所为之提供的如此令人沮丧的人为尺度当然不能为人类所悦纳。虽然人类固然知道自己作为一种自然存在已命运地与存在世界不可分割而必须共存共生，但人类又始终热衷于对存在世界、事物甚至包括对人的世界的分离性或者分割性活动，因而人必然在种种自为的或被给予性的分割运动中求取自由地生存于事物世界之中。由此，主体性和主宰性企望现实地构成人类存在敞开生存及其探索的不竭源泉，科学作为探索存在世界或事物的人为尺度的变迁运动而获得最高的积极意义，人类也在这种追求人为尺度的不断变迁的探索过程创建起属己的永恒存在精神并树立起属己的生存形象。所以，当非平衡态热力学和混沌学将获得世界的“耗散结构”事实和“非周期性的有序运动”事实时，科学又开启继续向前探索其创造的历程，打开分形世界的大门。

如果说非平衡态热力学和混沌学是在致力于构建一种非线性的人为尺度

的话，那么分形学则在寻求一种超越其片面而融线性与非线性于一体的综合性人为尺度：在分形学的观照中，整个世界存在着两种尺度，即表面尺度（人为尺度）和深度尺度（自然尺度），混沌学和非平衡态热力学立足于前者，发展了人为尺度之外的存在世界的不可预言性与不可量度性，因而满足于在人为的视界中探索世界或事物；分形学并不满意这种停留于人为尺度之内对可预言的和可量度的存在世界或事物予以言说和量度，而是要力求对不可预言和量度的存在世界或事物之混沌、无序的运动状态予以预言和量度，由此发现另一种尺度，即预言和量度存在世界或事物的混沌和无序的尺度，这就是自然尺度，即跨越人为尺度的对称性的尺度。

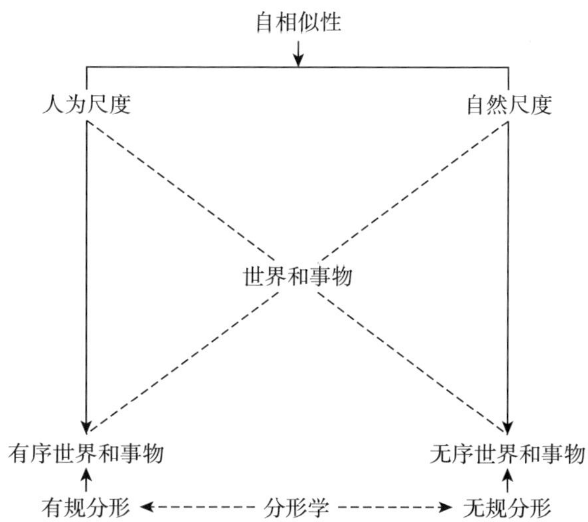


［图 7－3：存在书写的尺度变换原理］

## 二　存在世界的动力学原理

存在世界和事物书写敞开的尺度变换原理，既是自相似性的人为尺度与自然尺度的变换，也是自相似性的微观尺度与宏观尺度的变换，这一双重变换的动力学机制是整体动力与局部动力的互为变换，具体表述为整体动力向局部动力的实现和局部动力向整体动力的回归。

### 1. 局部动力与整体动力

“在显然不守规矩的系统中，尺度变换意味着一切都变时有某些性质保持下来了。”① 费根鲍姆（Mitchell Jay Feigenbaum，1944－2019）所说的这些被保存下来的“性质”是什么呢？费根鲍姆认为是反映宇宙本质的普适常数。费根鲍姆的“这个发现深刻地揭示了决定性系统走向混沌的规律，改变了人们对宇宙的认识。决定性系统具有内部的随机性，所以决定性系统与随机性系统之间并不存在不可逾越的鸿沟，混沌为两岸架起了桥梁”②。能够填充决定性系统与随机性系统之间鸿沟的是混沌，但能够为决定性系统与随机性系统之间架通可相交通的桥梁的却是分形之自相似性。然而，世界或事物之间凭什么而自相似性？世界或事物自身因为什么而自相似性？如果仅从行为及敞开的功能讲，世界或事物的自相似性就是世界之为世界或事物之为事物的自组织性。这就是什么是自组织的问题，事物在没有外界干预的情况下自为地获得空间的、时间的和功能的结构过程就叫自组织。那么，使事物自身得以自组织的那个“东西”又是什么呢？H. 哈肯（Hermann Haken，1927－　）以为是信息，但托姆（René Thom，1923－2002）则证明凡信息都是语义化的。从广义语义学看，事物的自相似性是某种性质的语义（信息，密码）的自相似性。某种相对不变的语义内容现实地构成事物跨越不同尺度的对称性（存在）。

一般地讲，语义学是研究具体语言行为（即话语）意义的学科，而“语义”即指话语本身的含义（意义）。广义语义学同样以话语意义为基本的研究内容，但还要研究产生具体的话语意义的隐含意义，这就是**生成**语义的语义。广义语义学是对话语化的“语义”内涵的拓展，从而使语义概念突破语言学而跨入人类学和哲学的领域。“语义”概念内涵由此得以拓展，它首先表征为对“语言”概念内涵的拓展，在广义语义学中，“语言”概念获得两个方面的指涉性：一是指凡人的实践（物质的、精神的）活动的对象化物质形式都是语言，如文字语言、有声语言、体位语言、数理语言、指号语言、代码语言等；二是指凡生命运动形式都是语言，如宇宙语言、时空语言、生物语言、星球语言、湍流语言、计算机行为语言等。广义语义学本身就是一种语言，它呈现为一种崭新的思维视界和思想方法的语言。

---

① ［美］詹姆斯·格雷克：《混沌：开创新科学》，张淑誉译，高等教育出版社 2004 年版，第 155 页。

② 林鸿溢、李映雪：《分形论：奇异性探索》，北京理工大学出版社 1992 年版，第 168—169 页。

从广义语义学看，每一事物，每一形态，每一种运动，每一次行为……都是语义化的。世界（包括宇宙、自然、社会、文化、个体生命）是一个充满语义的场，并且世界本身就是一个语义场。在这四通八达的世界之场中，各种各样的语义（信息、密码）都在寻求符号化的缩写与播散：日月的运行，四季的更替，生物钟的摆动，动物的周期性发情……都在自身的运动轨迹中缩写和播散一种自相似化的语义信息与密码。因此，事物的分形——无论是形态、结构、功能的分形，还是信息、过程的分形——都是对事物内部及深处的复杂性语义的分形，比如一沙一世界，一水一宇宙，准确地刻画出一粒沙子如何缩写了一个世界的语义（信息、密码）。一滴水怎样缩写了整个宇宙的语义信息和语义密码。然而，这宇宙的语义（信息、密码）是如何地被这滴水所缩写的呢？这滴水缩写宇宙的动力学机制是什么呢？是这宇宙的语义（信息）场本身，是语义场化的宇宙向这滴水予以整体化散播行为本身。于是，在这滴水与这宇宙之间现实地，也是历史地构成一种“能指”与“所指”的关系：

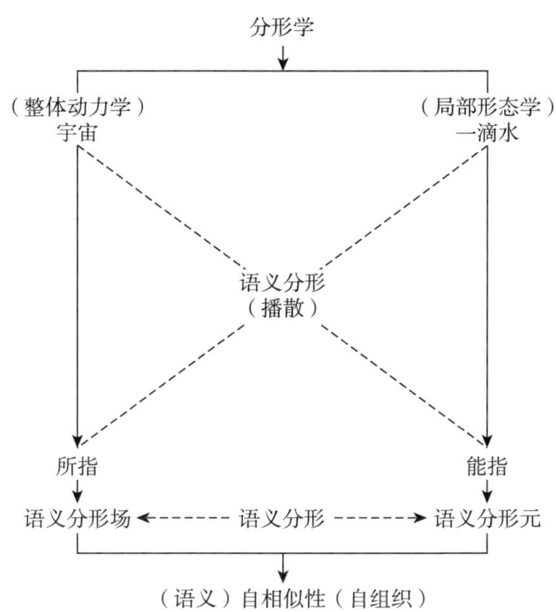


**[图 7－4：存在书写的语义形式化方法]**

自相似性原理与自组织原理有着一种内在本质的同一性。这种本质同一由三个方面规定：首先，自相似性和自组织都意味着是世界、事物及其系统的某种深部基元。其次，自相似性和自组织都展布为世界、事物及其系统自我生成（生长、消亡）的基本过程的内部运行（或曰“行为”）状态。再次，无论是自相似性还是自组织，其支撑自身存在的基本内容是某种相对不变的且可以超越人为尺度变换的语义（信息、密码）。最后，无论自相似性还是自组织都追求对世界、事物及其系统的综合性描述，但自组织所追求的是对世界、事物及系统自身（整体与局部）的综合性描述，自相似性则在综合描述事物自身（整体与局部）的同时更兴趣于描述事物与事物之间或系统与系统之间的尺度的变换性和跨越尺度变换的对称性规律。换言之，自组织理论是探索世界、事物及其系统内部的单个部分（比如子系统）的自我排列、自我组合、自我创生的规律，这个“规律”即世界或事物（系统）内部各部分（子系统）的相互协同作用而生成的那只“无形的手”对世界或事物各部分以及事物自身的运动予以现实的“操纵”（即支配、主宰、役使）。由此不难发现，在世界或事物以及其系统内部之间，这种缩写和播散始终在无声地持续运行，以至于永在。这一永在化的“缩写”和“播散”运动所缩写和播散的是什么呢？这一“缩写”和“播散”又何以成为可能呢？是因为某种相同构的、跨越任何（人为）尺度变换的语义（信息、密码）。这一语义（信息、密码）构成微观世界或事物向宏观世界或事物的自相似性缩写，与此同时也构成宏观世界或事物向微观世界或事物的自相似性播散，这种互为缩写和播散运动构成世界与事物相共生的不可逆的（生长和消亡）运动。因此，具体地看，事物的分形运动，同时更是事物与它事物以及事物与世界（整体）相交通过程中那种相对不变的深度语义（密码）运动，或曰世界或事物之存在敞开的动力学运动。所以，从广义语义学看，自相似性原理所蕴含的不仅仅是局部的动力学机制，同时也应该是整体的动力学机制，是局部（就某一事物、某一系统而言）动力学和整体（就事物与它事物、事物与世界、事物与宇宙本身言）动力学的整合生成和综合化作功。

### 2. 自然敞开的尺度域

从根本讲，分形即是跨越人为尺度变换的语义（信息、密码）的缩写与散播。在分形运动（任何事物在任何时空中都是运动）中跨越人为尺度变换的语义构成存在世界的终极的不变因素，也构成事物间相对恒定的对称性。

以人为尺度（文化）讲，语义是人为话语的意义，它所依附的承载体只能是指涉人类思维的基本语词即概念；当跨越人为尺度的藩篱，一切存在都是语言，且一切都展布为语言自身，每一种事物（比如语词、指号、代码、建筑、人体），每一种状态（比如山川流水、风雨雷电、春花秋月），每一次行为以及每一瞬间的时空分割，每一次（事物间）函数关系等都敞开为语言，并且都表述为语言，都是语言。语言之为语言的支撑点和生存点，却是语义（信息、密码）。雄鸡长鸣，其语言行为不仅是宣泄“报晓”的语义，主要的是敞开雄鸡生命运动节律又迎来一次高峰状态；日月运行，其语言行为不仅播散着时间（即白天向黑夜进发）的语义和阴阳互动的语义，同时也缩写着世界变化和事物运动从不同方面敞开自然循环的周期性节律。从根本讲，第一，在存在世界里，事物之为事物始终作为一种语言而存在，并且其作为语言而存在蕴含并铺张的语义是多元的和多向度的。第二，事物蕴含的每一种语义都分别标识该事物的一个方面、一个侧面或一个层次，对事物之为事物的真正体察和认知需要从不同方面观照其不同语义蕴含。所以第三，事物蕴含的不同语义内容生成敞开不同性质、不同域度的分形行为，并由此生长出不同结构和不同功能的分形形态。在雄鸡长鸣行为中，其“报晓”的语义不正与人类事物的时间量度构成一种相缩写和相散播的现实“联系”，并且也书写了星球（月球向地球）之间互动节律敞开某种状态的景观：雄鸡这一生命律动的高峰状态的敞开，正是它作为一具体的生物个体在整个宇宙生命律动河流中的一次“涨落”、一次极其恢宏的“耗散”、一次生命能量集聚的实现，雄鸡报晓行为恰恰缩写了宇宙世界以及存在于其中的万物生命的不规则的、不可预言的律动在它（雄鸡）生命运动过程中的周期性呈现，同时也是宇宙世界以及存在于其中的万物生命的不可预言性律动的涨落性语义密码向它（雄鸡）的历史化散播的行为体现。因此，凡事物的语义都既是现实的也是历史地存在着一个疆域度的问题，这个语义域度的形态学呈现就是无标度区间。

无标度区间是（事物）语义分形的终极性尺度范围，它是自然尺度的界域、疆界，准确地讲，是自然事物的语义能量指涉达及的范围，以及人为自然事物的深度语义能量指涉的效力范围。人类语言的物化形式即语词（符号、概念），这是一典型的**人为的**自然事物，对任何一个语词（比如说普朗克常数或费根鲍姆常数）用人为尺度去观照，它们都标识拥有自身独立存在的语义内涵，这些语义内涵构成不可与其它语义相通讯的现实性，这就是不可分形性，比如，当用“张三”来指涉A或用“李四”来指涉B，那么张三就是张三，不能是李四，“张三”和“李三”这两个语词既不可等同更不可互通或更换，这是由语词本身的语义所规定，并且其语义规定本身也规定了语词所能指涉的域度。语词作为人类精神现象的物化形式，它们都共同具有三个方面的规范性：第一，语词是具体的存在形式，它是表达人类对存在世界或事物的某种认知成果。第二，语词始终是具体的存在形式，其存在的具体性本身构成它对人类某一认知成果（包括人的认知力量和对认知对象的内隐或外显的影像的一体化体认）的抽象界定。第三，每一个具体存在的语词都具有两个功能，或凝聚（缩写）或铺开（播散）人对存在世界及其事物（包括人自己及认知力量）的形式化运动。这些以缩写或播散的方式形式化的语义内涵却是每个语词都具有的，这些语义内涵是深度的并隐含于语词底部的，但在语词间又是相通讯和相分形的。因此，从人为尺度看，语词的这些深度语义是无标度性的，因而它们往往是人们所忽视不见的；但从自然尺度看，它们是历史地存在着一个无标度区间，即语词的这些深度语义的效力只能指涉人类这一自然事物，无力与人之外的其它自然事物构成自相似性。

同时，由于事物语义的多向度性，事物语义（分形）的无标度区间也存在着多向度性。在日月之行与盈缩之期之间，“盈缩之期”是日月之行的“行”语义，它是日月历史地向大千世界的万事万物播散（分形）着自身；与此同时，大千世界的万事万物也向着“日月之行”缩写（分形）着“盈缩之期”，并且，大千世界的万事万物又在相互地分形（缩写和播散）着生命的“盈缩之期”。然而，每一事物向它事物（或世界）分形（缩写和播散）的“盈缩之期”——这一生命消长的形式和范围都会有所不同：湍流对“盈缩之期”语义的分形是永无歇息地涨落，在其涨落中，生长本身即是消亡，生长和消亡同时生成对方；人（包括其它生物）这一存在个体在缩写和播散“盈缩之期”语义的分形则是对不可逆的有限存在的喧哗与骚动，在其喧哗和骚动中生长的本身滑向不可逆的“消亡空洞”，这就是人的向死而生的存在朝向与存在境况。

事物分形的无标度区间就是事物分形的自然尺度域。因为事物的分形最终是对事物语义的分形；事物的自相似性最终是事物语义的自相似性。由于事物的价值和意义都因人的存在而书写，准确地讲，事物的语义都因为人与事物的互动存在敞开而书写。并且，由于事物存在于（生长和消亡）它事物及其整体之中，事物的语义又因它事物及其整体互动存在敞开而得以书写。所以，从广义语义学角度观照，事物分形的自然尺度域恰恰是事物之间相向敞开其存在呈现出来的立体发散的语义场域。由于一事物的语义存在多向度地敞开自身与它事物、它种存在的关联性，所以事物自身之间以及事物与它事物之间现实地并且也是历史地共生共存着不同性质、不同内涵的语义场域。正是因为此，事物之间才不间断地生成丰富多彩的分形运动，产生不同形态、结构和功能的分形；也正因如此，事物之间（从个别到个别、从个别到整体、从整体到整体）互为动力成为可能，具体地讲，就是事物之间共生存在、相互通讯、互为分形成为可能；更正因为此，世界——包括自然存在世界和人的存在世界——之存在敞开生存才绵绵若存地生成事物（个体或整体、人与存在世界、大地与宇宙）的自我遮蔽和互为遮蔽，由此使存在世界或事物获得标识自身存在的特殊性，同时也生成人认知存在世界或事物（包括人自身这一事物）的艰难性、不可穷尽性以及人对存在世界或事物探索、求证的永恒性。如上各方面的生成汇聚突显出自然尺度域规律的巨大人类学价值和意义，也同时昭明自相似性原理的普适性奥秘，最终是分形学将通过自身不懈探索而奉献给人类存在如何以更为明智的方式敞开生存的哲学启迪。

# 第 8 章　书写敞开的认知方向

哲学既是传统的，也是未来的，更是时代的。

哲学的时代性，敞开为世纪性。哲学基于传统对现实的诉求和未来对现实的呼唤而敞开世纪性的再造。以此理解“哲学在路上”，实是说哲学始终行进于“在世之中”。

## 一　认知的世纪性变迁

认知之于人类，虽然必须以存在世界本身为基石，但总要受存在敞开生存的时空框架的导向。人的世界性存在敞开生存所呈现出来的时空框架，从个体观，它始终体现时代的特质；从人类观，它总是世纪化的。仅从后者观，人类认知的根本变化始终在类的大视野中敞开，呈现世纪化诉求。

### 1. “世纪图样”的变迁

对于“世纪”概念，如果沿袭固有的思维惯性，它只是一个表纪年单位的时间概念。但是，“世纪”作为一个表述时间尺度的概念所表达的核心语义内容却是时间的流动性。从时间的流动性角度观，“世纪”应属于历史学范畴。但是，时间的流动意味着空间的分割与重组，从一个世纪到另一个世纪并不只是时间的流动达到了哪种长度，更是这一流动本身分割和重组的空间发生了根本变化。由此观之，“世纪”又是一个空间概念，属于存在敞开生存的本体论范畴。

“世纪”即时空跃迁的基本标志，这既是自然史性质的，更是人类史性质的。仅从后者论，时空跃迁必然是人类思维形态和认知方式的跃迁，因为人所指涉的一切都是价值指涉，凡进入或获得这种性质指涉的事物都现实地构成人为的事实，即人意识到的对象化存在。当用“世纪”概念来表述大尺度的时空运动的抽象形式时，其时间和空间已构成人的意识的对象化事物。“世纪”的跃迁实质上是人文存在中人对存在世界或事物的对象性意识的跃迁。从这个角度看，“世纪”又是一个关于人类意识、人类思维和人类认知的概念，属于认识论范畴。不同的时空意识、思维和认知总是不折不扣地弥漫着与之相适应的某种时空情绪和心灵氛围，因此，“世纪”又是一个关于人类存在敞开生存的情感概念，属于生存论的心理学范畴。

以此观“世纪”概念，它应该是一个内涵丰富、蕴含深邃且性向多元的文化人类学范畴，只有这样来审视“世纪”概念，才能真正领悟到世纪向世纪跃迁的巨大人类学意义和生存学价值；也只有如此看待世纪跃迁，才能够在世纪向世纪的跃迁进程中更好地把握其世界性存在之舵而稳健生存。

**人类存在敞开生存的“世纪图样”** “世纪”自我界定的内在标志是“世纪图样”。“世纪图样”是“世纪”独立存在并显示其恒远存在价值的根本凭据。“世纪图样”潜在地笼罩于属它的世纪并构成该世纪人类存在和生活的基本精神框架和情感氛围。从根本讲，世纪图样是由人类在特定的世纪性存在中的整体时空意象和整体思维、情感、心灵意向相生成建构起来的精神样式，所以“世纪图样”既是理性抽象的，又是感性具体的。理性抽象性规定它成为相对恒定与不变的精神框架，感性具体性使它呈现流变不居的情感氛围。比如 16 世纪和 17 世纪的“世纪图样”各不相同：在 16 世纪，批判性修正和创造性思考构成这一世纪的基本精神框架，并呈现一种新的人文色彩和热衷于冒险探索的情感意向。与此不同，17 世纪激荡的却是一种理性情感意向，这种情感意向成为该一世纪的基本精神旋律，在于主导该世纪的新人文主义冒险精神把宗教和科学引向正面的对立和冲突进程，在这一持久的冲突进程中，宗教开始自我溃退，科学进入主导性领域。因为在这一世纪进程中，人类存在敞开生存的精神框架的生成建构主要依赖于两种相关而不相同的精神活动：一是宗教与道德信念，二是寻求实证知识。当宗教和道德信念被坚定时，狭隘的界限将被施加于人类存在敞开生存的基本精神框架的自由探索；当宗教和道德信念处于不安分状态或二者之间发生难协调的冲突时，人类存在敞开生存的基本精神框架将特别急迫地表现自己而更加开放于自由探索的状态。17 世纪的宗教冲突把实证知识的探索推向最大活力阶段，这一时代的各个领域都试图把数学证明的精确性引入人类知识的所有部分，也包括哲学本身。数学的应用和精确的测度方法，理性经验和实证知识的量度化既构成这一世纪人类存在的基本精神依据，也成为这一世纪人类生活行为的客观评判尺度。

“世纪图样”既是人为的杰作也构成为人的依据，它产生特定存在处境中人类对自身存在之基本精神凭据的探索，一旦这种得存在的基本精神凭据通过自为的探索而形成，它就构成全力支撑、解释和解答人类存在如何以这种方式而不是以那种方式敞开生存的根本知识和方法力量。因为物质欲求降临的种种灾难与桎梏必将把人引向精神意念上的幸福和自由探索之途，但这种探索对“幸福”和“自由”界定和看待的根本凭据，只是人类存在敞开生存的现实精神框架，即“世纪图样”作为现实的解释因素和最终的内在尺度。所以，“世纪图样”始终构成一个世纪的人类精神框架和知识模型。如果说支撑 17 世纪人类精神活动的“世纪图样”是数学化的实证知识模型的话，那么 18 世纪的“世纪图样”则是对力学模型的模仿。在人们看来，通过牛顿“道德行为、美学原则、历史和社会政治生活的规律、情感和想象的‘内在’活动方式，以及其他一切对人类具有头等重要性的问题——充分地联系起来。一种关于自然的科学已被创立，而关于精神的科学也得以创立。二者的目标必须保持同一：在观察（‘向内的’或‘向外的’）的基础上，必要时在实验的基础上形成一般规律；当形成了这些规律时，由此出发演绎出一些特殊的结论”①。因为对任何一个真实的问题都有众多的错误答案，但正确的答案只有一个。一旦这个正确的答案被发现就必然会放之四海而皆准。在 18 世纪，人类存在敞开生存面临的最大需要是寻找那种可靠的发现正确答案的方法，牛顿（Isaac Newton，1643－1727）早已寻找到这样一种方法，并得心应手地运用这种方法来建起那种可以光照千秋的自然科学，即经典物理学。因此，对这种方法的仿效同样将在人类精神领域获得并不亚于牛顿经典物理学成果。

① ［英］以赛亚·伯林：《启蒙的时代：18 世纪哲学家》，孙尚扬、杨深译，学林出版社 2012 年版，第 5 页。

“世纪图样”的产生是人为的，因而“世纪图样”的存在及功能释放也必然是为人的。在有效的生存时空框架内，“世纪图样”始终焕发自我坚韧的顽强性格和异己于他者的排他情绪。所以不同的“世纪图样”总是标示不同的世纪，由此推动“世纪图样”的变化和鼎新，“世纪图样”的变化和鼎新亦推动世纪的跃迁。机械动力模型和古典物理学所弘扬的拜物教情绪被“历史图样”所取代时，18 世纪随之消失而代之以 19 世纪。19 世纪的“历史图样”把人类存在引向由神到人、由关注上帝的存在意蕴到关切上帝的象征意趣，并将 18 世纪诉求的客观实证知识的量度化装入诉求人的社会、政治、伦理、文化的主宰但最终无可主宰的模糊探索之途，由此极大地激励科学（古典物理学）在艰难的自省中迈进生物科学领域，迎来人类世界的真正科学时代，这就是现代科学的到来和主潮。现代科学的兴起和发展很自然地生成出削弱和消亡“历史图样”的人类精神动力，即现代科学的方法论精神和文化人类学的整体意识得到舒张。

**思想、思维、视野与方法**　“世纪图样”的生成、建构和消长是前赴后继的历史进程，具体地讲，一个世纪图样总是孕育产生于该世纪到来之前，并在此一世纪结束之后又将自身的某种精神、品质融化于其后来的“世纪图样”之中。比如 18 世纪的机械活力模型可以在古希腊思想中找到源头，机械活力模型和古典物理学所弘扬的拜物情绪里蕴含的普遍绝对观念和意识很大程度上成为孕育 19 世纪“历史图样”的历史精神。由于对这种历史精神的追踪，生物科学的诞生并由此引来科学界的伟大革命，横断科学和边缘科学应运而生，推动人类识知事物的方式、角度、视野再不滞留于孤立、狭隘、内闭状态，而是呈纵横开放、整体综合之势。人们把这一观察事物的方式、角度、视野称为文化人类学方法，由此发现事物的变迁以及存在世界的神幻莫测最终源于人对它的态度和情感的时世性改变，认识存在世界或者把握事物的根本要义不是认识和把握行为本身，而是认识和把握认识存在世界和事物的方法。在人们看来，辨识世界或事物为真的方法呈多种可能性，因为洞察事物的对象在其洞察的历史运动中存在着深度和广度上的转移，这必然要求洞察手段（方法）的随之掘进。这样，方法没有真伪之别而只有优劣之分，方法的寻求和发现、建设和拓展，不仅成为人类存在精神探索的有机内容，更构成人类精神探索的认知基础。

19世纪科学革命的伟大性还在于它把牛顿以来的以经典物理学为基本内涵的“科学”引向以文化学为基本内涵的“科学”。19世纪的科学革命焕发人类由来已久的基本信念，这即是绝对、普遍、永恒的神化观念（不管从“物”入手去建造它，还是从“精神”着眼去建造它）孕育了引导20世纪的“主体图样”，普遍、绝对的方法观被无情地扬弃，正源于对其根深蒂固的神化观念的彻底批判；掘进性的方法观既是对“主体图样”的正面建构，又是对“主体图样”的全方位播散。这种掘进性的方法观是以主体性的人对存在世界的不同要求性：方法的掘进不仅是对存在世界的分割和组合的再建构，也是对自我存在的观照和反思性洞察的深度化和广度化。

怀特海（Alfred North Whitehead，1861－1947）在《科学与近代世界》指出：“19世纪的是一个发明的世纪，但是在所有的发明中，方法的发明才是最根本的发明：我们的注意力必须集中在方法本身。这才是震撼古老文明基础的真正新鲜事物。”①在19世纪，“方法”构成人类思想本身，人类思想的基本主题是对自我存在及存在界限的自由探索。然而进入20世纪，其世纪化的“主体图样”却在事实上直接淡忘了这一基本主题，它把人类思想探索引向主体方法的认识道路。这并不是人类思想探索的误入歧途，而是人类思想探索从僵化的而且是根深蒂固的古典本体论模式（机械论、活物论、唯灵论）中突围出来走向全面革新和重建的必然历程。“主体图样”的建构和掘进方法观的社会生活化，标志僵化板结的古典思想（及方法）精神被全面扬弃。这一人类思想探索的基本主题和方向的重新确立，亦为21世纪人类思想探索探索存在之间的新本体论开放出消息。

### 2. 从主体图样到新综合

**认知变迁的“主体方法”图样** 20世纪“主体图样”的主体方法观导引人类思想探索形成的认识论张扬一个基本观念，即人类的一切精神活动都归结为认识活动，每一认识都基于一种特定的方法的认识，这种认识过程本质上即是对方法的修正或重建过程，这一过程的演进速度和强度既决定人类精

① ［英］怀特海：《科学与近代世界》，何钦译，商务印书馆1989年版，第94页。

神运动的速度和强度，也决定人类认知存在世界（自然、人、社会、自我、文化）的深度和广度，包括掘进和拓展人的存在世界的疆域的强度和广度。正是如上认知和方法引导人们获得一种关于人类存在和生活的事实，即每一种存在样式的确立与消除都首先是对支撑这种存在样式的“方法”的确立和消除，每一种思想的产生和消亡都首先是产生这种思想的那种“方法”的产生和消亡。由此，一种“世纪图样”的消失与另一种“世纪图样”的诞生同样是一种“方法”的消失与另一种“方法”的诞生。20 世纪最为精粹的革命意义就如此真实无误地体现在它的“世纪图样”的“主体方法”化，并由此主体方法激发出来的那种奔腾而来席卷整个存在世界的主体主义的文化激情。

从整体言，20 世纪的“主体方法”图样主要从三个方向铺开并在三个领域获得极大的发展。第一个领域是古典人文科学领域，这个领域的发展以哲学、语言学和文学理论建设为标志：哲学的建设主要体现在对古典哲学批判的同时追求认识论的确立（如分析哲学思潮）和新本体论的探索性重建（如生命哲学、非理性哲学、存在哲学以及过程论哲学等）；语言学和文学理论的建设主要标志是哲学方法的探索，比如结构主义方法、语义学方法等。第二个领域是现代科学领域，生物科学的诞生和长足发展给古典物理学带来全面复苏，同时刺激化学和宇宙学的现代发展。现代物理学、生物化学、宇宙学等学科的全面发展又反过来激励生物科学自身的掘进和拓展。生物科学的全速掘进和拓展的突出标志是进化论思想和方法的普遍信奉，即以进化的观点看待存在世界和审视人的存在构成一种普遍方法。第三幅图像恰恰在综合古典人文科学和现代自然学于一体的方法论领域，这个领域取得的最高成就是对方法论探索和对科学前进予以哲学审查所铺开的科学哲学的繁荣。

值得注意的是 20 世纪以“主体方法”图样为导向敞开的主体方法论的探讨和建构，体现如下三个方面的特征。

首先，方法论探讨和科学哲学的探索都在 20 世纪后期呈现综合趋势。方法论的综合体现在对方法的发现的综合和方法的运用的综合两个方面，前者的主要成就如系统动力学、现代控制论、耗散结构理论、协同论、突变论；后者主要体现在运用各种现代方法广泛地——包括广角度、多层次、多侧面——研究同一对象。科学哲学的综合化趋势主要体现在两个方面：一是从许多看来并不相同甚至相反的现象中寻找其内在“相似点”和“统一性”，并由此做出定性的以至定量的理论概括；二是科学哲学研究开始对本体论、认识论、方法论的综合性探索，比如20世纪70年代中期由美国科学家尼古拉·麦克斯威尔提出的“形而上学蓝图论”和美国科学哲学家G. 格汀提出的“概念框架论”，就明显地体现这一综合化趋势。

其次，人文科学领域里的认识论发展和本体论重建呈现新的融合趋势，即认识论探索以从无视本体论起步而走向叩响本体论之门，不仅在哲学阐释学中体现得较为明显，而且本体论重建思潮在经历曲折的探索之后指向对人的世界性存在状态和存在行为的关注，这个方向的努力以存在哲学思潮为标志。

最后，现代自然科学在生物科学的带动下，以实验为基础的物理学和宇宙学的快速发展，直接激励各种边缘学科、横断科学的繁荣，这些边缘学科和横断科学都体现极浓的综合色彩。其中，宇宙全息统一论和广义综合进化论把方法的综合化推向新的高度。宇宙全息统一论是研究信息系统乃至宇宙世界中普遍存在的全息统一现象、规律以及这些规律的应用，也即宇宙全息统一工程的科学，它是在科学、现代物理学、天文学、地质学、宇宙学、生物学以及中国传统哲学和中医学等学科理论中包含的统一思想基础上发展起来的。广义综合进化论则认为“进化不仅包含生物界变化的型式和变化的动力学，而且也同样包含宇宙变化的型式和变化的动力学；在人类文化和社会历程中的进化也绝不亚于地球上生物历程中的进程。其按其新的含义，进化不仅仅指生物物种的进化，而且指在我们认识到的宇宙范围内出现、存在、变化或消失了的所有事物的进化。这是‘一般的进化’，更确切地讲，这是一般的进化理论”①。基于这种认知，广义综合运用一般系统论、控制论、信息和通信理论、动力学和动态系统理论以及数学中的突变理论和混沌理论，还有最重要的非平衡态热力学理论来研究存在世界或事物的变化以及种种变革的不可逆过程。因此，广义综合进化论的思维视野和思想方法不仅体现现代综合特色，也蕴含生态学意味，这是人类思维方法和思想方法史上的先例。

---

① ［美］欧文·拉兹洛：《进化：广义综合理论》，闵家胤译，社会科学文献出版社1988年版，第1页。

更为引人注目的是广义综合进化论对科学和对人类精神的看待，它认为科学和哲学经久不衰的根源在于对人类心灵无休止的渴求的满足，二者的使命都在于寻求其世界性存在意义建立秩序。存在世界的进化，科学的前进和人类精神探索的不可逆向前，都是探求某种秩序并展开秩序建构的不可逆进程。广义综合进化论的这种思维－认知方向以及由此敞开的思想方向敞开了科学探索的广阔前景，呈现科学探索以人的存在敞开生存为中心的本体化趋向。

**认知变迁的新综合方向**　纵观 20 世纪“主体方法”图样孕育生成的错综复杂的人类精神现象及发展态势，已为 21 世纪之世纪图样的生成建构做出相应的预设。

被预设的 21 世纪所敞开的是一幅人的“生存图样”，这一图样关注的和指归的对象是主体化的“人”。这个“人”既是存在论的，更是生存化的。人的生存化，是指人总是在以感性方式敞开其世界性存在的生活进程中接受合目的性的生命意识和理性精神的激励，即不断获得世界性存在的个体生存意识和精神的鼓舞，这种生存意识和精神不属于情境性生成的范畴，而是历史性的塑造，它具体敞丌为对过去的反观，对未来的预设和对现实的正视。这种世界性存在的个体生存意识和精神凝聚为每一个个体的积极生命意志和激情：自然、热情、沉稳地立足存在世界以及由此敞开的现实生活，宽容豁达地看待过去并激情满怀地追求未来。在这一“生存图样”中，过去不再是诅咒的对象或沉醉的乐园，人站在过去面前，不再是少不更事、血气方刚的少年或泛海沉浮之后的暮气沉沉的老人，应该是成熟的壮年。在“生存图样”中，过去只是人生的镜子，过去的历史将成为激励（正面或反面）人更为健康地存在和生活的源泉；现实不再是苟且偷生的避难所或芸芸利禄的交易场，它是人的存在人格和生存形象的塑造场域，人将在这一塑造场域中个性地生长，纯正存在信念，提升生存精神，丰富生活创意的能力和个性。在“生存图样”中，生存化的人将淡忘结果，冷漠因果循环并拒斥一切抽象无物的观念和那些被神化的实利主义信念；生存化的人关注世界性的整体存在和关联性生存（个体、社会、人类）本身，拒绝静止、孤立、片面、虚狂，远离自我炫耀、自我片面、自我偏袒、自我遮蔽和自我封闭，坦荡存在，关爱生存和慈悲生活。

在“生存图样”中，“生存眷注”构成人与他人、人与环境、人与世界共生存在的基本生活情感诉求，这一基本生活情感诉求构成“生存图样”中“生存眷注”的主旋律，它成为世纪性的根本动力推动人类精神探索走向新的综合。这一新的综合将构成21世纪人类精神探索的基本思维方法和思想方法。这一思维方法和思想方法以世纪化的“生存图样”为土壤、以“生存眷注”为基石而敞开三种趋向。

首先，新的综合是以人、环境、社会或者人、生命、自然共生存在为平台的感性生存为起点的综合，它不再停留在抽象观念领域，而是以人类“过去、现在、未来”为三维土壤，从世界存在境况和生存状态出发谋求“生存、自由和幸福”的优良生活。所以，这种性质规定和基本取向的新的综合，是一种生态化的综合。

其次，新的综合将不停留在静止、单一、平面的存在状态，而是追求立体性的存在。新的综合方法将把囊括自然宇宙于其中的存在世界看成一个生生不息的生命整体，把人和人类的生存行为作为这个生命存在整体敞开自己的生存运动，个人的生存和人类的生存书写着自然宇宙的生存，个人的历史和人类的历史敞开宇宙和自然的历史，看待每一个事物都必须具备宏观整体和运动变化的眼光。

最后，新的综合方法将正面拆除各种根深蒂固的、局部性的、学科主义的生存观念，探索整体与具体相共生的存在观、生存观，构建整体动力学向局部动力学实现和局部动力学向整体动力学回归的综合方法。新的综合方法将综合现有的各种综合方法，拆除学科与学科之间的阻隔之墙，清除陈旧的“科学”观念和“学科”意识。在新的综合视野中，科学意即世界性存在敞开生存的探索，这一探索不管其具体的领域和对象是什么（自然、人、社会、文化、伦理、宗教、艺术），都是我（人类和人）为的和为我的，都应激发和弘大合（生存）目的的理性精神之爱，包括博大的存在之爱和宽容的人类之爱与真挚的人性之爱。这种性质和内涵的爱构成人类科学的内在品格和精神内容。新的综合将弘大这一存在品格和精神内容。在新的综合这种思维方法和思想方法导引下，所有的科学探索和研究都将指向同一个目标，任何一门科学的研究都有待于跨学科的方法和视野的参照，每一个研究者都应该是学者，古希腊那种哲学家是科学家和科学家成为思想家的时代将重新回归当代人类。在新的综合视野中，人作为人将是世界性存在的认知主体和自我眷注的生存主体。

## 二　思维敞开的生存本质

人类认知的世纪性跃迁所改变的是人类的思维 – 认知模式。思维 – 认知模式的世纪性变革的主体性动力乃是人的看待存在世界和事物以及人自己的思维视野和认知水准，因而，讨论人类认知的世纪性跃迁的主体性条件，必须考察人类思维。在传统的思维科学理论那里，“思维”以“意识”为界限，直觉、情绪、无意识等都不属于“意识”范畴的内容，尤其是精神分析性心理学更是把“无意识”看成“一堆无用的废物”。然而，历史的无情首先是对传统思想和观念的无情，维也纳物理学和生物学教授弗里特约夫・卡普拉（Fritjof Capra）认为“意识首先是一种无意识体验”，斯坦福大学心理学教授威利斯・哈曼（Willis Harman）则一针见血地指出无意识是“我们认识事物、认识自己的方式，抑制了无意识部分，这种无意识部分是我们大脑中最富有价值，创造力和人情味的方面，它也对价值观很敏感，因此，我们必须揭示它，因为只有价值观的重新发现，才能重新使个人的生活具有意义”。重新揭示无意识的价值，实际上是揭示情绪、直觉、体验、想象的价值，也就是重新揭示意识的内涵与外延，并通过意识的审查而揭示人类思维的全息性、生态化和综合的品质。

### 1. 思维的根本谬误

苏联生物地球化学的奠基人 B. N. 韦尔纳茨提出“智力圈图”理论，该理论是建立在人与生物圈统一的认知基础上，特别强调对人与自然关系的研究和人与自然之间的协调。“智力圈”理论启发人们：第一，人的意识本质上是一种“全生态意识”，即“智力圈”意识；第二，全生态意识不是作为一种观念，而是一种活的存在态度和生存情绪，它无时无刻不影响、制约、支配着人的存在敞开生存的行为，包括身体行为和思维行为。苏联神经生理学教授康斯坦丁・萨达科夫认为意识即“人们恰如其分地估计个人的情况和社会环境，评价自身的心理状态、胜利需要和个人后果以及在此基础上进行有目的的活动的一种能力”，这种能力的行为性质（功能）是综合化的，这无疑指出这种“能力”（即意识）自身也是综合化的，正如萨达科夫自己指出的那样，在意识结构中除记忆动机时，情绪却是决策性的因素，而动机和技艺都首先是“一种情绪和一种主观的体验”。“脑裂人”问题权威罗杰·斯佩里（Roger Wolcott Sperry，1913－1994）教授认为迄今为止人们特别忽视人类主观经验领域，他断言“目前思维与大脑关系的概念，直接打破了长期以来所确立的理性主义和行为主义教条，这种教条已经统治了神经科学好几十年。新的解释充分肯定内在意识作为一种因果关系现实的重要性，而不是摒弃或忽视意识”。斯佩里认为人脑中存在着一种大体无法衡量的内在意识，这种内在意识是一种“因果关系现实”，但它并不对（传统意义上的）“意识”内涵进行抛弃和否定。斯佩里关于作为一种新的“因果关系现实”的“内在意识”实质上就是威利斯·哈曼所说的那种具有创造性、审美价值和直觉情绪的“无意识”。这正好揭示：第一，思维不仅是意识的，也是无意识的：思维是人的意识与无意识的整体生命投影；第二，从思维内部各因素的发生学价值和行为意义讲，最深层的因果关系现实恰恰是无意识（内在意识）。但如上关于“意识”和“思维”的新看法、新思想仍然处于静态的分割性探索阶段。斯坦福大学心理学和神经生理学教授普里布莱姆博士却提出大脑工作全息图假说理论，指出记忆不是局部的，而是分布于整个大脑之中，不完整的大脑能够记忆并建构整个图样和构成这种复杂功能的一切要素，是因为“大脑本身以全息式的原理活动”，世界的任何一个方面和任何一种秩序都是全息性质的，“大脑产生它本身的结构和物质实体的图像。但大脑以这种方式产生结构和图象时，这二者必与真实所存在的东西发生共振”。卡普拉和贝特森则从生命发生学出发认为**思维乃生存的本质，**这是因为思维是自组织化的动力学状态，因为“活性生物体是一种自组织系统，他们的结构和他们的有机组织的模式不是由环境决定的，而是由系统本身决定的”，“活性生物具有一种不屈服于”环境而是维持自身稳定状态的趋势。思维是自动力的，思维的自动力来源于思维的自组织。所谓自组织，就是与生命联系在一起的有机组织，思维的自组织性即思维与生命（身体和精神）相一体化存在，或曰以场态方式存在和敞开其存在。

如上关于思维的新的理论或假说均从不同方面证明思维的全息运动品质和生态化综合的行为（功能）性质，从总体上展示当代心理学关于对人类“思维”探索的新方向。尤其重要的是普里布莱姆的大脑工作全息图假说和卡普拉与贝特森的自组织动力学状态理论，展示了意识和思维探讨的场论前景。从哲学观，从生存语义场入手，可能对人类生态化综合思维品质和生态综合综合功能展开正面探索，以揭开人类思维的生存本质的秘密。因为，斯坦福大学著名神经学家卡尔·普里布莱姆（Karl Pribram）的大脑工作全息图假说只强调了思维的全息式分布，美国著名物理学家卡普拉（Fritjof Capra）关于思维的自组织动力学状态理论则只强调了思维的整体动力即自组织性质，他们都只局部地揭示了思维敞开生存运动的一个方面的品质，而生存语义场理论则既可揭示思维的全息分布，又能揭示思维的自组织动力学机制，同时还可揭示思维的全息敞开不仅仅是一种生态化综合分布，更是一种生态化综合行为；同时，思维的自组织不仅与生命一体化，而且与环境与自然世界与人类文化和历史相联系，更与个体的经历、阅历、教养、性格、身份、地位等相关联，或说如上各种因素恰恰构成思维自组织的基本内容。从根本讲，思维不只是大脑的产物，它也是环境生态（自然和人为）、文化历史、生物物种等因素的会聚性生成，并且这种会聚性生成的内容并不是被动地存在，而是一旦会聚性生成就获得自组织（自构建、重组、调节、自发动）性和自动力性。正是这个意义上，思维本身是一种物质现实，是一种独立于（传统意义的）精神和物质的存在现实，这就是生命的本质，也是生存的本质，贝特森之所以论断“思维是生存的本质”的道理亦在于此。

现行的思维 - 认知观念是一种类型化思维 - 认知观念。这种类型化的思维 - 认知观念体现三个基本特征：首先，它把思维看成是意识的行为，它是分离于大脑、身体、物质甚至思维者的基本生命内涵（如情绪、无意识激情、生命意志等）的一种抽象的“主观”行为。其次，它主观地把思维划分为逻辑思维和形象思维两种类型，并观念地使其各司其职，比如形象思维司文学艺术创造，逻辑思维主科学、理论探讨和政治、法律、政策的制定等。尽管在此之外也承认直觉思维、灵感思维的存在，并仅仅是形象思维和逻辑思维的补充形式。最后，它强调思维的局部的动力学性质，主张思维的整体的动力学性质取决于局部动力学性质；由此主张思维的结构性，崇尚思维结构的模式化。如上性质的类型化思维－认知观念自产生以来就一直全面控制着人类思维，并演绎出如下方面的人类思维的历史化谬误。

**心理学谬误** 类型化思维－认知观念的心理学谬误主要体现在它把感觉、直觉、语言、情感、情绪、意志、技能、能力、悟性等思维内容分割为外在于思维的对象，这体现在它片面地强调分析、判断、抽象、概括的思维地位与作用，并武断地把思维分割为意识、前意识、无意识，无视无意识（思维）的存在价值。同时，这种类型化思维－认知观念盲目地把思维的动力交付给外部世界，使思维本身沦为从属被动的地位。

类型化思维所形成的如上心理学谬误从三个方面将人们引向思维认知的歧途。首先，它把心理学引向一条于人非但无用反而危害重重的道路，即人们一旦接受这种类型化思维－认知观念，就会只会类型化思维方式去思考问题，去认知世界，深受其浅表化之害。其次，它使人们确信人的思维就是如此性质并以如此方式运行，阻碍了人类去探索人自身的思维的语言品质、情感品质和生存本质。最后，它误导心理学家们总是跳不出机械分类的思维框架，更使人类教育沦陷于机械的类型化“事实”与“数据”的泥潭不思自拔（比如把品德教育与智力教育分离，把美育与人格教育分离，把科学知识传授与生存教育分离，把能力培养与语言教育分离等）。

**逻辑学谬误** 类型化思维－认知观念的根本逻辑学谬误体现在两个方面：一是把逻辑视为是绝对的思维尺度和思维框架，它力图使人相信分析、判断、抽象、概括既是思维的基本内容，又是思维的基本过程，由此使人们从不怀疑学习逻辑就是培养思维，有逻辑才能思维，逻辑学变成了绝对的能力学；二是把逻辑视为是认识事物和展开行为的绝对准则和终极依据，它诱导人们相信逻辑是生活和世界的最高原则，使人沦入“凡是逻辑论”的经验认知怪圈，逻辑学变成一门绝对的经验学，活生生的人和活生生的生活被淡化为这一绝对能力学和绝对经验学，即逻辑学的抽象产品，人们难以鼓起勇气去窥视逻辑这一最高思维原则本身却是思维的产物，并且始终是思维设计的观念呈现，无论形式逻辑还是辩证逻辑，其大前提都有待证明。因而，人们所信奉的最高思维原则即逻辑规律最终是观念假定和思维推演的成果。

**科学谬误**　类型化思维 - 认知观念的科学谬误首先在于把科学看成是探讨客观世界的方式，进而将这一探讨方式及其成果定义为客观规律、客观真理，科学变成了理性的代名词，而科学的理性却追求最严谨的逻辑原则。于是，科学成为逻辑学的具体形式（即绝对真理）和经验论的实验工具。人们用这一工具垒筑起坚不可破的经验主义大厦，以支撑逻辑学的独尊地位包括支撑逻辑对人的认知的定向统治和管理。人也就由此被生吞活剥地交给了科学和科学名义下的理性逻辑，自发地沦为理性的动物的同时自觉地坚信自己是理性的动物：理性地崇拜科学，理性地在科学指导下探索、征服、改造自然，其结果是人们最终发现人的全部理性行为并不理性，即自己的崇拜加速了科学对科学本身的背叛和科学对人的背叛，这就是科学主义对人的统治。

**思维学谬误**　类型化思维 - 认知观念所呈现出来的最直接思维学谬误就是把思维看成是大脑（精神）的产品，并把这一产品人为地规定为不同思维形态，继而将人的行为予以思维形态的圈定，这就是文学艺术创造活动是形象思维，科学和理论探讨诉求逻辑（理性）思维，而灵感思维只是其辅助形式，这好像一份固定的菜单：形象思维和逻辑思维是主菜，灵感思维只是餐桌上的佐料。如此定位不同思维形式的功能分类，首先使人的生活和人的思维丧失自然的灵性，对自然的神圣的灵性与新鲜麻木不仁；由此进一步导致人类精神探索的枯燥与贫乏，图解、演绎成为精神探索（包括文学艺术创作）的基本风貌。在这种类型化思维 - 认知观念支配下，人类情感日益衰竭且最后滑向肤浅与无聊的宣泄状态。

审查类型化思维的谬误，是为超越类型化思维 - 认知观念及方式。超越类型化思维的观念框架来看人存在敞开生存的一切行为都是以思维为基础为前提甚至为基本内容和结果的行为。人的全部财富都是其思维财富的凝聚和呈现，人的生活的任何变革都将不同程度地刺激、影响、激活人思维的变化。从发生学观，类型化思维 - 认知观念产生于社会生产形态即农牧业与手工业的分工，正是这种分工建立起人类第一个从而也是最根深蒂固的一个思维（生活）范式，即二元分离的思维范式。从此，人类思维获得了主客意识、美丑意识、善恶意识、天地意识、阴阳意识等两两相对的思维和认知。从发生学观，这种二元分离意识的萌生应追溯得更早更远的人类生活的等级观念萌发阶段，这就是人类原始氏族血缘意识（即等级关系）的产生，孕育出主次意识、上下意识、里外意识等二元分离意识。但在这一时期更多的不是强调二元的“分离”，而是强调二元的“互补”（即相互依赖）。这一基本品质完整地保留在二元分离观念中成为类型化思维－认知观念的调节方式，并演绎成为社会生活中的润滑剂。

**2. 思维的生态化综合**

清理类型化思维－认知观念的种种生存论谬误，是为更清醒地认识人类思维的生态化综合品质。人的思维运动的生态化综合，体现如下方面的认知特征。

首先，生态化综合思维将一抛类型化思维－认知观念的主观论和受动论，揭示人类思维的我为性和为己性：思维的为我为揭示思维始终是人的思维，是人的主体性、主观性发动；思维的我为性强调思维的对象是思维者，思维的结果是为思维者。因此，在思维者那里，思维是主客观的生命一体性和主客体的生命融一性。因为思维的物质形式大脑神经元本身是物质，大脑神经元活动实敞开为思维运动状态，思维和大脑神经元之间的区别犹如一张薄纸的两个面。由此，思维的对象本质上是思维者自己，人的全部思维活动都是因为自己并为着自己而展开。过去，在人们看来，科学思维是绝对客观的，但哥本哈根的量子力学诠释却指出科学实验不仅与实验工具（包括科学技术、智力、假设，价值观念、科学信念等）有关，而且实验工具起着决定性的作用。爱因斯坦干脆直言不讳地招供自己“与其说我是一位物理学家，倒不如说我是一位哲学家”。在爱因斯坦看来，他终身的科学探索实是对其信仰的哲学信念（或曰“人性信仰”）的探索，正如爱因斯坦在自传中所写的那样，他之所以献身于科学是因为孤独，是为探索消解（人生和人类）孤独并从而实现（人与他人、人与自然世界）谐和一体的境界。因而，绝对客观的科学思维实质上同时是绝对主观化的人性思维，科学思维主体恰恰又是科学思维的对象（客体），科学思维的成果始终是对科学家自我信仰的检验和人性解答。因此，在思维运动中，既没有超越思维及其主体的纯粹思维客体，也没有脱离思维对象和思维结果的纯粹思维主体，因为思维永远属人，永远是因为思维者而发动并为思维者而敞开的心灵、情感、认知运动。

其次，生态化综合思维将扬弃类型化思维 – 认知观念关于思维的非物质性、非动力性偏见，解释人类思维的自动力性的物质运动形式。思维的自动力来源于思维生成与建构的自组织性，思维的自组织性体现为思维的生命性和思维的创生性。前者揭示思维即生命自身，情绪、意志和无意识等构成思维生命化的基本内涵及内生动力机制，思维不仅是思想（分析、判断、抽象、概括）的行动，首先是生命的行动，这是思维即生存的本质的本来呈现；后者揭示思维的自我创造、自我生产、自我形成的品质。思维不是人的身体的某一具体的细胞、器官的运作之体现，思维是生命本身的整体运动，因为思维本身弥漫、渗透于人的身体的每一细胞和器官而自成整体的生命存在形态和生命运动方式。

再次，生态化综合方法将破灭类型化的思维 – 认知观念中的思维心（精神）身（物质）二元。现代医学和生理学成果证明，情绪的波动实质上是人身体血液循环的加快和肌肉组织状态发生改变。思维运动的流畅与否同样是血液循环、神经系统运动是否进入最佳状态的体现。由此揭示思维运动的全身心化：思维的启动，乃人的身心的整体投入。比如，作家在创作状态中绝不可能把身体（或一部分）脱离出来干别的事情，战士打靶不可能只用眼和手而脚可以吊儿郎当地勾搭，舞台上歌唱演员的身体和面部肌肉的变化却是跟随歌声而变化，因为唱歌虽然是生理的运动，但实质上是思维和心灵、身体和生命的整体投入。思维，就其本质讲，不是一种单纯的物质运动形态，它始终既是人的身心的整体投入，也是人的存在敞开生存的整体投入，这是“思维乃生存的本质”的本质诠释。基于如此认知，思维运动的身心整体投入，不仅指“身”与“心”的整体投入，也指感知、知觉、判断、分析、抽象、概括、情感、情绪、无意识激情等的整体投入，更指形象思维、逻辑思维、直觉（灵感）思维的整体投入，还指生态与环境、历史与传统、过去和未来的整体投入。

复次，生态化综合思维强调思维的整体动力学性质。在类型化思维 – 认知观念框架中，人类思维与物质始终处于既相分离又寻求统一的矛盾中，分离并联络思维与物质的是上帝。在笛卡尔的唯物主义思想体系（这一体系构成工业社会及其生活范式的雏形）中，上帝是思维和物质的创造者：上帝创造了世界，上帝是钟表大师，世界就是一部装置完备的机器（钟表），上帝的发条一经扭动，宇宙世界包括存在于其中的人及其思维与物质就各司其职地运转。在笛卡尔范式中，部分是首要的，整体是次要的，其整体的动力学性质来源于部分的特性。但生态化综合思维则揭示一切现象之间有一种基本的相互联系和依赖的关系，这个关系即部分对整体的依赖关系，即部分的性质由整体的动力学性质所确定，整体的动力学是首要的，部分是次要的，不是上帝创造思维和物质，而是自然宇宙创造了上帝、物质和思维，不是物质第一性，而是自然宇宙世界和人的存在敞开的整体运动决定物质的性质，或者物质与思维并不存在谁决定谁，而是在相互补充、相互作动、互相促进的过程中敞开自己并实现对方。

又次，生态化综合思维揭示了思维的物质性和自动力性，指出思维的发动和运行是思维者的全身心的整体投入。所以，人类思维行为本质上是一种关于思维者的生存（我为和为我）的思维，思维即生存，这是“思维是生存的本质”的根本含义。

由于思维的整体动力学品质是基于宇宙、基质与感性生动的现实向思维者会聚而敞开的生存运动，它呈现高度的综合取向。但生态化综合思维的综合在本质上有别于19世纪晚期以来并盛行20世纪的科学的综合，科学的综合是一种抽象性质的综合，这种抽象的综合动力于文化学的发展并服务科学繁荣的需要。因此，无论科学领域老三论还是新三论，都是一种以二元分离为基点的类型化思维-认知观念。与此不同，生态化综合思维所呈现出来的综合是融动力与生态于一体的新综合。这种新综合敞开三个方面的基本诉求：第一，它以人的世界性存在敞开生存为现实土壤，从人的个体和类的实际存在状态出发并最终归于人类的存在状态，所以它是一种**生态化的**综合。第二，它展开一种生存论的视野，把整个存在世界看成是一个生命整体，个体和人类存在敞开生存的每一个具体行为都是这一整体运动的自身方式。第三，它拆除那种根深蒂固的、局部性的和学科主义的领域性观念，主张一种全境视域观。生态化综合将综合现有各种综合方法，拆除学科与学科之间以及人文学科与自然学科之间的阻隔之墙，主张学科与学科之间的思维、认知、知识、方法的整合建构。

最后，生态化综合不仅主张思维的综合化，更主张思维的生态化。思维的生态化的实质是思维即生存，即思维是生存的敞开。“思维即生存”中的“生存”，不仅是个体意义，也指个体赖以生存的时代的生存和类的生存。所以，思维的生态化蕴含思维者、时代、类的存在诉求。在思维对生存的敞开必然诉求综合性，思维综合化（整体性）不仅指思维者身心的整体投入，更是思维者身心整体地容纳存在世界并整个身心地投入这个存在世界。芝加哥大学医学博士卡尔·普里布莱姆指出：世界的每一个方面、每一种秩序都是全息式的，人的大脑本身又遵循全息式原理在活动；并且，人对世界的认识本质上是大脑（思维）的全息式活动和存在世界或事物全息运动之间的共振，正是人与存在世界和事物之间原本存在着这样一种“共振”的机制，人面向存在世界或事物敞开思维谋求认知才成为可能。所以卡尔·普里布莱姆进一步指出“我认为人脑产生它本身的结构和物质实体的图象。但在大脑以这种方式产生结构和图象时，这两者必与真实存在的东西发生共振”，而“有机体不再与体外的食物截然分开，这是全息模型的主要方面”，这就是说，有机体与宇宙世界的这种无法截然分离的连续性恰恰基于大脑和宇宙都以同样的全息式原理活动，因而整个时间和空间都包含其中。

时间和空间历来是极为严肃的物理学课题和争论不休的哲学问题，但它同样是无法回避的思维问题。生态化综合意在于揭开思维的时空特性和时空的思维性。

思维的时空特性首先在于时空的思维性。爱因斯坦对时间的苦恼正好揭示了这一点：爱因斯坦曾痛心疾首“现在”（时间）离他（科学）而去，他清醒地认识到绝对客观的物理时间之梦本身不存在，“现在”（时间）并不存在于物理学的客观关照中。那么，被爱因斯坦所不能把握的“现在”是什么呢？它又停留在什么地方呢？卡尔纳普则认为一切客观上发生的“东西”都能够得到科学上的描述：一方面，物理学可以描述事件的时间序列；但另一方面，人类对时间经验的特殊性以及包括人类对待过去、现在和未来的不同态度，却只能通过心理学得到描述和解释。柏格森（Henri Bergson，1859－1941）认为“时间（现在）是编造之物，或者它什么都不是”①。柏格森的时

---

①［比］伊·普里·高津、伊·斯唐热：《从混沌到有序：人与自然的新对话》，上海译文出版社 1987 年版，第 133—134 页。

间观点实际是一种思维化的时间观：时间离开人的思维的“编造”就什么都不是，由此形成更为明确的生命理解，他说“生命是在时间中进步和维持的”，生命的诞生必然开启他对自身存在敞开生存的编造，并在这编造中生长和延续，这就是时间，所以“纯粹的变化，真正的持续，是精神上的东西，直觉是获得精神、持续和纯粹变化的东西”①。以此观之，生命敞开思维的时间实质地就是思维，生命化的思维亦即时间的思维。所以弗雷泽（James George Frazer，1854－1941）才如此说：“感觉的时间和理解的时间之间的最后分歧是科学——工业文明的标志，是一种集体性的精神分裂症。”柏格森和弗雷泽的思考恰恰解除了爱因斯坦的“烦恼”，时间是思维化的，它附丽于思维，既因思维的产生而产生，更因思维的运动而运动。

时间是运动，是思维对存在世界或事物的分割性运动。思维对存在世界或事物的分割运动的连续化就构成时间之矢，敞开时间的历史；思维对存在世界或事物的分割运动总要穿越存在世界或事物自身所敞开“瞬间”之点，就生成空间。所以，空间即思维向存在世界或事物敞开的“瞬间”状态，时间则是思维向存在世界或事物敞开的“瞬间”的延续。从终极意义言，思维对世界的切割运动缘于思维自身，并最终归属于思维自身，所以它既内含其存在敞开的“瞬间”状态，又承纳存在敞开“瞬间”的延续和对新的“瞬间”的欲望，这就是生态化综合思维运动的时间情绪。这一时间情绪是历史取向的，即既蕴含又舒张过去、现在、未来，是过去、现在、未来的一体化敞开。这一体化敞开即思维的全息化。思维的全息化，实质上就是思维的场化敞开：思维始终以场态方式展开的，所以，人类思维本质上是一种场思维。场思维构成“思维即生存的本质”的存在论依据。

## 三　生态化综合的书写

世界性存在敞开的“生存图样”具象在方法论上就是新的综合，这一思维方法和思想方法的具体表述，就是生态化综合。

---

① ［比］伊·普里·高津、［法］伊·斯唐热：《从混沌到有序：人与自然的新对话》，上海译文出版社1987年版，第135页。

### 1. 背景和土壤

**生态化综合的书写背景**　曾有哲人如是说：**忘记过去，就意味着背叛**。实可再回应一句，这即是**喧哗过去，意味着毁灭**。

从人类物种生命的漫长演化史看，人类从生物存在走向人文存在的历史进程中要真正形成生态化综合的思维品质和存在能力，还需要从如下两个方面做超越性努力。

首先，人类强大的繁衍能力发展今天形成根本性的逆生态状况，改变这种状况重建人与自然的共生存在需要根本性的节制。

客观地看，人类繁衍生息与存活自我的能力的不断提升，是在与严酷的自然环境中抗御自然力和创造生命再生力的结果。人类这一伟大成就表明他真正可以（部分而不是全部）摆脱自然力的束缚而走出自然独立地塑造人自己。从这个角度看，现代进程中人口由迅速增长到膨胀的发展道路，已不单纯是人类生育无度的问题，它是人类充分运用自己的智慧和意志不断创造和提升抗御自然力的能力提升的体现：人对自己的繁衍已不单纯是一个生物学问题，而是一个有关于人类存在与发展的文化问题和文明问题。文明的程度越高，人的繁衍自我的能力越强。具体地讲，人类自我繁衍的行为既要接受生物规律的制约，更要接受人的自身尺度的规范。这一繁衍和发展自我的“自身尺度”就是人类的存在意志、智慧、情感、力量的综合体现。从这个角度看，控制人口的目的是控制生育繁衍力，但实质上却是抑制人类自身能力。所以这种努力显得异常艰难：一是人类作为一种智慧的物种，其不断开辟新文明道路的过程，实是不断提升抗御自然力的能力的过程，在这一过程中真正需要的不是抑制自己的意志、智慧、情感、力量，而是弘大自己的意志，发展自己的智慧和情感，提升自己的力量。二是人类谋求存在发展的根本目标是不遗余力地提高存活自我——具体地讲就是健康和长寿——的能力，这种能力的提升总是以人为地打破物种生态平衡为前提，所以，人类提高生命存活率和降低死亡率的行为成为人口持续高增长的基本人类学方式。三是一切有关于节制人口增长的行为都体现外部强制性，人类从整体上还处于向外的野性扩张状态，并未因此而具备一种内在的指导力量。人类要自觉地获得一种理性节制的意志、智慧、情感、力量及由此生成的内在品格和精神，需要从根本上改变其存在认知和思维。

其次，人类创造出无所不包的物质世界和想象空间，既加剧了人与自然之间的冲突，也扭曲了自己的存在。改变这一双重逆生态状况恢复人与自然、人与人的共生存在状态，同样需要改变有关于存在的根本认知和思维。

在物种世界里，其他生物的存在是一种**适应性**存在，但人类的存在却是一种**创造性**存在。人类将自己这种创造性的存在称为**文明**，人类由此成为**文明的动物**。

作为文明的动物的人类自然把创造性存在视为自己的使命。在这一使命驱动下，现代人类创造了有史以来最灿烂夺目的物质世界。

其一，人类把自己的意志、情感、智慧、力量对象化为高水准的生活物质资源，使有限的物质生活变得无限化，不仅源源不断地创造出来吃、穿、住、行、享乐等方面的物质资源，更源源不断地创造权力争夺、生命屠戮、空间想象、时间创造等方面的资源。

其二，人类创造物质世界的能力最为突出地体现为改造存在世界和征服自然的能力：近代以来从古典工业社会向现代工业社会再至于后工业社会的发展进程中，人类完全按照自己的意志、智慧、情感、兴趣、爱好、力量来安排存在世界，来整治地球甚至包括宇宙（比如航天航空业和太空开发即是如此），叫高山低头，叫河水让路，叫宇宙听命，应该是对人类改造和征服论的精辟概括。

其三，在文明史上，人类最自豪的应该是技术和技术的全面进步。从物质层面看，人类文明的直接推动力是技术。没有对技术的持续不断的创新发展，就不可能有人类对物质资源的开发，更没有对存在世界的随心所欲的改造和征服。征服和改造存在世界并源源不断创造物质财富，都因为技术。技术既是改造和征服存在世界的工具，又是创造物质资源和权力财富的动力。

如果说前纪元历史中的科学产生和发展的直接推动力更多源于对存在世界的好奇和惊诧，那么纪元以来尤其是近代以降科学发展的动力更多源于技术的推动：人类对技术进步的狂热构成强大的驱动力推动现代人类科学的繁荣与发展。这可从如下方面考量。

首先，纪元之前的自然科学即是哲学。在纪元之前，科学与哲学无分离性。科学与哲学合二为一的这种人类精神探索的整体取向绝不能简单地理解为人类认识能力的低水准性。这种整体性地探索、求解人与存在世界之谜所体现出来的那种具有非功利性的好奇心、惊诧感和神秘感，正是当代人类所缺少的。更为重要的是，这种以一种生态整体的眼光和态度来面对世界或事物、生命和人的共生存在的精神、品质、视野、境界，恰恰是现代文明不该抛弃但在事实上被完全抛弃了的最为珍贵的东西。

其次，哲学是人类的最高智慧，对哲学的探索应该成为人类文明进程中最崇高的象征。然而，现代文明向前倔进的过程事实展开为对哲学的傲慢与偏见的过程。纪元之前的苏格拉底以毕生精力和生命创造了人类哲学的主题——人，**认识你自己**。开辟对人类自己的认识必须要立足于人的存在和生存，并以此为出发点。但是随后的历史表明，由于技术主义的主潮而形成对哲学的急功近利的要求，哲学开始了屈辱于科学和技术的胯下匍匐前行。直到今天，人们还在对人类哲学从本体论向认识论的转向——以至于最后滑入庸俗实用主义的"实践哲学"深渊而自淫所乐，由此形成哲学最重要的不是思考世界，而是改造世界，形而上学被批判，本体论被否定，哲学要对世界、事物和生命（包括人）予以存在论拷问和生存论体验，必然变得无用而成为笑话被嘲讽。以至于在许多场合，人们干脆把哲学与无用画等号；并且，即使许多接受高水平教育的文化人以至于知识精英一生不知哲学为何物，既不知道哲学的真正任务是什么，也不知道哲学的真正精神是什么。在这样的"文明"背景中，哲学的悲剧不仅是哲学家的悲剧，更是人类文明的当代悲剧。

最后，宗教是人类对自我存在和对世界存在的终极关怀。然而，纪元以来的文明向现代铺开的进程中，终极性问题逐渐让步于物质生活问题，内在指导原则被外部强力原则取代，人类由内在信仰转向了对外在信念的绝对依赖，宗教由此与"精神鸦片""迷信""愚昧"等观念话语为伍。人类内心就此失去应有的和谐，矛盾、冲突、斗争、对立等充斥人间生活每个领域，世界随之沦为相互争斗和残暴竞技强权的舞台。

**生态化综合的书写土壤**　仅一般论，文明是人类智慧的结晶，以此观现代文明应该是人类有史以来的最高智慧。站在人类智慧的高峰，鸟瞰 20 世纪人类的存在状况和生存取向，它给正在进行时的 21 世纪留下的遗产恰恰是各种各样或蓄势待发或全面暴发的存在危机。

20 世纪的最高成就，与其说是科学技术发展把物质文明推向前所未有的繁荣，不如说是人类通过自我繁衍为地球生产出多达近 60 亿高耗费的生命。这 60 亿人口经过 21 世纪头 20 年的再繁衍增长到 78 亿：78 亿人口，78 亿张不断吞食自然资源的嘴，78 亿个欲望无穷的大脑和坚挺的存在想望，给这个原本共生存在的世界带来了什么呢？是自以为是的人类为了自身利益和欲望的满足造成了成千上万物种的灭亡，但至今却仍在孜孜不倦地向生物世界展开扩张性杀戮，全然不知由于我们的嗜戮成性而使整个物种生态濒临崩溃的边缘，由此从根本上动摇了人类与世界共生存在的根基。

即使今天，人类仍然坚信自己是拥有绝对幸福权力的万物之灵。在这种**绝对幸福论**观念支配下，仍然以外部强力原则来指导存在并继续追求片面的物质幸福之梦。人类向存在世界、向自然宇宙要霸权的观念、思想成为推动文明向前的最强劲、最持久的动力。征服世界、改造自然，蹂躏地球环境，构成人类创造属于自己的物质世界的多重交响乐章。在这部混合着人的胜利与疯狂的交响乐章里，自然日趋死亡，人类的存在空间越来越小。更可怕的是这种种存在危机并没有引来普遍的意识与觉悟，人类还依然如故地沉醉在向世界要霸权的竞斗之中，比如科技竞争、军备竞赛、海洋争夺、太空开发、领土侵犯、价值强奸、人权剥夺等无休上地展开，人与存在世界、人与自然、人与人之间的战争在全球范围内愈演愈烈。“人类和平”“共同幸福”“自然家园”等口号虽漫天飞舞，但弱肉强食仍然是世界最基本的法则，人性的深度践踏无处不表现宣扬强权统治与绝对服从、阶级分裂与等级秩序、暴力控制与血腥镇压等，并被定义为正当、合法。

现代文明就是如此地将人类推进 21 世纪这样一个霸权和专制盛行、并将人视为耗材可任意处置的时代，贫穷和愚昧漫延于生活每个角落；权力崇拜，金钱至上，物欲横流，享乐成性，充斥每个人的内心。人类最终堕落成为强权主义与物欲主义的真正奴隶。

面对这样的存在状况和生存现实，人类跨入千年新世纪就获得更为深远的生存学意义，即觉悟自己，拯救自己，超越自己，唯有如此，才可真正蜕去**文明的野蛮**。

## 2. 认知的源泉

人类心理学研究会的主要创始人之一、美国斯坦福大学教授威利斯·哈曼在谈到 20 世纪与 21 世纪之交人类所面临的种种危机及未来生存走向时指出："如果我们想要解决问题而不是自取灭亡的话，就一定得朝那个方向发展。我们必须包容那些被工业范式忽视了的超经济价值观，必须开发被科学忽视了的、以价值观念为基础的思维源泉。"① 哈曼之如是认为，是因为在他看来工业范式已严重地"不适应于具有生态弹性的全球社会以及持久的世界和平"。在哈曼看来，"范式就是有关于个人、社会以及宇宙的一整套公认的设想，它包含一种价值观念体系，这种体系继而又指导个人和社会的活动"，而"工业范式是价值观世俗化以及在中世纪末人的形象变化的一种结果"。② 从表面看，"范式"是一种有关于人的世界性存在和社会化生存的价值观念体系，但从实质论，"范式"是人看待存在世界和自我的思维－认知模式，这种思维－认知模式内涵人认知存在世界和自我的特定方式、方法。从这个角度讲，**一种思维－认知模式就是一种具体的思维方法和思想方法；一种特定的思维方法和思想方法就是一种有关于人的思维－认知模式。**

工业范式体现出来的那种对存在世界和人的认知倾向是：物质进步是人类生存通向理想境界的唯一大道。在这条充满阳光、欢乐和幸福的道路上，能够驾驭的经济技术理性才是最有效的逻辑方式，科学则是最可靠的知识形式；人类的最高目标是个人获得自由和幸福。这些包含在工业范式中的存在论信念和生存论价值观念，就是傲慢物质霸权主义和绝对经济技术理性，前者构成工业社会的行动纲领，后者构成工业社会的行动原则。在傲慢物质霸权主义行动纲领和绝对经济技术理性原则指导下，工业社会既朝着地理探险和殖民掠夺方向发展，更朝着以科学主义为统治方式和以资本霸权主义为主流形态的后工业方向发展，合起来，人类实是朝着以科学为基础的高技术和以对物质掠夺和占有为幸福准则的后现代社会方向发展。在这样一种思维方

① ［波］维克多·奥辛迁斯：《未来启示录：苏美思想家谈未来》，徐元译，上海文艺出版社 1988 年版，第 195 页。

② ［波］维克多·奥辛迁斯：《未来启示录：苏美思想家谈未来》，徐元译，上海文艺出版社 1988 年版，第 191、192 页。

法和思想方法引导下，“人类头脑中作为人类精神价值观念基础的超经济前提排斥在外”①。也就势必制造出人的存在危机：从直接方面讲，当今人类存在与自然宇宙、地球生物圈、人自我之间严重失调，这种失调带来的种种存在危机都是工业范式误导人类盲目追求傲慢物质霸权主义和绝对经济技术理性的自然结果。但从最终本质讲，与其说工业范式创造了傲慢物质（权力是通向对物质占有的有效手段）霸权主义和绝对经济技术理性这一存在论信念和生存论价值观念体系，不如说工业范式是这一存在论信念和生存论价值观念体系的产物。以此观之，支撑工业范式的存在论信念和生存论价值观念体系的思维基础是什么呢？进一步讲，傲慢物质霸权主义和绝对经济技术理性的人类思维生长点是什么呢？

——是以二元分有为基础的类型化思维－认知模式。

从人类文明的发生学观，以二元分有为基础的类型化思维－认知模式恰恰产生于人类的最初觉悟，即当人类从生物存在走向人文存在的那最初一瞬的人质意识产生时，以二元分有为基础的类型化思维－认知模式随之朦胧含混地产生了。西方文化经典《圣经·旧约全书》以神话方式记载了世界和物种的诞生以及作为生物的人类如何走向文化人类的历程：作为生物的人的诞生是上帝（或曰“自然力”）的杰作，但作为文化的人的诞生却是蛇的引诱（可以理解为物种演化过程中物竞天择、适者生存的本能性取向）而偷吃了禁果（其实是大脑进化到一定程度本能地躁动起对自然和自我的朦胧意识）。这一偷吃禁果的行为就是人作为文化的人的真正开始，人类由此产生属于人的最初文化意识。人类最初的文化意识恰恰是对自己的身体的“看”，即人类始祖亚当和夏娃本能地“看”到了对方赤裸的身体的不堪入目，即直观到对方的身体原来是一个美丑混合物，于是本能性发动了作为文化的人的第一次也是最初一次文明行动，即慌忙扯下树叶来遮蔽被认为是丑恶的那部分身体。

人类最初文化意识表现出来的那种最为原始古朴的生存智慧，可以说是关于美和丑的伦理观念。然而，这种原始古朴的生存智慧所具有的永恒魅力恰恰是它的内在精神，即二元分有的思维－认知倾向：人类正是在其最初的

① ［波］维克多·奥辛迁斯：《未来启示录：苏美思想家谈未来》，徐元译，上海文艺出版社1988年版，第192页。

觉悟中本能地分有了自己的身体，朦胧地感觉到了这种二元分有对自己的重要性，因而，在尔后的过程中，当人以这种本能性意识来“看”这个茫茫然的存在世界和自我时，意外地发现了你与我、男与女、突出与隐藏以及天与地、高与低、白与黑等完全是两两相对。在这种两两相对的“看”中，世界被突现出来，人自我被照亮了。人类惊喜地发现自己的这种意外的收获：混沌朦胧的存在世界原来是可以通过这种分有性的“看待”变得可能掌握和可以掌握。于是，人类开始对这种分有方式的自觉运用：人与世界相分离，天与地相对立，山与水不相容，白天与黑夜相对抗，鸟与兽不同类，人与物不同种，阶级与阶级必须对立，必须不平等，必须殊死斗争……人一旦开始以这种二元分有方式来分类世界时，世界就变成了人所希望的样子。于是，为使这个充满太多不确定性和太强流变性的存在世界能够完全成为自己所希望的样子，人类不得不更加依赖这种两两相对立的类型化方式。在这种思维－认知模式的指控下，物质与精神、存在与意识、主体与客体、物与心，动物与人类，以及国家、阶级、等级、敌我、好坏、优劣、贫富、贵贱、内外、表里、上下等观念逐渐形成，最后发展到自然科学探讨自然规律，人义科学探讨人文规律，社会科学研究社会规律。

思维永远是人类生存的本质。以二元分有为基础的类型化思维－认知模式构成纪元以来人类文明的思维－认知基石。在这一思维－认知模式指控下，人类文明产生两种貌似互不相容但实际上相共生的基本思维－认知模式，即以“**物**”为基点的思维－认知模式和以“**心**”为基点的思维－认知模式。前者把“物质”预设为绝对主体、绝对主宰、绝对动因，它强求人思考和看待任何事物都须以“物质”为绝对前提（起点）和最后结论（归宿），从根本上否定“人”本身就是存在，就是一种具体的物质形式，就是起点、动因和归宿；后者同样片面强调主体，强调人的主观精神的绝对性，它把绝对化的“精神”预设为世界的第一因，强求人凡事必须以“心”（精神）的律动作为衡量的绝对尺度。如果说，“物”的思维－认知模式把精神、情感、意志视为是物质存在的派生物，从而沉沦了人；而“心”思维－认知模式同样把物质存在看成是精神、情感、意志的派生物，亦是最终分离了人和生命，使人类不自觉地持守一种抽象、片面、静止、孤立和僵化的存在观念，包括关于人的观念和关于生命的观念。

在以二元分有为基础的类型化思维－认知模式中，人类永远是世界的主体和地球生物圈的主宰者，唯有人类才有资格和权利获得幸福。在人类看来，获得幸福的基本方式就是尽其所能地创造属于人的物质世界，所以以物为基点的思维－认知模式最终走向对以心为基点的思维－认知模式的胜利。从表面看，这种胜利的突出标志是大工业范式的日益形成与迅速完善，但从存在信仰和生存价值观念角度看，这种胜利则表现为如下四个方面：

第一，傲慢物质霸权主义和绝对经济技术理性对人类生活的全面主宰与控制。这从三个方面呈现：一是物欲主义横流和享乐主义漫延；二是片面地追求经济繁荣；三是以暴力为后盾的经济侵略行为（或曰“殖民运动”）全球性扩张。

第二，科学与技术的颠倒，技术成为科学的动力，科学沦为经济技术理性和傲慢物质霸权主义的马前卒。现代人类对自然、对地球生物世界以及对人本身的征服、占有、掠夺、屠戮，都是以技术为开路先锋，并且几乎所有的最新技术都最先在军工领域产生，最后才普惠于民用，最终成为强权专制、暴力统治人，将人变成工具继而将人沦为耗材的最得心应手的工具。现代社会的所有成就既源于技术对科学的激励，更是技术与统治力量的完美结合。

第三，哲学变成傲慢物质霸权主义和绝对经济技术理性的应用武器和斗争工具。20 世纪以来，哲学放弃了对存在之问的本分，跟随在科学主义潮流后面极尽媚态地以各种名目的“实践哲学”方式对傲慢物质霸权主义和绝对经济技术理性做种种“合理”的解释和证明。

第四，宗教提出的根本性生存问题不再为人类所普遍关心，因为在傲慢物质霸权主义和绝对经济技术理性观念支配下，人的内在指导原则完全由外部强力原则所取代。在这样一种存在论和生存论的思维－认知状况下，物质幸福主义的永恒梦幻曲完全遮蔽了心灵的枯萎与贫乏。

在傲慢物质霸权主义行动纲领和绝对经济技术理性原则这样一种关于存在和生存的思维－认知舞台上，现代文明走向了对自身的全面堕落：

> 在整个工业文明世界，人对人的统治，无论是在规模上还是在效率上，都日益增加。这种倾向不仅是进步道路上偶然的、暂时的倒退。集

中营、大屠杀和原子弹都不是向“野蛮状态的倒退”，而是现代科学技术和统治成就的自然结果。况且，人对人的最有效的征服和摧残恰恰发生在文明之巅，恰恰发生在人类的物质和精神成就仿佛可以使人建立一个真正自由的世界的时刻。①

马尔库塞（Herbert Marcuse，1898—1979）的冷静必然产生马尔库塞式的解决途径。马尔库塞认为：“人在现时代所处的状况使心理学与社会政治哲学之间的传统分野不再有效，因为原先自主的、独立的精神过程已被个体在国家中的功能即公共生存同化了。于是心理学问题变成了政治问题：个人的失调比以前更直接地反映了整个社会的失调，对个人失调的医治因而也比以前更直接地依赖于对社会总失调的医治。”② 马尔库塞从社会学角度对医治人类与存在世界以及人类自我之间的失调所产生的根本的存在危机开出处方，即调整社会心理。然而，社会心理的问题远不只是一个社会政治问题和心理学问题，它是人类与存在世界——具体地讲是人与自然宇宙、人与地球生物、人与社会、人与人——之间的整体存在及其生存敞开的问题，不仅涉及社会、政治、经济、心理，更涉及人类思维和认知、涉及世界存在论和人类生存论，是这一切问题的总和，是由这一切问题总汇性生成的整体存在论和生存论问题。从这整体存在敞开的生存入手看人类面临的种种存在危机，要求得正确的解决之道，首先需要人类从根本上改变自己，尤其根绝积习已久的傲慢物质霸权主义行动纲领和绝对经济技术理性原则所共建起来的价值体系和思维－认知模式，探索创建更符合人类存在的新的理性、新的思维方法和思想方法。因为“世界正在从崩溃中迅速地出现新的价值观和社会准则，出现新的技术，新的地理政治关系，新的生活方式和新的传播交往方式的冲突，需要崭新的思想和推理，新的分类方法和新的观念。我们，不能把昨天的陈规惯例，沿袭的传统态度和保守的程式，硬塞到明天世界的胚胎中”③。在这种存在态势

---

① ［德］马尔库塞：《爱欲与文明》，黄勇、薛民译，上海译文出版社 1987 年版，“序言”第 12 页。

② ［德］马尔库塞：《爱欲与文明》，黄勇、薛民译，上海译文出版社 1987 年版，第 18—19 页。

③ ［美］阿尔温·托夫勒：《第三次浪潮》，朱志焱、潘琪译，生活·读书·新知三联书店 1983 年版，第 368 页。

中，“我们必须把注意力集中在方法本身，那才是真正的新事物，它把旧文明的基础打个粉碎”①。

### 3. 开放的内涵

当代解构傲慢物质霸权主义行动纲领和绝对经济技术理性原则，必须从根本上拆除二元分离的类型化思维－认知模式，重建新的理性。

何谓新理性？

普利高津（Ilya Prigogine，1917－2003）认为：“人类正处于一个转折点上，正处于一种新理性的开端。在这种新理性中，科学不再等同于确定性，概率不再等同于无知。我们完全赞同勒克莱尔（Yvor Leclerc）的看法，他说：‘在本世纪，我们遇到继牛顿物理学在18世纪取得胜利以来科学与哲学的分离。’布罗诺夫斯基（Jacob Bronowski）如是很好表达了同样的思想：‘认识人性和认识自然界内的人类境况，是科学的一个中心课题。’”② 体会普利高津的如上论述，普利高津所倡导的新理性的精髓有三：首先，被人为分离的科学与哲学必将重新恢复其一体存在；其次，必须将自然和人性作为同一个问题来认识，因为认识自然和认识人性原本是同一个问题；最后，确定性与非确定性是任何认识的两个方面，也是解决任何存在问题的两个面。由此三个方面的内涵规定，新的理性必然要求新的思维方法和思想方法，或者，只有探索新的思维方法和思想方法才可真正创建起体现如上精髓的新理性。要言之，这种新的理性哲学，就是生存理性哲学，亦可称之为生态理性哲学；这种生存理性哲学得以形成的思维方法和思想方法，就是生态化综合方法。

**生态化综合的认知方向** 所谓生态化综合方法，就是指自然宇宙学方法和人类文化学方法与社会历史学方法和物种生态学方法整合生成的方法，它蕴含整体生态地看待世界和生命，并整体生态地敞开存在、经营生存的思维视野、思想境界、价值取向和行动原则。

生态化综合方法非常强调“整体”性，包括存在世界的整体性，事物存

① ［英］阿弗烈·诺夫·怀特海：《科学与近代世界》，何钦译，商务印书馆1989年版，第158页。

② ［比］伊得亚·普利高津：《确定性的终结：时间、混沌与自然法则》，湛敏译，上海科技教育出版社1998年版，第5页。

在的整体性和人的存在敞开生存的整体性。生态化综合所强调的“整体”有其丰富的内涵规定。

首先，生态化综合方法所主张的“整体”不是观念抽象的整体，而是指充满生命意义的具体整体。这种具体整体是建立在**存在世界生命化**和生命具体化基础上的。所谓存在世界生命化，是指整个存在世界都是具有生命的，都充满生命的活力。并且，生命化的存在世界敞开自身的运动有其内在规律，这种内在化的生命规律可以认识、可以掌握，但绝不可以人为地抽象为干瘪的条款，也不可能按照人为的意志来进行所谓的“有机组合”，更不可能用“系统”“结构”“层次”“等级”等观念来规范和肢解。所谓生命具体化，是指生命既是组织化又是**自组织化**的存在形式，它具有不可分割的整体性，一旦进行分割，生命就不成其生命而沦为反面。

任何事物都是具体的生命整体，其具体性在于它不可分割，如果以人为观念方式进行分割，事物就失去生命性而变成非。以思维为例，思维是生存的本质，生存的运动性生成思维的过程性。**思维永远是过程化的**。思维是生命具体性的集中表现形式。就思维运动的本来状态言，任何形式和内容的思维活动都是思维自身的整体运动，具体地讲，任何具体思维活动得以成功敞开，必是直觉、灵感、形象和逻辑的整合运行，绝不可能还存在着科学探索主要是逻辑思维，文学艺术创造是形象思维，发现事物是灵感思维的问题。如果谁愿意严格按照这种观念和方式来展开思维，是不可能形成思维的。

其次，生态化综合的“整体”是指存在世界的整体性。世界之所以是世界，是因为它存在着。世界存在的整体化并不由人的“看”来界定。人力所“看”到的世界只是这个存在世界的一部分，并且是很小的一部分；人没有“看”到的或者人力不及“看”到的才是存在世界的基本内容。因此，存在世界的整体化是指对人力“看”到的和人力没有“看”到的世界和人力所不及或不能“看”到的世界的整体表述。

存在世界的整体性是指世界作为完整的存在整体具有不可分割性，存在世界是以整体方式存在，这种整体化存在是永恒的；并且，存在世界整体化还指世界以一种场态的方式敞开其存在。从根本讲，存在世界之所以具有不可分割的整体性，在于它的场化性。①

再次，世界不仅是存在着的整体，亦是生存化的整体。世界的“存在着”，意指存在世界敞开自身的运动性和过程化：作为整体存在的世界是生存化的，即存在世界是以整体方式敞开生存，并且其敞开生存的运动是整体性的，是场化的：存在世界是场化运动的方式敞开生存。理解这一点非常重要。因为纪元以来，在二元分有的类型化观念误导下，人类不仅把存在世界与人类相分割开来，也把人类生存与世界存在敞开生存相分割，形成自然界的生存遵循自然规律，生物界的生存遵循生物规律，人类的生存遵循人类规律。这种十分偏颇的和极为有害的二元分有的类型化观念导致人类生存发展可以任意征服存在世界、掠夺自然资源、蹂躏地球生态，将自己的意志的法则变成存在世界的法则，人类今天面临的全部存在危机根源于这种以人的意志法则取代存在世界的法则。

存在世界敞开生存是圆浑的场化运动状态。在这个相互依存的生存之场中，宇宙的生存有赖于地球的生存，地球的生存有赖于物种的生存，人类的生存有赖于整个世界的生存。人类在浩荡的存在世界里生存只是沧海一粟，永不可成为万物之灵或是世界的主宰，因为，存在世界敞开生存的场态运动就弥漫生命的灵气、就洋溢生生不息的生命魅力和神秘的力量，人类的生命之灵最终来源于存在世界之灵的滋润与哺育。同时，存在世界敞开生存的整体化（即场化动态）形成世界力量的整体化、聚散化和自我生成化，在这种整体化、聚散化和自我生化的生命之场中，任何物种生命都不可能超越存在世界的整体力量而成为万物和世界的主宰。纪元以来人类那种自以为能、自以为是的野心与狂妄，实是受其傲慢物质霸权主义观念和绝对经济技术理性幻相投射到看待存在世界的感觉主义呈现。人类这种无视存在世界的整体力量的狂妄最终是建立在以二元分有为基础的类型化思维方法和思想方法基础上的：

宇宙学的最新发展明确地指出，我们日常的条件是无法离开宇宙中

① 参阅唐代兴《语义场导论：人类行为动力研究》，四川大学出版社1998年版。

遥远的部分而存在的，如果脱离宇宙的遥远部分，那么我们关于空间和几何的概念也就完全错了。我们的日常经验，甚至在最小的细节上都是与宇宙的大尺度密切联系在一起的，以至于根本不可能设想这两者可以分离。（天文学家弗雷德·霍伊尔语）[①]

最后，生态化综合所讲的“整体”，还包括**精神整体的解构性**。在宽泛的意义上，精神的整体性是指宇宙精神、自然精神和人类精神；在狭窄的意义上，“精神”的整体性是指人类精神的整体性，人类之所以是人文存在就在他有属于自己的存在精神及其整体构架，简称“人类精神构架”。

从表面看，人类精神构架是人关于存在的信仰诉求和如何生存的价值取向。深入地看，人类精神构架是建立在它的内在品质之上的，人类精神的内在品质恰恰是他感受、意识、认知、评价存在世界和自我的思维－认知模式、思维意向、思想方法和意志－情感品质的统合。

人类精神的整体构架展示人类精神的整体生命化诉求。人类精神的整体生命化既指精神生成是整体生命化，也指精神的变革与鼎新同样呈整体生命化诉求。从这个角度看，在纪元以来的文明进程中人类对自我精神探索的类型化、领域化、学科专业化道路，恰恰是人类在循环往复地分离自我精神的过程，它导致人类精神探索陷入“见树不见林”的和“瞎子摸象”的认知状态，形成如下思维认知局限和认知遮蔽：

一是精神探索的一隅化形成导致科学与科学之间的门户之见和授业的师门之见，这是科学探索流于浅表化的重要原因。

二是精神探索的领域化形成导致对存在世界的人为性割裂。这种割裂形成科学探索越来越趋向于经济技术理性，人文思考越来越淡漠人性，社会理论只注目外在秩序。精神探索者往往沦陷于这种领域化的思维，视野越来越窄，认识越来越片面，观念越来越陈腐和僵化，“武大郎情结”日益膨胀，最后形成绝对真理泛滥，人类生活的无意识激情汹涌起“凡事绝对”野性和“立场”主义大棒，由此一方面加剧人对外部强力（特权、野蛮、暴力）的

① 灌耕编译：《现代物理学与东方神秘主义》，四川人民出版社1983年版，第172页。

盲目崇拜和绝对依赖；另一方面对外部世界无休无止地扩张、征服、占有以及屠戮与蹂躏，霸权统治和暴力专制构成最基本也是最持久的生存特色。

三是精神探索的浅表化形成，这导致人类精神形式每前进一步都同时敞开实质性的倒退。这种倒退不仅体现在探索精神的存在论视线日益浅短，生存论视野逐渐狭窄，更体现在价值取向的后视性上，而这种后视主义诉求在哲学和美学的探索历史中最为突出。

精神生成与解构的整体性，这是人类精神探索的本来状貌，也是人类在存在世界中敞开自身存在的本质。中世纪宗教哲学家托马斯·阿奎那曾说："对于智慧、理性来说，某种永恒的定律在于上帝的头脑之中并统治着整个宇宙。"① 阿奎那所讲的"上帝"，或可理解为存在世界的整体精神。正是存在世界的整体精神才生成人类精神的整体性，才推动人类精神探索之路中解构的整体性。这种整体性可用威廉·布莱克《天真的预言》中的诗句表述：

从一粒沙看整个世界，
从一朵野花看整个天空；
用手掌把握无限
在一刻中把握永恒。②

**生态化综合的生存构架**　生态化综合方法是指感受、体验、认知、思考存在世界和事物、问题以及询问对象或自我时，应在整体化视野基础上具备生态地"看"存在世界或事物的方式。

在生态化综合中，其"生态地"看存在世界或事物，是指以自然的眼光**打量人**赖以存在于其中的世界。无论浩渺的宇宙太空、神秘莫测的银河星系还是为人熟悉的地球，都是一种自然形式。不仅存在世界是自然，人也是一种自然形式。

---

① ［英］雅可布·布洛诺夫斯基：《人之上升》，任远、王笛、邝惠译，四川人民出版社 1988 年版，第 158 页。

② ［英］廉·费尔丁·奥格本：《社会变迁：关于文化和先天本质》，王晓毅译，浙江人民出版社 1989 年版，第 256 页。

一直以来，人类不愿承认自己是一种自然形式，这种固执主要源于人自认为是文化的创造者，是文明的化身。人类虽然创造了标志自己独立存在的文明样式，但这并不能说明人可以脱离自然、超越自然和无视自己的自然存在。人类文明并不单纯是人类自身的杰作，而是整个存在世界的精神和力量的宏大方式：人类有如此灿烂文明的首要条件是他始终是自然的生命形式。人类作为一种自然化的生命存在必须以存在世界这个大自然为母体，并以存在世界为其生命延展的力量源泉。

从根本讲，人类从生物存在向人文存在方向进化的原动力是自然，人类在人文存在敞开的历史进程中面临的全部问题和危机亦都源于自然。人类文明动因于存在危机和生存匮乏并努力消解其存在危机和生存匮乏，实是开辟出马克思所说的**“人的自然化”**和**“自然的人化”**的道路。马克思关于“人化的自然”与“自然的人化”的思考展示了存在世界与人的世界相向展开的历史进程，其实是既走出自然又走进自然的历史进程，人类根本不可能走出存在世界和自然宇宙而自立存在。

在生态化综合中，其“生态地”看存在世界和事物，也指人的存在敞开必须具备一种历史的眼光，才能真正“看”见人事和“看”到存在世界，并“看”来非堕落的文明和世界精神。所以，在生态化综合的思维方法和思想方法中，“历史”获得三个层含义。

首先，它是指生命存在敞开形成过去、现在、未来首尾相连：“过去”联结起存在世界包括生命诞生的起点，这是一个无法得知和把握的生命源头；“现在”展开生命的行为，它由消纵即逝的每一个“现在”之点的瞬间连缀而成；“未来”却把生命引向浩瀚的“虚无”的未有或未确定性状态。从根本讲，历史的态度始终是一种整体的态度、过程的态度和生命行为的态度。任何企图以单一静止的眼光来“看”生活和存在，或企图以过去的经验或成就为依据或准则来看待现在，都不是历史的观念和态度，都不可能真正获得真实的历史感。

其次，历史就是生命的自然展开。历史的长河是以时间和空间为基本构架，广漠无限的空间既构成历史的本来状态，也构成生命敞开自身的行为状态；时间则构成历史敞开自身的方向：在存在世界里，时间既是生命的源，又是生命的流，更是无限敞开未知的虚无状态及各种可能性。时间的不可逆之矢穿越空间的瞬间之点无限连缀，构筑起生命绵绵生成与演化的过程。[①]

最后，历史即是自然史。人类的历史就是世界的自然演化史：历史是存在（包括地球和宇宙）世界所有物种共同书写的伟大成果，没有生命化的存在世界的自然演化史，根本不可能有人类文明史。因此，在新世纪敞开未来的当代进程中，人类要想继续存在和更好地生存，必须摒弃霸权世界的思想和独写历史的企望，把自己的文明置于存在世界之中，把人的历史融入世界的历史演化之中，如此应该是人类未来的正确道路。[②]

① 参见［比］伊·普里高津《从混沌到有序：人与自然的新对话》，上海译文出版社 1987 年版，第三编“从存在到演化”；［英］彼得·柯立文、罗杰·海菲尔德：《时间之箭》，湖南科学技术出版社 1995 年版；［英］史蒂芬·霍金：《时间简史》，湖南科学技术出版社 1997 年版。

② 参见唐代兴《语义场导论：人类行为动力研究》，四川大学出版社 1998 年版，第 19 章“历史之人”。

# 第 9 章　书写敞开的伦理本体

人类精神探索虽千万路径和千万学科，但可归之为三大领域：自然、社会、人文，即自然科学、社会科学、人文艺术，此三者的探索最后由哲学统摄。第 7 章对自然科学的考察，以分形学为例；本章对人文艺术的考察，以文学为例。

## 一　文体：书写形式化的形式

在文学书写史上，无师自通的说法（“读书破万卷，下笔如有神”之说即属此）可谓源远流长，但喜读者多不（会）做诗，做诗者常不读诗；更有甚者，赋诗做文往往不是学问家，更多“学富五车”的人反而不会做也不会吟。这种文化现象同样表现为“行万里路”者虽有丰富的阅历却编不来故事，也成不了小说家。除此，另有一种文化现象也是为普遍，即会做文者就能会做所有体式的文，依逻辑的类推法应是如此。然会做诗者不一定会做散文，会做论文者不一定会做小说，能填好格律诗者难做好自由诗；虽有全才者（如苏轼、雨果、郭沫若）却是凤毛麟角，即使全才者，按逻辑类推法，做诗达到怎样的境界，做文也应该获得相当的成就才是，但实际的情况并不能如此，全才者们所取得的成就总是在某个方面更为突出，比如，苏轼诗词歌赋文皆有成就，但最为突出者是其词和赋；郭沫若被誉为著名现代作家、历史学家、考古学家，但让人们称誉的可能还是诗和考古研究。

诸如此类的文化现象往往被理论家们的研究所忽视，直接的原因可能是在存在世界里，往往是最熟悉的恰恰是最不了解的，比如研究文学的人可能最不了解文学，研究哲学的人往往最不了解哲学。这种情况可能源于思维方式的差异，比如科学探索与哲学拷问、研究自然与研究社会、写诗与作文，理论与文学艺术等，确实存在思维方式的差异性。这种思维方式的差异不仅源于主体的修养、积淀、取向、诉求等个性以及气质、禀赋的独特性，更可能有书写文体的制约，文学文体呈现为一种全息性的生态思维取向，文学家的成就往往体现对一种文体的个性人格塑造而形成独具一格的语体风格。但理论研究却更遵循一种较为呆板的类型化思维，这种类型化思维形成一种固有的理论研究模式，今天的学术规范要求，最能呈现这种固化研究模式被推向极端的状况，但恰恰是这种极端形式化的“学术规范”扼杀了理论研究中的鲜活思想，维特根斯坦和海德格尔的对思想表述的语体风格的诗化和散文化的个性呈现，或许是其最好的反例：文体的活性运用，是最能个性地表达思想的书写方式。

对文体的活性运用的前提是真正理解文体的活性思维 - 认知特征及取向，因为文体本身是思维 - 认知性质的，它本身既蕴含对思维方式和方法的宏观规范，也蕴含对思维 - 认知的引导机制。

对文体思维的深入把握，首先是对思维以及它与语言之间的生成关联的重新认识。苏联语言学家古拉姆·拉米什维利说：“人们学习的语言是他或她童年时听到的语言，但不仅仅是孩子‘掌握’了语言，与此同时，语言也‘掌握’了学习它的孩子。语言影响了人的认识过程，也影响了他的意识”，因为“语言的产生并非为满足一些基本的、生物的或交流的目的，语言是文化的创造力；因此，它是人类和纯粹人类价值的非物质性进步的一种推动力”。思维的生产同时产生语言，这是从发生学看；从行为学看，语言习得即是思维的形成。拉米什维利论语言实质上是在谈思维，谈孩子思维的形成，谈成人思维的演变而不离其宗（即儿童早期获得的思维 - 认知模式），儿童通过语言而习得的思维 - 认知模式构成他人生生活与创造的基本动力，也构成他追求纯粹价值创造的性质、取向与域度。

人习得语言的基本方面就习得并积蓄思想 - 精神情感。在习得过程中，其根本性的内容可能是人类思维自身的语言模型的个体化渗透。从主体角度讲，语言的本质即思维 – 认知，语言框架不过是思维 – 认知模式的呈现形态。语言习得对语言（即思维 – 认知）模型的个体化渗透，才逐渐在个体身上形成思维的两分图样，即思维的形象性和思维的逻辑性，也即人们通常讲的形象思维和逻辑思维。正是这种通过语言习得而生成的思维类型模式，才赋予人以类分世界的依据和准则，由于将世界一分为二，形成逻辑思维与形象思维各自指涉的独立领地，尽管由于毕达哥拉斯和柏拉图对灵魂的特别关注和强调所形成的思想的遗产发挥出一种引导功能，促使科学家们在更高层次上豁达地赋予“灵感”“直觉”以思维 – 认知的席位，但并没有触动过“形象与逻辑”两分的类型化思维框架，所以也很自然地忽视对人类思维自身的行为功能与思维功能类型化观念之间是否相符这一异常严肃的问题的关注。

从根本讲，两分的类型化思维 – 认知观念在事实上构成对人的思维功能的机械割裂，由于生成出人类思维的两个方面的根本性谬误。首先认为文学艺术是形象的创造物，培养文学艺术家须从形象思维入手；相反，处理日常生活事务或从事科学探索或理论研究则遵循理性原则，诉求抽象思维。由此产生两门相对应的科学，这就是美学和逻辑学：美学专门探讨形象思维的规律，追求美；逻辑学全面确立抽象思维的法则，追求真。另外，人们尽管一直宣扬追求真善美的统一，但艺术和科学（包括自然科学、社会科学以及人文学术）又总是在分离对方，即艺术和科学各守门户且互为防范。虽然人们也强调美和真的客观性，但“美”的客观性是相对的，于是主客观问题、自由与不自由问题、表现与再现问题、小我与大我问题、创造与生活问题等总是相互纠缠，且又各取所需，由是形成自以为是的论说林立，这样一来也就很自然扼杀着文艺，扼杀着鲜活的思想和真知；与此相对应的“真”的客观性却是绝对的，形成绝对理性、绝对逻辑和绝对抽象、分析、演绎、推论，因而真（即逻辑）成为人的存在世界及其所敞开的生活世界的最高主宰：办事、说话、写文章、搞研究、日常生活，都看“合不合逻辑”，都以“逻辑”为目标和准则。

其实，美并不一定是形象，现代派艺术（比如绘画）一直在刻意破坏形象而追求抽象，它同样表现出美来。老子的“道”以及柏拉图的“相”，均是最典型的抽象，却是大善和至美。荷尔德林的诗是最哲学的，尼采的言说和海德格尔后期的哲学著作却是最诗化的，其诗化的不仅仅是形式，更是内容。反之，真的东西并不一定是逻辑的或理性的：老子的“道”，爱因斯坦的相对论，马克思的共产蓝图，还有宗教对人类生存的终极关注，都不能用“逻辑”和“理性”来框架；与其真相反，是逻辑的、理性的东西或许本身就不真，无论形式逻辑还是辩证逻辑，其大前提都是人为预设的，这种人为预设的大前提或许本身就有待证明，比如“凡人皆是有死的，苏格拉底是人，所以苏格拉底必死”这一三段论中，大前提中的“人”是作为物种之“类”的人，它不存在死与不死的问题，只有小前提中的“苏格拉底”是个体化的人，是这一个名叫“苏格拉底”的具体的“人”，它是有死的。因而，在这典型的三段论中，根本不可能从不死的“类”“人”推出有死的“个”“人”来。形式逻辑是如此，辩证逻辑也是如此：黑格尔的辩证法是讲正反合的逻辑，所设立的大前提是“有”，并将“有”定义为“精神”，马克思批判黑格尔的逻辑是头与脚倒置了，因而他将倒置了头脚重新倒置过来，确立以“物质”为逻辑的大前提。但无论是“物质”还是“精神”，都是“有”，凭什么辩证逻辑的大前提一定是“有”而不是“无”？老子在五千多年前就说过，能够“一生二，二生三，三生万物”并使“万物负阴以抱阳，冲气以为和”之“道”却源于“无”，是由无所生。但无由何所生？即为何有生于无？以此观之，无论是将“有”设立为逻辑的大前提，还是将“无”设立为逻辑的大前提，其实都有待于证明，而没有经历过证明——包括证伪或证实——的大前提，又怎么可能一劳永逸地建立起辩证逻辑来呢？或者，今天盛行于世的辩证逻辑无论以哪种面貌出现，均是未得证伪或证实的思维－认知模式。所以，以这种性质的思维－认知模式为准则探求得来的逻辑成果可能为真，更可能包含了虚假和不真的性质。比如遵守“百家争鸣，百花齐放”政策从事文学艺术创造，这是理智的，更有可能达于理性之境，但以此创造出来的东西可能并不是理智或理性的，或许是反理性或反逻辑的。比如：

**（1）《大自然的对话》**

### （2）语言与领土

> 领土是一个民族的物质范围，语言是一个民族的精神范围，领土能在空间上使人民团结起来，而语言却能在时间上把他们联系起来。[①]

《大自然的对话》这首诗，用词极为简单而且结构异常单调，全诗只有一个字“天”字重复（七次）并形成倒立对应结构。在这首诗中，没有通常意义的形象，却屹立着最高的形象，这个形象就是自然和宇宙（顺“天”）和大地或者说地球（倒“天”）之间所伫立的“人”。在这首诗中，也没有逻辑和理性，但蕴含最深层的逻辑和理性，这就是人与自然共生存在的命运。《大自然的对话》这首被认为不是诗的诗，或许诠释了什么是艺术，什么是艺术的思维：形象与逻辑的一体和感性与理性的融一，应该是真正意义的诗，也是最好的艺术。

关于“语言与领土”的那段文字，系古拉姆·拉米什维对著名语言学家威廉·冯·洪堡关于“领土是一个民族的物质范围一样，语言是一个民族的精神范围”的比喻的进一步诠释。奥地利作家雨果·冯·赫尔曼（Hugo von Hofmannstahl，1874－1929）更进一步证明语言的神奇功能：“当我一开口时，成千上万的死者便开始说话”，“语言把我与死者和未来联结起来。没有语言就没有历史，人就会与其他动物一样。语言不是思想表达的和交流的工具，而且是一个具有重要意义的现象，因为它可以追溯到有历史意义的认识的渊源”。[②] 不仅如此，“语言的产生意味着**文化对自然界的一种介入**，或者是**文化对自然界的一种丰富**。在这个意义上，语言的产生是一件关键性的事情，但它不仅是自然界‘自然’进化的一部分，同时，它也是自然的延续”[③]。

---

① ［波］维克多·奥辛廷斯基：《未来启示录：苏美作家谈未来》，徐元译，上海译文出版社1988 年版，第 126 页。

② ［波］维克多·奥辛廷斯基：《未来启示录：苏美作家谈未来》，徐元译，上海译文出版社1988 年版，第 126 页。

③ ［波］维克多·奥辛廷斯基：《未来启示录：苏美作家谈未来》，徐元译，上海译文出版社1988 年版，第 120 页。

如上关于“语言”的论述是高度抽象的，却呈现生动丰富的形象，包括语言的历史形象、领土的空间形象和论述者的智慧形象。在这一多元取向的开放性生成的形象所构成的整体生命运动中，可以感受到令人佩服的直觉、灵感、体悟：把“领土”和“语言”以及由此将“时间”和“空间”联系起来，绝不是逻辑分析和推论所能单独实现的，它是智慧的了悟和心灵的直觉的综合呈现，这种综合化呈现恰恰体现更为深度的“逻辑”，也呈现出了更有力度的理性力量。

由此可知，无论文学艺术或科学理论以至于日常生活，其个体的思维活动都是生存论的，并且都体现生态化诉求。这是因为人的思维本质上没有类型之分，而且思维更没有心与物（躯体）、意识与存在的割裂，任何思维行为都是生命化的整体生存运动，因为书写本身是人的身心的整体的投入，尤其是文学艺术创造的思维运动更是如此。关于此，大脑全息运动理论可为之佐证：美国心理学和神经生理学教授卡尔·普里布莱姆指出，人的大脑运动（即思维活动）本身是按全息式的原理敞开，它恰恰对应存在世界本身，即存在世界原本就是一个全息图，大脑对待存在世界的过程就是其与存在世界相互发生“共振”的运动过程。

思维的全息运动揭示人类思维的基本品质呈三个方面的特征：第一，思维总是生存化的，任何思维行为都是思维者的生存行为，它既汇聚也表达思维者的特定存在境遇、生存态度和生活情志意趣。第二，思维总是整体化的生存运动，任何具体的思维行为都融进了逻辑、形象、了悟和直觉等因素，都是思维个体全身心的生命投入。第三，思维总是历史化生存的，每一思维行为既裹持过去也立足现在而关注将来，所以，每一个具体的思维行为都是以（本能地持存）过去为基点，以（求摆脱）现在为动力并以诉求未来为目标。所以，生态化、综合化、历史化此三者构成人类思维生成敞开的全息式特征，也呈现人的思维的原初精神风貌。这一全息式思维特征和原初的精神风貌最终融入文体模型之中，通过文体模型的规范而形成文体思维。

### 1. 书写的原初模型

文体思维和文体是两个既联系又区别的概念。文体是指以文字语言为工具的书写形式，它包含一定的语言体式和语言所负载的内在结构模式和总体风格（审美的、思想的）模型，尽管它蕴含主体性意味，但总是对象化为一种形式化的精神形式。

首先，文体思维则是指作家的书写思维样式，是具体的历史化的此在生存个体具有的规训化的思维方式和可感性敞开的呈明确方向的思维状态，并具有在特定情境中发动思维行为和产生思维效应（即形成文体化的作品、文章）的功能。文体思维中的文体是指一切用文字语言符号有序地表达独立完整思想、情感、想望并体现共性美学特征的书写形式。

其次，文体思维呈现一种规范性，它是指在具体的意指范围内追求一定的形式、精神、色彩、情调的思维形式。这些形式、精神、色彩、情调既是思维的条件又是思维的内容；文体思维除接受思维（对象引来的）性质的规定性外，还承受思维样式范围的规定。

再次，文体思维以具体的书写形式（如诗、小说、论文或著作）的形式、精神、色彩、情调为思维条件和内容，同时必须书写人类精神活动的一般形式、精神、色彩、情调为思维的条件和内容，这二者构成文体思维的基本内涵。

复次，文体思维始终是个体思维者的思维，离开具体的思维者，文体思维不存在。每一具体书写的文体思维都来源于某个特定个体的独创，每一书写形式一旦为具体的作者所运用而建构起他的文体思维形态和风格时，他的独特的创造精神、生命意志、思想情感以及特定的生活经历与阅历所积淀而建构起的生存意向、历史意识就融铸为文体思维的生命内容，修正或改变共性取向的文体思维而使之获得诸如书写的具体形式、精神、色彩、情调等方面的个性诉求。所以，每种文体思维在静态待用的状态中都呈共性取向，但每种共性取向的文体思维一旦为个体所启用时就成为个体诉求，体现独创性。正是在这个意义上，文体思维是独创性的。

最后，人类书写的一般形式蕴含于具体的文体思维的书写形式中，构成文体思维的基本条件和关键内容，也成为人会写与不会写、会写这种文体的作品（文章）和不会写其它文体的作品（文章）的前提性因素，同时也是作者能写出什么样境界的作品的决定性条件。

文体思维中会聚如上特征并处于核心地位的“人类书写的一般形式”，就是人类书写模型。人类书写模型指关于书写这一人类精神形式的基本（思维、情感、认知）框架，或者说是关于“书写”的意识和思维－认知状态，它的基本构成内涵有五。

**神圣的目的性**　人类书写意识是一种超越日常思维的认知方式和思维境界：日常性认知方式和思维诉求与物质需求、功力欲望、食色天性等内容相联系，它既异己人也外化人，远离人的存在及其敞开生存的纯粹性。与此不同，人类化取向的书写意识却努力贴近人的存在及敞开生存的纯粹性并会通人的心灵、意志和生命的原本性，始终以此为其书写表达之最终目的性内容。所以，人类书写意识的超越性本质上是对人的存在精神和生存本质的超越，并在其超越性努力中追求对人的现实与现世不可企及但又努力企及的那些神圣不可侵犯的东西的意识和觉悟。

**感应的一体性**　存在世界或事物的神圣性与表达存在世界或事物的神圣性，都是书写者在具体的存在语境中体验生存并突然感悟。在这感应中，人与物、景与情、事与理、人的精神与物的灵性达于会通形成一体化存在。这在于人的世界和他感知的世界本身就是一体化存在的，人类书写意识的个体化产生就是这一体化存在世界在作者的存在感知和生存体验进程的中语言表达。

**形象的概括性**　任何个体感知存在世界或事物时，都是把它作为“这一个”来感受，并把它幻化为感性生动、具体形象的存在整体予以生存化把握，而人的这一“存在整体”的把握不是对感知的存在世界或事物的全部属性的全面把握，只是对其存在敞开的整体精神、气韵、灵性和对其存在敞开生存的特征的抽象概括，并把它与作者自己所投入的某种“东西”予以整合而产生的新对象。因此，这个被感知的“东西”看来是形象的和感性具体的，但实际上却是抽象的。人类书写模型的形象性和具体性均源于它的抽象性和概括性，其抽象性和概括性又依据其形象性与具体性。在人的整个书写意识的发生行为中，具象和抽象是同一个“东西”（品质）的两个侧面，前者指它对存在世界或事物的想象性观照本身；后者指它将想象化观照的存在世界或事物予以客体对象化的方式。在人类书写模型的生成建构中，神圣的目的性是动力，感应的一体性是目标，形象的概括性是其基本形式。

**逻辑的有序性**　书写意识的行为性发生就是重新安排观照到的存在世界或事物，使之有序，或真的秩序，或善的秩序，或美的秩序。所谓“安排”，是指书写主体求以合我意的方式打破存在世界或事物的旧形式并赋予存在世界或事物以新形态、新形式。在书写意识中，人之外的存在世界或事物无所谓“序”与否，人的看待才将原来混沌的存在世界及其伫立其中的事物分割成“序”与“非序”状态，这即是凡符合人的情志意趣的就变成“序”；反之则“非序”。人的情志意趣始终于“突变”，由是使人化的存在和事物始终处于周而复始的被划分被安排的进程状态中。在这样一种人为的看待性划分或安排的进程状态中，当人发现原来视为“非序”的东西突然成了“序”，这是他重新安排自为观照中的存在世界或事物的生存论呈现；当他发现原来视为“序”的存在世界或事物已不那样顺眼顺心时，他就想重新划分或安排。这个使自认为“非序”的东西变成以顺我意的主观的“序”的行为和过程就是人的智 - 力结构化的“逻辑”。书写意识是作者按自己的神圣性来重新安排存在世界或事物（本质上是自己）的神圣性的意识。因此，它是逻辑有序的。

**图样的规范性**　图样的规范性是指书写行为必须接受一种具体的思维规范，并在规范下展开书写行为，这一规范即书写意识中蕴含的生存精神模型，它包括“文体图样”在内的书写模型，而存在世界或事物的神圣性以及逻辑有序性构成人类书写意识发生的第一个图样，这一“图样”一直成为人类（从远古到今天）书写意识的基本规范。

神圣的目的性、感应的一体性、形象的概括性、逻辑的有序性和图样的规范性，此五者构成人类一切书写行为的基本规范、条件和表达内容。人类书写模型是文体思维中相对稳定的因素，它作用于每一个作者和每一个时代的书写，不管人类对于存在世界敞开生存的书写精神发生了怎样的变化，不管人类的书写样式（文体）发生了怎样的演变，其人类书写模型都不会改变，它始终以一种最为原始的古朴状态弥漫于一个又一个最为现代的人类书写运动中，弥漫于每个写作家、每次具体的书写活动和书写状态中，焕发出人类书写最神秘、最富有诗意的存在内容和生存意趣。

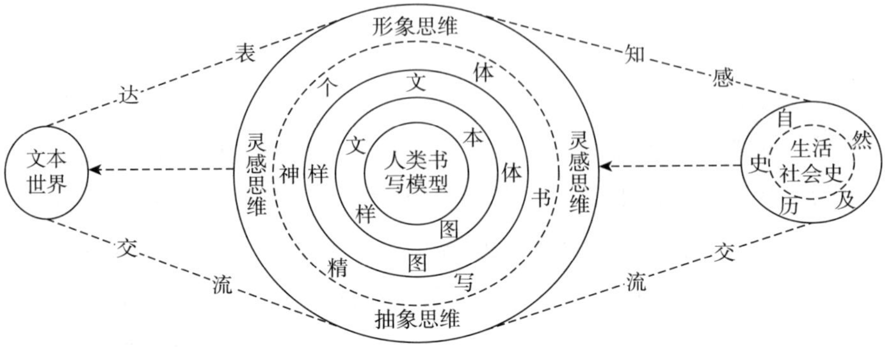


[**图 9-1：人类书写的原初模型的敞开状态**]

## 2. 书写的文本图样

如上图所示，人类书写意识所构成的书写图样，实是一个自生成的体系。在这个生成性的书写意识体系中，最原初的书写意识即是人类书写模型，它以超时空的稳定性结构方式指涉任何时代的存在书写，更激发和引导所有不同生存境遇中的作家生成其个性人格化的书写意识和书写精神。人类书写的原初模型具有生成功能，这一生成功能敞开自身的感性形态，就是文体思维，文体思维的规范形态即是受制于书写模型的文本图样。文本图样的基本构成内容由六个互为敞开的要素生成，即首尾意识、结构意识、视角意识、叙述人称意识和线索意识、开合承转意识。

**书写的首尾意识**　书写的首尾意识并不仅仅指对如何“开头”和怎样“结尾”的书写意识，它首先是一种整体意识：书写活动是一种整体性活动，这一整体活动始终流动贯穿着“首尾意识”，并要创造出最佳的首尾意识与情绪，以任何分离的机械观点来看待书写的“开头”和“结尾”，往往寻求不到最佳的书写“开头”和最凝重、深邃、奥远的书写“结尾”。其次，书写首尾意识是一种过程意识：开头和结尾是作为具体的书写活动的思维过程运行于整个生存书写的始终，在具体的生存书写中，作品“开头”的产生并不意味着“开头”的结束，它伴随作者对存在之间的思维敞开和情感运行的全过程，直至“结尾”。当这“结尾”形成时，作者又必然带上这个“结尾”来重新阅读（修改）自己的书写行为及其敞开的思维、情感和逻辑运行过程，以至达到书写的首尾辉映融融一体时，作者的此次书写活动才算结束，“开头”和“结尾”才真正地完成。最后，首尾意识还应是书写的基调（方向、性质）意识。在具体的书写行为中，开头就是定调，结尾即是审调，当一个调子定下来，其后的思维敞开、主题观念对思想的生成和情感运作就获得一种明确的方向和具体的性质，当思维运动、主题观念对思想的生成和情感敞开难以朝着这个方向运行，或者难以合拍这一书写基调时，就必须（修改内容或）改调，结尾的书写是对这指挥思维方向性运行的调子的最后审查，结尾既是对基调的句号，也是对基调的调整、改动；当基调完全符合作者的书写精神与所描写的内容、观念主题和思想精神时，结尾则无条件地升华或拓展它，正因如此，许多大家书写往往从结尾开始。首尾是一个圆浑的过程，从什么地方切入，什么地方就是“开头”，完结处即是结尾。

**书写的结构意识**　它首先指对文体的构架意识：任何文体都有其基本的骨架相支撑，书写活动的基本任务是对文本构架的意识、思维。文本构架产生于书写活动的开启并且不断建构、完善其整个书写思维及其内容的过程。其次指书写的布局意识：在书写中，书写构架的生成并不等于布局，比较言之，书写的构架是对书写结构的安排和逻辑的敞开，它是书写意识的宏观生成与敞开；与此不同，书写的布局是对具体的内容的有序组织和安排，它是书写意识的微观生成与敞开，所以书写的布局必须以书写的构架意识为基础，并以首尾意识为先导的组织和安排，当其二者出现不协调时，作者则以其书写精神为依据对其予以调节。从整体讲，布局意识主要包括视角意识、线索意识和人称意识三者。其次指书写的过程意识。客观地看，书写的结构意识也是实质性的过程意识：比较而言，书写的结构意识是书写的过程意识的静态呈现，书写的过程意识是书写的结构意识的动态呈现。所以，书写的结构只不过是书写思维过程的一种最基本的表现形式，无论是对文本结构的构架，还是对文本结构的布局，都是书写思维过程本身，“结构”始终在其书写思维运动中不断生成建构（改变、修正）着自我。

**书写的视角意识**　在人们的习惯性看待中，认为书写**视角**只属于叙事性文体的书写，但实际上凡书写的艺术都是叙述性，每一种文学文体以及任何非文学文体比如科学论文的书写，都客观地存在着一个**叙述视角**的问题。一个作者（比如一个诗人、一个科学家或哲学家）没有明确的视角意识，没有对书写视角问题有深切的关注、思考和明确的意识，难以很好地构思，更不可能书写出成功的作品，因为视角意识是结构意识的基点。在书写中，视角的选定是对书写结构（构架和布局以及由此敞开的过程）的“纲”的确立，视角意识的获得实是对书写构架的全面确立和对书写布局的顺利运行扫清道路，也为书写基调（首尾意识）的一次性诞生铺开道路。视角意识主要指书写的思维视角意识，思维视角意识的产生必然生成情感视角意识和物象视角意识，情感视角意识和物象视角意识是思维视角意识的具体内容和运动形态，它们在任何书写文体中都客观地存在。

**书写的叙述人称意识**　具体地讲，书写视角意识是书写结构意识的第一个构成内容，叙述人称意识则构成书写结构意识的第二个基本因素。在人们的习惯性看待中，人称只属于叙事文，或者认为人称只属于文学。这是莫大的误解，因为凡用文字语言来表达的书写都是人称化的，都客观地存在着叙述人称的选择问题。叙述人称在书写中起着提纲挈领的作用，它是作者的主体形象的对象性替代形式。在书写中，明确的人称意识往往构成书写结构意识的主轴，它犹如人的脊梁骨一样支撑着书写结构意识的大厦。

**书写的线索意识**　在书写结构意识的大厦中，线索意识好像人体的动静脉血管一样，没有线索意识生气勃勃地灌注于书写运动之中，根本不可能产生书写生命。因为线索在书写中敞开为一种舒卷流动的思想和情感的河流，线索的涌动奔流就是作者主题化的书写思维的清晰运行和思想情感内容的生成性敞开，具体地讲，也就是叙述内容（或文学书写的故事、情节、人物、情感或非文学书写中的观念、思想、主张）张弛有序地展开。线索意识大体由情节线索意识、情感线索意识或主题观念、思想意识构成。叙事性书写以情节线索意识占主导形态，抒情性书写中以情感线索意识为主导形态，非文学书写——比如科学书写、哲学书写或其它社会研究书写——则以思想（或观念）线索为其主要形态。

**书写的开合承转意识**　线索意识、人称意识、视角意识、结构意识、首尾意识共同建构起文本图样的大厦。但使这个大厦流畅通达显豁的是开合承转意识。开合承转意识有些近似于人体中骨踝关节，它在文本图样中承担起骨踝关节的作用。因此，开合承转意识的获得与确立体现很强的书写能力，这是可以将任何存在之间很好地书写出来形成文本（文章、著作或作品）的基本能力。开合承转意识是一种整体性的过程意识，因为任何具体的开合承转意都是书写思维整体运行在此一环节的具体体现，而此一环节的开合承转又伴随书写思维本身的敞开而影响彼一环节的开合承转。开合承转实质上是作者书写思维的渐进运动，它把作者的思维组织联系成一个生气活泼、曲径通幽的整体，它本身就是这个整体的感性呈现。

### 3. 书写的文体图样

书写总是附丽于具体文体的。对书写的"文体图样"有无意识，实是人能否成为真正的书写者而展开存在之间的书写的关键。

**文学文体图样与非文学文体图样的区别**　对文体图样的体验、把握，首先应区分文学文体和非文学文体的总体性区别，它们之间的根本区别在于对"语言"和"逻辑"的看待和运用不同：非文学文体语言是追求逻辑和语法的规范性，文学文体语言则呈现反逻辑和反语法的基本诉求。

一切书写行为都是对人类的世界性存在之间的解决之道的发现行为。这里的"反"与"不反"都是对人类知识所归纳出来的那种有关"序"与"法"的逻辑规则和语法观念，人类对语言的发现和创造并不必然接受这些知识性观念、规则的支配和制约，文学语言正是另寻它途的一种形式。从终极意义讲，对语言的逻辑和语法的"反"与"遵从"仅是形态上的区别性标志，在其终极目标、价值原则和思维准则等方面却是同一的，因为人类书写行为都是对语言的创造（即重新组织、建构）：非文学性书写是按照现存的语法规则和逻辑指令来组织建构语言，因而具有形态上的逻辑性和语法性；文学书写则是超越逻辑或语法的规范直指存在敞开生存本身，它具有生态意义上的**合逻辑性与合语法性**。老子曰"道可道，非常道；名可名，非常名"，实是既道出书写的逾道性，也揭示书写难以完整地表达道的整体性和存在的真实态。一切人为的道都与名之间存在着本原意义的分离性。人为生产出来的逻辑之道以及规范语言的语法之道，都有形成与书写的冲突，正是这种冲突才推动语言的创生和创新，才敞开其存在论更新书写。以此观文学书写排斥语法和逻辑，是意在求"道"；非文学书写遵从语法和逻辑，却意在求"名"（"名"恰恰是"道"之体）。因此，文学书写借助于语言而悟其所求之"道"

（自然宇宙、地球生命、人的存在论依据、理由和生存论意义、价值），非文学书写则必须借助于语言而推论其所求之“名”（逻辑的规律、范畴、概念、观念等），然后再扬弃“名”方得“道”。

由于其求道与求名的不同诉求和取向，必然演绎出文学书写与非文学书写的第二个区别，即叙述语言体式的不同：文学语言行为属奔流式，非文学语言属回旋式。如果把人类书写语言的创造与运用比喻为一条奔流不息的河流，文学语言犹如河床开辟出来的陡滩上的激流，汹涌奔腾而来且浪浪相逐呼啸而去，抛掷下一曲曲令人回肠荡气的生命之歌；非文学语言则如浩荡奔腾的江流出现的回水沱，从上游呼啸而来的江水被突兀的大山所阻，只好沦入回水之沱中，江水涌入回水的巨大冲浪力和江水从回水中流走的巨大离散力共同生成回水底部的巨大无形的力的漩涡，因以“沱”名之。因此，江流的回水性运动即是螺旋性运动，非文学语言有如河流中的回水是呈螺旋运动。萨特的文学和哲学都同时表达对人的存在的体悟和思索，在他的文学中，语言所构设的是人物、情节、情思的历史运动，生成情趣各异但又连缀成首尾结连的存在敞开的生命之歌；但在他的哲学中，语言所构设的恰恰是“存在”“虚无”“选择”等概念的特定含义，整个书写过程都是对几个基本概念（即作者基本观念、思想）的反复掂量、咀嚼、推演、辨说，由此生成建构起螺旋上升的生命运动之“塔”（或曰“沱”），这“塔”即是他的哲学著作。

如上两个方面的区别合生成文学书写与非文学书写的第三个区别，文学语言追求**具象的抽象**，非文学语言追求**抽象的具象**。文学书写总是对（人物、情感、环境）形象的描述，但每一形象都是对生活类型和生命类型的概括性表征，因此，文学语言始终在追求一种形象的抽象，即形态上的形象而意趣（思想或理想、忧思）上的抽象；非文学语言却追求一种形态上的抽象，意趣（存在及生存敞开或生活诉求）上的形象。

由于文学书写与非文学书写呈现出来的语言风格的各异，必然生成建构起语言组合方式和词性选择的不同侧重。概言之，文学语言多以形容词和摹拟词（摹声词、摹状词、摹动词）为基本组构成分，因形容词和摹拟词都属于具象性语符，当遵从作者的书写精神意旨组构语言，就获得语言构架形态上的形象感。与此不同，非文学语言多以名词（事物名词、形状名词、性质名词、时空方位名词等）和关系词为基本的组构成分，名词和关系词都属于抽象性语符，当在作者的书写精神指令下组构语言，就获得语言构架形态上的逻辑概括感。

凡文皆以“气”（精神能量）为主，“气”乃人类书写行为的生命载体。但“气之清浊有体”却“不可力强而致”，这不仅是对作者言，更是对文体言。不同的文体追求不同的“气”，比如实用性文体的书写多以功利观念为引导，它追求一种理智之“气”的传布；科学书写和哲学书写则以名观念为实质性引导，它追求一种理性之“气”的张扬；文学书写却以生存观念来引导，它应追求一种生命之“气”的弘大。这是文学文体书写和非文学文体写作的第五个方面的区别。

**诗和散文文体图样的区别**　文学文体和非文学文体是人类书写的两大类型。在文学文体中，有诸如小说、戏剧文学、影视文学、报告文化、散文、诗、散文诗等具体的文体，若以表达方式为依据，可以将诗之外的小说、戏剧文学、影视文学、报告文化、散文等归为散文类，由此文学文体可归为两类：诗和散文，前者主要是描述性的，后者主要是叙述性的。换言之，以表达方式为依据，文体的一级划分形态即诗和散文。诗和散文的文体图样之间的根本区别主要有四。

其一，诗不仅是反逻辑和反语法的，并且是反修辞的。散文恰恰是创造修辞（即是修辞性）的。修辞是散文的基本描述方式，诗是对修辞的破坏。诗虽然是对修辞的破坏但却又最终不能逃避修辞的诱惑，这就构成诗的悖论和诗语言的痛苦。诗的疯狂、诗人对语言的过度敏感，都最终企图超越修辞而进入无修辞境界，但往往又不能不触动令人痛苦的修辞神经。所以在诗人那里，诗的修辞永远在玩弄着唯一的“这一次”。

其二，散文是创造语言的，但诗却是反语言的。并且，诗不仅对人类已有语言的反动，更要对诗人所创造的和所发现的语言的反动：诗企图通过反语言而融“道”。对诗语言来说，或者说在诗人那里，语言永为人的世界性存在敞开生存的（心灵、情绪、意志、物象世界等）对象化的形式化符号，它是“名”概念，是人的世界性存在对象化的幻相形式，不管什么语言都只能命运地停滞于“名”的层次，无力于“道”；诗的自我目标恰恰是融“道”。

然“道可道，非常道；名可名，非常名”：诗人可以得道、融道（即对道的体悟、意识或曰禅意化），但却绝不可言道，这就是得意（“道”）忘言（“名”）和得言（“名”）失意（“道”）。虽然这样，但诗必须求（融）道并言道，这注定它义无反顾地反语言。这就是诗之于诗又必言其所得（融）之“道”，由此又不得不满含屈辱地运用语言——这既是诗的企望，更是诗的悲剧。在企望与悲剧之间，诗获得了一种中庸看待语言的实用性态度，这就是极尽可能地逃避语言，最大限度地制裁语言，即少用语言。

其三，散文追求背景的创造，这来源于散文创造语言和修辞，因为散文是抵达符号（角色）化的人以及他在其存在敞开生存的舞台上的境况。符号化的人的生活是背景化的，却也是杂乱流动、明暗难辨和神幻莫测的，当被作者有意识地截取（一段一幕一角）为某个虚设人物的活动（即表演）背景时，就获得某种象征性，这一象征性主要是与人的实际生存场景（或背景）中某些情绪、情调、色彩、氛围构成相似性。因此，散文背景的象征含义是追求超越文体内容的某种情绪、情调、色彩、氛围。与此不同，诗却是反背景的。诗的反背景来源于诗的融“道”性，即企望直抵达赤裸的生命（人、自然、宇宙）存在和无遮蔽的生存状况本身。诗的反背景在于诗人有意地消解背景，抹去背景，使诗本身成为纯粹象征。诗的氛围、情调、色彩、情绪已完全抽掉人的此在生存意义上的情味，获得人的存在根底意义的神秘性和神圣性。

其四，散文的基本叙述模式是由人物、情节、背景等因素构成，其中虚设的人物往往同时充当叙述者（和人称的角色）。同时，散文的情节是人物对背景予以现实切割的方向性运动。与此不同，诗的基本叙述模式是诗人的诗精神的自为敞开，它由诗人在特定书写情境中的主观情绪（冲动、愿望）等因素构成，叙述者（和人称）多为诗人的书写主体替代，诗的情节则是诗人之主观情绪对现实存在时空的武断干扰。

综上，在文学诸文体中，只有散文诗接近于诗，但已具有不纯粹意味。散文诗是介于诗和散文之间的文体，所以在散文中，最具有纯粹意味的却是散文诗，它既有散文的如上特征，也具有对诗的努力。

### 4. 个体的书写精神

在文体思维的构成系统里，除人类书写模型、文本图样和文体图样三者外，第四个基本要素是作家的书写精神（或曰作家的哲学）。作家的书写精神首先指作家对书写这一人类精神活动和艺术形式的基本看待（即意识），它构成作家书写精神的情感来源和思想基础；其次指作家观照、体验、感悟、把握人化的存在世界（宇宙、自然、社会、文化、历史、人、自我）的基本方式，这一基本方式的敞开则生成构建起作家书写精神的具体内容，包括其存在之间的思想和书写生存的情感。

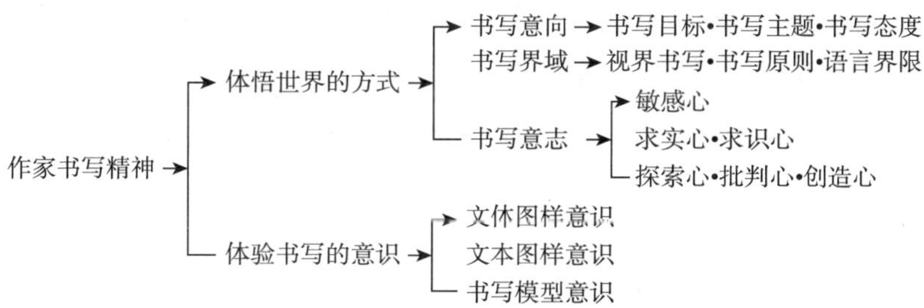


**［图 9－2：作家书写精神生成建构基本要素］**

作家的书写精神是文体思维中最活跃不居的因素，它不仅是作家书写行为的内在动力，也是文体演变创新和文体思维演变与鼎新的内在动力。作家的文体思维的独特性，在于其独具人格和个性的书写精神发挥其功能：每一新的文体图样的产生都来源于那些书写大家们对伟大书写精神的探索和创造。

作家的书写精神作为书写思维的构成内容，实实在在地融会贯通了人类的书写模型意识、文本图样意识和文体图样意识，这种融贯正好体现文体书写思维的生态学诉求和生态化综合特质，同时也揭示了书写思维的神秘奥远、博大精深的基本品质及求变精神。

在文体思维的构成体系中，思维形态作为文体思维的最外在运动形式构成文体思维的第五个基本内容。形象思维、逻辑思维、灵感（或曰直觉）思维作为共生共存的思维形态，总是呈现生态学诉求而功能互补。无论是对存在世界或事物的感知（认知、体悟、把握），还是对心灵化的物象世界的形式化表达（文本），在作家文体化的书写思维中，既是情感性的，又是具象性的，也是抽象性的，凝聚这三种思维形态的恰恰是语言。因为，书写思维运动实质上是文体化的思维语言运动，作家对存在世界或事物的感知就是将存在世界或事物幻化为内在的思维语言的过程；并且，作家对心灵化的物象世界予以形式化表达就是将其内聚的心灵化思维语言形式化为符号性思维语言。

在书写思维中，将形象思维、抽象思想、灵感思维汇聚起来形成互为推进的整体性功能发挥的内在驱动力，恰恰是作家的书写精神。作家的书写精神又贯通人类书写模型意识、文本图样意识和文体图样意识。作家的书写精神在整个文体化的书写思维运动中既是动力因素，又是凝聚（中介、桥梁）力；既是思维条件，又是思维内容；既是思维过程，又是思维结果。作家书写精神的这些功能展开恰恰通过形象思维、抽象思维和灵感思维的共同做功。所以，在具体的文体思维敞开运动中，形象思维、抽象思维、灵感思维等具体的思维形态发挥互补功能本身既构成思维的条件，也成为思维的内容，更是思维敞开的过程及其思维达于最终结果的具体内涵。

## 二　文学书写的本体之善

书写的形式化，既是形式的也是内容的：书写的形式化，实是形式和内容的同一。本章第一部分内容着重讨论了书写形式化的形式构成，从人类书写的一般形式到文学文体和非文学文体的书写形式的具体构成。本部分讨论书写形式化的实质内容，即书写最终要形式化内聚和形式化敞开什么“东西”，并以文学文体为例。

一般来讲，人类书写——无论是科学、哲学书写，还是社会科学书写，抑或是文学书写，其所形式化的最终内容乃真、善、美。并且，不仅仅是文学书写，即使是科学书写、哲学书写或者各种各样的社会科学研究敞开的书写活动，其实都要诉求真善美统一，离开了对真、善、美的诉求，书写可能产生形式的完美，但却丧失了意义，也会因此失去价值。比如，为何许多有判断力和良知的人们认为当今源源不断发表或出版的书写成果——论文或著作以及各种形式的研究报告——实无多大价值和意义，原因是缺少真的、善的、美的内涵。其实，构成书写的形式化内容之真、善、美的缺失，具体到书写者个人就是他作为存在者之存在敞开生存诉求其真假善恶美丑程度。若整体地看，则构成钱学森的中国之问，在文学领域，则形成黄永玉的曹禺之问，即曾经是“大海”的曹禺为何变成了干涸的“小溪”？真正说来，真善美的一体化生成，既构成文学的本体世界，又成为评价文学的最高标准。在真善美三者中，善乃是其本体之本体。善之于文学的本体性构成，最早受到先秦孔子和古希腊柏拉图、亚里士多德等人的特别关注。但自鲍姆嘉通将美学从哲学中独立出来并规定为“感性审美的科学”以来，善被淡出了美学世界，由此形成人们对文学之善的问题知之甚少。近年来，文学伦理研究悄然兴起，但它却并没有因此进入文学研究的主流世界。这种情况的出现既有其研究传统的惯性作用，更有文学伦理研究本身的原因。客观地看，20世纪末以降产生的文学伦理研究大致敞开两大思路：一种思路是文学伦理学批评，它由聂珍钊（2005）首倡，并以《外国文学研究》为基本阵地形成一个初具阵容的研究群体，其基本主张是“文学是因为人类伦理及道德情感或观念表达的需要而产生的”①。所以，伦理和道德是文学的自身目的，文学伦理学批评亦是文学的自身要求。另一种思路是文学叙事伦理，它源于伦理学方法的叙事学运用，其尝试成果是哲学学者刘小枫的《深重的肉身》（1999），该著作尝试采取伦理学方法对生活事件予以伦理叙事；北大哲学系伦理学者陈少峰继续这种尝试而写出《伦理学的意蕴》（2000）。伦理叙事实际上是一种伦理书写方法（即研究方法），它被引入文学研究领域而与叙事理论结合则转换生成为一种文学批评方法，即文学叙事伦理。文学叙事伦理研究由孟祥荣（2000）首倡，罗华、宋德发（2002）、王宇、谢有顺（2003）、张艳梅、赵艳、伍茂国（2004）等人开其端绪，一些年青学者追捧之，叙事伦理研究逐渐形成。

文学伦理学批评与文学叙事伦理作为两种文学批评的新方法，却有其共同性：首先是立足于“文学是伦理的”这一基本认知而展开工作；其次是注目于批评本身，不甚关心文学的自身问题和文学的书写问题；由此形成第三，其研究的对象主要是文学作品。因而，无论是文学伦理学批评还是文学叙事伦理，其所批评的都是文学作品，**而不是文学**。由此不难发现，这两种方式的文学伦理研究从一开始就体现出本末倒置，因为批评基于书写，书写的前提是对文学本身的理解和觉悟。进一步看，文学伦理研究所呈现的这两种思维理路，不过是沿袭了文学研究的固有传统，即文学研究总是体现或张扬一种文学和文学作品不分的感觉主义习惯认知（虽然20世纪90年代曾掀起过

---

① 聂珍钊：《关于文学伦理学批评》，《外国文学研究》2005年第1期。

“文学本体论”讨论热，但这种讨论却仅限定于作品的思路，而且很快无果而终）。正是这种感觉主义习惯认知才导致文学研究在很大程度上只成为文学作品研究，文学理论研究被真正地悬置。面对这种状况而谋求改变之道，必要回归文学的基础理论本身而面对文学的伦理本体性问题。

### 1. 文学以何种方式存在

真善美之于不同类型的文体的书写，确实有其置位的先后问题，这个问题实由文体自身所决定，比如科学、哲学以及其它形式的理论研究，都归于学理性辩明的文体，因而，求真成为首务，善与美追随其后。与此不同，以叙述或描写的方式来呈现世界、事物和人的存在之问的文学，美则自然被置于考量的首位。

要考量文学书写的形式化之美，需要先理解“文学”本身，理解“文学”本身，就是将“文学意味着什么”的问题突显出来。“文学意味着什么”这个问题实质上是关于**文学的存在之问**。当追问“文学意味着什么”时，“文学”之自身意味问题则获得突显：有关于文学的全部问题与研究都源于“文学”自身的本真性、本原性意味及其所传达出来的潜在张力。所以，关于“文学意味着什么”的文学存在之问，表达出来的潜在语义是非确定性的，并呈现开放性生成的张力。这种潜在的语义张力恰恰符合文学自身的本真性和本原性要求。

当以“意味”的方式敞开文学的存在之问，所带出的第一个问题就是“文学以什么方式而存在”？面对这一问题，人们往往不加思索地回答说：文学以作品的方式而存在。在这个答案里，文学研究只看到了文学作品，却忽视了“文学”本身的存在性，由此形成文学研究中文学的不在场性。

客观论之，从文学到文学作品，其中有很长一段路程。主观想象地缩短或取消这段路程，都无助于文学的真诚体认。当询问“文学以什么方式而存在”时，至少可以引发出如下几种表述方式：

A. 文学是以一种精神探索的方式而存在；

B. 文学是以借助抽象语词探索精神的审美方式而存在；

C. 文学是以寻求和创造生命意义与价值的生活方式而存在；

D. 文学是以可供自由选择和悦纳世界、生命、人的书写产品而存在。

首先看 A 式方式所表达的基本语义：文学是一种精神探索方式。它的潜在意味很是丰富。这里的“精神”相对“物质”论，而“物质”和“精神”又都相对人的存在才有实际意义：仅就人论，存在是其根本问题，但存在的敞开却是生存，生存的敞开才构成存在的保障。生存敞开的基本方式却是劳动和创造。劳动和创造的诉求不过两种东西：一是保障人能够存在的物质；二是保障人能够成为人的存在或更好地存在的精神。“文学以一种精神探索的方式而存在”的本原意义就体现在这里。

人所存在的世界是一个没有限度和不断生成扩张的世界，它伴随人的意识的觉醒程度和实际的能力张力而不断改变。尽管如此，人所存在的世界亦可根据人的抽象归纳概括和分类能力，划为三个领域：物理的领域，即自然世界；人伦的领域，即社会；人的领域，即“人性→心灵→情感”的世界。人类对精神的劳动和创造就在这三个领域中驰骋，由此形成精神探索的三个维度：自然科学探索、社会科学探索和人文艺术探索。

自然科学探索的直接对象是自然世界，所努力探求的是自然世界存在敞开生存的自然法则、物理规律，为人类更好地存在和生存提供如何有限度地利用自然和怎样与自然相处的智慧和方法。

社会科学探索的直接对象是人基于共同愿意、共同需要而缔造出来的制度社会，所努力探求的是人伦社会的存在法则和生存规律，为人的个体和群体如何更好地在社会中存在和生存提供利害权衡的智慧与方法，或者更简单地讲，为人与人能够“生活在一起”过**优良的生活**（而不是斗争、剥夺、压迫的生活）探求法则、原理、原则、方法。

人文艺术即人文学术和人文艺术的简称，它的直接探索对象是人，具体地讲是个体存在的人的人性、人心、人情，所努力探求的是在人伦社会和自然社会相交织的双重舞台上，其人性、人心、人情律动的多元朝向、规律与法则，为每个人能真正成为人或大人而提供共生存在的智慧和互助生存的方法。

仅人文艺术论，它被人类具体化为三种探索方式，即信仰方式、理性方式和感性（即“直观”）方式，或可说**审灵的方式、审理的方式和审美的方式**。人文艺术的信仰方式的原初形式是神话，其普遍方式是宗教。人文艺术的理性方式的本原形式是哲学，其具体敞开为形而上学、道德哲学、政治哲学、逻辑学、心理学（包括古代的心灵学和现代的精神学）、人性论、史学、美学等。人文艺术的感性方式是艺术，它的本原形式是诗、歌（后发展为音乐）、画，它的拓展随其时代的发展和文明的前进而不断丰富、形式多样。仅诗而论，就衍生出赋、词、曲、戏剧文学、小说、影视文学等。

由此可以说，文学是人类精神探索的一种具体方式。它所关注的对象，是存在敞开中的**世界人**；它所关注的兴趣焦点是存在敞开中的世界人如何存在，更具体地讲，是存在敞开中的世界人敞开自身存在的实际生存状况、生活想望和存在命运。因而，文学作为人类精神探索的一种具体方式，它既是审美的，也是求真的，更是寻善的。并且，求真，是文学的意义源泉；寻善，是文学的价值源泉；践行自由，是文学的美学源泉。

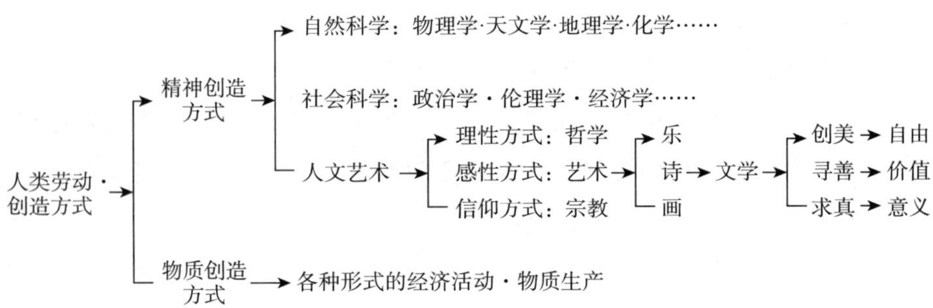


**［图 9－3：人文艺术的敞开方式及真善美的逻辑构成］**

从分类学审视，文学是人类劳动创造之三大精神探索方式中的一种具体方式，它是与以哲学为代表的理性方式、以宗教为标志的信仰方式并列的感性方式中的一种艺术形式。虽然 A 式方式展示了文学之于人类存在和生存的根本性、重要性，但它却没有展示出文学作为一种具体的精神创造方式的根本个性所在，这恰恰是 B 式方式所力求表达的基本语义：文学作为一种劳动创造的精神探讨方式标识自身存在的内在规定及其外在规范，却是一种“借助抽象语词探索精神的审美方式”。

这一表述从内外两个维度突显文学这种精神创造方式的自身规定和丰富意蕴：第一，探索创造精神的艺术必须是艺术体式化的。艺术体式既是艺术的内在规定，也是艺术的外在规范：艺术体式才是审美的创造方式区别信仰的创造方式和理性的创造方式的根本标志。第二，作为从内外两个维度规范艺术的艺术体式才是艺术的**实存形态**，没有艺术体式的实际存在，根本不可能有艺术的产生。因为艺术体式虽然是感性的、审美的，但它更是高度抽象的和无形的一种引导和规范精神创造的心灵范式和先验图样：心灵范式是艺术体式的内在规定，它的基本构成是人类（而非个体）之自由意志、灵魂和生命激情，并蕴含自然神性和宇宙精神；先验图样是艺术体式的外在规范，它必须以某类具体的材料为媒介而生成为一种先（个体而）在的**书写蓝图**。第三，文学作为人类艺术之一种形式，它具有所有艺术体式的共性特征，即它也是高度抽象和审美的一种心灵范式。但它作为艺术之一种具体形式，必然具有区别其它所有艺术形式并能呈现其共有心灵范式的先验图样，即文学体式。第四，文学体式的内在规定同样以人类的自由意志、灵魂、生命激情为原动力、以自然神性和宇宙精神为底色的心灵范式，但它的外在规范的先验图样却是接受词语规范的文体模型。第五，作为负载人类之精神创造的心灵范式之文体模型，它由五个基本要素构成，这就是神圣的目的性、感应的一体性、抽象化具象方式、人性逻辑朝向和审美图样的叙述规范样式。概括地讲，文学作为神谕人的存在命运和生存苦斗的美化方式（而不是信仰方式或理性方式），必然要敞开生命、启动天赋心灵，打开人与自然宇宙万物互为生生的通道，整体感应天地人神的律动和内在领悟人性逻辑张力，并赋形于感性审美的能够为语词所表达的先验图样，即先在于个体的抽象叙述规范样式。

以心灵范式和文体模型为内外规范的文学体式仅仅是一种抽象的审美形式，它要获得血肉丰满的审美内容，必须寻求精神创造个体（即作家）的精神创造劳作行动，而赋涵其内容、神韵和神态。C 式方式就是从这个角度切入来表达文学如何可能成为一种实际的精神创造方式的，即“文学是以寻求和创造生命意义与价值的生活方式”，这种生活方式是人的生活方式，但它不是任何人或任意人的生活方式，而只能是作家的生活方式，这就是作家必须以**文学劳动**为基本的生活方式。文学劳动不是捞取名和利的劳动方式，而是寻求和创造生活意义与价值的劳动方式。因而，文学劳动作为一种生活方式，是一种精神自由、心灵自由、情感自由、思想自由的生活方式，也是一种超越功利要求和利害权衡的**美学自由**的生活方式。这种性质的自由生活方式和精神劳动方式，主观上实现着作家自己，但在客观上却潜在地引导他者（包括读者和批评家）从不自觉走向自觉的自我实现。这就是D式方式所表达的基本内容：文学的自由，通过作家的自由劳动和创造而变成了社会的自由方式，即它以语词化的作品形式为所有存在于这个世界上的任何个人提供一种自由选择的可能性和自由悦纳其文学的美学形式和美学内容的各种契机，这种可能性和契机既向作家也向读者敞开继续勇敢存在和更好、更美、更有意义和价值的生存，因而，这种可能性和契机既蕴含美的张力，更焕发真的力量和善的智慧。

### 2. 文学书写的基本视域

当初步理解了文学的自身意味和丰富蕴含，文学研究的基本视域自然张开。根据文学的自身意味和丰富蕴含所展布的张力状态观之，文学研究的基本视域实际敞开为内涵视域和类型学视域两个维度。

**文学研究的内涵视域**　文学作为人类创造精神的具体社会方式，它既是先验的，也是超验的，更是经验的。文学的先验性表征为文学体式；文学的超验性以作家将其作为具体的生活方式而得到呈现；文学的经验性却通过文学作品而敞开对读者的期许。由此先验性、超验性和经验性之三维朝向整合构成文学研究的基本视域。

首先，文学的先验性蕴含为文学研究提出如下四个方面的基本问题：

第一，文学何以存在？换言之，人类为何需要文学？文学何以可能满足人类存在需要？

第二，文学体式的本质意蕴何以生成？具体地讲，文学心灵范式何以生成？或者文学心灵范式生成的先决条件是什么？文学心灵范式何以要由人类存在之自由意志、灵魂和生命激情三者构成？由此三者构成的心灵范式与文学文体模型之间的生成机制是什么？或者说，文学心灵范式何以生成文学文体模型？文学体式与文学内容、文学体式与文学形式、文学体式与康德所讲的“美是形式”之间是一种什么样的关系？文学体式的内容是什么？文学体式的生成功能何在？

第三，文学文体模型为何蕴含其神圣的目的性和人性逻辑？文学为何是神圣的？文学的神圣的目的性意味着什么？进而论之，文学的神圣的目的性与其人性逻辑之间的实质关联和本原性动力是什么？文学的逻辑为何只能是人性逻辑？而不是观念逻辑或事理逻辑？人性逻辑在什么层面上以及在哪些方面构成了文学的自身取向？人性逻辑可能在什么意义上构成文学的作为或不作为的最终尺度？

第四，作为文学的先验构架的文学体式——即文学心灵范式和文学文体模型与真、善、美之间有无内在关联性？如果是有，生成这种内在关联性的动力机制是什么？是文学体式蕴含并生成真、善、美？还是先在的真、善、美蕴含生成文学体式？如果是前者，那么，文学体式蕴含生成真、善、美何以可能？真、善、美三者以其自身方式表征文学体式何以可能？如果属于后者，那么，真、善、美蕴含生成文学体式何以可能，文学体式以其自身方式敞开真、善、美何以可能？

其次，文学的超验性意趣要求文学研究必须面对如下实质性问题：

第一，文学何以生成作家？文学生成作家的必要条件和充分条件各是什么？

第二，人成为作家的可能性何在？具有什么资质的人才可成为作家？一个人成为作家是天命所归还是纯粹的自为造化？

第三，文学生成作家，作家选择文学并以此寻求和创造生命意义和价值的实际生活方式，这对作家来讲意味着什么？

第四，文学生成作家和作家选择文学，必然既要求其作为，更要求其不作为，什么才是作家所作为的？什么又是作家所不敢作为和不能作为的？作家的作为和不作为，仅仅是作家的自以为是吗？它与文学本身有无关联？或者说，文学本身是否具有作为或不作为的要求性？如果有，文学本身的作为与不作为的要求与作家书写的作为或不作为之间的内在关联性在哪里？人要成为作家，应该遵循怎样的路径、运用如何的方法去探求和领悟到这种关联性？并如何遵循这种关联性而作为或不为？

第五，文学最需要的是什么？这种“最需要”如何成就作家的需要而使之成为作家寻求和创造生命意义与价值的生活方式？反之，文学最不需要的或者最需要反对和抛弃的是什么，这种最需要反对和抛弃的东西又以如何方式构成作家寻求和创造生命意义与价值的生活方式？

第六，文学的最需要和最不需要如何生成文学的作为或不作为？这种作为和不作为的分水岭在哪里？文学的最需要和最不需要如何可能构成作家的最需要和最不需要？它又如何生成作家的作为与不作为？这种作为和不作为的分水岭又在哪里？并且，它们是同一个"东西"吗？如果是，这一作为文学和作家共同享有的作为和不作为的分水岭，与真善美、假丑恶之间是如何之关系？

其三，文学的经验性诉求同样需要文学研究必须正视如下基本问题：

第一，文学的先验蕴含和超验意趣如何生成文学的经验诉求？在这一生成过程中，文学体式对作家以文学作为寻求和创造生命意义与价值的生活方式，起到了什么样的作用？

第二，文学的经验诉求何以必要通过文学作品才可得到呈现？换言之，文学作品的经验诉求何以可能负载文学的先验蕴含和文学的超验意趣？它是通过什么方式实现这一双重负载功能的？

第三，作家最终能给予作品什么？这是一个本体论的和生存论的问题？还是一个技能性的或操作性的方法问题？

第四，作家最终能给予作品以什么？作家最终给予作品的东西是否就是作品最终能给予读者的东西？作品最终能给予读者的东西，是否就必然是读者想得到的东西或是否是读者能实际获得的东西？

第五，作家、作品、读者此三者之间的关系到底是一种什么关系？这种关系只有在什么意义上才可生成？换言之，作家、作品、读者三者之间的关系是先在的还是后生的？是必然的还是偶然的？是一元的还是多元的？是空间性的还是时间性的？是个别的还是普遍的？

第六，作家存在的先决条件是文学存在，作家存在的后决性条件是作品存在。作品存在以什么为根本条件？是读者？是批评家？还是生活本身或者说人类的世界性存在敞开生存本身？或者是文学本身？换言之，读者和批评家有决定作品存在的权力吗？如果有？其最终的理由和依据是什么？如果没有，其根本原因何在？

第七，在什么样的范围内以及在怎样的层面和程度上，我们才可信任读者和批评家？换言之，只有在什么条件规范下才可避免读者和批评家的暴力？

才可使读者和批评家本身能够成为真诚的文学信仰者和以文学信仰为准则的作品悦纳者？

第八，相对于文学、作家、作品此三者论，最需要改变的和能够改变的是什么？换言之，文学可以改变吗？如果文学被改变了，那人的世界将成为什么样子？如果文学不能改变？那又是因为什么？并且，作品可以改变吗？作品如果改变了，它还是“这一个”作品吗？作家可以改变吗？如果能，那么作家因为什么能改变？因为作品而改变或因为文学而改变？还是因为这两者之外的因素或力量而改变？如果是后者，作家的改变意味着什么？是否意味着作家的死亡和文学的消亡？

**文学研究的类型学视域**　文学的先验蕴含、超验意趣和经验诉求，不仅为文学研究提供了如此内涵丰富和寓意广阔的认知视域，而且也为文学研究提供了类型学视域。

概括归纳如上由文学的先验性、超验性和经验性所引发出来的一系列有待于文学研究必须关注的问题：文学的先验蕴含表征出来的全部问题其实都是文学的存在论问题；文学的超验意趣敞开的全部问题从根本上讲却是文学的生存论问题；文学的经验诉求展示的全部问题恰恰是文学的实践论问题。由此看来，文学研究恰恰是文学的存在论、生存论、实践论的整合研究。因而，文学存在论、文学生存论、文学实践论此三者构成了文学研究的三维视域。

进一步看，文学存在论问题恰恰蕴含文学的自身原理问题。从根本讲，文学存在论研究实质上是文学原理研究。文学生存论问题上是作家选择文学并以此寻求和创造生命意义与价值的生活方式问题，因而，文学生存论实质上是作家研究和文学书写研究，简称为作家创造研究。文学实践论问题恰恰是对作家创造的文学作品的阅读问题。在更宽泛意义上，作品阅读的实质是批评：一般读者的阅读是对作品的个性化的感性批评，它的依据是生活本身的经验和个人的兴趣；批评家的阅读是对作品的个性化的理智批评或理性批评，它为普遍的或特定的文学发展使命感和社会责任意识鼓动，其依据却是批评家个体持有的具体的文学理念和批评尺度。正是因为如此，批评——或者说读者和批评家——都不能在最终意义上成为作品的法官。

综上，文学研究的分类学视域实际上由文学原理、作家书写、读者（批评家也是读者）批评三者构成。文学存在论、文学生存论、文学实践论此三者构成文学研究的时间维度，文学研究由此获得纵向的历史视域；文学原理、作家书写、读者批评此三者客观地构成文学研究的空间维度，文学研究由此获得横向的拓展视域。文学研究的整体视域恰恰是时间与空间、历史与现实的视域融合。

## 三　文学书写的伦理之善

从整体讲，文学书写与非文学书写一样，其形式化诉求的最终内容是真善美。在真善美此三者中，美仅是文学书写的形式构成，善才是文学书写的本体构成。探究伦理之善，构成文学的存在之问的本质内容，亦敞开文学书写的根本诉求。

### 1. 文学的伦理本体意蕴

**文学的伦理本体性内涵**　韦勒克认为："在某些时代，理论的自觉意识又远远落后于艺术书写的实践，甚至与实践发生冲突。"[①] 其实这种状况不是发生在"有些时代"，而是发生在所有时代：理论落后实践并且理论阻碍实践，这是人类精神探索的普遍现象。历史地看，文学研究从整体上忽视伦理问题，应该是"理论落后于实践"并"阻碍实践"的具体表现。文学伦理批评和文学叙事伦理研究的兴起虽然开启了文学研究的"伦理转向"[②]，但由于它仅限于文学批评方法的革新与拓展探索，伦理（即"善"）作为文学的自身问题、内在问题、本质问题却并没有引来真正的关注。因而，文学研究要真正改变"理论落后实践"的状况，需要重新关注文学的伦理本体性问题。

文学的伦理本体性问题不仅是柏拉图、亚里士多德、孔子等古代哲人所关心过的根本性问题，也是近现代哲学家曾关注过的基本问题。康德在《判断力批判》中提出"美是道德的象征"[③]；维特根斯坦在《逻辑哲学论》中说

① ［美］R. 韦勒克：《批评的讲和概念》，丁泓、余徵译，四川文艺出版社 1988 年版，第 127 页。

② 伍茂国：《从叙事走向伦理：叙事伦理理论与实践》，新华出版社 2013 年版，第 10 页。

③ ［德］康德：《判断力批判》（上卷），宗白华译，商务印书馆 1980 年版，第 202—203 页。

道："伦理学和美学是一个东西。"[①] 实是从不同角度洞察到伦理对文学的本体性构成。善，是文学之自身构成的本质维度，正是因为善，文学之美和文学之真的统一才具有可能性。海德格尔指出："美与真理两者都与存在相联系，而且两者都是存在者之存在的揭示方式。"[②] 在海德格尔那里，"存在"就是此在化在场。存在是什么的此在化在场？大而言之是生命，具体地讲是人。人的此在化在场，意味着人是以关联的方式亦即我与他者**互为照亮**的方式敞开自身。这种以我与他者互为照亮的方式敞开其此在化在场的内在价值取向就是善，即相互悦纳、相互照顾、相互照亮。正是在这个意义上，海德格尔才认为"诗之真"最终必得通过"诗之善"来表现，并且，"诗之美"也必要以"诗之善"为实质内涵和生命张力。因为诗所敞开的"存在"是完全不同于"实在"物的存在，它在"存在本质上是伦理化的，生命蕴涵着故事"[③]。这也是尼采所说的："'存在'乃是'生命'（呼吸）概念的'概括'，即'人格化'，能够'生成'。"[④] 美之于文学，是形式化彰显；善之于文学，才是其美化生命的生成：它生成真，更生成美。

具有生成性的善，它的源泉不是可能表现或能够表现的生活，不是美的理想，更不是意识形态或经济的扩张力量（当然，在文学被异化的境遇中这一切都可能成为原动力），而是人性："人类的最高境界应该还是人类普遍关心的一些话题，人性的问题。"[⑤] 文学为人生是历来的主张，它的实质是文学为人性，其具体表达乃文学为人心、文学为人情、文学为人爱。文学为人性的实质就是文学必遵从人性。周作人在20世纪20年代一次讲演中阐述了文学遵从人性的理由："人生的文学是怎样的呢？据我的意见，可以分作两项说明：一、这文学是人性的，不是兽性的，也不是神性的。二、这文学是人类的，也是个人的；却不是种族的，国家的，乡土及家族的。……古代的人类文学，变为阶级的文学；后来阶级的范围逐渐脱去，于是归结到个人的文学，也就是现代的人类的文学了。要明白这意思，墨子（公元前476或480－公元

① ［奥］维特根斯坦：《逻辑哲学论》，贺绍甲译，商务印书馆1996年版，第95页。

② ［德］海德格尔：《尼采》（上册），孙周兴译，商务印书馆2002年版，第219页。

③ ［爱尔兰］卡尼：《故事离真实有多远》，王广州译，广西师范大学出版社2007年版，第227页。

④ ［德］尼采：《权力意志》，张念东译，商务印书馆1991年版，第186、268页。

⑤ 陈染：《不可言说》，作家出版社2000年版，第90页。

前390或420）说的‘**己在所爱之中**’这一句话，最注解得好。浅一点说，我是人类之一；我要幸福，须得先使人类幸福了，才有我的分，若更进一层，那就是说我即是人类。所以这个人与人类的两重特色，不特不相冲突，而且反是相成的。”① 周作人关于文学必遵从人性的宏论，萨特却用一句话做了概括：“只有为了别人才有艺术，只有通过别人才有艺术。”② 为什么“为了别人”并“通过别人”的文学才是真正的文学呢？因为文学遵从人性逻辑，并不只是有利于自己和满足自己的逻辑，而是**己与他共生**的逻辑。所谓人性，就是人以自身之力勇往直前、义无反顾的生命朝向，这种生生不息的生命朝向的群化生存敞开，就是生、利、爱，即生己与生他、利己与利他、爱己与爱他的对立统一，即生己、利己、爱己必须以生他、利他、爱他为实施方式和行动前提。③ 这种通过生他、利他、爱他的方式来生己、利己、爱己，就是同情和怜悯，就是爱与照顾，就是慈悲和悲悯。沈从文在回答“你为什么要写作”的提问时说：“因为我活到这个世界里有所爱。美丽，清洁，智慧，以及对全人类幸福的幻影，皆永远觉得是一种德性，也因此永远使我对它崇拜和倾心。这点情绪同宗教情绪完全一样。这点情绪促我来写作，不断地写作，没有厌倦，只因为我将在各个作品各种形式里，表现我对于这个道德的努力。”④ 台湾作家黄春明在论及为什么写作时说：“我想，作为一名作家，每个人对他的人民和周围的特殊事件都有自己的感情和表现手段。多年来，对生养我的台湾，写作是我借以表达对这一小块土地感情的唯一方式，就是为了这，一旦我不能写作，我就要忐忑不安和不得安宁。”⑤

**文学之伦理本体性遗忘的认知根源**　善作为文学的伦理本体性内容其实早为古代哲人领悟和把握。早在公元前633年，晋国大夫赵衰明确指出：“说《礼》、《乐》，而敦《诗》、《书》。《诗》、《书》义之府也；《礼》、《乐》德

① 周作人：《新文学的要求：一九二〇年一月六日在北平少年学会讲演》，载于《周作人自编文集·艺术与生活》，河北教育出版社2002年版，第19、21页。

② ［法］让-保罗·萨特：《萨特文学论集》，施康强译，安徽文艺出版社1998年版，第98页。

③ 唐代兴：《生境伦理的人性基础》，生活·读书·新知三联书店2013年版，第230页。

④ 沈从文：《萧乾小说集题记》，《沈从文全集》第16卷，北岳文艺出版社2002年版，第325页。

⑤ 王歌等编译：《世界100位作家谈写作》，上海文化出版社1987年版，第4页。

之则也。"(《左传僖公二十七年》)公元前543年，吴国贵族季札在鲁国观乐时评论《诗》之《周南》《召南》："美矣！始基之矣，犹未也。然勤而不怨也。"而对美妙的情歌《郑风》却叹之曰："美哉！其细已甚，民弗堪也，是其先亡乎！"(《左传襄公二十九年》)后来者孔子（公元前551－公元前479）总结季札和赵衰论诗之纯正的思想而提出："诗三百篇，一言以蔽之，曰：'思无邪'。"(《论语·为政》)诗的真正价值不是其美，而是其**纯正**，或者说诗的美既源于它表达的**内容的**纯正，也源它为之表达的**形式的**纯正。

诗为之表达的纯正形式，就是普遍不变的文学文体模型和个性化的书写方法与技艺，这些东西的整体呈现就是美。

诗为之表达的纯正内容，客观地存在着一般与个别、共性与个性两个维度的内容，前者是规约文学体式的心灵范式和作家以文学为寻求和创造生命意义与价值的生活方式；后者乃这一个作家将文学作为他有限人生寻求和创造无限生命意义与价值的生活方式，和他展开其生活方式的真实生活内容，包括现实的和想象的、已有的和虚构的等内容。

文学的伦理本体性内容不仅为中国古代哲人发现，同时也被古希腊哲人所揭示。鲍桑葵（Bernard Bosanquet，1848－1923）在《美学史》中指出古希腊人关于美的性质和价值的学说基础是由审美、道德主义和形而上学这三条相互关联的原则所构成。鲍桑葵认为，美学的道德主义原则最初由柏拉图提出并为后来者亚里士多德总结。他们发现并总结艺术的道德主义原则是基于"万物同质的信念"："艺术和美的本质不在于它们同普通感官知觉对象背后的一种看不见的实在具有象征关系，而仅仅在于它们同普通感官知觉对象具有模仿关系。"① 由此形成"从道德上来说，艺术上的再现在内容方面，必须按照和实际生活中一样的道德标准来评判"②。对柏拉图来讲，对形象和对象的区别，使他从道德主义观点出发来对想象力提供的非实在的幻影更加疑虑，因为想象和情绪之间有着心理上的联系，艺术中的想象世界一方面像现实世界一样拥有通过榜样形成习惯的力量；另一方面还拥有在更大的程度上造成

① ［英］鲍桑葵：《美学史》，张今译，商务印书馆1987年版，第25页。
② ［英］鲍桑葵：《美学史》，张今译，商务印书馆1987年版，第26页。

情绪紊乱的力量。[1] 在亚里士多看来："一切艺术上的再现的对象都是行动中的人，而这些人又必然有高贵的人和低贱的人之分［因为一切道德品格（ēthos）都符合这一划分；因为一切人所以能相互区别开来，正是因为品格有好有坏］——这就是说，不是比我们好一些，就是比我们坏一些，再不然就是跟我们一样。……喜剧和悲剧所以不同也是由于这种差别的缘故，因为喜剧的目的描写比今天的现实中的人坏一些的人，而悲剧的目的是描写比今天现实中的人好一些的人。"[2] 柏拉图和亚里士多德从不同角度揭示善内在地生成为艺术的伦理本体性的根本原因恰恰是人性，包括人的自然人性和人的社会人性。因为艺术是人的艺术，人的艺术始终是人的存在敞开生存的艺术：人的存在敞开生存既关联起人与自然的现实关系，也关联起人与自然的想象关系，因为人与自然在本质上是同构的。因而，人在存在敞开生存的想象行动（无论是内在行动还是外在行动）都是模仿的。这两个方面展示了人的最深刻的自然本性。不仅如此，人的存在敞开生存更要关联起人与人、人与群的现实关系及想象关系：仅一般论，人与人、人与群的现实关系是利害权衡；人与人、人与群的想象关系是超利害权衡。但艺术无论是对哪种关系的展示和揭露，都必受制于人性逻辑。

柏拉图和亚里士多德对艺术的伦理本体性的揭示展示了艺术的内在本质和永恒魅力之根源所在。但鲍桑葵却认为柏拉图和亚里士多德总结的古希腊艺术所遵循的道德主义原则，恰恰是美学和艺术探讨的"包袱"。[3] 鲍桑葵此论不过是鲍姆嘉通美学观念的翻版。众所周知，美学原本是哲学的构成内容，鲍姆嘉通将美学从哲学中独立出来，使它成为一门"感性审美的科学"后，美学——当然也包括后来的艺术理论——自然从感性审美的角度来重新定义，即人为地将其伦理本体性内容从美和艺术中剥离出来，使美学和艺术理论的探讨抛掉了道德主义原则这个"包袱"，当然也包括形而上学原则这另一个"包袱"，使美学和艺术理论只剩下一个感觉经验主义的"审美原则"。美学和艺术理论从此踏上丧失其生命本体的感觉经验描述的道路，文学研究也在

---

① ［古希腊］柏拉图：《理想国》，郭斌和、张竹明译，商务印书馆 1986 年版，第 606 页。

② ［古希腊］亚里士多德：《诗学》，陈中梅译，商务印书馆 1986 年版，第 606 页。

③ ［英］鲍桑葵：《美学史》，张今译，商务印书馆 1987 年版，第 25—27 页。

鲍姆嘉通们铺展的这条平庸道路上左顾右盼地前行。

雷纳·韦勒克（René Wellek，1903－1995）曾指出："我们要记住……只有以哲学（即概念）为其基础，理论的问题才可能得到澄清。在方法论问题上有一个明确的认识，将影响到未来研究的方向。"① 韦勒克此论抓住了文学研究的问题实质：文学研究为澄清基本的理论问题和确立正确的方法论，需要理性能力，哲学修养却为研究家们提供这种能力。韦勒克虽然清楚地认识到了一点，却缺乏从哲学入手来澄清其理论问题的基本能力，所以文学的伦理本体性内容并没有进入他的研究视野："文学在本质上是美的，在形态上是真的（也就是说，它与真理并行不悖）。"② 韦勒克对文学的如此认识，刚好对文学的本质内容与形式作了一个颠倒：相对于文学书写的表现方法和技巧，以及相对鉴赏批评作品时所涉及的文学语言、技巧、手法论，美是其本体内容。但相对真、善、美三者论，美却只是文学呈现其本质的形式：文学的本质当然是真，但更指善。

韦勒克的文学研究不仅把"真"与"美"本末倒置，还从根本上忽视"善"：这种缺乏善的维度的文学研究，恰恰是其普遍现象。客观地看，这种分离文学之真美与善的做法，最终还是根源于鲍姆嘉通模式。因为鲍姆嘉通把美学武断地定义为"感性审美的科学"：由于它是"感性审美"的，所以文学只能以美为本质；由于它是感性审美的"科学"，所以文学必须有真，但其真也只能是文学的"形态"。——这就是韦勒克的"美→真"逻辑。这种"美→真"逻辑贯穿于文学科学的现代发展史之中，即使是影响比韦勒克更大的乔纳森·卡勒和伊格尔顿等大家的文学研究，同样是以这一"美→真"模式为认知基石和认知框架。

然而，文学并不只是按照理论家的观念来展开自己，因为文学是先在于文学理论的，它作为人类精神创造之一类书写形式和书写文体，其自身的内在规定先验地蕴含对真、善、美的一体化要求，并以心灵范式和文体模型的方式获得其内外定型。文学作为人类创造精神的书写方式，它之以真、善、

① ［美］雷·韦勒克：《批评的讲和概念》，丁泓、余徵译，四川文艺出版社1988年版，第1页。

② ［美］雷·韦勒克、奥·沃伦：《文学原理》，刘象愚等译，生活·读书·新知三联书店1984年版，第26页。

美一体为内在规定和本质内容，是因为文学是**美化的人学**，是把现实的、残缺的甚至是丑恶的人想象性地美化为理想、完美的人，所以它的原动力是人性，包括人的自然人性和社会人性。

**伦理本体性的文学精神**　文学是美化的人学，这一关于文学的界定决定了文学永远是想象的、象征的和理想化的美化的人学。这一想象的、象征的、理想化的美化的人学世界由形式与内容构成。但其内容和形式却呈双重二元结构模式：在表层结构中，文学的本体内容是美、善、真一体化；文学的形式是语言、结构、形象以及意象、象征等方法。在深层结构中，文学本体的形式呈现是美，文学本体的内容构成是真和善。

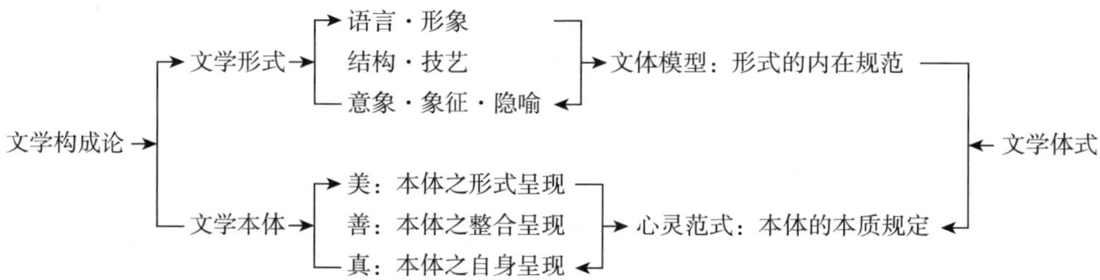


**［图9-4：文学书写从本体向形式的形式化呈现］**

在文学的本体世界里，如果说美是形式，真是本质，那么善却是**本质的本质**。因为在文学中，包括在文学的先验构架中和在作家对文学的书写中，只有善才可使它成为真，也只有善才可使它变成美。在文学中，离开了善或者缺乏善，虽然它可能有虚假的真和修饰的美，但它一定没有真实的真和纯正的美。在这方面，各种形态的“革命文学”“斗争文学”“阶级文学”，更具体地讲如“样板戏”等，或许是最好的说明。

费奇诺认为，美并不在形式，而在于心灵的善，美是对心灵之善的彰显：“美的本质不在外形，因为如果美是外形的，它将会和心灵的善无共同之处，而心灵的善是无形的。”① 所以，“在外形上看到的美是偶然的，有缺陷的，……理性通过创造外形美的途径感知真正的美……因为正是心灵把它必造就成这样的”。然而心灵本身是美的，“这就是说，必须上升到这样高度的理性，它

① ［苏］波斯彼洛夫：《文学原理》，王忠琪等译，生活·读书·新知三联书店1985年版，第7页。

本身就是美的，本身就是善”[①]。美和善是同一个东西：美是善的**有意味的**形式，善却是**对美的本质规定**。为更好地理解这一判断，我们不妨简要地分析陀思妥耶夫斯基所提出的“美拯救世界”的命题。[②]

陀思妥耶夫斯基（Фёдор Михайлович Достоевский，1821－1881）的文学主题，就是人及其命运。自由，却是陀思妥耶夫斯基文学主题的灵魂。美之所以能拯救世界，是因为美的本质是自由，美的内在规定性是真和善。真，既是存在的本性使然，也是事物的本性使然，更是生命的本性使然。

> 美——是神圣的，但美——本体论意义上的完善的最高形式，对于陀思妥耶夫斯基来说也是对立的、分裂的、矛盾的、可怕的、可怖的……。他在美中看到的是火一般的运动、悲剧性的冲突。美通过人向他敞开。他在宇宙之中、在上帝的秩序之中没有看到美。在这里，在最高的美中，是永恒的骚动。在人身上没有平静。美，被赫拉克利特的火流所控制。米卡·卡拉马佐夫有一段著名的话：“美——危险的、可怕的东西。之所以可怕，是因为这是难以辩明的东西，而辩明又是不可能的，因为上帝给出了许多谜。这里，两极汇合，这里，所有的矛盾共生共存……美！同时，我不能忍受有些人，甚至是具有高尚心灵、非凡智慧的人，他开始于圣母的理想，结束于索多玛的理想。还有更可怕的人，心中已经怀有索多玛的理想，却不否定圣母的理想，并且他的心因这一理想而燃烧，真正地燃烧，就像在青春时代，正派无邪的时代一样。不，这是一些心胸豁达的人，甚至过于豁达的人。我可能是心胸狭窄的人吧。……美不仅仅是可怕的，而且是神秘的东西。在那里魔鬼与上帝搏斗，而战场——就是人的心灵。”[③]

美之所以能够拯救世界，是因为美是自由的象征。

---

① ［苏］波斯彼洛夫：《文学原理》，王忠琪等译，生活·读书·新知三联书店1985年版，第7页。

② ［俄］别尔嘉耶夫：《陀思妥耶夫斯基的世界观》，耿海英译，广西师范大学出版社2008年版，第234页。

③ ［俄］别尔嘉耶夫：《陀思妥耶夫斯基的世界观》，耿海英译，广西师范大学出版社2008年版，第34页。

能够拯救世界的美之所以又是危险的、可怕的，是因为自由的内在规定：自由的内在规定是真和善。真规定了自由的本质：自由就是世界的本性，按照世界的本性、事物的本性、生命的本性而敞开存在，就是自由；善却规定了自由的限度和边界。由此，当真和善指向人时，人的趋利避害之本性必然使自由遭遇真假、善恶各种可能性。这就是陀思妥耶夫斯基之所以认为有两种自由的根源所在。

陀思妥耶夫斯基所说的两种形式的自由即原始的自由和终结的自由。前者是低级的自由，后者是高级的自由："他的低级的自由是原始的、最初的自由，它是选择善的自由，与恶的可能性联系着；他的高级自由是最后的、终结的自由，在上帝之中的自由，在善之中的自由。"① 原始的自由具体展开为两种形式，即本能的自由和极端的自由。前者以本能的方式行使自由，后者以极端方式行使自由。所以这两种自由都制造出人性的恶。

恶是自由的体验和无节制的行为敞开，在宗教文化熏陶下的信仰生活中，这种自由体验最终必然把人引向赎罪；恶是自由的体验和无节制的行为敞开，在非宗教的世俗熏染下的无信仰生活中，这种自由体验最终将人引向放纵。然而，赎罪放大苦难意识，放纵生成恶行。"正因为世界上存在恶与苦难，上帝才存在，恶的存在是上帝存在的证明。如果世界是绝对的善和幸福，那么就不需要上帝，那么世界就已经是上帝。上帝之所以存在，是因为存在恶。也就是说，上帝之所以存在，因为存在自由。"② 无论从信仰还是从世俗角度论，上帝都是完善、全知全能、完美、秩序、善的象征。上帝因为恶而存在，实际上是说善因为恶才存在；低级自由放纵本能、张扬恶，高级自由却彰显绝对的知、绝对的完美、绝对的秩序、绝对的善。苏格拉底讲，人在本性上是无意作恶的，人作恶是因为无知。何也？因为无知制造破坏，无知放纵贪婪，无知突破限度，无知无视法则，无知盲昧人性本身，所以无知始终仇视秩序，蔑视完美，消解善。文学作为人类创造精神的具体方式，恰恰遵从人

① ［俄］别尔嘉耶夫：《陀思妥耶夫斯基的世界观》，耿海英译，广西师范大学出版社 2008 年版，第 40 页。

② ［俄］别尔嘉耶夫：《陀思妥耶夫斯基的世界观》，耿海英译，广西师范大学出版社 2008 年版，第 52—53 页。

性逻辑，接受上帝的神性点化，从人的无知之恶起步，探索知之不息和去恶从善的美化道路，其可能达及的恰恰是集真和善于自身的绝对自由之美。

### 2. 文学的伦理本体诉求

伦理或者说善，是文学本体的实质构成。研究文学，必不可无视这一本体性内容。

当文学一旦关注其伦理问题，文学伦理研究必获得可能。然而，要真实地展开文学的伦理问题研究，还需对文学研究予以整体认知，并在其整体认知基础上准确把握文学伦理研究的应有位置。

韦勒克指出："文学研究，必须一个系统的知识整体，成为对结构、规范和功能的探索，它们包含了价值而且正是价值本身。"[①] 韦勒克将这个系统的知识整体称为"文学科学"，它由文学理论、文学批评、文学史三部分构成。其中，文学理论为批评研究和史研究提供理论基础、依据、正确的视野和得体的方法。从认知上讲，文学理论的研究是最根本的。乔纳森·卡勒认为理论研究才是文学和文学批评研究的前提，因为文学"理论是由思想和作品汇集而成的一个整体"[②]，这个整体的生成却根源于文学自身：文学既是"对语言的突出"，又是对文化的创构；既是现实生存的审察，又是对世界存在的虚构；既是"自我折射的构建"，又是美学的对象；既是表达"意识形态的手段，同时又是使其崩溃的工具"。总之，"文学一直是一种文化精英活动。它一直是一种'文化资本'"的运作与再创构运动。[③] 然而，文学作为文化精英活动和文化资本的创构活动何以可能？这才是文学澄清自身的基础问题，它构成文学理论研究的核心。客观论之，文学理论是通过澄清文学书写的基础问题所形成的对文学书写自身认知的系统知识，构建这一系统知识须要透过语言、文化、意识形态等形态学、表达论的考察而抵达其存在论，由此呈现如下四个方面的基本内容。

---

① ［美］R. 韦勒克：《批评的讲和概念》，丁泓、余徽译，四川文艺出版社 1988 年版，第 59 页。

② ［美］乔纳森·卡勒：《当代学术入门：文学理论》，李平译，辽宁教育出版社 1998 年版，第 3 页。

③ ［美］乔纳森·卡勒：《当代学术入门：文学理论》，李平译，辽宁教育出版社 1998 年版，第 29—43 页。

一是文学的人性问题，它是文学的**意义之源**。文学的意义之源是文学的真，文学的真不是自然的真，也不是事实的真，更不是现实生活的真，而是人性的真。只有人性的真才把自然存在的真、事实存在的真、现实生活运动的真和历史敞开的真网结起来，通过文学体式和作家以文学为寻求和创造生命意义与价值的生活方式为双重过滤器和整合机制，使之构成文学的真实、真诚、真理。

二是文学的本体问题，它是文学的**价值之源**。文学的价值之源就是文学的善。文学的善即是德，包括道德和美德，它必以人性为依据，并必要遵从"生、利、爱"的人性逻辑。因为人性逻辑才是衡量文学之善的最终尺度，是文学价值生成的最后判据。

三是文学的生存问题，它是文学的**自由之源**。文学的自由之源就是美。它是对文学之真和文学之善的形态敞开和形式显现，并表征为人与他者（包括人与人、人与群、人与社会、人与民族国家、人与地球生命、人与大地、人与自然等）和人与自我的真诚协调达成的内在统一，这是人的存在的秩序化、生存的完整性和完美性的真正呈示。

四是文学的方法论问题，它是文学的**智慧之源**。文学的方法论所敞开的是深邃的思想、认知的视野和行动（内在的心灵－情感行动或外在的身体化的生存行动）的方法。

从如上四个维度展开探讨形成的文学理论，构成文学批评和文学史研究的认知基础和思想方法；并且也激励作家，引导文学书写。

综上，第一，文学的伦理问题是文学理论研究的根本问题，它构成文学的本体论内容。第二，文学的伦理问题所关注的主题是文学之善，具体地讲是文学道德和文学美德何以可能？第三，文学的伦理问题因为作为文学的根本问题必须要得到澄清，并且一旦得到澄清，它就构成文学批评研究和文学史研究的认知基础和思想方法——并激励作家的精神生成，引导文学书写遵从人性逻辑，追求美对真和善的统一。

# 第3篇

## 存在书写的哲学方向

# 第 10 章　当世存在的哲学入场

18 世纪德国启蒙哲学家康德主张“人是自然界的最高立法者”[①] 并提出人的“知性为自然立法”和人的“理性为人立法”。康德的“立法”论思想实以悄然的方式砍下了“上帝”的头颅。直到 19 世纪末，才由尼采在《快乐的科学》（*The Happy Science*，1882）中宣告：“上帝死了。上帝已经死了。我们已经杀死他了。”[②] 哲学因此蕴含自身的危机，因为上帝是人得存在的终极精神依据的对象化形式，上帝的“死亡”必然导出“人死了”的命题。人都死了，作家何用？哲学家何用？哲学何用？于是，“哲学的终结”成为**命运的必然**。20 世纪哲学两大巨擘维特根斯坦和海德格尔终其一生哲学探索为哲学的终结落下帷幕：“我们的目标并不是以闻所未闻的方式来精心加工和完善我们使用词的规则系统。因为我们所努力达到的清晰真的是完全的清晰。但是，这只意味着：**哲学问题应当完全消失**。真正的发现是这样的发现：**它使我能够中断哲学研究**——如果我想这样的话。——这种发现使哲学得到安宁，从而哲学不再被那些使哲学本身成为问题的问题所折磨。——相反，现在则是用实例来演示方法；而实例的系列可被人们中断。——诸问题都得到解决（困难被消除），而不是单独一个问题。并没有一种哲学方法，尽管的确有许多方法，正如有不同的治疗法一样。”（引者加粗）[③] “哲学终结于这样一点，

---

① ［德］康德：《实用人类学》，李秋零译，中国人民大学出版社 2013 年版，第 113 页。

② ［英］阿里斯特·麦格拉斯：《基督教神学导论》，赵城艺译，北京联合出版公司 2017 年版，第 224 页。

③ ［奥］维特根斯坦：《思想札记》，吉林大学出版社 2005 年版，第 191 页。

它聚集了全部哲学史的最终可能性，作为完成的终结意味着这样的聚集。”**“哲学的终结证实了科学技术和安排世界的胜利，以及适合于这个世界的社会秩序的胜利。”**[①]（引者加粗）

后现代主义就是在这样的“哲学的终结”论的哲学背景下唱出“哲学的消亡”的宏大挽歌。然而，“哲学的终结”不是人及其存在本身对它的“终结”，而只是哲学家自己对哲学的终结：“哲学所关注的本来是人生活于其中的那个属人的现实世界。由于哲学产生和形成阶段，人类的创造能力还很低，人作为人而要求的那个现实世界在很大程度上还孕育在追求之中。这种状况决定哲学只能以非人的形式去表达人，以非现实的形式去表达现实世界。于是，哲学变成了探究远离人和人间问题的理性认知理论。这一观念一旦形成便支配两千余年的哲学思维。这就是传统的哲学理论。在这种理论中，一切事物都被抽象化了，一切性质都被绝对化了，一切矛盾被肢解为两极的对立。因此，人从哲学中失落了，人的现实世界也被哲学排斥在彼岸去了。”[②] 高清海关于哲学的历史性看待很具启发性：20 世纪以来的“哲学的终结”，是对“抽象的”“非人的”的哲学的终结，通过这种“终结”所要开启的恰恰是关于人的现实存在及存在展开的存在危机和困境的追问。

## 一　人的存在的根基之问

哲学，因为人才产生。人对哲学的生成，不是源于生存的实利，而是基于超实利的存在，即人的世界性存在：人的世界性存在孕育哲学。具体地讲，人向自己的存在、人向他人和社会的存在、人向自然宇宙的存在所敞开的诸多问题必然孕发哲学。所以，人的存在的存在，哲学必然存在。反之，哲学存在，必以人的存在为先决条件。

### 1. 存在敞开的四维面向

在生物世界里，人与动物的根本区别体现在动物的存在是一种物质性存

---

① Heidegger, *Basic Writtings*, London, p. 375, 377，参见赵敦华《现代西方哲学新编》，北京大学出版社 2001 年版，第 281 页。

② 高清海：《〈语义场导论：人类行为研究〉“序”》，参见唐代兴《语义场导论：人类行为研究》，四川大学出版社 1998 年版，第 4—5 页。

在，人却既是一种物质性存在，又是一种精神性存在：人是精神化的生命存在形式。

人是精神地存在的生命体。人精神地存在源于人的存在精神，人对存在的意识或追问所生成的存在精神构成人精神地存在的思想基石和认知基础，而人的存在精神的生成却构成社会精神的基元。由于人是存在于群化社会之中，社会精神的演变又成为个体精神消长的动力场。进一步看，无论个人还是社会，都是在存在世界敞开的过程与状态中突现与展开，所以，存在世界成为人的社会精神生成与演变的动力场源。由此，人、自然、社会构成社会精神结构生成演变的四大原始因素：人与自身、人与自然、人与社会、社会与自然之间的本原性存在关系，构成社会精神结构的基本框架。

社会精神结构的基本内容包括神话、宗教、哲学、科学、政治、伦理和人文精神。具体地讲，人与自身存在命运之间的关系最为集中地体现为神话体系的解构；人与自然世界之间的关系的生成建构，生发人对人自己的来龙去脉的关注的宗教神学和人对自然的来龙去脉的关注的科学探索；人与社会之间的关系缔结，却敞开两个基本的扇面，一是生发出人对人伦关系的看待的政治与伦理；二是生发出人对自己的看待的人文精神。哲学却生发于人与人、人与自然、人与社会、社会与自然之间的复杂多变的关系演变——准确地讲是建构或解构运动进程之中。所以，哲学始终立足于（由人、社会、自然三者构成的）存在世界整体，为其存在敞开生存本身的复杂演变而敏感与惊奇、困惑和追问。

以常识思维观，哲学并不能给人带来任何立竿见影的实效与收成。尤其在唯实利主义的生活场景里，往往只有精神的贫困才可能换取物质的充裕与富有，哲学属于并且只属于精神，属于人的心灵、意志、情感和灵魂对存在本原的祈望与归依。所以，在充满欲望与疯狂专制和暴虐的时代不需要哲学。在如此精神背景和存在境遇里，人们对“哲学的终结”焕发出无比激情，也就显得特别的自然。

然而，人所存在的世界——包括人的世界和自然世界——始终是一个生命化的存在世界，生命的存在构成世界得以敞开和显现的前提。仅就存在的本原意义讲，生命的诞生创造了世界本身，生命的存在敞开、突出、照亮了生命存在本身。因为生命诞生不仅仅意味着他是一种存在事实，一种必然的实存形式，同时也是一种生气，一种能与势，一种使存在世界得以显现和敞开自己的有限资源。由于前者，生命一旦诞生就必须存在。存在是生命的天职：生命必须面对生命世界而谋求其存在，任何企图违背或逃避生命天职的人，都将是本原意义上的自罪。因为后者，生命一旦存在就必须存在得有生气、有势能、有可以显现与敞开、穿越与照亮其存在黑暗的神与韵、慧与灵、光与火。所以，尊重生命、珍爱生命、创生生命，推动生命在存在中自我展现与相互照亮，在自我展现与相互照亮中提升生命的能量与质量，这是生命的**自神自圣**的本义，亦是信仰的源泉、宗教和神学的基石。

从这个角度讲，在人类存在敞开史，任何昂扬物质欲望和权力疯狂的时代往往又最需要哲学。哲学不只是疯子和傻子的事业，哲学应该是个体生命存在的根，是人类世界性存在的灵魂，是人以世界性存在方式构筑起来的社会航行的航标灯，是人类从生物存在向人文存在敞开自己诉求创生的思想源泉。

### 2. 哲学与世俱在的根基

哲学与人的存在密切关联，在于哲学是人的存在的精神根基。当代人的生活无论怎样追求唯经济原则或膜拜强权，也须臾离不开哲学：哲学同样肩负为当代人寻求人（生存、自由和幸福）的生活提供存在的精神根基。哲学之于人的存在的精神根基性并不在于哲学家的主观意愿性，而是来自人向世界求存在性敞开与照亮的**本原性**祈望，这种本原性祈望要求哲学必须**与人同在**。

**首先，人的存在意义的规定性决定了哲学的同在。**人们通常讲人生没有意义，宣泄对生命和对人身存在的贱视，但这种自我贱视更多源于境遇性的感受或体验，超越这种境遇性感受或体验，人的生命和存在之意义自然会彰显出来并鼓动人勇敢存在。试想，人生既然没有意义，那人为什么还活着？对任何人言，无论在怎样的处境里，只要你还愿意活下去，只要你还事实地活着，这个“活”本身就敞开意义，就是生成和创造意义的方式：对于生命存在来讲，**活**永远都是手段，**生**才是目的。活，就是为了生；活着就是追求生生不息。人，作为一个纯粹的肉体可能没有意义，但肉体一旦获得生气，具备了能与势，产生出求生的欲望与冲动，这就是意义的诞生。人的生命存在的意义规定性决定了哲学必然产生：哲学与人的生命存在同在，哲学源于人的生命存在之意义的源头，并赋予人的生命存在以意义的照亮。

**其次，人的生命诞生和存在的依据为哲学与人同在培育出土壤。**第一，人的生命是一种实存形式。生命的实存性决定他必须具备产生生命和维持生命的自然机体。这个自然机体由两部分构成：一是**生命的有机的自然机体，**即生命的物质机能——肉体。这是生命的个体性载体，也是生命获得个体化、个性化和人格化存在的先决条件。二是**生命的无机机体，**即生命的存在机能——自然。自然世界使生命获得存在的根基，并为生命的存在与行动提供潜在的物质条件。同时，由于生命的无机机能，使人与存在世界、人与他人、人与其它生命形式共生存在提供了舞台背景和互动关联的纽带。第二，人的生命既是向自身**消耗**能量，同时又向自身**积聚**能量的实存形式。生命的这一实存特征决定了生命的存在必须相应的物质基础，包括各种自然环境、条件、资源以及对外界物质、材料、资源的创造。第三，人的生命存在所需要的物质基础是由他的存在机能即自然世界所赋予，但由于人这一生命对物质资源需要的无限性和自然世界所能给他提供的物质资源的**有限性，形成**自然世界在物质、材料、资源等方面远不能满足人的存在性需要。在这种状况下，人的生命存在还需要具备另一个条件，即创造物质或原料的**能力**和充分释放其能力的生存活动。

在人的生命诞生和存在的如上三个条件里，第一个条件是**完满**的；第二个条件是**残缺**的；第三个条件是**虚空**的，是完全需要人自己去填充的。然而，人的生命得以诞生和存在的这三个条件并不彼此孤立，而是相互联系和相互推进：由于第一个条件的完满性，才构成第二个条件的残缺性；由于第二个条件的残缺性，才生成出第三个条件的待充实性。反之，假如第一个条件本身就不完满——比如人的生命不是血肉之躯，第二个条件之于生命来讲，就不会存在其残缺性；假如人的生命存在没有残缺性，那么人的生命存在就不需要第三个待填充的条件了。

生命存在的这三个条件递次从完满到不完满、从实到虚的状态，构成人的生命创造目标、产生价值和意义、生发出伦理道德以及全部哲学精神、思想孕育的土壤。因为，唯有人的生命存在条件的非完满性和虚实性，才使人的生命存在创造出有意识地使自己活下去的努力感和目标感；也唯有生命存在条件的非完满性和虚实性，才使人的生命行动避免盲目性，产生出特定的和只有人的生命才具有的方向性；也唯有生命存在条件的非完满性和虚实性，才使他自身的存在从当下向未来（不定状态）行动的过程中创造出只属他自身才具有的价值系统。由此，生命存在的第四个条件即**目标条件**随之产生：人的生命存在的目标条件就是人的生命存在的价值目标，它构成人生命存在的第四个条件。

在人的生命存在的诸条件里，前两个条件是先于个体生命而存在的，它对个体生命本身来讲具有**无可**选择性——生命存在条件的非完满性是天定的事实，它不具有任何假定性或或然性。由于第一个条件的完满性所形成的第二个条件的非完满性，必然导致人的生命存在必须为填充其存在条件的残缺而努力——人的生命行动本身获得了**目的性**劳动与通过劳动创造自我的现实性；也由于第一个条件的完满性导致第二个条件的残缺性，促使人的生命必须为具备第三个条件，即为具备不断地提升其运用资源和创造资源的能力而努力。由此，人的生命的行动具有创造生命存在的物质资源和创造生命存在的精神资源之双重任务。人的生命行动为实现这一双重任务自然派生出两种新的任务，即享受人自己所创造出来的物质资源和精神资源。由此生发一种永存性困境，那如何寻找到这两种创造与这两种享受之间的平衡，这就需要一种对生命行动的心灵引导，生命行动的**价值目标**由此导出。

哲学对人的存在功能在于：相对第一个存在事实，哲学为人们提供一种省视和领悟求生之存在意义，让人能够敞开胸怀，放开眼界，勇敢面对存在现实（不管它是苦难还是快乐），像人一样地存在和生活、劳作和创生。相对第二个存在事实，哲学为人们寻求探索更新的谋求存在之生的利益与价值之间的内在关联性提供反刍方式，打开新的存在视野，开辟新的生存疆域，提供人与人、人与社会、人与世界如何才可更好地共生存在的精神支柱和各种更新的创生的可能性。

### 3. 哲学本分与平等作用

谈及哲学，自然要涉及“哲学是什么?”的问题。当把“哲学”本身作为一个问题来思考时，实是牵涉出哲学的功用来。仅功用讲，哲学一方面是最没有功用的那个“东西”（“科学”或“学问”这些概念定位不能表达哲学的本来形象），这是因为关注哲学甚至以哲学为志业人生的人，始终不会也不能把它作为谋生的手段，因而它与酒色财气无缘，更与钞票权力无关，这就是它的无用性。但在另一方面，哲学又是最具有功用的那个可“大用”的“东西”。哲学的这种“大用”性主要体现在如下三个方面：

第一，哲学探索是对人的世界性存在敞开呈现出来的神意的惊奇与敏感、体验与领悟。

第二，哲学因为哲学家的努力而释放出对人的存在世界黑暗的照亮。

第三，哲学是对人居其中的存在世界敞开生存的根本危机和困境的追问。

人的生命的诞生不是孤立的，人的生命存在同样不可孤立，他融进天、地、人、神四气于一身：生命存在是一种具有福音神意的存在。人的生命存在的神意性敞开三个方面：第一，人的生命诞生于浩瀚的天宇并存在于浩瀚的天宇之中，神秘浩瀚的宇宙天空给他灌注进天宇的神意。第二，人的生命诞生于大地之上并立足于天地之中，广袤深幽的大地绵绵出山与水的灵光，孕育出人的生命存在的杰出与伟大，这就是自古“地灵人杰”的存在论意义：不是人杰才地灵，而是因为有地灵才滋养出人杰；并且，一旦人杰，必受惠于地灵。第三，在生命化的存在世界里，任何生命存在形式都是渺小的，但唯有人的生命存在才彰显出高大和伟岸，这是因为人的高大与伟岸源于其存在敞开生存之能势与求势，即任何个体生命谋求存在都必须面向他之外的生命，走向他人的生命存在和群的生命存在领域而成为人，因为一个生命个体相对任何一个生命个体来讲都是一种存在之势，包括存在敞开生存的自爱之势、自利之势和自生之势等都因人与人相向走进而相互生成、相互滋养。由个体相向走近所形成的群（大而言之社会、种族、国家、人类）相对任何个体生命存在来说始终是一种能，所以，他人的存在之势与群的存在之能构成人的生命存在的整体人气。

人就是这样一种生命存在形式，他融浩瀚天宇之神意、幽深大地之灵光和人与群相共生的势与能于一身而区别万物，独立为人：

> 人之生，气之聚也。聚则为生，散则为死。若死生为徒，吾又何患！

故万物一也。是其所谓美者为神奇，其所恶者为臭腐。臭腐复化为神奇，神奇复化为臭腐。故曰："通天下一气耳。"①

概言之，人的生命是以天、地、人、神四气融会贯通生成，所以人的生命存在既是整体的存在，更是神性的存在。为此需要理解"存在"概念。在汉语中，"存在"一词之"存"字有三义：一指保存、存放，引申为"居"的意思，如存心忠厚。二指生存、存在，如诸葛亮《出师表》之曰"今天下三分，益州罢弊，此危急存亡之秋也"。三指想念、省问义。而"存在"之"在"字的语义内涵更为丰富：一做存在、生存讲，如《庄子·知北游》之"所谓道，恶乎在?"和《论语·学而》曰"父在，观其志；父殁，观其行"。二做居于、处于讲，如《易·乾·文言》曰"在下位而不忧"。三做"系于"讲，或曰"事在人为"之意，如《礼记·大学》曰"大学之道，在明明德"。四做"问"讲，如《左传·襄公二十六年》曰"吾子独不在寡人"。五做察、视讲，前者如《尚书·舜典》之"在璇玑玉衡，以齐七政"；后者如《礼记·文王世子》曰"食上，必在视寒暖之节；食下，问所膳"。六做持续的动作讲。对"在"之如此繁富的语义内涵可概括为：所谓"在"，意指某物当下之"是"的持续状态，或可表述为**当下**之"是"朝向未来、未知领域的**期待**状态；而"存"者，意指（将某物）保有、保持**使之居**，或曰使之继续存在。"存"与"在"合成为"存在"，既具有当下之意，又具有保有、保持之意，更具有维持、持续之意。综其诸义，**所谓"存在"，是指每一个当下之是都将保有、保持下来构成新的当下之是的起点和推力，在过去的绵绵若存的当下推动下，每一个正在进行的当下之是都是指向未有、未来的当下的某种期待或期许状态**。由此看来，"存在"不仅是一个空间性概念，更是一个时间化概念，它是当下（之在）融统过去（之在）而指向未有和未来的那种整体的历史过程、状态、境遇。比如，每个人的当下的生活行动、状态、状况、处境甚至突然闪出某个荒唐的意象，都是既融进了自己的已有经历、生活，也蕴含自己对未来、未有的欲望、想象、体验、期待或者某种不言的或无言的躁动。所以，

① 郭庆藩：《庄子集释》（下），中华书局1961年版，第733页。

“存在”的事实状态既包含“此在”，又包含“已在”，也包含“彼在”。任何人，不管意识到没有，始终是生活在融统过去（已在）、现在（此在）、未来（彼在）的生态“场”之中：人的存在是**场化的**，是场态化的存在事实。

## 二　面对当世的存在之问

哲学始终是当世的。从当世存在的深处走出来，敞开存在之问，是为当代哲学。哲学的入场当世，所面对的根本之问是人的当世存在困境之问。求解当世存在困境的根本之道，成为哲学敞开自身的当代本分。

### 1. 人存在的源头困境

人是一种对生命具有强烈自省意识的存在事实。由于此，人的生命存在事实获得存在的现象事实与本原事实的双重性：人首先是一种本原性生命存在事实，然后才是一种现象性生命存在事实。

人作为现象性的生命存在事实，几乎每个人都能直观到、感觉到、意识到，比如人是一个劳动者，A是一个男人或女人，B人是一个文化人或文盲，C是一个父亲或母亲、儿子或女儿、情人或妻子、官员或强盗……人们可通过感官识别或通过分析理解而判断。人作为现象的生命存在事实，不仅呈物质性或物理性的样态，更彰显其情感性、精神性的样态，比如，每个人都有欲望、有情感，有爱与恨、亲与疏、利己、友他、占有、囤积、侵犯、疯狂、儒雅、粗俗等，都属于人的现象性存在事实。

人的现象性存在事实是流动的、变化的、易逝的。比如，昨天的流氓今天可以成为达官显贵，上午本是处女但是到了下午或已成了少妇，今天还是儿子或女儿但一夜之间就当上了爸爸或妈妈；早晨8点还在北京，下午一点钟就待在了家里；正在享受着的快乐可能马上就陷入痛苦的折磨之中……人是现象性的存在事实，但人的所有现象性存在事实都由其生命的本原性存在事实引发。人的现象性生命存在事实虽然是可变的，但引发出它的本原性生命存在事实却呈相对不变的恒定性，这种相对不变的恒定的本原性存在事实主要敞开如下状态。

**被抛性**　人是被抛于世的生命存在事实。任何一个生命的诞生既没有理由，更没有必然性。你为何成为黄种人而不是白种人？为何生于穷山沟而非生于北京或上海、纽约或华盛顿？你为什么生于这个家庭而不生于另一个家庭？为什么是这个男人成为你的父亲而不是那个男人？你为何生而为男而不生而为女？如此等等，所有这一切都没有你的意愿，没有你的选择，假如你是唯物论者，你所持的唯物观念能够解释你为何成为实际的你的缘由吗？在你的所有的解释之上，是否存在一个“万物的创造者”？相对万物的创造者言，所有的生命诞生于偶然，从可感知的实利性角度看，每个人的生命都诞生于其他生命（比如某对男女）的本能冲动与情欲的偶然发作。

进而，每个生命一旦从某个具体的女人的身体里脱落出来，第一项工作就是剪断他与另一个生命体（即母亲）之间的血肉联系——脐带。从这时候开始，生命与生命的**原始关联存在**就被人为的，并且也是自然地斩断：生命被迫抛入这个本不属于他的存在世界之中，而被迫存在、被迫独立，实实在在地在某个地域、某个家庭、某种环境中敞开生存。相对广袤的存在世界言，人的生命既是绝对弱小，更是绝对无依无靠。诞生于世的个体生命的第一次本能地感受和行动，就是为这个世界的绝对陌生、自己的弱小和无依无靠的存在现实而哇哇大哭。哭，是生命的开始；哭，也是对生命无依、存在无助的本能性悲哀、悲苦和绝望；哭，更是生命不得不面对独孤无依的现实存在而寻求活下去的最孱弱的方式。这就是人为什么在后来的存在之旅之中倍感生存无助时，往往会以哭来消解自己，以哭来安慰自己，又以哭来为自己寻找继续求生的勇气的内在根源。

人生命诞生之初的无依无靠性，根本地展示他与自然（母体）之间的原始关联性的彻底丧失。尔后，生命向存在领域进发，已有的无依无靠性没有得到丝毫消解，新的无依无靠意识随之产生：生命是需要资源的存在事实，生命要维持存在的一切资源都没有现成，需要自己去生产、去劳动、去付出汗水甚至血泪——这就是当人学会懂事的时候开始，就不得不被迫学习：学习劳动所需要的知识，学习生活的技能，学习生产和生活的方法，学习一切能够促使自己更好地求生的所有东西；同时，生命的存在与保持不仅需要物资资源，也需要精神的支柱，而这些东西同样没有现成的，同样需要自己去探求活下去的精神支撑、心灵信念和求生与创生的行动信仰。

总之，被抛于世的生命，其无依无靠性将他的生命存在推上一切**只能**靠自己的道路。在这条道路上，只有自己才能救助自己，只有自己才能解放自己，只有自己才能给自己求生的最后支撑。所以，在这个无依靠的存在世界上，人最爱于己，人最利于己。

生命是以个体的方式诞生于世。生命诞生的个体化既规定了生命存在的独立性和个性性，也规定了生命存在的孤独性。生命永远是孤独的，人永远是孤独的存在者：人孤独地存在并为消解孤独而开辟生存之路最终仍然沦陷于更新的孤独之境。这是被抛之人的天命，也是生命存在的本来状态。社会的缔结、家庭的建立、婚姻关系的确立以及友情的形成，不仅仅是为了劳动，为了谋求生存资源，也是为了消解孤独。然而，由于生命的个体性和人的存在敞开生存的独立性，其所有消解孤独的方式与行为努力最终都不能使人达向对生命存在孤独的真正消解：人永远都是孤独的存在者和孤独的求生者。

**被驱赶性**　存在世界之于人始终是冷冰的。这种冷冰性不仅呈现为它容纳或者无条件的收留了被抛于世的人，而且也以自身存在敞开方式启动时间将人驱赶上存在的道路。所以，人又沦为被时间驱赶的存在事实。

人的被抛于世性决定了人的“向死而生”，既要承受生之存在痛苦，更受纳必死的存在忧惧。由于其生包含着死，也由于其生的过程就是在走向死亡，人始终在被人的时间所驱赶，被生命自身所驱赶，被既定的存在命运所驱赶。生命诞生了，人就是活着，就在活着；然而活对每个人来说都是手段，活的目的是要生，还要达向新生，甚至于谋求永生。因为生命的存在背后是死的窥视，是死的推动，求生就是为避死，创生就是挑战死亡、抗拒死亡、逃避死亡。人的生命诞生与存在，就这样在事实上为死亡所驱赶，为抗拒死亡、战胜死亡、逃避死亡的求生意志、创生欲望、长生激情所驱赶。从生到死，人的存在的被驱赶性贯穿生命的全过程，构成人的存在敞开生存的整个历史。

**被书写性**　如前所述，存在就是被书写。当人被偶然之神抛于荒野般的存在世界，也就成为被书写的存在事实，从生到死，被书写同样贯穿人的有限的生。人的被书写性并不具有领域、方面或层次的限制，它是从四面八方、四通八达地全方位敞开。比如北方人与南方人、西方人与中国人，生于这个家庭与生于那个家庭，是这对男女的儿女而不是那对男女的儿女等，都是被存在书写的呈现。人往往自以为是文明的使者、万物的主宰，但这些都是人的自我虚幻，真实的存在状况却是，无论是地痞流氓还是暴力统治者国贼或者强盗，永远无法摆脱作为生物存在者的动物本性，也无法摆脱马尔克斯《百年孤独》中的那条无形的“尾巴”，这就是人的存在的被书写性，它是现实的，也是历史的，更是自然的和物种的，最终是万物的创造者的存在书写使然。

被书写是人的世界性存在事实，更是人的存在命运。首先，人是被自然书写的存在事实。比如华夏文化与欧洲文化，前者为如烟滚滚的高原黄土所书写而形成独特的**地土之像**的原始文化意象；后者为浩瀚神秘的大海所书写而生成出别具一格的**海天之像**的原始文化意象。① 这不同的原始文化意象总是以自身方式孕育、培养出不同的人种气质和人本存在精神及其风度。其次，人是被物种书写的生命存在现实，比如，人类生而为人这种动物而不是生而为猪、为狗、为猫，表明物种本身构成生命的书写主体，书写该物种的全部具体生命，并且正是这种物种性书写才使生命的物种化承传、繁衍成为可能，才使个体生命的物种化存在成为现实，也为生命世界物种生命与物种生命互为边界和限度提供了内在的规定和外在的准则与尺度。再次，人是被文化书写的生命存在事实。比如海天之象的文化书写出欧洲人的自由存在意志和冒险开拓精神；与此不同，地土之象的文化却书写出中国人的隐忍人格、自守精神和知足常乐、随遇而安的盲昧而精明人文风格。最后，人是被具体的社会和时代书写的处境化的生命存在事实。比如，在以阶级斗争为主旋律的时代里，人只有两种，即革命者和反革命者；在以经济发展为主题的社会里，人都变成了经济人，并且也划分出市场的垄断与被垄断、财富的掠夺与受掠、有钱人和穷人等方面的阶级、阶层、权力分类。

四是被迫的欲望性。人是被迫地欲望自我和欲望存在世界及其事物的存在事实。人的这一存在事实从三个维度敞开。首先，相对自然宇宙言，人被迫地成为欲望化的人，如被迫地需要资源的滋养，被迫地需要存在安全，被迫地需要特定的生存环境，被迫地谋求生计、劳动、工作、付出。其次，人被迫地欲望成为这样的人或那样的人，比如被迫地成为家庭人，被迫地成为

---

① 唐代兴：《地土之象：“天人合一”本体图——中国古代文化精神探》，《辽宁大学学报》2003年第1期。

社会人，被迫地成为某个国家、某个种族的人，被迫地成为人类的人、自然的人、性别的人，被迫地成为他人视野中的种种不同角色人等，正这种种被迫性存在催促人担当各种生存角色，勃发种种角色性存在欲望。最后，人被迫地以这种方式或那种方式劳动、求生、生活，比如被迫地成为农民、工人、失业者、病痛者、残疾者或核酸检测的受虐者，并以其劳动、求生、生活本身为动力诉求欲望，膨胀欲望，消费欲望。

**被群化性**　人是被迫为群化的存在事实。因为自然的恶劣、个体存在的弱小、生存能力的有限，人为了能够存在，也为了更好地活下去，不得不依赖他人之力，借助群体之势，求靠社会之序。正是这些被迫构筑起人的群化存在事实，形成人一方面追求绝对的自由；另一方面又不得不逃避自由的现状。

**被匮乏性**　人是被迫为消解匮乏而努力的存在事实。人被赤裸地抛于荒原般的存在世界里，存在世界的荒原性使人命运地成为匮乏的生命存在个体。这种存在意义上的匮乏集中敞开三个基本方面，第一，作为个体生命存在的人，从降落于世始就沦为存在所需的物质资源的匮乏者，为解除其存在匮乏，人终身劳苦而不得其安。第二，被抛弃于世的人，当被赋予他人文存在意识和能力之时始，他就沦为生命存在所需的精神资源的匮乏者，为解构其存在精神的匮乏，人被迫终身感知存在世界并终身追求存在的智慧，由此生发出源源不断的存在认知的困惑。第三，人作为肉体生命并借助于女人的身体而抛于世的，这种出身和出身的方式决定了他的生命存在需要心灵的养护和情感的滋养，而这一切对于人来讲是匮乏的。由此心灵和情感的匮乏滋生于各种性质和内容的苦乐，无论穷愁潦倒或者达官显贵甚至最自由的比禽兽都不如的集权统治者，均为苦乐所困，所不同者，乃存在苦乐的内容和情感取向的差异而已。

**存在的被囚性**　在人的存在世界里最值得人骄傲的成就不是对物质财富的积累和生活条件的不断改善，而是他所创造的符号世界——语言。人创造了语言，但语言却又反过来塑造着人。海德格尔说虽然“语言是人的一个财富”，但必须充分认识到“语言是最危险的财富”。“何以语言是‘最危险的财富’呢？语言是一切危险的危险，因为语言首先创造了一种危险的可能性。

危险乃是存在者存在的威胁。而人惟凭借语言才根本上遭受到一个可敞开之物，它作为存在者驱迫和激励着在其此在中的人，作为非存在者迷惑着在其此在中的人，并使人感到失望。惟语言首先创造了存在之被威胁和存在之迷误的可敞开的处所，从而首先创造了存在之遗失（Seinsverlust）的可能性，这就是——危险。但语言不光是危险中的危险，语言在自身中了也必然为其本身隐藏着一个持续的危险。语言的使命是在作品中揭示和保存存在者之为存在者。在语言中，最纯洁的东西和最晦蔽的东西，与混乱不堪的和粗俗平庸的东西同样地达乎词语。的确，为了便于得到理解而成为所有人的一个共同财富，甚至本质性的词语也不得不成为平凡粗俗的。”① 客观地看，与其说语言是最危险的一种财富，不如说语言是最危险的对手与敌人。首先，人存在于存在世界中的同时又生活在自己创造的世界里，这就是人生活在被自己创造的语言世界中而成为被语言囚禁的一种存在事实。人既存在于自然世界中，也存在于人的世界中，但把自然世界和人的世界统摄起来的却是人创造的语言。所以，人实质性地存在于语言世界中，人所存在的世界是一个语言化的世界，任何个人一旦诞生就无可逃避地生活在语言之中：语言先在于人，语言永远超越人的存在而驾驭着人，因为语言是超时空的历史本身，人却是时空的受役者，即人必在时空对他的从不停顿的分割与重组中接纳其生的苦乐和承担其死的必然。所以，人之存在敞开与求生努力须臾不能离开语言。其次，人是被语言所塑造的存在事实：当你生而为生命个体，你就被“人”所界定；而且，你一旦成为人，你就分别被性别语言、家庭语言、民族语言、国家语言、制度语言、职业语言以及各种各样的角色语言、观念语言以至于立场主义的语言所分割、所撕裂而成为语言的碎片人。任何人都无法超越语言的桎梏而成为本色的存在者。最后，人是被语言所修饰的存在事实：孔子讲做人要求名正言顺，否则，名不正则言不顺。孔子的正名思想深刻地揭示了语言对人的存在的修辞性。人们通常说谎言一旦被反复重复就变成了真理，同样是在讲语言对人的存在修饰化和人在这种语言的修饰中如何被语言奴役地存在。

---

① ［德］海德格尔：《荷尔德林诗的阐释》，孙周兴译，商务印书馆2000年版，第38页。

综上，人的存在的被抛性、被驱赶性、被书写性、被欲望性、被群化性、被匮乏性和被囚禁性，既构成人的世界性存在的困惑之源，也敞开人绵绵不绝的生存苦难。哲学就是俯瞰人的存在敞开的苦难而追问苦难滋生的缘由，以祈给人以存在的依据和求生创生的意义支撑。

### 2. 哲学的时代性在场

**烛照存在黑暗的生存之光**　人的存在世界既是现象的也是本体的。老子以“知其白而守其黑”的方式来表述这个现象与本体共存的存在世界。老子之“知其白”，是指能够感觉到的、看得见的并且可为人把握或拥有的东西、现象、世界。在老子的存在世界里，人的存在的现象世界即是“白”，因为它是可知可欲的，是在知与欲中成为“白”的。老子之“守其黑”，实是指看不见的、感觉不到的当然不能为人们把握或拥有的东西、事物、世界。在老子的存在世界里，“黑”即人的存在的本体世界。人的存在的本体世界是黑的，但它却是最根本、最重要的并决不可抛弃或忽视的，所以，尽管它是黑，是不知、是未知，但人必须“守”。因为“黑”才是人的生命存在的本来状况，“黑”才构成人的本体存在之实质性境遇。所以从本质讲，人的生命是存在黑暗，因为人所存在其中的世界是一种黑箱，其所敞开的存在无论在本原上还是在本质上都是一种黑暗的存在。人的生命始终处于一种存在的黑暗之中，这种存在的黑暗状态主要敞开如下几个方面。

首先，对生与死的未知、不知、盲昧和恐惧，使人的生命沦为存在的黑暗：每一个人生而不知其所生，死而不知其所死。人，既不愿意去追寻何所生，也害怕去正视何以死。人一旦淡漠其生并罔若其死，也就很难得知道生命何以为生命、人何以为人？因而，贱视生命、践踏人性、自虐灵魂的现象不仅普遍，更被视为正常。人往往在生与死相交织的黑暗状态中浑浑噩噩度过一生。

其次，对智慧的情有独钟亦把人推向存在的黑暗。西方文化经典《圣经》描述上帝创世纪，人是被上帝创造的，但上帝只创造了人这个生物，赋予他生物存在的权利，人存在的人还是人自己创造的结果。当人类始祖亚当和夏娃由于自身的进化（即蛇的引诱）而吃了伊甸园里智慧果（即大脑进化到能够对自身予以对象性意识），作为人的原罪意识就此产生：智慧是人的存在敞开生存获得的原罪的凝聚形态，智慧即是善恶之果，它既是善同时也是恶，既是恶同时也蕴含善。歌德曾把智慧即善恶的混合存在这一问题作为赌注赋予代表至善的上帝与作为魔鬼的靡菲斯特，浮士德博士的一生历程成为上帝与靡菲斯特的战场，它最为真实地展示人的不可逃避的生存悖论：智慧对人的塑造乃善恶并举——生活中的善即是恶，恶亦蕴含了善。

智慧的最实在形式就是知识。弗兰西斯·培根提出“知识就是力量”的口号被后人奉为经典，殊不知这句话的本来意思是“知识就是强力”。知识乃一套话语体系，谁掌握了该话语体系，谁就拥有绝对的话语霸权。知识恰恰是人类文明进程中最隐秘的强权，因为知识权力是一种没有硝烟的暴力权力。人既是知识权力的追逐者，又是知识权力的受役者。人们天生渴望自由、平等、民主、公正、正义，但这些统统都是一种观念化的知识话语体系的运作游戏。因为，不平等、不民主、不公正、不正义不仅来自制度权力、政治权力、财富权力，更重要的是来自人们无一例外地对知识强权的追逐，并把这种追逐视为是美德。

在人类存在敞开生存的历史进程中，由于智慧使人成为人，所以人很难得在体验和领悟智慧的人性美德的同时去体察和惊异智慧的人性罪恶，形成一种反省智慧的人性罪恶意识与思想。所以，就整体而言，智慧给予人以谋求生存的力量，同时又给予人类制造存在黑暗的能力。

再次，语言的荒疏往往把人变成存在的黑暗。在常识思维里，语言是人的创造物，因而它只是人的使用工具。殊不知，语言一旦为人所创造出来，也创造了它自身存在而成为对人的塑造者。从根本讲，语言是一个存在的场，人既在这场中，又无时不被抛于这场之外。在其场内，人被语言所主宰、所奴役（比如在西方话语霸权圈中，人成为西方话语的奴隶；在古代话语体系里，人们凡事以古人语言来比拊强言；在革命话语充斥的生活场境里，人不是疯狂地革命，就是革命的疯狂）。在其场外，人不仅丧失本应该有的许多存在权利，可能有时连说话的资格也变成问题（不是别人使你说话成为问题，就是自己使自己说话成为问题）。比如一个农夫与一个学富五车的知识分子，一个流氓与一个正人君子，一个妓女与一个圣教徒，一个畜牲般的国贼与一群耗材般的顺民……其之间所分领的语言之场不同，往往难以有可畅通的交流或沟通，由此产生出许许多多的失语与无语的生活病症或社会病症来。

语言不仅是一个流动不居、变化不已且奔腾而来呼啸而去的存在场域，同时还是一堵堵无形无影、无头无尾并可自由伸张或收缩的活动之墙，这些活动之墙既阻隔人与自然世界的血缘相通，又横挡住人与人之间亲生命性的存在关联，更遮蔽人与心的一体存在和敞开。在存在世界里，人很难真正触摸到自己的生命情感、心灵、灵魂、意志，更难真正与人建立起无蔽的我与你的关系。马克思说语言是思想的直接现实，但在人的存在世界里，更多的情况是语言成为遮蔽思想、扭曲情感并消解灵魂的直接现实。由于此，人既是自己的隔膜者，又是对他人的遮蔽者。

人，永远是一种语言敞开的荒疏状态。

人，命运地成为一种语言的存在黑暗。

最后，存在敞开生存的欲望洪流总是经意或不经意地将人推向存在的黑暗。人的可怜，在于本原且始终是匮乏的生命存在物；人的可贵，在于不屈于匮乏的存在命运追求资源的丰裕性和存在的完满性；人的可悲，在于这种不屈于存在命运燃烧起无休无止的欲望。欲望往往把人引向存在的黑暗永不自拔：一个穷困的农夫不经意捡到一个鸡蛋，于是发财的欲望激发出他丰富的想象，从这个鸡蛋到一只母鸡，再从一只母鸡到无数的鸡蛋和成群的母鸡，以至于源源不断的金钱、广袤的田庄、高大的楼房……很不幸的是，当他在当了大财东的想象中还欲望娶一个年轻漂亮的小老婆时，手中的那个鸡蛋被脸色铁青的黄脸婆一掌打落于地，财富的种子没了，农夫和他的黄脸婆继续存在于穷困的黑暗中生活。一个鸡蛋的家当的故事，恰恰展示了人的那种普遍的和与生俱来的欲望对存在的黑暗的人生化书写。

从根本讲，人所身处的这种存在的黑暗状态，既源于人的被抛也源于人摆脱被抛的努力。正是这两个方面的合力既持续推进其存在的黑暗状态，又引发出存在的重重困境，生发出人对自身的存在之问，这种存在之问的根本方式即是哲学。哲学非它，哲学就是对人的存在事实与存在黑暗的困境和追问。

哲学敞开存在之问开辟出存在之思。哲学的存在之思首先表征为对生命存在的神意的惊奇与敏感、体验与领悟，通过这一存在之思的道路的开辟，永续人的生命存在的神意，具体地讲，哲学之思就是聆听并和乐人籁之音、物籁之音、地籁之音、天籁之音，以此劈开生命的存在黑暗，敞开生命存在的天空和照亮人生生活大地，促人获得一种探险存在的勇气、昂扬意志的力量和激活灵魂的方法。胡塞尔讲现象学就是要回到事物本身，其实，哲学就是要使人回到人的存在世界本身的一种努力。所以哲学敞开的存在之思，必须面对存在世界本身，必须面对存在世界中存在着的人本身，必须面对人的世界性存在敞开当下求生的生命困境而展开历史性的和超越性的精神、信仰、思想的追问。基于此三个方面的要求性，哲学不是理解，也不是解释，更不是对已有的一切东西的亦步亦趋，哲学就是激发灵魂启动存在的探险，具体地讲，哲学就是对人的本原性存在事实与现象性存在事实之分离状况——生命的存在黑暗之场和黑暗之境予以突围的精神运动。因为，人的生命敞开漫溢出存在的黑暗本身成为探求生的光明的盲目努力，必然滋生出许多复杂多变的根本性问题，哲学就是对人的根本性存在问题探求根本的解决之道。凡有人的生命的地方就有存在的黑暗，凡有存在的黑暗就必有其存在的根本性问题，凡是存在着根本性问题的人的生活，必然会有哲学的功用之处。这就是哲学的高贵，亦是哲学的永恒。因为人要求高贵，不可没有高贵的哲学；人类要求永恒，也必然把哲学引向永恒的道路。

**存在之问的根本方式**　在生活世界里，“哲学是什么”的问题是一个被普遍关注的问题，其实这个问题与哲学无关，因为哲学并不关心“是什么”之类的问题，哲学关心的“何所是”和“为何如此是”，具体地讲，对人的本原性的存在危机的困境的追问，成为哲学的本分，所以，哲学即是存在之问，是对存在之问的探险方式。

哲学所关注的存在之问，不是人的现象性存在之问，而是人的世界性存在敞开的本原性之问，或可说是人的本原性存在之问。这种关于人的本原性存在之问对于太热衷于实在和功利、太兴趣于直观现象生活的人来讲，恰恰不是问题。从这个角度讲，哲学的怪毛病就在人们认为没有问题的地方发现本原性存在问题并反思性地求解之道。所以，哲学既是存在之问又是对存在之问的反思。所谓反思，即反其常见而思其不见或未见。常见或未见的问题隐含或潜藏在常见之中，所以哲学之思才求其反。常见的东西可能有问题也可能没有问题，有问题的常见不是哲学所关注的对象，哲学只关注没问题的常见，并通过反其常见而发现其不见或未见，以未见或不见为其思的根本对象，为其问题探究与追问之源。所以，对哲学来讲，没有问题就意味有问题，没有问题的地方是最有问题的地方。

哲学将自己交给存在之问，始终与问题交道，实源于对人本身的关怀。哲学关怀人，是从问题开始的。真正说来，人所在之处无不敞开问题。由于问题太多，人间所有的学问都是对问题的关注与求解答。但哲学所关注的问题却自具独特性，这一独特主要从如下三个方面呈现。

一是哲学在没有问题的地方发现问题。由于有哲学的介入，没有问题的地方变成了最有问题的地方；没有问题本身变成了最成问题。比如说，人创造了语言，所以语言顺理成章地成为人的使用工具，所以“我们创造语言，我们使用语言”成为天经地义的事，根本不存在什么问题，在日常的思维和认知世界里，人们从来不去怀疑它有问题。但哲学却在这个最没有问题的地方开始自己的工作，虽然人创造了语言，但并不等于只是人**在**使用语言——即**我们说**语言，而是相反，是**语言说**——只有语言向人**说出**之后，给人留下一个自由的空间，人才获得说的可能性与现实性。海德格尔如此发问和思考语言时，语言作为一种纯粹的工具的观念与说法本身就构成最为根本的问题。

二是哲学在有问题的地方引出更新更深更广的问题。语言是个典型的例子，当海德格尔从存在论角度揭发语言的诸多工具论之外的问题，语言的存在论问题也就是人的存在所不能涵盖的，它必然扩展到存在世界的场域之中，海德格尔的“人言”已彰显出局限而必然进入“自然之言”的世界。

三是哲学无力解决问题，而且也不擅于将精力放在解决问题方面，这是它与其它学问或其它学科的根本不同方面：其它学问其它学科最善于在有问题的地方解决问题，问题一旦被解决就变成了无问题。科学问题、技术问题、政治问题、经济问题、医疗卫生保健问题等，都是以谋求解决为目的。哲学却最不擅长于解决问题，一旦它要力求解决问题，这个所要解决的问题马上就涌现出一连串的新问题。比如世界的本原问题，一旦你抓住这个问题寻求解决之道时，马上就冒出“既然世界的本原是这样的，那么这个本原性的东西又是怎样构成世界的”等诸如此类的问题来。所以，哲学是难以解决问题的，哲学的基本任务是对人的本原性存在敞开生存的根本性时代问题的不断困惑与追问。因为哲学所关心的问题既是最根本的存在问题，也是最根本的现实问题，又是最日常的生存问题。哲学就是力图把人的存在的根本问题现实化和日常生活化，或者更准确地讲，是把最现实的存在问题和最普遍的日常生活（生存）问题予以根本化的反思和本原性的追问，唯有如此，哲学才可能给**问题存在的人**以心志的灵动和智慧的光源。

在任何时代任何境遇中，人的存在和生存有三个方面不可忽视：一是每个人都是最现实的人，因而，现实的人世必然为现实的问题所包围着；二是每个现实生活中的人的生活都是日常化的，所以，所有最现实的问题都被人和生活本身日常化；三是这一切日常化的现实问题都蕴含人的本原性存在的根本问题。由于此三方面的问题的存在，哲学也就不可能走向终结；由此三个根本性的存在问题的召唤，在每一个存在境遇中总是最为需要哲学的时代性入场。

# 第 11 章　哲学之思的生态理性方向

近代哲学革命开启哲学从本体论形而上学向认知论形而上学转型的根本标志是启蒙哲学的胜利，接下来是哲学经历古典工业社会向现代工业社会的转移而从认识论向方法论，或者说从认识论哲学向实践论哲学的完成，其后，在现代工业社会向后工业社会的推进进程中，哲学经历分析哲学的否定性发展和现象学的方法论的挣扎之后以“哲学的终结”落下 20 世纪的帷幕。维特根斯坦和海德格尔分别从分析哲学和现象学两个不同的阵营得出“哲学的终结”的断言，无论其表述的语境和本义如何，必然喧哗起“哲学消亡论”的挽歌。这种情况的出现自有许多更深层的存在论原因，但就其现象层面言，一是哲学家在物质主义和技术主义坚挺地成为主潮当世的存在语境中丧失哲学激情而变成哲学学家；二是哲学丧失探问的对象领域而沦为无本之木。前者直接来源于哲学研究取代了哲学的存在之问；后者最终根源于人类哲学诞生之时对自身对象领域的错位体认。哲学展开存在之问的真正对象应该是**人的世界性存在**（简称为“人的存在”）：人的原发存在向创生存在方向敞开的生存道路、过程、状态，构成哲学存在之问的**整体对象领域**。以此观之，哲学诞生于人的本原性存在敞开遭遇，在这一存在敞开遭遇中，人的原发存在向创生存在方向的敞开所生成的与自然宇宙互为书写的生态场域构成当代哲学的真正视域。

## 一　认知盲目与哲学错位

认知，构成文明。因为认知的发生，开启了人的生物存在向人文存在方向的努力。从认知对象言，认知实敞开存在认知、生存认知、实践认知三个维度。在此三者中，实践认知是最普遍的认知形式，因为它是解决生计和生活问题的认知，具体讲是解决人的存在安全和生活保障问题的认知，所以更强调可操作性和操作对效益获取的最大化。哲学认知却是既需要生存认知的方式，更需要存在认知的方式，并且只有当存在认知方式指导生存认知方式的运用时，哲学之问才避免滑向实利证明和浅表化自娱状态。以此观之，哲学的“终结论”或“消亡论”的形成之因虽然非常复杂，但就哲学本身言，认识方式选择的错位或片面，会导致认知的盲目，从而最有可能将哲学的存在之问引向错位。

### 1. 存在的困境与追问

**哲学的基本认知** 哲学认知形成哲学的基本面向。

哲学认知实存在外在性与内在性两个维度。内在性维度呈现哲学对存在之问的定位，外在性维度体现对哲学本身的看待。在对哲学本身的看待实牵涉出许多复杂方面，其中一个方面是关于哲学的所属性看待。哲学的所属性问题涉及时代、地域、国家等因素。一般来讲，哲学呈现时代性特征，也具有地域性，由此两个方面，哲学与民族文化、国家有紧密联系。任何一种哲学，不仅有时代烙印，也呈地域气质和民族文化及国度性特征。这些因素主要不是哲学这种存在之问的精神探索方式本身所赋予的，而是探索时代性的存在之问的哲学家所赋予的，因为哲学家是有国籍的人，并生活在具体的时代、具体的地域国家、受本民族文化思想精神信仰的习染和滋养。由于哲学家的缘故，使探索创造出来的哲学思想体现明显的地域、文化、传统以及国家特征，但并不能以此认为哲学是属民族、文化、地域的，更不能说哲学有“国度化”的规定。如果这样的话，哲学就变成了特定地域、民族、国家的哲学，进而言之，哲学就成为特定意识形态的哲学。但就哲学本身言，哲学就是哲学，它虽然具有时代、地域、民族文化精神和意识形态意蕴、个性、特质，却没有地域、国家、民族文化、意识形态的硬性规定：哲学是因人的世界性存在危机和困境而产生，它如同科学一样没有国界、民族、地域和意识形态的所属性。哲学属于人的世界性存在，所以它属全人类，体现超越时间、空间和地域而具永存性质。哲学的属人性质和属人类性质生成“哲学”的本源意义。毕达戈拉斯最早提出“哲学”（philosophy）概念，将其定义为“爱智慧”（*philo-sophia*）。而“智慧”在古希腊哲人那里即是真理，爱智慧意味着探求真理。真理之于人间永不属于某个地域、某个国家、某个民族所拥有，真理乃人类共有的财富。以此观之，哲学可以因哲学家或研究哲学的哲学学家或某些外力要求而附着上“主义”“进步”“落后”“反动”等观念色彩或承受某种价值强加，但**哲学本身**不是主义，也不标榜进步或落后，一旦哲学被外力抹上色彩或附以光环，它就已经沦为非哲学而变成某种僵化的东西。所以，真正的哲学没有国度，哲学不以创造观念标签为主要任务，有关于哲学的观念标签都是后来者的观念强加和价值附着。

如上有关于哲学的常识定位，实际上托出“哲学到底是干什么的”这一问题。这个问题必然将哲学与哲学家的关系牵涉入场：据说毕达戈拉斯在提出“哲学”概念的同时也定义了“哲学家”这个概念，他认为哲学家是“爱智者”（Philosopher），即一个人要成为哲学家的根本前提是必须拥有热爱真理和追求真理的基本信念，并肩负起领悟、传达神的智慧为基本任务，担当起这一任务的基本途径和展开方式是沉思（θεωρία）。

> 当菲罗斯的僭主勒翁问他（毕达戈拉斯）是什么人时，他说他是“一个哲学家”。他将生活和大竞技场作比譬，在那里，有些人是来争夺奖赏的，有些人是带了货物来出卖的，而最好的人乃是沉思的观众；同样的，在生活中，有些人出于卑劣的天性，追求名和利，只有哲学家才寻求真理。①

毕达戈拉斯实际上从三个方面规定了哲学家：首先，哲学家应该是脱俗的，具体地讲，必须是淡泊名利的人。其次，哲学家应该是世俗生活的旁观者，而非世俗生活的积极推动者或创造者。最后，哲学家应该是少说少做而多思勤思的人。

哲学即是哲学家的沉思，用海德格尔的话讲，哲学即是“思”的道路，

① ［古希腊］第欧根尼·拉尔修：《著名哲学家的生平和学说》第 8 卷第 8 节。引自汪子嵩、范明生、陈村富、姚介厚《希腊哲学》第 1 册，人民出版社 1997 年版，第 267 页。

即思开辟出来的道路就是哲学。更具体地讲，哲学即哲学家对存在敞开生存的困境和追问。“存在敞开生存”，实是指人的世界性存在敞开的道路和过程。对“存在敞开生存的困境”，实是以对人的世界性存在的敞开道路、过程中惶惑其方向或迷失其道路：唯有这种人间**遭遇**出现了，淡泊名利且沉默少语的人才开始对这种惶惑的存在态或迷失的生存态的追问（即沉思、思），因而，哲学对其存在敞开生存的困境与追问，既有可能是对存在惶惑的消解和对其存在迷雾的拨散，更可能是对其生存新道路的认知开辟。

以此观之，哲学不是研究，哲学是存在向生存之路展开之思（困境与追问），或说哲学是从人的世界性存在敞开之问出发探求新的存在方向并开辟新的存在道路，哲学家就是对生存的困境与追问过程中开辟新的存在方向和道路的人，所以，哲学因哲学家而获得道路性，哲学家因哲学而成为辟路者和开道者。

此定位哲学与哲学家之存在关系，自然牵涉出“哲学研究”与“哲学学家”这对范畴：哲学研究是对哲学的研究；研究哲学的人不是哲学家，而是哲学学家。哲学学家的职责是对哲学（哲学家及其哲学思想成果）的研究。因而，哲学研究因哲学学家而产生，哲学学家因哲学研究而获得存在的理由。对“哲学研究”和“哲学学家”的定位，自然清晰出哲学和哲学研究、哲学家和哲学学家之间的实存关联：首先，哲学是创造和生产（思想和方法），哲学研究是消费（即选择、传播、运用哲学家创造和生产出来的哲学思想和方法）；其次，哲学家是（思想和方法的）创造者和生产者（即道路的开辟者），哲学学家是（对已有哲学思想和方法的）消费助理者，或者说哲学学家是消费（哲学思想和方法）的推销者（即道路的清理者和拓宽者）。

哲学家与哲学学家的这种关系定位源于哲学与哲学研究之关系性质规定：哲学研究是以哲学为对象，更具体地讲，是以人类哲学的已有成就为对象。由于它是以已有的哲学成就为对象，所以在现代人类文明进程中，哲学研究成为相对固定的一个文化行业和一种工作职业，并且还配备一套相应的（学院或研究院所）机构。在这样一种机构里从事专门职业的哲学研究自然就要进行分类和分段，比如西方哲学研究、中国哲学研究，古代哲学研究、现代哲学研究，以至于最后还要细分到哲学家、哲学流派、哲学思潮研究这一级，比如胡塞尔的现象学研究、孔子的思想学说研究等。所以，机构化、职业化、专业分工化此三者构成哲学研究的必备条件与基本规则。与此不同，哲学是对存在之问的困境与追问，它以人的世界性存在为对象，更具体地讲，哲学的存在之问是以对人的存在向生存方向敞开道路和生存向存在领域开辟道路为基本维度，由此两个维度构成哲学的世界始终是整体的、生态的、过程的、未决的，它不可能通过建立机构来保证，也不可能作为职业而存在，更不可能进行专业化的分工。哲学之于哲学家不是“搞”（即研究）的问题，而是个人存在达向整体存在之境和个人生存向类（人类和世界生命）生存之域开进的问题；哲学家于之哲学，不可能有古代与现代、中国与外国、东方与西方等方面的区分，哲学就是哲学。存在的生态性、生存的整体化和境与域的未决性（或曰“开辟性”），构成哲学自身的状态性质和过程特征。

**遭遇生成哲学**　概述上述，“哲学”不是哲学研究，哲学的问题不是已然（哲学思想、哲学理论、哲学思潮等）的问题，而是**未决的**问题，或者更准确地讲，哲学的问题是一个**正在发生**或者**正将发生**的“**当代**”问题。哲学的当代问题是一个当下存在向生存之域敞开和生存向存在之境开进过程中的**遭遇**问题：遭遇孕育出哲学家对存在向生存之路敞开的困境，遭遇生成哲学从生存之域向存在之境开进的追问。如果没有存在向生存之域敞开和生存向存在之境开进的遭遇，根本不可能产生哲学（困境与追问）。比如在先秦时代，如果没有分封建国的宗法制度，不可能有诸侯的权力膨胀，就很难导致平王东迁演绎出“凭力气”争于世和争于朝的生存论遭遇，这一生存论遭遇表现为哲学的困境与追问首先在管仲那里得到呈现，诸子随后产生，“由人事而自然”的思维道路得到开辟。与此相反，古希腊四面环海的存在论遭遇却激发出“由自然而人事”的哲学之路。再比如，如果没有第一次世界大战和第二次世界大战这样的生存论遭遇，很难得说会产生 20 世纪的存在哲学；存在哲学语境中的海德格尔由对存在与时间的困境和追问转向“思”与“言”，并继而将“思”与“言”拓展升华为 Ereignis（“大道”）与 Sage（“道言”），可能是作为一代哲学家的他与纳粹那一段虽然很短暂但却非常重要的生存论遭遇有根本性的关联。

哲学的遭遇性具体可以表述为人的存在向生存之路敞开的境况性和人的

生存向存在之道开进（探求）的境遇性。具体而言，人存在的境况性敞开三个维度：一是哲学家作为个体存在者的存在维度；二是由人组成的社会存在维度；三是作为整体的（人）类存在维度。人的存在向生存领域敞开必然要进入历史的长河，所以人的生存境遇性同时敞开三个维度，即作为生命个体的哲学家、作为由个人组成的社会和作为整体的（人）类，此三者构成人的存在向生存敞开的时空之维，此一时空之维同时敞开三个向度，即已然的过去之维、实然的现在之维和未然的未来之维。由此，哲学获得了传统性、时代性、个体性（哲学之个人性和民族性）和未来性特质。19 世纪末以来的现象学运动提出哲学要“回到事物本身”的主张，实际上是号召哲学要回到生活本身、回到人本身、回到以人为基点的世界存在本身，更具体地讲，是要哲学回到人的生存历史（传统）本身、回到人的生存状况本身、回到人的存在道路开辟本身。基于这一要求，哲学的困境与追问必然扎根于民族的和人类的哲学思想传统（流与源），以民族和人类的时代性存在状况和生存遭遇为出发点去开辟生存向其存在本原回归的道路。

### 2. 哲学消亡论的虚幻

任何关于人的学问，都有探问的对象领域和探问者对它的生命激情。哲学作为人类存在最高贵学问更是如此。以此看“哲学的消亡”或曰“哲学的终结”论背后隐藏两个东西却一直没有得到应有的正视。

首先，“哲学的消亡”是指哲学自身的消亡。进一步讲，指哲学对人的存在失去作用与功能，而不是指哲学研究的消亡。恰恰相反，人们在高唱哲学“消亡”和“终结”的同时，却不遗余力地在进行哲学研究。原因在于哲学和哲学研究分属于两个领域：哲学研究的对象是人类已有的哲学思想成果，这些思想成果诞生了，就存在，人们就不得不为它的存在而尽力挖掘所需要的东西。同时，当人们主观认定哲学“终结”和“消亡”时，人的精神领域就出现了空位，人们只有凭借对已有的哲学思想成果的研究来挖掘自以为有用的东西来填充这个空位的场域。哲学探问的对象是人的存在世界，它所面对的这个世界永远处于未决的、流变的进程之中，对它的探问必须以已有哲学思想成果为参照，所以哲学探问必须研究人类已有的哲学思想成果，但这只是哲学展开存在之问的起步，哲学家一旦走出这一步就必然达向存在之问。

然而，当哲学消亡论和哲学终结论出现以后，哲学的存在之问被取消了，哲学家就在这种取消中被消亡了，哲学变成了哲学研究，研究已然的哲学思想成果的哲学学家或研究哲学发展史的哲学史家则自诩为哲学家。这种状况的出现可能源于两个事实的激发：一是从事哲学的人丧失对存在世界的哲学情愫（即关于哲学的本原激情）；二是从事哲学的人当把哲学从生命目的论转换为生存手段时，自觉滞留于哲学研究的阶段而无暇或无力达向哲学之境。所以哲学消亡论成为从事哲学的人自我安慰的最好方式。

其次，哲学消亡论之所以成为人们广泛接受的**观念**事实，在于这种消亡论意识到哲学对象的丧失。哲学作为存在之问（或曰“存在之思”），必要有其“问”（或“思”）的存在对象。古希腊早期的自然哲学展示出来的哲学对象是整个存在世界，它呈现自然、灵魂和神三维，后来经过赫拉克利特、德谟克利特、普罗泰戈拉、苏格拉底而至柏拉图和亚里士多德等人的努力，哲学的基本形态由自然哲学转向自然与人并重的关注，于是将神、自然、灵魂具体化为上帝、物质与精神，从此以后，以上帝、物质、精神为基本内容的世界构成哲学的对象传统。但近代革命以来，逐渐从三个方面消解了哲学的三维对象传统：从文艺复兴到启蒙运动，人得到片面张扬，人的精神一维得到极大膨胀，其极端表现形式是对上帝的否定，继康德确立人对自然和人的双重立法地位到尼采宣布上帝的死亡，哲学对象的“第一存在”之维从此丧失；哲学片面张扬人的直接成果是近现代科学的长足发展，其突出标志是技术向科学的侵蚀和科学向技术进军，科学由此摒弃了古典自然哲学的思辨方法而沦为全面的实证主义，这样一来，哲学对象的“自然”之维被取消了。当科学被实证主义全副武装后就变得无所不至，不仅仅自然世界，最后连人也成为科学研究与实证的深度对象，其标志是 19 世纪的生理心理学和心理物理学的发展，为心理学走向实证道路奠定了基础，在此基础上冯特开创的实验心理学完成了对人的心理、精神研究的实证主义化，使人的心理、精神研究变成了实证的**自然**科学，人的心理和精神成为可定量分析和表格化实验的对象而不是玄思的对象。从此，哲学丧失了它全部的传统对象，最后只龟缩在逻辑领域。20 世纪的分析哲学和现象学这两大哲学运动都是希望通过重新寻找和构建（世界的、语言的、意识的）先验逻辑结构来振兴哲学，然而，这种努力的结果是对哲学的最后失望：维特根斯坦和海德格尔终其一生哲学探索，为哲学对象的全部丧失落下了帷幕：

> 我们的目标并不是以闻所未闻的方式来精心加工和完善我们使用词的规则系统。
>
> 因为我们所努力达到的清晰真的是完全的清晰。但是，这只意味着：**哲学问题应当完全消失。**
>
> 真正的发现是这样的发现：**它使我能够中断哲学研究**——如果我想这样的话。——**这种发现使哲学得到安息**，从而使哲学不再被那些使哲学本身成为问题的问题所折磨。——相反，现在则是用实例来演示方法；而实例的系列可被人们中断。——诸问题都得到解决（困难被消除），而不是单独一个问题。①
>
> 哲学终结于这样一点，它聚集了全部哲学史的最终可能性。作为完成的终结意味着这样的聚集。②
>
> 哲学的终结证实了科学技术和安排世界的胜利，以及适合于这个世界的社会秩序的胜利。③

概括地讲，哲学的终结与消亡论实根源于两个方面：一是哲学家们很难得燃烧起对哲学的激情和信仰而最终沦为研究已有哲学成果的哲学学家或哲学史家；二是哲学对象的全部丧失而使哲学失去了探问的领域规定和领域要求。如进一步考察则可会发现哲学对象传统的形成、消解以至丧失的历史，隐含着哲学思维传统和哲学精神传统的形成、演变走了一条从经验理性向观念理性再到科学理性的路子：古希腊的自然哲学是基于生活的经验对世界本原问题和宇宙生成问题的比拊性探问，这种比拊性探问方法体现的思维特征是力图将具体的经验上升为普遍的理性法则，所以古希腊早期的自

① ［奥］维特斯坦《哲学研究》，李步楼译，商务印书馆 2017 年版，第 77—78 页。

② Heidegger, *Basic Writtings*, London, p. 375. 参见赵敦华《现代西方哲学新编》，北京大学出版社 2001 年版，第 281 页。

③ Heidegger, *Basic Writtings*, London, p. 377. 参见赵敦华《现代西方哲学新编》，北京大学出版社 2001 年版，第 281 页。

然哲学的基本精神是经验理性。通过爱利亚派、原子唯物论、智者运动以及苏格拉底，哲学传递到柏拉图和亚里士多德那里，观念理性得到确立并由此构成西方哲学探问的精神传统，最后发展到康德和黑格尔那里达到顶峰。其后，从近代科学革命向现代科学的全方位胜利从根本上改变了哲学方向，哲学由观念理性向科学理性渡让的具体标志是哲学从对本体论的遗忘踏上认识论道路，在这条道路上，哲学本身所建构起来的对象传统被科学一一分解干净，最后，哲学成了没有自身对象领域的无本之末和无源之流，哲学终结论和哲学消亡论必然产生。

### 3. 哲学对象源头错位

胡塞尔（Edmund Gustav Albrecht Husserl，1859 – 1938）在《哲学与欧洲人的危机》讲演中指出：欧洲人的“世界”催生出理性观念和方式、哲学精神和思想方法。而欧洲世界的危机恰恰在于理性主义的崩溃，在于理性文化衰落。理性主义崩溃和理性文化衰落的根源却是欧洲哲学理性主义的本质的外在化，这种外在表征为对自然主义和客观主义的盲目追求。[①] 在胡塞尔看来，理性主义是哲学之为哲学的存在标志，哲学的危机来源于理性主义的崩溃。导致理性主义崩溃的根本原因不是哲学之外的因素，而是哲学自身，即哲学将理性主义精神外化为唯科学主义的自然主义和客观主义。为消解欧洲的危机，胡塞尔认为必须拯救哲学；但拯救哲学的前提是在理性主义的崩溃面前重建理性主义。胡塞尔就是基于这样一种哲学激情开始他的拯救之路。然而，胡塞尔并没有意料到他讲的这种已经崩溃的“理性主义的外在化”形态同样是理性主义，即由传统的观念理性向科学理性的生成，这种科学理性消解了观念理性的形上沉思品质和神性原则而获得了自然主义和客观主义，前者具体展开为唯物质论观念，并由此形成科学主义名义的傲慢物质霸权主义价值体系和行动纲领；后者具体展开为唯实证论方法，并由此形成唯经济技术理性的行动原则并开辟出实利主义的生存道路。

由是观之，哲学消亡的危机生成直接源于哲学的科学理性，哲学的科学

① ［德］胡塞尔：《欧洲科学危机和超验现象学》，张庆熊译，上海译文出版社 2005 年版，第 15—19 页。

理性所形成的唯科学主义的自然主义和客观主义，不仅把哲学自身的对象领域全部丧失干净，更在于哲学的科学理性走了一条单向度的认识论向方法论敞开的道路，这条从认识论向方法论敞开的道路为物质霸权主义行动纲领和绝对经济技术理性行动原则横行于生活世界奠定了思维、思想、情感、信仰基础。欧洲的存在危机和哲学危机生成的根源就在于这里，这也是胡塞尔为何要始终把欧洲的危机和哲学的危机联系在一起考虑的根本理由。

胡塞尔的哲学敏感是深刻的，胡塞尔意欲重振哲学理性主义传统的雄心与顽强不仅贯穿了他的一生，也贯穿了整个现象学运动，但哲学最终没有得到拯救。溯其缘由，这似乎与胡塞尔哲学激情描绘出来的关于哲学的那幅图景相关：胡塞尔把现象学定位为是“作为严格科学的哲学”，认为哲学研究补充自然科学和数学的科学成就，因而第一次成为完善的、纯粹的、真正的理论知识，但是这种与精确科学相适应的并具有牢固基础的哲学尚未建立。所以，生活世界里涌现出来的危机——无论是科学危机还是生活危机，都不是科学或生活的危机本身，而哲学的危机。“所有这些学科的科学的严格性，它们的理论成就的明显性，它们持久的令人信服的成果，都是毋庸置疑的。”“无论如何，这一类科学的‘科学性’与哲学的‘非科学之’之间的对立是不可否认的。”① 胡塞尔探索的现象学探索就是要从根本上化解这种“对立”，重建这种既适应精确科学又有自身之牢固基础的哲学之体现。胡塞尔尽力拯救哲学，并不是对哲学的科学理性的反动，而是要探求科学得以建立的基础，即要努力把科学置于哲学的基础上，因而，在胡塞尔的哲学理想中，哲学是最严格的、最纯粹的、最完善的科学。

现象学现象最深刻地展开了20世纪西方哲学对哲学拯救的整体路向——即以本质上的科学理性来反动哲学的科学主义（认识论）道路。正是在这个意义上，现象学运动与分析哲学运动在思维理路上取得同构，即都沿着“科学→数学→语言→逻辑→哲学→科学”的路子探进，希望建立起一门能够与自然科学相媲美的严格的和纯粹的“哲学科学”。然而，无论是分析哲学运动还是现象学运动，都没有在这条道路上走得通，他们最后不得不在这条越走越

① ［德］胡塞尔：《欧洲科学危机和超验现象学》，张庆熊译，上海译文出版社2005年版，第4页。

狭窄的道路上左右冲突：胡塞尔不得不沿着“生活世界”方向为哲学寻找新的出路；维特根斯坦不得不从抽象的语言－逻辑世界中痛苦地回到“粗糙的地面”。“我们越是仔细地去考察实际的语言，它和我们的要求之间的冲突就越尖锐。（因为逻辑的晶体般的纯粹性不是研究出来的：它是一种要求。）这种冲突渐渐变得不可容忍；我们的要求现在已有变成空洞之物的危险。——我们是在没有摩擦力的光滑的冰面上，从而在某种意义上说这条件是理想的，但是，正因为如此，我们也就不能行走了。我们想要行走：所以我们需要摩擦力，回到粗糙的地面上来吧！”[①] 胡塞尔与维特根斯坦的后期哲学激情，与其前期哲学之思的方向形成不可调和的矛盾和价值指向上的分裂性，这种矛盾与分裂性蕴含对哲学的深刻反思：哲学既不是以科学理性为价值支撑的严格的和纯粹的科学，也不是以观念理性为价值支撑的“物理学之后”的“第一哲学”，因为无论是把哲学定位为严格的和纯粹的科学，还是把哲学定位为物理学之后的“第一哲学”（亚里士多德传统），都是把哲学视为科学的基础，即哲学为科学而存在——这既是哲学最终迷失自我而沦为消亡论和终结论的根本原因，也是哲学的存在之思敞开的历史从以观念理性为价值支撑达向以科学理性为价值支撑的内在动力。西方哲学诞生的最初形态是自然哲学，自然哲学的思维出发点是经验化的想象，其原初价值定位是“万物有灵”，其所关心的根本问题是宇宙生成，但宇宙生成问题既是一个整体问题，又是一个具体问题，对前一个问题的拷问表述为“神”，对后一个问题的审问提炼出世界的“本原”（即“自然”之物）；要使作为基体的“本原”能够生成出宇宙世界整体并使它获得运动的平衡，只能赋予其以生命形态，这个生命形态就是灵魂。对灵魂的想象性完成，不仅使物质形态获得生命，也使具体的物质形态与宇宙的整体力量（即神）相贯通开辟道路。哲学走向自我成长的过程中，其经验化的想象思维形态必然要由逻各斯化的观念思维形态所取代，其具有神秘主义性质的“神”自然转换成了神圣主义的“上帝”；具有更抽象的“本原”（“自然”）被更具有直观性质特征的“物质”所代替；自然主义的“灵魂”概念被更具有人文性质定位的“精神”概念所代替。由此，上帝、

① ［奥］维特根斯坦：《哲学研究》，李步楼译，商务印书馆2017年版，第69—70页。

物质、精神此三者构成哲学对象的整体内容。然而，当对这一传统的哲学对象予以必要反省时，就会发现“上帝”“物质”“精神”都不是哲学的对象：上帝是宗教神学的对象；物质（作为“自然”的代名词）是自然科学的对象；精神是心理学的对象。哲学从一开始就迷失了它自身的对象，近现代科学对哲学之“上帝、物质、精神”这一传统对象领域的分割实是应有之为。因而，哲学的危机实际上从哲学诞生之时就已经产生，近现代科学向哲学的全面胜利只是帮助哲学突现了他自身的危机。所以，当哲学不能意识地达向对自我对象的源头性错位的反思，一切对哲学拯救的努力不仅徒劳，而且事实上将加速哲学的危机。当代哲学的消亡论和终结论思潮就是哲学的这种根源性危机的时代性展露。

## 二　哲学的生态理性诉求

从根本讲，哲学终结论和哲学消亡论暴露出当代人类对哲学的不自信。这种不自信的背后既流露出哲学家们边缘化生存的浮躁，更折射出人类对自我的迷失。但也正是这种迷失才表明哲学并不是无用，而是必有其重建人的世界性存在秩序的大用；也正是这种迷失呈现出当代更需要哲学的渴望，呼唤哲学的全方位开放，而不是如德里达所说的“关闭”自我。

### 1. 哲学重建的当代对象

维特根斯坦在后期谈到哲学时很悲观，他说“哲学问题具有的形式是：‘我不知道出路何在’”①。并认为对哲学思想的澄清最终将使哲学问题消失，哲学问题的消失意味着：哲学本身使哲学不复存在。维特根斯坦的悲观被后现代主义和解构主义扩散而达于普遍化：后现代主义对哲学的挽歌，是一种不知哲学出路何在的消极行为；解构主义既积极解构哲学又不放弃哲学，却同样体现出不知哲学出路何在的盲动行为。由此观之，当代哲学要重振自我，既不能跟着后现代主义唱挽歌，也不能附和解构主义左右摇摆，而应该着手探索重建其“存在之问”的正确途径。

探寻当代哲学存在之问的正确途径，必要重新追问并确立哲学的自身对

---

① ［奥］维特根斯坦：《哲学研究》，李步楼译，商务印书馆 2017 年版，第 75 页。

象领域。

哲学的自身对象领域是什么呢？关于这问题，胡塞尔和维特根斯坦的后期哲学努力已经透露出其消息：胡塞尔提出“回到生活世界”[①] 的哲学主张和“回到事物本身去”[②] 的口号，维特根斯坦认为哲学最终应该从“光滑的冰面上”回到有摩擦力的“粗糙的地面上来”行走[③]的主张，都隐含对哲学自身对象的无意识直观：哲学的自身对象非它，即**人的世界性存在**。

哲学不是因世界的存在而产生，而是因**人的存在**而诞生：人的世界性存在既构成哲学诞生的前提，又成为哲学的根本对象。这意味着：只要有人的存在，哲学就有敞开存在之问的对象领域，哲学一旦有其存在之问的对象领域，它就不可终结与消亡。

当定义“人的存在”是哲学的对象时，人们会说，以前的哲学也关心人的存在，这话确实不错。但以前的哲学对“人的存在”的关注，只是停留在抽象的层面上对“人的存在”做形上的玄思，而人的存在的实际情况并不是这样：人的存在不是孤立的，他始终既存在于他者之中，也存在于存在世界之中，并与他者和世界结成关系：人的存在**是一种世界性的关系存在**。首先，人是既存在于宇宙时空之中，同时也存在于自然世界之中；他与宇宙时空之间形成一种实存的时空关系，同时也与自然世界之间形成一种时空化的自然存在关系。从根本讲，人的存在既是一种自然存在，更是一种宇宙时空存在，是一种世界性存在。其次，人的生命诞生于他者（某个女人的身体和某个男人的基因），人与他人（个人、家庭、种族）之间构成血缘关系，而构成这一血缘关系的这些个人、家庭、种族又与其他的个人、家庭、种族有着直接的或间接的关联性，所以人在获得血缘关系的同时，也获得更为开放性的群的存在关系。最后，人是具有自我进化潜力的人，这种自我进化潜力表征为人的自我意识、自我关怀，由此形成人的现象自我和本体自我的双重性，而人的本体之我又与自我生命存在命运之间构成一种实存关系。

---

① ［德］胡塞尔：《欧洲科学危机和超验现象学》，张庆熊译，上海译文出版社 2005 年版，第 65—67 页。

② ［德］汉斯·约阿西姆·施杜里希：《世界哲学史》，吕叔君译，广西师范大学出版社 2017 年版，第 565 页。

③ ［奥］维特根斯坦：《哲学研究》，李步楼译，商务印书馆 2017 年版，第 70 页。

整体地看，哲学的存在之问的对象领域乃人的世界性存在。这一对象领域敞开三个维度，即人与自然（包括宇宙时空）的存在关系、人与他人和群体（即社会）的存在关系、人与自身存在命运的存在关系。将哲学纳入人类精神探索的全境视域观照，哲学的对象不是自然科学的对象，因为自然科学的对象是自然、宇宙，其重心是探讨自然和宇宙的存在法则和运行规律；哲学却是以人与自然宇宙、人与社会、人与人三者构成的存在关系——人的世界性存在——为追问的对象。正是在这个意义上，哲学必须担当起反思自然科学的工作，自然科学必须为哲学提供反思的材料。哲学与自然科学的关系是：自然科学是对自然事实的研究，哲学是对原理的反思，即自然科学关心自然如何存在的事实，哲学却在此基础上关心自然与人之间如何存在的关系事实和怎样才能形成更好的存在关系的可能性。从本质上讲，“科学不过是自然以人为镜的反映。在某种意义上我们始终是在研究人，因为我们只能通过人的大脑才理解自然；然而，我们同样也可以说我们一直是在研究自然，没有自然我们无法理解人。无论我们是研究人的历史还是自然的历史，我们研究的主要目的都是为了人。我们无法摆脱人，即使我们想这样的话。科学的和谐是由于自然的和谐，特殊地说是由于人类思想的和谐”①。科学的对象领域和哲学的对象领域之间的区分得如此明晰自然会突显科学与哲学的关系：没有科学为哲学提供反思的材料，哲学不能很好地展开人与自然之关系的存在之问；如果“没有哲学的开始，自然科学就不能走出多远，并且哲学通过启发科学家在工作中对新原理的进一步意识而为未来提供新的信念和一贯性，并以此反作用于它由以生长出的科学”②。

新黑格尔主义罗伊斯（Josiah Royce，1855－1916）曾说：“全部哲学就在于了解我是谁，我是什么，以及我的更深邃的自我是谁。”③ 罗伊斯所提出的这三个哲学问题，海德格尔认为在康德那里有明确的呈现。④ 在康德对哲学的定位中，人居其中心，人的存在构成哲学关注的整体对象。哲学以关心人的

① ［美］乔治·萨顿：《科学史和新人文主义》，陈恒六译，华夏出版社 1989 年版，第 29 页。
② ［英］柯林武德：《自然的观念》，吴国盛、柯映红译，华夏出版社 1999 年版，第 3 页。
③ 洪谦主编：《西方现代资产阶级哲学论著选辑》，商务印书馆 1964 年版，第 111 页。
④ ［德］海德格尔：《海德格尔选集》（上卷），孙周兴译，上海三联书店 1996 年版，第 98 页。

存在为全部的任务，以探求人如何存在的正确态度和怎样去存在的正确方法为基本目标。对“我是什么?”的探问是对人的存在本原的追问，这一问题关联起人与自然的关系，哲学与自然科学在这一个层面上获得通连性；对“我是谁?”的探问，则是对人的现象（事实）存在的求证，它集中展开为对人的生存问题的追问；对“更深邃的我是谁?”的困惑与追问，则托出人与自身存在命运的关系，这种关系又关联起人的心理学。心理学探讨的对象是人的心理（即情感、意志）问题，对这一问题在古代和中世纪则聚焦为人的灵魂（soul），在 17 世纪到 19 世纪主要是人的心灵（mind）；在 19 世纪末到 20 世纪初主要是意识（consciousness）、潜意识或无意识（unconsciousness），在 20 世纪 20—50 年代主要关心的是行为（behavior），其后主要是意识、潜意识、无意识与行为的关系。从哲学观，心理学关心的是存在敞开生存的现象的我（即角色的我）与内在的我（即本质的自我）的关系，这种关系只是人与自身存在命运之关系中的具体内容。心理学与哲学之间的对象关系也如自然科学与哲学的对象关系一样：心理学探讨的是人的心理事实，哲学探问的是人的整体存在达向生存领域的过程中与心理律动的关系事实。哲学因为心理学才获得反思人的心理的理论材料，心理学因为哲学才具备达向其深远的脚力（视野、方法、信念）。

在更深刻的维度上，人的存在本原问题中蕴含一个关于“本原的起源”问题，这个问题表述为“人是从哪里来的?”关于人与自身存在命运的关系问题又蕴含“人的存在命运的指向”问题，这个问题表述为“我要到哪里去?”这两个问题分别涉及人的存在来源与归宿问题。宗教（包括神学）则是关于人的存在来源与归宿的学问，宗教不仅关注人的存在“从哪里来”和“到哪里去”，更要关心人“应该怎样走才能到达那里”，合言之，宗教关注的是人何以能够永恒地存在的信仰问题，这个问题既不是科学感兴趣的，也不是心理学能承担的，恰恰相反，科学与心理学都得以信仰为依托。宗教为人的存在获得**自神自圣性**提供信仰，神学则是为人的神圣存在而求证信仰。自神自圣的信仰之于人的存在就是终极关怀，它为哲学的存在之问提供终极的依据。信仰不等于价值：信仰只是价值的依据，价值是信仰的存在性敞开与构建。由此，宗教注目于人的存在永恒，哲学注足于人的存在现实；宗教关心人的存在起点与归宿（终点），哲学注目于人的存在从起点达向归宿（更高存在之域）的过程；宗教的主题是人的存在信仰，哲学的主题是人的存在价值与意义。因而，宗教使人的存在目光指向天上，其努力方式是从高处将人努力往上拉；哲学把人的存在兴趣引向地面，其努力方向是在下面支撑人努力踮着脚往上爬。所以，宗教从天上达向人间的实在方式就是人生哲学（或曰“信仰的哲学”）；哲学达向人的存在整体之域时必然会上升到宗教之境。

由于如上诸规定，第一，人的存在本身决定了上帝（或可说自神自圣的“大人”）的不可死亡性，尼采宣布“上帝的死亡”，仅具比喻意义而无实质的取消功能，这种比喻意义的口号并不成为哲学丧失自我的依据。第二，宗教与哲学的关系是人的存在之于永恒与人的存在之于现世的关系，这种关系的本质规定决定了只要人还存在，宗教与哲学必然互为依存。第三，科学、心理学与哲学之间的对象关系是一种整体与局部的关系，这种关系性质决定了科学、心理学不可能取代哲学；相反，科学与心理学的繁荣有助于哲学的继往开来，哲学的生生不息的存在之问，可助长科学与心理学的前赴后继。

### 2. 原发与继生的本与源

人是一种个体化存在的生命，人的这一存在事实形成人的存在的根本命运：人生而为人，必须为维持（即延续和延展：前者意指为要活下去并求活得更好；后者敞开为人借其对象性繁衍以求永存）生命存在而结群存在并向自然世界要存在资源和条件，这就是人的存在敞开生存的道路，即人的存在必然向生存之域敞开并努力达向新的存在之境。人由此获得**原发性**存在和**创生性**存在的双重性质与指向。

**人的原发性存在及指向**　人的原发性存在是指人诞生于人世的本来存在遭遇：从抽象的整体言，人这一物种生命的诞生纯属于**偶然**的遭遇，即它的诞生并没有任何预设的必然性与目的性，虽然后来形成的宗教与科学（比如生物进化论）为生命的偶然诞生提供了必然性和目的性的解释，但这些解释就其本质而言属于人自神自圣的想象化虚拟。这种想象化虚拟神话（就其本质言，科学也是一种神话）可以给人某种自我麻痹的安慰，却不能消解其诞生的偶然性遭遇这一原发存在事实本身。从具体的个体看，人的生命诞生（从生命种子播下到完整生命形态的脱出）同样纯属于偶然，虽然现代遗传学、生育学、医学等科学给人们提供了生命何以产生的假想，但始终无法解释这一个生命或那一个生命为什么要产生以及产生在这个地域、这个家庭、这种境遇的终极依据。所以，无论从整体言还是就个体论，人诞生于某种偶然的遭遇：**偶然的遭遇性**构成人的原发性存在的本质规定。

由于人的诞生和存在没有任何预设的必然性和目的性，这就形成人的存在没有源头上的依据。没有源头依据的生命从母体（自然母体和女人的子宫）脱出的过程就是无情的**被抛**过程。人的原发性存在获得一种被抛性：人是被抛的生命存在事实。

人既然是被偶然之神抛出的，那它被偶然之神抛到一个什么样的存在世界里？从人的眼光看，人是被抛于一个荒原世界里，虽然这个世界有山有水、有草有木、有生命万物，然而这一切都外在于人，并且这一切对于人来讲既是陌生的，也是不可捉摸的并充满神秘兮兮的无限性，而属人的只有自己这一可怜的弱小生命和一颗无助的心灵。

人的被抛并身处荒原之中构成人的原发存在境况。在这一原发存在境况之中人永不可消解的根本遭遇有三。

第一，人的生命存在永远是个体化存在，但他所面对的荒原世界却是整体的存在，由此形成人的生命存在与荒原世界的存在关联性是一种**个体与整体**的存在关联性，这种存在关联性构成人的生命存在的最实在的和永不消解的遭遇。

第二，人被迫与荒原世界为伍所构成的这种原初存在关联性，不仅展开为个体与整体的存在关联性，更表现为时空的关联性：人的生命存在时空必须源于自然宇宙时空，但人的生命时空却不能拥有自然宇宙时空，也不能驾驭自然宇宙时空，却要直接承纳自然宇宙时空对他的无情切割，一是自然宇宙空间无边限，但人的生命空间却是有边限；二是自然宇宙时间无始终，人的存在时间却是有始终。人与宇宙时空之间的这种关系构成了决定人的存在之终极命运的两种遭遇，即从人的生命存在的空间性遭遇讲，人的空间始终是自然宇宙空间所给定的，人只能命运地龟缩在自然宇宙空间的角落而不能获得与自然宇宙空间“齐同”；从人的生命存在的时间性遭遇看，人的时间同样是自然宇宙时间所给定：人的生命具有时间上的开始，就注定他的生命具有时间上的终结，但开始与终结都无一例外地由自然宇宙时间所赐予。

第三，人的生命一经从母体脱出就变成一种生命实存体而具有**既定性**，但他所面对的这个荒原世界却既是一种实存体，又是一种虚存体。人的生命存在的单一性、平面性与存在世界的多向性、立体性之间所形成的这种关联性，同样构成人的生命存在的另一种遭遇，即人从母体脱出而成为个体生命，其展现出来的严酷性恰恰体现在生命本身需要资源的滋养才能够使生命成为生命，但滋养生命需要的一切资源既无现成，也不丰裕，这就形成人的生命存在对资源的本能性需要与其资源本身的非现成性和匮乏性之间的矛盾，这也构成了人的生命存在的所有遭遇中的奠基性遭遇。

**人的创生性存在及指向**　在人的原发存在境况中，人与荒原世界的多向遭遇生发出人的原发存在问题。首先，人的个体存在遭遇世界的整体存在，必然催生出“个体何以走向整体”的问题；其次，人的存在的单一性、平面性遭遇存在世界的多向性和立体性，必然产生“人何以可能超越自身而获得开放性的立体存在”的问题；再次，人的存在空间的限度性遭遇宇宙空间的无限性，必然生发出“何以可能突破其有限存在的桎梏而获得无限可能性”的问题；复次，人的存在始终性遭遇存在世界的无始终性，必然生发出“何以可能突围生死之命而获得永存的权利”的问题；最后，面对自身生命存在的实在性与既定性，必然生发出“何以可能虚实共享与既定与未决共存”的问题。这一系列的原发存在问题的产生和谋求消解这一系列原发存在问题的努力本身构成一种牵引力和推动力，将人的原发存在引向创生存在的道路，人由此成为**创生存在**者。

人的原发存在是一种**自然**存在（即被抛化的本能存在，或本体存在），从自然角度看，这种存在本质上是一种整体的、原发关联性质的存在；若从人的角度看，却是一种残缺的和荒原的存在。与此不同，人的创生存在却是一种**人为**存在（即主动为自己的存在），它是一种企图摆脱原发关联性质、摆脱荒原、摆脱残缺而追求继发的、完整的和再造与存在世界的关联性的存在。具体地讲，人的创生存在是以真正解决如上根本的原发问题的存在。人的如此努力突出其原发存在与创生存在的根本区别：人的原发存在是一种**自然力**支撑的存在，它是非价值、非意义的存在。在这个意义上，人的存在即**人**的存在：

**存在先于本质**（即存在先于价值和存在先于意义），萨特关于“存在先于本质”之论，应该在人的这一原发存在的境遇中得到理解；人的创生存在是一种**人力**（文化力）支撑的存在，它是一种价值和意义的存在。在这个意义上，人的存在是**人为**的存在：**存在即是本质**（即存在开创价值和存在生成意义）。

**人的存在的书写性**　人的存在是被给予的。从书写角度讲，这种原发性的被给予性即是人的被书写性；反之，人反其原发存在困境而谋求创生存在，即是人的书写性。人是通过书写而存在的，书写构成人的存在之本源确立方式。

书写之于人的存在，具有生成性和生生性。生成性和生生性既构成书写的本质规定，也构成人的存在的本质规定。书写的生成性是相对人的原发存在而言的。人的原发存在是由书写生成的，其书写的主体是自然宇宙，具体地讲，万物的创造者成为存在世界的书写者，它书写出存在世界，也书写人的原发存在，即人的诞生及由此敞开的原发存在，是自然宇宙书写的成果状态。自然宇宙对人的原发存在的书写表征为天、地、物、神合作与合乐：天作、地合、物乐、神和共同书写出人的原发存在。人的原发存在为浩瀚天宇之灵光、广袤大地之神气和芸芸万物之生意所书写，即人的原发存在唯有通过神的意愿而被天宇之灵光、大地之神气、万物之生意所融铸，才内生创生存在的全部可能性，即由于天、地、物、神对人的原发存在的书写，使它内生创生存在之昂扬生意和勃勃生气。

书写的生生性是相对人的创生存在而言的，即人创生存在是通过书写而生生不息。人的创生存在书写的主体是人自身，它是人显扬自身原发存在之生气，并使之与人群之势能（即群体化的存在之势和生存之能）共生的杰作：从人的**原发生**角度看，人是被自然宇宙所偶然抛于世的；但从人的**继发生**角度讲，人却是通过女人的身体而脱出的：人的生命种子借助于女人的子宫孕育和人的完整生命形态从女人子宫脱出这一双重事实决定了人与他者、人与群之间构成血缘（家庭血缘、宗族血缘、种族血缘）关联性，这种血缘关联性的缔结生成出人走向创生存在的**先在性**势与能。因而，人群的势与能与人的原发存在之生意、生气（宇宙之灵光、大地之神气、万物之生意）的合乐，敞开人创生存在状态并开辟人的创造存在过程。

从人的角度看，自然宇宙对人的原发存在的书写，在其存在本质上赋予人的被书写性质。以此观人的存在的书写性自然地获得双重的意义指向和价值定位：人的存在既是自我书写的，又是被世界所书写的；由于人被世界（宇宙、自然、万物）所书写，人才被迫遭遇诞生，并因其遭遇诞生而获得被抛性质的原发存在；由于人向世界（宇宙、自然、万物和自我）书写，人才由其被抛性质的原发存在状况走向自主的创生存在的道路，开辟出有始无终的创生存在过程。

### 3. 原发向继生方向敞开

人的生命诞生，在整个生命世界里只能算是一件非常平常的事情，他与这个世界里所有生命的诞生并没有什么不同；但人突破其原发存在状况向创生存在之域敞开却构成整个生命世界里的一件大事，这就是人突破其原发存在状况向创生存在之域敞开而获得**人的生存**。人只有使自己从自然存在境况进入人的生存领域，他才能成为真正意义的人：人的生存非它，乃是人的原发存在向创生存在敞开的实际样态。在这个意义上，人的**生存即是敞开**。

“敞开”这个词意味萌动、积蓄、涌出、展露、突显、照亮。人的生存是以原发存在为起点并以创生存在为目标。人从其原发存在之境向创生存在之域敞开的道路以及由此敞开的进程，就是自我萌动、自我积蓄、自我涌出、自我展露、自我突显、自我照亮的进程状态与历史：人的原发存在是一种混沌的、黑暗的、心智朦胧的、未开眼的存在，他被淹没在众物之中而成为最弱小的生命。从人类发生学讲，人的原发存在处于黑暗之中：人的原发存在即是黑暗的存在。由于人的诞生汇聚了万物的创造者的意愿、天宇之灵光、大地之神气、万物之生意和人与群的势和能，这就注定了他的生命本能地不甘于这种弱小存在状态而自我萌动改变这种黑暗存在状态的**生命意向**。人自我萌动的生命意向勃发出他的自我积蓄，即不断地向自然宇宙、存在世界、大地与万物以及人与群积蓄生命存在的生意和生气，积蓄生命创生存在的势与能。积蓄的过程就是人从被抛性质的被迫存在向主动存在、从原发存在向创生存在的**生成**过程。从科学角度来审视这一生成过程，则是人从自然主义的人向人文主义的人**进化**的过程。当人的存在生意生气和势能积蓄到一定程度时，它就本能地（后来是自觉地）开始自我涌出、自我展露、自我突显、自我照亮。人的自我涌出、自我展露、自我突显、自我照亮，就是人对自己的原发存在的敞开（生存）。在这一存在敞开的生存过程中，自我涌出的是人从自然人向文化人的最初实现，人的自我涌出的根本性标志是人的**原发性的文化意识和激情**（即人质化意识和激情）的产生，即人自我涌出做人的原发文化意识和激情。人的原发文化意识和激情的涌出，这对人和整个宇宙世界来讲都是一件惊天动地的大事件：因为人的原发文化意识和激情的涌出，为人的存在摆脱黑暗的原发状态和境况而播下了种子，为人创生存在奠定了第一块相当脆弱的基石，人以此为其现实的并且也是**永恒的原动力**去开辟人自身的创生存在道路。在这之前，人的原发存在是与天、地、物、神混沌一体，没有主体与对象之分，人的存在纯粹被自然宇宙和存在世界所书写；人的原发文化意识和激情的涌出则让世界被迫改变。世界与人开始分离，世界由此分离出人的世界和自然的世界。人的原发文化意识和激情既是对存在世界的意识，更是对人自己的意识，原先混沌、朦胧、黑暗一体的存在世界在人那里变成两部分，即我与事物、我与他、人与自然、我的世界与存在世界。由此，人的原发文化意识和激情的涌出实质上是存在的**对象意识**和存在的**我的意识**的获得。人的存在从此由被纯粹的天、地、物、神所书写转向由人自己来书写。所以，人的原发文化意识和激情的涌出改变了人的存在历史，人从原发存在的黑暗状况和境况中走出来开始艰难的向自我展露、自我突显、自我照亮的创生存在方向开辟道路。

人的原发文化意识和激情的自我涌出，这是本能性的和自发性的，是人对万物的创造者之神力、天之灵光、地之神气、物之生意和人群之势能的积蓄的自然体现，所以人的原发文化意识和激情一旦涌出就生成为人唯一可以永恒地依赖和凭借的内在力量，这种力量必然催动人走向自我展露、自我突显、自我照亮。所以，人的自我展露、自我突显、自我照亮则是自觉的和目的化的，并形成不可逆方向。

人的原发文化意识和激情的涌出使人的原发存在获得两种力量：一是看的力量，二是思的力量。前者使人走向感觉的直观，感觉的直观更多地关注空间，达向对世界的分类与重新安排，因而**看的力量**往往鼓动人将自己的生命激情投向行动而开疆拓土；后者使人走向理性的沉思，理性的沉思更多地关注时间，达向对世界的整体领悟，因而**思的力量**更多鼓舞人将生命激情指向对存在精神的探索、建构和提升。人的原发存在向创生存在的生存过程，就是行动上的开疆拓土和精神上的整体探索建构提升。行动上的开疆拓土和精神上的整体探索建构提升，构成人的生存本身，亦构成人在敞开生存的过程中自我展露、自我突显、自我照亮。

人的原发文化意识和激情的涌出只标明人**可能**成为人，只有当人将其涌出的原发文化意识和激情转换为看的力量与思的力量时，人**成为**人的可能性才逐渐获得现实性，也只有当人将其原发文化意识和激情变成发动、推动人从原发存在向创生存在方向敞开（即“生存过程”）的原动力量时，其看的力量和思的力量才从弱小变成强大，从肤浅走向深广，从片面、局部而达向全面整体。所以，从人类诞生的发生学观，人的原发文化意识和激情是涌出的；但从人类生存进化看，人的原发文化意识和激情是一个持续不断的、生生不息的**涌动**过程。并且唯有其原发文化意识和激情之生生不息的涌动，人的自我展露、自我突现、自我照亮之生存追求才可获得顽强不衰的生命动力。反过来看，人的看的力量和思的力量一旦形成并得到其原发文化意识和激情的动力支撑，必然产生出两种结果并创造出两种景观，即看向行动领域的鼓动与敞开，使人一步步构建起完全不同于自然宇宙和存在世界形态的**人为化的**物质世界；思向精神（心灵、意志、情感、生命、灵魂）领域的领悟与追问，使人一步步累积起只属于人才具有的独特精神世界。这两个世界的构建和不断构建，既赋予人一种特别矜持的生存信念，又赋予人一种难以消解的自我焦虑。前者显露人对自我的原发文化意识和激情的认同与坚信：人只有生生不息地从自然宇宙和存在世界中走出来，不断地通过自创的物质、技术、条件、环境等方面予以自我展露、自我突显、自我照亮，他才能真正摆脱原发存在的黑暗而不断地成就为新人。后者暴露出人对其原发文化意识和激情本身的生生化领悟，达向对由其原发文化意识和激情开辟出来的物质性、技术性的道路本身的怀疑和追问：人在其原发文化意识和激情推动敞开的物质性和技术性生存之路上，虽然不断在更高的水准上实现人对世界的分类和人对存在世界或事物的重新安排，但也与此同时在分离着“原发存在的我”与“现实生存的我”，并进一步分离人与自然宇宙和存在世界之间的血缘化存在关系，由此使人一方面在物的和技术的方面更加人化；另一方面在精神、心灵、意志、灵魂方面更加非人化、非人本自然化。这突出体现在人在一步步成为物和技术的生存者的同时，却一步步丧失与浩瀚天宇、广袤大地、灵动的万物生命以及生龙活虎的人群之间的血缘化的存在关联性，天宇的灵光、大地的神气、万物的生意与人群的势能之间的通道被意志化的人力一点点地堵塞，在人与天宇、大地、万物生命、人群之间构筑起一道道越来越厚实、坚固得高不可逾的物质和技术之墙。在物质和技术对人的武装下，人的生存敞开逐渐丧失与天宇的灵光、大地的神气、万物的生意、人群的势能之间的交通。这是人所不愿意看到的事实，因为人从原发存在出发敞开其生存的最终目的是要过上完整、完美的创生存在的生活。按人的本意，其创生存在就是既要回归其原发存在，又必须要高于其原发存在，即人通过生存敞开而使自己消解原发存在的黑暗和残缺状态，从而进入一种自我照亮的完整存在（或曰“完美存在”）状态，这种完整的存在不仅是一种物质的、技术的存在，更是一种精神的、心灵的、灵魂的、神意的存在；也不仅是一种感官的、现世的、利害分明的存在，更是一种审美的、彼岸的、超利害关系的存在。这种存在既应该是超空间的又应该是超时间的，也应该是超历史的。这种存在既是一种**全生态化的生境**存在，也是一种**深度化的整体**存在，合言之，其是一种全面开放的和立体深度的**生态整体**存在。对这种存在的想象、体验、领悟、探索、追求，首先需要思的力量推动，并最终需要思的力量来实现。

因此，以原发存在为起点并以创生存在为目标的人的生存，即是由看的力量和思的力量共谋的整体生态运动，前者引发出来的生态行为是物质性的、技术性的生存行为，这种生存行为追求的直接目标是物质生活的、感官的、现象的幸福，它的具体行为敞开为科学的探索、技术的革新、资源的开发与利用、物质商品的生产与消费，其开辟出来的道路是将人的原发存在引向对立、征服、改造自然和存在世界之路，其集中表现形态是战争（对自然的战争和对人的战争）。后者引发出来的生态行为是心灵性的、精神性的和本体化的生存行为，这种生存行为追求的直接目标是灵魂与物质、现象与本体、人与自然、主体与客体、主观与客观一体的终极性的存在幸福，它的具体行为敞开为思想的探索、智慧的生成、审美的创新、信仰的终极追求和生存的和谐与神圣，其开辟出来的道路是将人的生存创生引向善待自己、善待一切人、善待一切物、善待一切生命、善待整个地球和存在世界，使人与世界达向融洽、和谐、共存共生的存在之境。对人类来讲，在其原发文化意识和激情推动下，其看的力量的生存化敞开，使人不断地实现自我展露、自我突显、自我照亮，但在这一自我展露、自我突显、自我照亮的生存过程中所付出的代价是不自觉地对他人、对万物生命、对自然宇宙和存在世界的遮蔽（包括耗、损、残）；反之，其思的力量的生存化敞开却努力于引导人在追求自我展露、自我突显、自我照亮的同时应达向对物、对自然、对所有生命存在体、对整个自然宇宙和存在世界的整体展露、突显与照亮。

思的力量能否达向人对自己和世界的和谐一体的展露、突显与照亮，思的力量能否以这样的方向来引导、激励和规范看的力量的生存化敞开，则需要哲学敞开存在之问来重构其存在之思以为引路。所以，哲学是立足于人的完整（和完美）存在这一目标而为人能从其原发存在状况起步开辟创生存在之域的探路方式，哲学家就是其探路者。

**4. 当代哲学的生态场域**

看的力量和思的力量的整体敞开就是人的完整生存。以此观之，人的生存既敞开为看的行为操作过程，也敞开为思的心灵生成道路。但无论是看的行为操作历史，还是思的心灵探索道路，都始于人的原发存在境况而指向人的创生存在之域。由此，人的生存连接起人的原发存在与创生存在、起点与归宿、动机与目的：人的原发存在与创生存在、起点与归宿、动机与目的均需要通过看的力量与思的力量而得到联络并一体化存在，这种一体存在的形成过程既构建起人的生存空间，又生成出人的存在时间。人的生存空间的构建展开为人的生存舞台；人的存在时间的生成把人的生存运动纳入人的历史。人的生存时空的构建事实地展开为人的生存历史的不断生成。由此，人的看的力量和思的力量向生存行为领域的双重敞开也就获得过去、现在、未来三维指向。

看的力量和思的力量向生存领域的双重敞开本质上既是人从原发存在向创生存在方向的自我书写运动，也是人对存在世界予以主体化书写的历史。但这种既书写自我又书写存在世界的行为运动，却始终是以存在世界为土壤、为背景、为终极舞台，以自然宇宙时空为人的存在时空的终极疆域，并始终以宇宙、自然、世界对自身的存在性书写和对人敞开存在性书写为终极体现。所以，人对自我和存在世界（宇宙、自然、地球）的生存书写行为过程与历史，同时又表征为他被存在所书写的历史过程。从人的存在书写观，人从原发存在向创生存在敞开的生存行为与历史，既是自我书写的历史，又是被书写的历史；从生存时空的构建与拓新角度看，人的生存时空既融进了自然宇宙时空，又始终被自然宇宙时空所外在化，即人的生存时空始终不能真正融统自然宇宙时空，并永远不可能完全消解自然宇宙时空的自在流动与变化。所以，人的生存时空的构建和不断构建的最终指向与努力祈望，就是对自然宇宙时空的征服、消解、融统，人的生存从过去（原发存在）之境通过现在（当下生存）向未来（完美的创生存在）之域拓荒道路，同样展开为对自然宇宙时空的融统（书写）的壮丽过程。

人的生存时空始终是流变的。人的生存时空的流变性表征为人的历史，但人的生存时空的流变性却是既源于人从其原发存在之境向创生存在之域敞开的生存书写，也源于在这一总体方向与目标规范下其起点与归宿、动机与目的的**时势性**更新，还源于过去、现在、未来三维关系的解构。作为人的生存时空背景的自然宇宙时空同样是流变的，自然宇宙时空的流变性则表征为自然宇宙的历史。自然宇宙的历史则源于自然宇宙对自身生生不息的书写，所以，自然宇宙的存在史同样展开为自然宇宙的生存史，因而自然宇宙时空同样获得从过去达向现在并指向未来的三维动态性，自然宇宙时空的三维动态性使它构成人的生存历史和人的存在时空背景成为可能。

人的生存（自我书写和被对象书写）的双度性和（过去、现在、未来）三维性，构成人类生存的实际**生态场域**[①]：人是生存于时间和空间**场态**之中的，并且人的生存空间场态和时间场态又实际地融入过去（已然的时空场态）、现在（实然的时空场态）、未来（未然的时空场态）之三维场域之中。这三维场域的**原发域**是人的原发存在境况，其**终极域**是人的创生存在状态。从绝对意义讲，无论是由其原发存在构成的原发域还是由其创生存在构成的终极域，都没有明晰的量化界限，因为由人的原发存在生发出来的原发域是

① 有关于“生态场域”问题的详细论述，可参见唐代兴《语义场导论：人类行为动力研究》，四川大学出版社 1998 年版。

无法度量的，只能靠想象来探测；由人的创生存在引发生成的终极域同样不能度量，也只能完全靠想象来描述。由此，人的生态场域是建立在人对其存在（原发存在和创生存在）之想象基础上的：人的想象能达到哪种程度，人的生态场域则可达到哪种域度。

仅就人与存在世界之间的生存关系构成看，人的存在与存在世界的存在向生存领域敞开的过程恰恰是人与存在世界之间互为书写的过程，在这一过程中，人的生态场域获得更广阔的视野：人的已然生存场态通过实然生存场域向未然生存场域方向的融统性生成，实际地融进了自然宇宙存在之过去、现在、将来三维指向。人的存在的原发域必须根生于自然宇宙的原发存在域之中；人的存在敞开生存的终极域必然要融进自然宇宙存在的未来存在域之中。因而，人从原发存在向创生存在方向生成构建的生态场域最为实在地敞开为人与自然宇宙之相为生成性书写的生态场域。这个相为生成性书写的生态场域构成当代哲学敞开存在之问并重构存在之思的真正视域。

# 第 12 章　限度存在的生态理性审问

人类从原发存在境况出发开辟创生存在之路而达于生存的完整状态，需要思的力量对看的力量的规训和引导，这种规训和引导的实际呈现就是使人类在其创生存在道路的开辟中能够**限度生存**。因而，哲学从消亡论和终结论中走出来重启属自己的存在之问并建构其存在之思的根本方向和基本努力，就是敞开限度生存的存在之问并构建限度生存的存在之思，以为当代人类的存在引导。因为从根本讲，当代人类面临的全部存在危机和困境的哲学根源是无限度论哲学思想。这一哲学思想的内在精神支撑力是其观念理性向科学理性的共谋，它的基本思想是人类中心论、物质幸福目的论和消费主义生活方式，物质霸权主义构成其行动纲领，绝对经济技术理性构成其行动原则。当代人类要破解根本的存在危机和困境，必须创建起以生态理性为价值支撑的且融会贯通人类原创精神智慧、体现时代精神要求和人类未来方向的限度论哲学，这一新型哲学的整体认知方向是“万物有灵”，其基本生存法则是生生不息，其生存目标是物质与精神协调幸福观；其社会行动纲领和行动原则是（自然、社会、人文）环境生态主义和（人与自然、个体与社会、当代与后代之）整体互动原则。

## 一　无限度论的哲学根源

人的原发存在引发出来的创生存在努力，敞开行动和想象两个扇面。想象的努力开启超越存在限制的无限可能性，而无限可能性的想象总是成为最为内在的力量推动行动开辟创生存在没有止境。所以，人类从原发存在出发开辟创生存在道路的无限度性，既是现实存在的鼓动，但更以想象为不竭源泉。以此观之，无限度想象开启的无限度努力自有其无限度存在的哲学根源。

### 1. 世界的无限与有度

在人们的感觉中，世界始终是无限度的世界。但事实上并非如此，因为世界既是无限度的，同时也是有限度的。相对前者言，人类以及所有生命都存在于无始无终、无边无垠的宇宙之中，承纳宇宙时空无止境的切分与重组；相对后者讲，人类以及整个地球生命又存在于有始有终、有边有限、有量有度的世界里，无不承受边与限、度与量的制约与主宰。比如人高兴时想怎么跳就怎么跳，但无论怎样跳最终只能跳出达到人的体力和潜力极限的高度；人为健康和长寿而全力保养，但无论怎样努力都不可能超越生命的极限而获得永生。人可以通过才智或劳动创造去拥有世界的财富和权力，但无论怎样努力，其实际达到的与想象中得到的之间始终存在差距，这种差距本身就揭示在财富和权力的实际存在与个体的谋取或占有之间存在着不可逾越的限度；并且，对任何人言，即使不考虑其谋取财富和权力的方式正当与合法的问题，其实际占有的财富和权力也只能在它可能发生效力的领域产生作用，对有些领域，任何财富和权力都将失去作用。客观地看，整体相对个体始终是无限度的，比如宇宙、世界、历史相对生命、物、人以及民族、国家、社会等即是；个体相对个体或具体相对整体则永远呈限度性，比如你相对他，人相对物，生命相对资源，民族相对民族，个人、集体相对国家，地球相对宇宙等即是。以是观之，整个世界是一个限度存在的世界：

**首先，地球是限度存在的地球。**在人类存在所涉及的世界里，宇宙可能是开放的，但地球却是封闭的："地球的生态系统是封闭式的世界而非开放式宇宙。"[①] 宇宙的开放性决定宇宙本身的无限可能性；地球的自我封闭性却规定了地球本身的限度性，即地球具有其自身的极限。地球的极限首先表现为地球整体本身，即地球是一个实体，它作为一个实体只是一个星球，并且在整个银河系中它只是一个小小的星球，它既不能由行星扩张为恒星，也不能以此取代其它星球，地球自身设定了它自身的极限，不可超越，不可取消。

---

① 国家环境保护局编：《21 世纪议程》，中国环境科学出版社 1992 年版，第 158 页。

地球的极限性还指地球上所有生命存在形式都是限度的，即每一种生命都是具体的，每一种资源都是一个体化的和实体化的，比如，树是一棵一棵的存在，生物是物种化的，而且物种化的生物又是由一个一个独立的生命体构成的。个体化、实体化、具体化的存在从不同方面构成地球限度存在的标志。并且，限度才使生命存在具体，也唯有限度才使资源创造者和资源需要者个体化和实体化。

**其次，存在者存在需要的资源是绝对有限度的。**口袋里的钞票，是会用一个就少一个，尽管可以继续挣钞票以为添加。比尔·盖茨的财富无论怎样以几何方式增长，最终都可以量化。并且，比尔·盖茨的财富也不会永远地膨胀下去，它总会在某个临界点上来一次“反者道之动”。一个国家以至于一个时代，富人占有的财富越多，穷人拥有的财富就越少；反之亦然，因为财富之于人间社会始终存在一个总量性的限度。经济学家们讲经济和市场时总是从不同方面强调那只“看不见的手”，其实这只“看不见的手”不仅是市场的规则和动力，更是人类经济和市场的最后限度，或者说市场的规则和动力本身构成市场的最后限度。

“资源”概念的内涵相当丰富，生命、物质、事物以及一切存在形式相对存在世界言都属于资源并都是资源，即使人这种生命，在其世界性存在和他者性生存的框架中亦既是主体也是资源，或者说既是目的也是手段。市场社会从经济学和管理学角度创造出“人力资源”概念，其实这个概念最为真实地揭示了人在存在世界中存在的本原状况。不仅是人，存在世界中所有存在均是如此：存在即资源。存在敞开即是资源的消费或再生，存在世界的存在敞开是如此，地球生物的存在敞开亦是如此，人更不例外：人无论是作为生物存在还是作为人文存在，或者无论是原发存在还是创生存在，都是既以主体和资源的双重方式存在，又以资源和主体的双重方式敞开存在。仅就人向以宇宙和地球为基本框架的存在世界敞开存在而言，无论是整体意义的资源还是具体意义的资源，其相对自身之外的他种资源言，始终是呈限度存在的命运，比如，我的生命相对我来讲，过一天就一定会少一天；泥块相对土地来说，被暴雨或洪水冲走了一块或无数块，则意味着这块土地贫瘠了一分。森林可以如海，但砍伐会使它缩小面积，如果无止境地砍伐，最后会使森海变成沙漠。如此等等，不管什么资源，其存在性生长或消耗永远是互为限度的。

资源的限度化不仅指不可再生的资源是限度的，比如生命、时间、时光之于每个人都是不可再生的资源。不可再生资源本身不具有自生长功能，比如地下矿产、能源、土地等消耗一分就减少一分，消耗的速度越快其自我枯竭的速度也更快。可再生的资源也是限度存在和消耗的，比如水是一种可再生性的资源，但地球人口的膨胀与地球生态的整体破碎使水资源匮乏越来越成为扼制地球生命存在和人类生存的根基性问题。可再生资源自身虽具有自我生长功能，但其自生长始终要承受周期性的节制，需要时间、空间、条件和环境等方面的保证。由于其时间、空间、条件和环境等要求与限制，形成可再生资源的限度性，比如庄稼、树林、花草等即是；人的生产亦如此，一个婴儿从降生到成为生产力——包括财富生产力和人口生产力——既需要时间的保证，更需要环境和条件的具备，而这些因素恰恰构成最为根本的限度。

**再次，存在敞开生存的行为始终是有限度的。**徒步日行100公里，可能会把人的体力与脚力发挥到极限；马日行千里则被称之为神驹，因为它奔跑的速度是常马不能达到的极限；飞机、火箭、电子通信、光纤传递信息，甚至还可能发明出什么更新的信息传输工具，但无论多快都不能超过光速，既或可能发现突破光速的运动方式，但仍然是可量化的。不可量化的存在及其敞开运动，实不存在。古希腊哲人赫拉克利特说：人不能两次踏进同一河流，面对流动的河水既踏进又不能踏进。赫拉克利特当然在讲运动与变化，但更是在讲限度，既在讲运动与变化中的限度，也在讲限度中的运动与变化。

**最后，人的认识同样是限度的。**两千多年前的苏格拉底和庄子，一个在西方不停地奔走于“人啊，认识你自己”；另一个在东方终身苦吟人“生也有涯，知也无涯”。不管是苏格拉底还是庄子，都以自己的方式表达出对“认识的限度性”的领悟。科学革命的推进，哲学思想的前进，无不以对认识限度的突围与认知视域的重构为体现。20世纪两座哲学高峰的创造者——维特根斯坦和海德格尔，一个以一种哀伤的忧郁告诫人们：“一个人对于不能谈的事情就应当沉默”；一个以一种诗意的悲壮弘大胡塞尔的事业激励人们“回到事物本身去”。前者表达哲学家对认识的限度的痛苦、无奈之顺应性体认；后者传达出哲学家对认识的限度的突围、超越之意愿性努力。其实，维特根斯坦和海德格尔关于存在之问的探索，恰好从不同的维度敞开人类对自己和存在世界认识之限度所呈现的双重命运：在限度的桎梏中展开认识和提升认识，在认识的展开与提升中陷入更新的限度桎梏，以此循环不已。人的认识的限度性直接源于人对自己和存在世界的“看”与“思”的角度性与片面性；这种看与思本身呈现出来的角度与片面最终源于人存在于世界之中而不能超越存在世界的天赋局限。对天赋于人的这一认知局限所形成的认知境况，苏轼曾作形象而深刻禅悟：“横看成岭侧成峰，远近高低总不同；不识庐山真面目，只缘身在此山中。”

### 2. 无限度存在的危机

帕斯卡尔曾经说过，人不过是一根苇草，是自然世界里最脆弱的东西，任何微不足道的自然力都可以将其置于死地。人确实如苇草那样脆弱无力，但与此同时人又具有将自然置于自己的暴虐或强力之下的智－力。正是这种极具暴虐性质的智－力，才制造出世界性的存在危机。这种世界性的存在危机最为突出地呈现地球生命系统出现生物多样性锐减状态和非平衡化分离状态。在今天，地球生命系统以每天140种生物消失的速度萎缩，大规模的生物灭绝形成的这种世界性存在危机不断扩大，其一源于人类对地球生物的狂捕滥杀，比如20世纪以来，近1000种鸟面临绝灭的危险；仅动物言，生物学家们预测在未来100年内将有209种爬行动物和242种鱼类将消失。其二是森林日益成为沙漠。其三是污染对生命系统的侵袭：全世界每年约5000亿立方米工业废水和生活污水排泄进江、河、湖、海，污染了地球上55000亿立方米淡水，导致至少每天有25000人因饮用被污染的水而死亡。污染不仅使生命得以健康存在的根本资源——水——变成有毒物质，更使人得以健康存在的更根本资源——空气——成为污染物：“由于人们不再拥有清洁的空气，只得把清洁空气包装起来送给他们。在城市中安装起像电话似的氧气室，使居民可以花钱呼吸氧气。这难道就是明天所有城市将出现的情景吗？我们是不是如此地破坏了自然给予我们的遗产，因而我们将死于我们所呼吸的空气。”①

世界化的存在危机更表现为生存资源系统遭到前所未有的和根基性的破坏。这种破坏已经不是资源的严重匮乏和资源再生能力的普遍萎缩问题，而是生命与生命之间、资源与资源之间失去了本原存在意义的关联性，导致它们之间活力的消失或生命的停止：“环境危机就是个标志：生命和它的周围事物之间精心雕琢起来的完美的适应开始发生损伤。由于一种生物和另一种生物之间的联系，以及所有生物和其他周围事物之间的联系开始中断，因此维持着整体的相互之间的作用和影响也开始动摇了，而且，在某些地方已经停止。”② 由于地球生态的深度破坏，地球生境的整体性破碎，最终导致气候失律，丧失周期性变换运动规律的气候运动，推动气候灾害和地质灾害日常生活化，推动疫灾世界化。这从两个方面最为深刻地改变整个世界，包括人的世界和人存在于其中的存在世界。

世界化存在危机更表现在人类在社会制度、财富分配、生活秩序等方面对存在信仰、道德生活、精神追求的全方位解构。

首先，人类在存在信仰、道德生活、精神追求的全方位解构最为突出从制度、分配、秩序等方面敞开，即是社会制度、劳动分配、生活秩序本身成为制造人与人、人与社会、人与环境、人与自然对立的整体推手和动态力量。人与人、人与社会、人与环境、人与自然之间的对立以开放生成的姿态敞开四个主要的方面：一是具体地呈现财富的掠夺性瓜分、占有所形成的贫者愈贫、富者愈富的对立；二是具体地呈现权力与责任的分离性对立；三是具体地呈现权利与义务的非对等化对立；四是具体地呈现知与行、说与做的分裂性对立。

其次，人类在存在信仰、道德生活、精神追求的全方位解构敞开为奴役与控制的行动原则，制造出人与自然对立和人与社会的疏离。20 世纪客观主义哲学家爱因·兰德（Ayn Rand，1905 –1982）指出：

---

① ［英］施里达斯·拉尔夫：《我们的家园：地球》，夏堃堡译，中国环境科学出版社 1993 年版，第 28—29 页。

② ［美］巴里·康芒纳：《封闭的循环》，侯文蕙译，吉林人民出版 1997 年版，第 7 页。

> 考察一下在流行的关于政府的观念中，存在着道德与政治的颠倒。政府不再是人们权利的保护者，而是成为最危险的侵犯者；不再是自由的保护者，而是建立一种奴役的体制；不再是使人们免受武力，而是首先使用武力，并在任何方式和问题中，以它愿意的方式作某种强迫；不再是人们相互关系中，基于客观准则的服务者，而是成为一种极端的和隐蔽的用偶然和恐惧来控制的机构，它没有客观的法律，而是由盲目的官僚机构所作的任意决断来解释法律；不再保护人们免受奇想的伤害，而是傲慢地把权力植于无限制的奇想之中。在这里，我们很快地发现了这样一种颠倒：政府可以做它想做的任何事情，而公民只有得到同意才可以去做；这是人类历史最黑暗的时代，由野蛮的力量所控制。[①]

尤其当以计算机为运演工具、以会聚技术为认知方法、以大数据和云技术为分析方法、以基因工程和人工智能为两翼形态的生物工艺学技术体系全面发展，控制和奴役的原则渗透于人的生活世界的每个角落，**键盘管制社会**和**按钮统治世界**的时代真正到来，人正在全面退场。

最后，人类在存在信仰、道德生活、精神追求的全方位解构敞开物质与精神的对立。马克斯·韦伯曾在《新教伦理与资本主义精神》中以一种不确定性的口气预言道："没有人知道未来谁将生活在这个牢笼之中，或者，在这场巨大发展告终时，是否会出现面貌一新的先知，或者是否会出现旧观念、旧理想的复兴；如若两者非，是否会出现病态的、以自我陶醉为粉饰的机械僵尸。因为就这种文化的最后发展阶段而言，确实可以这样说：**'专家没有灵魂，纵欲者没有肝肠**；这种一切皆无情趣的现象，意味着文明已经达到了一种前所未有的程度。'"[②] 马克斯·韦伯100年前的预言，正在全面成为当代人类的现实。期望成为物质的巨人的同时却过早地变成精神的侏儒。物质的掠夺性占有、任性地消费和无限度地享乐此三者构成人的铁笼子，这个铁笼子就是技术，打造这个铁笼子的却是强权。

---

① ［美］爱因·兰德：《新个体主义伦理观》，秦裕等译，上海三联书店1993年版，第118页。

② ［德］马克斯·韦伯：《新教伦理与资本主义精神》，四川人民出版社1986年版，第173页。

### 3. 无限度观念的源流

世界化存在危机之以整体的世界性方式呈现，在于这种危机的真正制造者是人，是人自以为是的无限度论观念、信仰和价值原则。

无限度论观念、信仰和价值原则的思想基础是人类中心论，其价值目标是无限物质幸福论，其外在的行动纲领和行为原则是傲慢物质霸权主义和绝对经济技术理性，其普遍的生存方式是以消费主义观念为核心的感官纵欲主义和物质享乐主义。

人类中心主义思想的精神核心是人类尺度论：人是万物的尺度，是一切存在者存在的尺度，也是一切非存在者不存在的尺度。普罗泰戈拉这一观念经过时间的洗礼而在康德那里获得扩张性重振：人成为世界的立法者，人不仅为自己立法，首先为自然立法。人作为世界的立法者的前提是必须对自然的否定：

> 对自然的否定，就是通往幸福之路。①

洛克的这一自然观念是他对所存在的那个时代的机械论世界观的政治学运用。他宣扬的这一自然观有两个思想支撑点：首先是他认为人类的本性是善良的，使人类变得丑陋的是贫困和匮乏，但造成人类贫困和丑陋的根本原因是人的懒惰。洛克如此断言的认知基础，即他认为自然世界具有取之不尽、用之不竭的资源，只要人乐意摄取和利用，就可以彻底地消灭贫困和匮乏，幸福和快乐就会在这种积极进取中创造出来。合论之，人所存在于其中的世界是一个充满无限可能性的世界，并且这个充满无限可能性的世界为人的创生存在和幸福提供了全部的现实性。人要追求幸福必须全面否定自然是有生命的存在；人要实现幸福，必须绝对地控制自然，使自然按照自己的意志或意愿来服务自己的自由。所以，否定自然、控制自然、实现幸福三者之构成必然的逻辑：全面的否定自然是为了绝对控制自然，对自然的否定和控制必

---

① ［美］杰里米·里夫金、特德·霍华德：《熵：一种新的世界观》，吕明、袁舟译，上海译文出版社 1987 年版，第 21 页。

须合成一道工序来完成，即把自然变成一个没有生命的、僵死的、可以由人来控制，使它能够为人们无限度利用并以此满足人的无限度欲望的那样一道机械化的工作程序和工艺流程。这个工作由弗兰西斯·培根、笛卡尔、牛顿、洛克、亚当·斯密等人来完成，他们共同把自然宇宙规定为是一个如机械运动的钟表，他们就是设计存在世界之机械运动的钟表大师，给予这个没有生命的机械的存在世界上紧（人的）欲望的发条，使存在世界按照人的意志永不停顿地机械运动，这就是近代以来建构起来的机械论世界观。

机械论世界观由弗兰西斯·培根和霍布斯指明哲学方向，由笛卡尔为其提供精确的数学模型，然后再经牛顿来完成整体建构的大厦工程，最后由洛克和亚当·斯密等人来做完善工作。机械论世界观自开创以来一直主宰人类生活至今，它所喧哗的基本思想是一种无限度论哲学思想，这种无限度论思想可概括为：宇宙世界有个可以在天体运行中观察到精确的数学规律，这意味着自然宇宙的存在敞开自具秩序，相比之下人类却处于混乱之中。要使人类社会也组建成类似于宇宙天体力学规律那样的规律社会，唯一正确的方式就是建立起有利于个人追求物质的方式来组建社会，因为一旦按照这种方式来组织社会，也就可以真正建立起一种人向自然上紧发条的激励机制：个人向自然索取资源创造的财富越多，人类积累的财富就越多；人类积累的财富越多，社会就越有秩序。所以，创造和积累物质财富与社会进步、人类文明构成同义语。人类向自然世界索取资源来创造财富构成生活秩序与幸福的动力源泉。由此，洛克关于自然服务于人的观念得到正面确立：只要人类对幸福的欲望没有止境，自然世界服务人类的功能就没有尽头；只要物质财富还构成人类社会生活秩序的来源和标志，自然世界将永远成为人类取之不尽、用之不竭的资源来源。这一观念通过亚当·斯密获得更符合人的欲望定位和解释机制：人类全部活动的基本出发点（动机）是物质的私利（欲望），人在追求物质利益时都是以欲望的满足为中心，没有什么道德可以选择，假如一定要赋予其道德选择的话，那就是以绝对的自我利益为动力、以积累和创造无限度的物质财富为幸福和进步的标志、以向自然进行无限度的资源索取为手段的道德。这种道德既体现绝对傲慢物质霸权主义观念，也体现绝对经济技术理性思想。所以，机械论世界观的思想实质就是物质霸权主义观念和绝对经济技术理性思想。

从哲学看，由弗兰西斯·培根、霍布斯、笛卡尔、牛顿、洛克、亚当·斯密等人开创的以傲慢物质霸权主义观念和绝对经济技术理性思想为基本内容和本质规定的机械论世界观，实际上是近代以来科学理性思想的经典表述模式。客观地讲，机械论世界观是以全面弘扬人的中心地位并确立人对自然世界的绝对主宰权威为基础的，所以科学理性的预设前提恰恰是观念理性。观念理性的生成是人的认识经历宇宙神秘论向人的主体论求确立的过程。在人类哲学史上，哲学思想的生成来源于哲人们对自然宇宙的神秘、惊诧与好奇，古希腊前期的哲学是关于世界本原和宇宙生成的自然哲学，即神秘的自然宇宙成为人们关注和试求解释的主要对象。但关注自然世界的必然结果是转向对人的存在世界的关注，智者运动开启了这一革命性转折：普罗泰戈拉提出“人是万物的尺度”的主张，使哲学从最初的宇宙神秘论向人的主体论方向展开，以追求人类自身幸福为目标。就哲学所关注的对象转移角度讲，智者运动实开辟出**由自然而人事**的哲学道路，人类中心论思想由此产生。但就哲学思维讲，却体现哲学从以经验直观为体现形式的具体性、比拊性的经验理性思维向观念理性思维方向展开，这一思维形式通过苏格拉底、柏拉图、亚里士多德的相继努力获得整体构建：观念理性思维－认知模式由此得到确立并构成西方哲学的思想传统。

观念理性的确立只是从观念上确立了人的中心地位和权威，但人要能够真正获得幸福，还必须寻求一种实践上的真正定位。对人类幸福进行实践上的定位必须切合人类自身存在：人作为世界性存在的个体生命，其生命存在需要资源的滋养，然而他所需要的生存资源却需要人自己向自然世界寻求与创造，这一寻求和创造生存资源的活动要真正得到意愿性的满足，却需要人为此付出深重的代价。由此，人类要真正追求生存的幸福并保证获得和提升其幸福，必须竭尽全力创造和积累物质财富。在因追求生存幸福而通向创造和积累物质财富的道路上，人类必须同时解决三个根本性的问题：一是物质财富的来源问题，这涉及自然资源的有限与无限问题，只有自然资源处于取之不尽、用之不竭的无限状态时，人类幸福才可能得到根本的保证。二是自然世界与人类的关系问题，只有当自然世界处于人类的绝对控制之下并完全满足人类所用的这样一种关系状态时，人类幸福才获得可喜的前景。三是人类怎样才能够使自己处于对自然世界的绝对支配地位的问题，只有当人类获得能够任意地支配世界的能力时，人类才可能创造出以物质财富为根本标志的幸福生活来。科学理性则能够整体地解决如上三个问题并完全满足人类物质幸福论的需要与愿望。因为科学理性建立起以机械论世界观为认知模型的实践论行动方案。这一实践论行动方案的核心内容有三：第一，存在世界是按照机械主义的力学模型建立起来的，人类一旦掌握了这一力学模型，也就掌握了存在世界的规律，自然由此变成一只硕大无朋的钟表而可服从于人类的意志控制，成为服务于人类幸福的机械。第二，存在世界蕴含能够满足人类全部欲望与需要的无限资源，因为自然世界的资源蕴藏量也如宇宙力学的钟表原理一样是周而复始地处于自运动（即自生）状态，用牛顿的话来讲就是世界运动、能量互换和物质不灭。所以第三，人类幸福与否的问题实是人类自身积累、创造物质财富的雄心、信念、能力、手段、方式是否具备的问题。解决这个问题的根本方法就是从两个方面入手：一方面是创建起鼓动物质幸福论的雄心和支撑人类幸福论信念的物质（霸权）主义思想体系和信仰体系；另一方面是创建起绝对经济技术理性的实践体系。这两个方面的工作都集中地表现为对科学技术的绝对依赖与崇拜。所以，从实践角度看，科学理性是以对科学技术的绝对依赖和崇拜为主体形态，以社会制度、法律体系、分配机制、消费模式、价值原则以及审美风格等以服务、激励、促进科学探索和技术开发为根本保证。

## 二　生态理性的基本诉求

无限度的哲学成为世界性存在危机的思想根源的根本因素，是以自然宇宙为宏观框架的存在世界本身是有限的。探求解决世界性存在危机的根本努力，是使人的创生存在抑制其无限制的行动方式而适应有限的存在世界本身，这就需要重构一种限度生存的认知体系、知识体系和方法体系，这种重建要求哲学展开更新的存在之问并重建存在之思，这就是生态理性之思。

### 1. 限度存在的理性方向

综上，观念理性是无限度论思想之源，科学理性是无限度论思想之流。

无限度论思想从源向流的演变进程，从表面看是全面确立了人类的中心地位，树立起人类对存在世界的主体意志和主宰权威，并由此开辟出物质幸福论的广阔道路；但就本质言，当科学理性得到全方位发展而成为人类创生存在的根本认知观念和主导思想时，物质却变成了对人的绝对霸权，人对存在世界的中心地位虽然形式上始终存在，但其实质地位已被全面消解，物质和对物质的主宰权力上升为存在主体并占据世界的中心。人与世界的关系实质性地演变为一种赤裸裸的物质关系和权力关系："人与人之间的关系——物质需要——是首要的，人与人之间的关系——社会——则是次要的。""人与物之间的关系高于人与人之间的关系……这是一个决定性的转变，这一转变将现代文明与所有其他文明形式区别开来，它也合符我们的意识形态领域关于经济至上的观点。"① 路易斯·杜蒙特对傲慢物质霸权主义和绝对经济技术理性的本质的揭示入木三分：在机械论世界观主宰下的工业社会——从古典工业社会向现代工业社会再到后工业社会——当物质变成霸权时，人与物的关系发生根本的和全面的颠倒，人与存在世界（也包括他人、社会、国家）之间的关系变成一种**赤裸的**物质关系和权力关系。人既是物质的动物和财富的动物，更是金钱的动物和钞票的动物。在人把自己定格为物的存在关系中，物质、金钱、财富、钞票演变成为一种赤裸的权力，人无论在存在世界中存在还是在人的社会中生存，直接地或间接地与权力凝结成一种**形上的**权力关系：**人沦为权力的动物，或受役权力的动物，或役使权力的动物**。为物质、财富、金钱、钞票而斗争，就是为权力而斗争；为权力而展开争夺，就是在为物质、财富、金钱、钞票而放手搏斗。在这种实实在在的生存运动中，人与人的关系既被隐退，也被取消，更被无情地化解而沦为人（民众）与兽（权力者）的关系，人的社会和人的生活只能"注重收入、财富、物质的繁荣，并把它们视为是社会生活的核心"②。

客观地看，把物质推向霸权道路的真正动力是科学技术，进一步讲，是人们对科学技术的绝对依赖和膜拜所形成的科学主义和技术主义信仰。人类之从关怀自我**沉沦为**对科学技术的顶礼膜拜，其根本动力在于科学技术本身

---

① ［美］大卫·格里芬：《后现代精神》，王成兵译，中央编译出版社1998年版，第19页。

② ［美］大卫·格里芬：《后现代精神》，王成兵译，中央编译出版社1998年版，第19页。

就是无限财富，就是绝对权力，就是绝对暴力：拥有科学技术不仅可以源源不断地开创物质财富，更可以控制、聚敛、剥夺、占有物质财富。在人的世界里，财富、权力、技术三者之间的本质关系可表述为：**财富是目的，权力是谋取财富的手段，技术是谋取权力的方式**。人们相信科学技术能够满足人的一切欲望，相信科学技术就是万能，相信科学技术是无止无境的物质财富之源，相信科学技术是开创人间幸福的不竭动力。在这些使人欲膨胀和心智恍惚的信念支配下，绝对经济技术理性构成霸权主义的奠基石，傲慢物质霸权主义构成强权推行绝对经济技术理性的开路先锋。由此，科学理性实现了对人的双重夹击：在傲慢物质霸权主义和绝对经济技术理性的双重夹击下，人从万物的主宰、世界的中心沦落为物质的奴仆、科学技术的工具和强权掠夺财富的机器，最后沦为连工具资格都没有耗材。

在以傲慢物质霸权主义为行动纲领和以绝对经济技术理性为行动原则的科学理性主宰下，人类对物质的欲望被激发到最大限度，对物质财富增长的激情和对科学技术的顶礼膜拜被推向极端。立竿见影的最大效益观念是其步调一致的行动目标原则，无休无止地征服自然成为最杰出的行为表现；大机器工业范式和技术化生存成为伟大和盛世的杰作；及时行乐的享乐主义和高浪费的消费主义，构成其整体的生存方式；对古典工业社会继而现代工业社会再继之以后工业社会的革命，加上以基因工程和人工智能为基本形态的生物工艺学技术体系全面取代机械技术体系的技术革命运动，真正制造出自然世界和生物存在死境化以及人、社会以及人文精神全面沉沦的世界性存在危机。

### 2. 限度存在的理性法则

历史地看，这种肇始于 19 世纪而泛滥至今的世界性存在危机把当代人类推向存在的悬崖。荷尔德林曾说："危险所在之处，生成着解救。"[①] 人类拯救自己的根本前提是必须重新认识人，重新认知人的世界性存在，这需要哲学的入场。哲学入场于世界性存在的世界敞开其存在之问，其基本的努力方向是重建存在理性，即重新审查经验理性和观念理性并最终引渡科学理性的

---

① 转引自张祥龙《海德格尔思想与中国天道》，生活·读书·新知三联书店 1997 年版，第 1 页。

新理性，这就是基于人的世界性存在的生存理性，或曰基于生存论的生态理性。这种以人的世界性存在为基本视域的基于生存的生态理性必须重建如下根本的存在信念和生存准则。

**一是恢复“万物有灵”的本原信仰应构成生态理性的认知方向。**生态理性就是努力恢复人类古老的智慧活力，追求存在世界生命中心论和人与自然宇宙和生的存在观。在中西哲学思想源头上，“万物有灵”是其共有的存在认知取向和价值定位：“万物有灵”的“灵”，即灵性、灵魂、灵气、灵光。人是万物之灵的前提，是因为万物有灵。人原本为万物之一种，所以万物有灵才使本原于物的人获得灵性、灵魂、灵气和灵光。万物的创造者所创造的存在世界里，灵性、灵气、灵光、灵魂是万物的创造者赋予其所有创造物、所有生命的恩泽，是天赋于所有物和一切生命的基本权利。只有万物有灵，才有万物之生命；唯有万物之生命，才可能使人类这一物种生命获得最高灵性。因而，平等地善待一切生命，真诚地维护一切存在形式和所有生命的存在尊严，构成生态理性哲学的基本信念，这一基本信念将成为人类重建限度存在的生活幸福的思想和方法源泉。

**二是生生不息的生命存在论应构成生态理性的生存原则。**20 世纪现象学运动的全部努力是“回到事物本身”。这个“回到事物本身”的哲学目标落实在人的世界性存在的认知视域中，就是回到限度存在的人本身，回到共生存在的生命本身和自然本身。人、生命、自然此三者实是天、地、人、神共铸存在世界的另一种表述。人、生命、自然此三者原本一体，互为存在而生生不息。在中国思想的源头，老子开创的大“道”智慧实际上是对天、地、人、神互为存在而生生不息之神秘意志、神圣法则的天启：“道生一，一生二，二生三，三生万物，万物负阴以抱阳。”自然宇宙的最高法则就是整体存在敞开的生变法则：存在世界敞开之因生而变、由变而生、由生而再变……以此生生不息。生生不息成为万物消长盛衰、人类生存繁衍和天地人神一体的内在动力之源。东方先哲的存在之思同样在西方先哲的伟大生命中涌出，从泰勒斯、阿那克西曼德、阿那克西美尼到毕达哥拉斯、赫拉克利特等，关于世界本原论和宇宙生成论的哲学领悟同样从不同角度展示天地人神一体的转化生成法则和自然、生命、人本原于一且终归于一的生生不息原则。

**三是“自然为人立法，人为自然护法”应该成为生态理性的思想基础。**中西哲学源头的天启智慧是万物有灵论和生生不息，其思想根基是**“自然为人立法，人为自然护法”**①。所谓“自然为人立法”，是指万物的创造者创造自然宇宙、万物生命和人类的同时，亦创造出引导人类能够世界性存在的限度方式和终极法则，这就是宇宙世界整体存在论法则，抑或表述为天、地、人、神或者说人、生命、事物、自然相互依存法则和生存互动法则。所谓“人为自然护法”，是指人作为存在世界中的最高灵性者必须努力维护和弘扬宇宙世界整体存在法则、生存互动法则和相互依存法则，只有这样，人类才能够在限度存在中谋求真正意义的生活幸福。所以，自然为人立法，是世界性存在的人类开启限度存在的根本保证；人为自然护法，构成人类生存幸福的认知基础和方法源泉。

**四是“生命为本、人人平等和个体主体”应构成生态理性的基本精神。**生态理性精神即是普遍的生命权利精神、人人平等精神和个体主体精神。每种生命都具有平等地在这个世界上独立存在和生存的生命权利，这种权利不可任意地被侵犯与被剥夺，维护这一普遍的生命权利是世界性存在的当代人类的存在责任，因为只有真正建立起以生命为本的精神原则、人人平等的生存原则和个体主体的价值原则，才可接受生态理性的引导而探索**有限度的共生存在**。

① 参见唐代兴《生境伦理的哲学基础》，上海三联书店 2013 年版，第 57—84 页。

# 参考文献

［苏］A. O. 洛尔德基帕尼泽：《乌申斯基教育学说》，范云门、何寒梅译，江苏教育出版社 1987 年版。

［英］C. C. W. 泰勒主编：《劳特利奇哲学史》第一卷《从开端到柏拉图》，韩芝晖、聂敏里、冯俊、程鑫译，中国人民大学出版社 2003 年版。

［美］G. K. R. 帕金森主编：《劳特利奇哲学史》第四卷《文艺复兴和 17 世纪理性主义》，田平、陈嘉贵、韩东晖等译，中国人民大学出版社 2009 年版。

［德］H. G. 舒斯特：《混沌学引论》，朱铉雄、林圭年译，四川教育出版 2010 年版。

［德］M. 霍克海默、T. W. 阿尔多诺：《启蒙的辩证法》，洪佩郁、蔺月峰译，重庆出版社 1990 年版。

［英］R. G. 柯林武德：《自然的观念》，吴国盛、柯映红译，华夏出版社 1990 年版。

［美］R. 韦勒克：《批评的诸种概念》，丁泓、余徵译，四川文艺出版社 1988 年版。

［美］W. 考夫曼编著：《存在主义》，陈鼓应译，商务印书馆 1987 年版。

［英］阿弗烈・诺夫・怀特海：《科学与近代世界》，何钦译，商务印书馆 1989 年版。

［英］阿里斯特・麦格拉斯：《基督教神学导论》，赵城艺译，北京联合出版公司 2017 年版。

［美］阿尔温·托夫勒：《第三次浪潮》，朱志焱、潘琪、张焱译，生活·读书·新知三联书店 1983 年版。

［德］埃德蒙德·胡塞尔：《现象学与哲学危机》，吕祥译，国际文化出版社公司 1988 年版。

［英］安东尼·肯尼：《牛津西方哲学史》卷一《古代哲学》，王柯平译，吉林出版集团有限责任公司 2012 年版。

［英］安东尼·肯尼：《牛津西方哲学史》卷二《中世纪哲学》，袁宪军译，吉林出版集团有限责任公司 2012 年版。

［英］安东尼·肯尼：《牛津西方哲学史》卷三《近代哲学的兴起》，杨平译，吉林出版集团有限责任公司 2012 年版。

［英］安东尼·肯尼：《牛津西方哲学史》卷四《现代世界中的哲学》，梁展译，吉林出版集团有限责任公司 2012 年版。

［美］巴里·康芒纳：《封闭的循环》，侯文蕙译，吉林人民出版 1997 年版。

［古希腊］柏拉图：《理想国》，郭斌和、张竹明译，商务印书馆 1986 年版。

［美］保罗·蒂里希：《蒂里希选集》（上、下），何光沪译，上海三联书店 1999 年版。

［英］鲍桑葵：《美学史》，张今译，商务印书馆 1987 年版。

［日］大林太良：《神话学入门》，林相泰、贾福水译，中国民间文艺出版社 1989 年版。

［比］伊·普利高津：《确定性的终结：时间、混沌与自然法则》，湛敏译，上海科技教育出版社 1998 年版。

［比］伊·普利高津、［法］伊·斯唐热：《从混沌到有序：人与自然的新对话》，曾庆宏、沈小峰译，上海译文出版社 1987 年版。

［英］彼得·柯立文、罗杰·海菲尔德：《时间之箭》，湖南科学技术出版社 1995 年版。

［苏］波斯彼洛夫：《文学原理》，王忠琪等译，生活·读书·新知三联书店 1985 年版。

［苏］波斯彼洛夫：《文学原理》，王忠琪等译，生活·读书·新知三联书店 1985 年版。

［波］维克多·奥辛廷斯基：《未来启示录：苏美作家谈未来》，徐元译，上海译文出版社 1988 年版。

陈平、张淑平、褚华编著：《信息技术导论》，清代大学出版社 2011 年版。

陈染：《不可言说》，作家出版社 2000 年版。

（清）戴望：《管子校正》，中华书局 2006 年版。

［美］丹尼尔·贝尔：《后工业社会的来临》，高铦、王宏周、魏章玲译，新华出版社 1997 年版。

邓福星：《艺术前的艺术：史前艺术研究》，山东文艺出版社 1986 年版。

［古希腊］第欧根尼·拉尔修：《名哲言行录》，徐开来、溥林译，广西师范大学出版社 2010 年版。

［德］恩斯特·卡西尔：《人论》，甘阳译，上海译文出版社 1985 年版。

［德］恩斯特·卡西尔：《哲人哲语：符号形式的哲学》，赵海萍译，吉林出版集团有限责任公司 2018 年版。

［德］费尔巴哈：《费尔巴哈哲学著作选集》（上、下），商务印书馆 1984 年版。

［芬兰］Ilkka Hanski：《萎缩的世界：生境丧失的生态学后果》，张大勇等译，高等教育出版社 2006 年版。

［芬］冯·赖特、海基·尼曼编：《维特根斯坦笔记》，许志强译，复旦大学出版社 2008 年版。

灌耕编译：《现代物理学与东方神秘主义》，四川人民出版社 1983 年版。

郭庆藩：《庄子集释》（上、下），中华书局 1961 年版。

国家环境保护局编：《21 世纪议程》，中国环境科学出版社 1992 年版。

［德］海德格尔：《海德格尔选集》（上、下），上海三联书店 1996 年版。

［德］海德格尔：《荷尔德林诗的阐释》，孙周兴译，商务印书馆 2000 年版。

［德］海德格尔：《尼采》（上、下），孙周兴译，商务印书馆 2002 年版。

［德］汉斯·约阿西姆·施杜里希：《世界哲学史》，吕叔君译，广西师范大学出版社 2017 年版。

［德］赫伯特·曼纽什：《怀疑论美学》，古城里译，辽宁人民出版社 1990 年版。

［德］黑格尔：《精神现象学》（上、下），贺麟、王玖兴译，商务印书馆 1979 年版。

洪谦主编：《西方现代资产阶级哲学论著选辑》，商务印书馆 1964 年版。

［德］胡塞尔：《逻辑研究》（第 1 卷），倪梁康译，商务印书馆 2015 年版。

［美］杰里米·里夫金、特德·霍华德：《熵：一种新的世界观》，吕明、袁舟译，上海译文出版社 1987 年版。

［美］杰瑞·卡普兰：《人工智能时代》，李盼译，浙江人民出版社 2016 年版。

［德］康德：《判断力批判》（上、下），宗白华译，商务印书馆 1980 年版。

［德］康德：《实践理性批判》，韩水法译，商务印书馆 1999 年版。

［德］康德：《实用人类学》，李秋零译，中国人民大学出版社 2013 年版。

［英］柯林武德：《自然的观念》，吴国盛、柯映红译，华夏出版社 1999 年版。

［法］勒内·于格：《图样的威力》，钱凤根译，四川美术出版社 1988 年版。

［美］雷·库兹韦尔：《灵魂机器的时代：当计算机超过人类智能时/开放人文》，沈志彦、祁阿红、王晓冬译，上海译文出版社 2006 年版。

［爱尔兰］理查德·卡尼：《故事离真实有多远》，王广州译，广西师范大学出版社 2007 年版。

［爱尔兰］理查德·柯尔内主编：《劳利特奇哲学史》第八卷《20 世纪大陆哲学》，鲍建竹、李婉莉等译，中国人民大学出版社 2016 年版。

［德］利普斯：《事物的起源》，汪宁生译，四川民族出版社 1982 年版。

［英］廉·费尔丁·奥格本：《社会变迁：关于文化和先天本质》，王晓

毅译，浙江人民出版社 1989 年版。

［法］列维－布留尔：《原始思维》，丁由译，商务印书馆 1981 年版。

林鸿溢、李映雪：《分形论：奇异性探索》，北京理工大学出版社 1992 年版。

卢侃等编译：《混沌学传奇》，上海翻译出版公司 1991 年版。

［奥］路德维希·维特根斯坦：《逻辑哲学论》，贺绍甲译，商务印书馆 1996 年版。

［奥］路德维希·维特根斯坦：《思想札记》，吉林大学出版社 2005 年版。

［奥］路德维希·维特根斯坦：《哲学研究》，李步楼译，陈维杭校，商务印书馆 1996 年版。

［美］罗伯特·C. 所罗门、凯特林·M. 希金斯主编：《劳特利奇哲学史》第六卷《德国唯心主义时代》，储召华、冯俊等译，中国人民大学出版社 2016 年版。

［英］罗杰·斯克拉顿：《现代哲学简史》，陈四海、王增福译，南京大学出版社 2013 年版。

［德］马克斯·韦伯：《新教伦理与资本主义精神》，黄晓京、彭强译，四川人民出版社 1986 年版。

［德］马尔库塞：《爱欲与文明》，黄勇、薛民译，上海译文出版社 1987 年版。

［英］马尔萨斯：《人口原理》，朱泱、胡企林、朱和中译，商务印书馆 2014 年版。

［德］尼采：《权力意志》，张念东译，商务印书馆 1991 年版。

［美］尼格尔·高尔顿、威尔·鲁德：《分形学》，杨晓晨译，当代书画出版社 2014 年版。

［俄］尼古拉·别尔嘉耶夫：《论人的使命：神与人的生存辩证法》，张百春译，上海人民出版社 2007 年版。

［俄］尼古拉·别尔嘉耶夫：《俄罗斯的命运》，汪剑钊译，北京联合出版公司 2014 年版。

［俄］尼古拉·别尔嘉耶夫：《人的奴役与自由：人格主义哲学的体认》，

徐黎明译，贵州人民出版社 2007 年版。

［俄］尼古拉·别尔嘉耶夫：《陀思妥耶夫斯基的世界观》，耿海英译，广西师范大学出版社 2008 年版。

［俄］尼古拉·别尔嘉耶夫：《文化的哲学》，于培才译，上海人民出版社 2007 年版。

［俄］尼古拉·别尔嘉耶夫：《自我认知》，汪剑钊译，上海人民出版社 2007 年版。

［美］欧文·拉兹洛：《进化：广义综合理论》，闵家胤译，社会科学文献出版社 1988 年版。

［法］帕斯卡尔·阿科特：《气候的历史：从宇宙大爆炸到气候灾难》，李孝琴等译，学林出版社 2011 年版。

［美］乔纳森·卡勒：《当代学术入门：文学理论》，李平译，辽宁教育出版社 1998 年版。

［美］乔治·萨顿：《科学史和新人文主义》，陈恒六译，华夏出版社 1989 年版。

［法］让－保罗·萨特：《萨特文学论集》，施康强译，安徽文艺出版社 1998 年版。

沈从文：《沈从文全集》（第 16 卷），北岳文艺出版社 2002 年版。

［英］施里达斯·拉尔夫：《我们的家园：地球》，夏堃堡译，中国环境科学出版社 1993 年版。

［英］史蒂芬·霍金：《时间简史》，湖南科学技术出版社 1997 年版。

［德］叔本华：《作为意志和表象的世界》，石冲白译，商务印书馆 1982 年版。

［加］斯图亚特·G. 杉克尔主编：《劳特利奇哲学史》第九卷《20 世纪科学、逻辑和数学哲学》，江怡、许涤非、张志伟等译，中国人民大学出版社 2016 年版。

［英］斯图亚特·布朗主编：《劳特利奇哲学史》第五卷《英国哲学和启蒙时代》，高新民、曾晓平等译，中国人民大学出版社 2009 年版。

［德］泰勒·策勒：《古希腊哲学史》（全六卷），人民出版社 2020 年版。

唐代兴：《当代语义美学论纲：人类行为意义研究》，四川人民出版社2001年版。

唐代兴：《生境伦理学》（第1—8卷），上海三联书店2013—2015年版。

唐代兴：《生态化综合：一种新的世界观》，中央编译出版社2015年版。

唐代兴：《生态理性哲学导论》，北京大学出版社2005年版。

唐代兴：《语义场导论：人类行为动力研究》，四川大学出版社1998年版。

唐代兴：《语义场：生存的本体论诠释》，中央编译出版社2015年版。

王歌等编译：《世界100位作家谈写作》，上海文化出版社1987年版。

王炜：《熊译海德格尔》，同济大学出版社2004年版。

［德］威廉·沃林格：《抽象与移情：对艺术风格的心理学研究》，王才勇译，辽宁人民出版社1987年版。

［美］韦勒克、沃伦：《文学原理》，刘象愚等译，生活·读书·新知三联书店1984年版。

［美］大卫·福莱主编：《劳特利奇哲学史》第二卷《从亚里士多德到奥古斯丁》，冯俊等译，中国人民大学出版社2004年版。

伍茂国：《从叙事走向伦理：叙事伦理理论与实践》，新华出版社2013年版。

［日］小原国芳：《小原国芳教育论著选》（上、下），由其民、刘剑乔、吴光威译，人民教育出版社1993年版。

［新加坡］C. L. 腾主编：《劳特利奇哲学史》第七卷《19世纪哲学》，刘永红、陈嘉贵、李子群等译，中国人民大学出版社2016年版。

［英］雅可布·布洛诺夫斯基：《人之上升》，任远、王笛、邝惠译，四川人民出版社1988年版。

［古希腊］亚里士多德：《诗学》，陈中梅译，商务印书馆1986年版。

［英］以赛亚·伯林：《启蒙的时代：18世纪哲学家》，孙尚扬、杨深译，学林出版社2012年版。

［意］贝尼季托·克罗齐：《美学的历史》，王天清译，中国社会科学出版社1984年版。

［美］爱因·兰德：《新个体主义伦理观》，秦裕等译，上海三联书店1993年版。

［美］约翰·H. 霍兰：《隐秩序：适应性造就复杂性》，周晓牧、韩晖译，上海科技教育出版社2015年版。

［加］约翰·康菲尔德主编：《劳特利奇哲学史》第十卷《20世纪意义、知识和价值哲学》，江怡、曾自卫、郭立东等译，中国人民大学出版社2016年版。

［英］约翰·马洪邦主编：《劳特利奇哲学史》第三卷《中世纪哲学》，孙毅、查常平、戴远方、杜丽燕、冯俊等译，中国人民大学出版社2009年版。

［美］詹姆斯·格雷克：《混沌：开创新科学》，张淑誉译，高等教育出版社2004年版。

张天蓉：《蝴蝶效应之谜：走近分形与混沌》，清华大学出版社2014年版。

张祥龙：《从现象学到孔夫子》，商务印书馆2011年版。

张祥龙：《海德格尔思想与中国天道》，生活·读书·新知三联书店1997年版。

赵敦华：《现代西方哲学新编》，北京大学出版社2001年版。

周作人：《周作人自编文集·艺术与生活》，河北教育出版社2002年版。

朱光潜：《西方美学史》（上、下），人民文学出版社1963年版。

Donna Haraway, *Simians, Cyborgs, and Women: The Reinvention Nature*, London: Routledge, 1991.

Roger. N. Hancock, *Twentieht Century Ehthics*, Columbia University, 1974.

Russell, Bertrand, A History of Philosophy, George Allen & Unwin, 1946.

Thilly, Frank, *A History of Philosophy*, Holt, Rinehart and Winston, 1957.

Tom L. *Beauchamp*: *Philosophical Ethics*, Mc Graw-Hill Book Company New York, 1982.

Wedberg Anders, *A History of Philosophy*, Clarendon, 1982.

Windelband Wilhelm, *A History of Philosophy*, 2vols., Harper, 1958.

# 索　引

# 后　记

本书立足于宏观，讨论人类意识地存在并目的性书写其存在的起源及发展、基本问题、历史性条件和时代性转换。

人的存在书写始终是当世的，但却会通着历史，所以人的存在书写既是历史的产物，又是历史对当世的构设和历史对未来的期待性敞开，因为人的当世存在始终以历史化的此在方式敞开。

对于人的存在书写，既不能以一种纯粹姿态戴上单一的文化的有色眼镜来打量，也不能戴上非文化的自然主义的有色镜来打量。一般而论，存在书写乃生命的涌现形式。作为宇宙的实存样态的生命并不局限于生物圈，宇宙本身即是生命的书写形态。存在世界（或曰宇宙自然）的书写和人的书写真实地敞开了宇宙生命书写的整体图景。

生命的自我书写并不构成其生存的整体状貌，因为在生命的自我书写的同时无不被存在于其中的世界所书写：生命的书写性和被书写性构成了生存的全部内涵和沉重命运。在历史化的此在敞开中，作为文化人类学的人（个体、类），总是在对自身存在权力的书写中被权力书写。这种既书写又被书写的存在敞开状况既构成人的悖论，也生成人存在敞开生存的两难性和悲剧性。但是，这种两难性和悲剧性又无形地以层累的方式会聚起一种不可消解的存在冲动，激发出人的生命潜力踏上无始终、无边际的书写和被书写的存在道路。书写，是存在权利的铺张；被书写，是存在敞开的受役。为摆脱受役而书写，因为书写而受役，如此反复地“生命不息，战斗不止”的存在书写开出哲学意蕴，亦开出了哲学、科学和文学的三维书写方式，更是不断地更新着存在敞开书写的当世化和此在性，使无论是文学书写、科学书写或最高意蕴的哲学书写，始终面对存在的当世困境和生存危机，而探求解构其当世存在困境和生存危机的根本之道。所以，每一个时代有属于这个时代的文化，每一个时代有属于这个时代的科学，每一个时代更有属于这一时代的哲学。

本书初成于1988年，由内容“书写的起源”、“书写的哲学”、“书写语言的本质”、“书写与能力”和“书写的教育”五部分构成。1991年以《人类书写论》出版，篇幅约近25万字。如今修订再版，只保留了原书“书写的起源”和“书写的哲学”两部分内容，即现在的第1、2、3、5、6、8、9章，但做了结构性的修改，增删了大量的内容；就篇幅言，只保留了原书约近三分之一的文字即8万字左右。目前以《存在敞开的书写》出版的文字超过30万字，新增内容约24万字。从整体言，本书是一新的主题，新的论域，新的文本结构。本书之所以取原《人类书写论》一部分内容，是因为“存在敞开的书写”这一主题，以及这一主题的核心理念“书写”在“生存论研究”体系中所居的位置。

本书能纳入“生存论研究”作为第二卷出版，全赖中国社会科学出版社的热诚扶助。更得责任编辑刘亚楠女士严谨精诚地指正，借此谨深致谢意。同时感谢一直以来关心、帮助我的家人和朋友。

2023年1月26日书于狮山之巅